D1639822

Eberhard Mechels

Analogie
bei Erich Przywara
und Karl Barth

Das Verhältnis von Offenbarungstheologie
und Metaphysik

Neukirchener Verlag

Die vorliegende Arbeit wurde im Wintersemester 1972/73 von der Evangelisch-Theologischen Fakultät der Rheinischen Friedrich-Wilhelms-Universität Bonn als Dissertation angenommen.

Meinen Eltern

Vorwort

Kaum ein anderes Thema der systematischen Theologie hat in der kontroverstheologischen Diskussion seit den zwanziger Jahren eine vergleichbare Schlüsselstellung gehabt und eine derart kontinuierliche Diskussion entfacht wie die Kontroverse zwischen Erich Przywara und Karl Barth um das Problem von »analogia entis« und »analogia fidei«. Die Geschichte dieser Diskussion ist in einem die Geschichte von gegenseitigem Verstehen und Mißverstehen. Einige der beharrlichsten Mißverständnisse nimmt diese Arbeit in den Blick. So z. B. das Verdikt, Barths theologischer Dynamismus und Aktualismus unterliege der Dialektik des Widerspruchs zwischen Gott und Mensch. Hier liege das Reformatorische in seiner Theologie und hier zugleich ihre größte Gefahr: Theopanismus (Gott als der Alleinwirkliche und Alleinwirksame — der Mensch ein revoltierendes Nichts) trage keimhaft den Umschlag in den Anthropopanismus der Neuzeit (der Mensch alles — Gott nichts) in sich. Der analogische Charakter seines Denkens sei also nur scheinbar, trage alle Merkmale einer bloßen Behauptung an sich, in Wirklichkeit sei Barth Dialektiker geblieben. Die genaue Unterscheidung zwischen der Seins- und der Erkenntnisebene (bezüglich der ersteren kann Barth sehr »katholisch« reden, bezüglich der zweiten ist er kompromißlos »protestantisch«) läßt dieses Problem in anderem Licht erscheinen.
Weiter die These, die »analogia fidei« enthalte die »analogia entis« *in* sich.
Schließlich das Verdikt, die »analogia entis« Przywaras sei ein Prinzip natürlicher Theologie, das es ermögliche, Gott und den Menschen auf der beiden gemeinsamen Ebene des Seins zusammenzusehen, ein Prinzip, kraft dessen vom Natürlichen auf das Übernatürliche geschlossen werden könne, ein Prinzip, von dessen Ebene der Verfügbarkeit her die Offenbarung, die Gnade und der Glaube relativiert würden.
Mit den Negationen hat man es leichter als mit den Positionen. Und was diese anbetrifft, so wird es dem Leser nicht entgehen, daß die Arbeit am

Ende in der Schwebe bleibt. Der Verfasser ist der Ansicht, daß dies, obwohl es leicht als Mangel registriert werden könnte, in diesem Zusammenhang als sachgemäß zu vertreten ist. Nicht nur angesichts des sachlichen Gewichts der von Przywara und Barth bewegten (besser: der sie bewegenden) Inhalte, mit denen nicht abschließend »fertig« geworden zu sein kein Pudendum ist, so daß die Not hier auch als Tugend ausgelegt werden darf; nicht nur angesichts der Gesprächslage in dieser Sache, die es eher nahelegte, sich mit Fragezeichen auf den Weg zu machen, als mit scheinbar fertig Gewußtem Unterkünfte, um nicht zu sagen: Barrikaden, zu bauen; sondern auch von der positiven Absicht her: ein kleines Stück des Weges im Gespräch zwischen evangelischer und katholischer Theologie wird hier abgeschritten in dem Bemühen, beide Partner möglichst unverstellt zu Wort kommen zu lassen mit ihrem Anliegen, um sie näher aneinander und zugleich mehr miteinander in den Wind der gemeinsamen Sache geraten zu lassen, als es die Diskussion um die Analogie bisher gezeigt hat.

Die vorliegende Arbeit wurde im Wintersemester 1972/73 von der Evangelisch-Theologischen Fakultät der Rheinischen Friedrich-Wilhelms-Universität Bonn als Dissertation angenommen. Sie wurde für die Veröffentlichung an einigen Stellen ergänzt, ohne daß sich am Duktus etwas änderte.

Herrn Professor D. Walter Kreck gilt mein besonderer Dank. Durch ihn bin ich als Student mit der Theologie Karl Barths bekanntgeworden. Ihm verdanke ich für meine Existenz als Pfarrer wesentliche Hilfe zur Orientierung in unserer theologischen, kirchlichen und politischen Situation. Die Zeit, in der ich bei ihm als Assistent gearbeitet habe, war sachlich und persönlich ein großer Gewinn. Er hat mir beim Zustandekommen dieser Arbeit bei aller Förderung in allen Fragen der inhaltlichen Gestaltung Freiheit gelassen. Mit großer Dankbarkeit denke ich an die Begegnungen mit Herrn Pater Erich Przywara und seiner Assistentin Schw. Sigrid Müller. Pater Przywara hat bis zu seinem Tode am 28. September 1972 in der langen Zeit seines schweren Leidens mit überaus freundlichem Interesse die Entstehung der Arbeit begleitet und seinen Rat zur Verfügung gestellt. Der Evangelisch-Theologischen Fakultät der Universität Bonn danke ich für die Gewährung einer Prämie aus dem Fonds für preiswürdige Dissertationen.

Dem Landeskirchenrat der Evangelisch-Reformierten Kirche in Nordwestdeutschland und der Kirchenleitung der Evangelischen Kirche im Rheinland danke ich für die Gewährung eines erheblichen Druckkostenzuschusses.

Frau Pastorin Hannelotte Reiffen hat unter großem Aufwand an Zeit und Kraft mir ihre Hilfe zur Verfügung gestellt beim Korrekturlesen und Nachprüfen der Zitate. Ihr gilt mein herzlicher Dank.
Herrn Dr. Hanns-Martin Lutz vom Neukirchener Verlag danke ich für gute und vertrauensvolle Zusammenarbeit.

Bonn, im Februar 1974   Eberhard Mechels

Inhalt

Einleitung

Die Aufgabe, vor die das Gegenüber und der Vergleich des Analogiedenkens Przywaras und Barths stellt, bringt ein Bündel von Problemen
mit sich. Die terminologische Verwirrung bezüglich dessen, was »analogia entis« bzw. »analogia fidei« besagen oder nicht besagen, ist groß.
Man wird hier nicht von einer einigermaßen geregelten terminologischen
Übereinkunft ausgehen dürfen.
Ist »analogia entis« ein Prinzip philosophischer Logik[1]? Oder ist sie ein
Theologumenon und gehört als solches in den Zusammenhang der Offenbarungstheologie[2]? Oder innerhalb der Theologie: ist »analogia entis«
ein Terminus der Wesensordnung im Unterschied zur »analogia fidei«,
die in den Bereich der Tätigkeitsordnung gehört[3]? Also ein statisches
Prinzip gegenüber einem dynamischen? Oder ist sie Terminus für »Ur-
Dynamisches«[4]? Ist »analogia entis« ein Prinzip natürlicher Theologie
im Sinne einer »Necessität« der Naturordnung gegenüber einer »Faktizität« der Offenbarungsordnung[5]? Besagt demnach »analogia entis«, daß
die Geschöpfe als Geschaffene (ontisch) dem Schöpfer ähnlich sind und
(noetisch) denkend an Gott den Schöpfer »stoßen können«? Oder ist sie
ein Interpretament der Offenbarungsordnung[6]?
Und ist die »analogia fidei« ein philosophisches Prinzip, Inbegriff einer
»antistatischen« Ontologie[7] bzw. Niederschlag eines philosophischen
Gottesbegriffs? Einerseits wird gesagt, der Dynamismus in Barths
Analogiedenken stehe in konsequenter Nachfolge der Ontologie Hera-

---

1 vgl. Reding, a. a. O.; Plenge, a. a. O.; Hammer, a. a. O.; auch Puntel spricht von
»transzendentaler Logik«, a. a. O. S. 536.
2 Analogia entis, S. 251.
3 Söhngen in: Antwort, a. a. O. S. 269.
4 Analogia entis, S. 210.
5 v. Balthasar, a. a. O. S. 295.
6 Analogia entis, S. 251.
7 Pöhlmann, a. a. O. S. 119.

klits[8], andererseits wird vermutet, Barths Gottesbegriff sei der ontologische Gottesbegriff des Parmenides[9]. Oder ist »analogia fidei« eine Grundregel der theologischen Erkenntnislehre, aus der ein philosophisch-anthropologisches Apriori streng herauszuhalten ist[10]? Und innerhalb der Theologie: ist »analogia fidei« ein Terminus der Gnadenordnung, der in sich nicht bestehen kann ohne das Komplement der »analogia entis« als Inbegriff der Naturordnung[11]? Oder schließt »analogia fidei« als ein Grundsatz der Offenbarungstheologie den Begriff der »analogia entis« aus, weil dieser ein Grundsatz natürlicher Theologie ist?

Angesichts so vieler offener Fragen und Unklarheiten ist es meines Erachtens erforderlich, möglichst so lange und so genau hinzuhorchen auf das, was Przywara und Barth wirklich gesagt haben, bis man mit Konklusionen, was »Analogie« bei Przywara und bei Barth bedeutet, welche Postulate der Begriff enthält und welche nicht, sich auf einigermaßen gesichertem Boden bewegt. Aus diesem Grunde soll in dieser Arbeit die Darstellung einen breiten Raum einnehmen gegenüber der kritischen Reflexion der durch Przywara bzw. Barth aufgegebenen Probleme.

Hier stehen wir nun vor einer weiteren Schwierigkeit. Der Analogiebegriff beinhaltet bei Przywara wie bei Barth eine zentrale systematische Grundentscheidung, die bis in die letzten Verästelungen ihrer Werke wirksam bleibt. Und nun: was sind es für Werke, mit denen wir hier konfrontiert sind! Sie halten sich, was den materiellen Umfang, die Extensität und Inhaltsbreite, wie auch, was die Intensität des in beinahe jeder Zeile gegenwärtigen zentralen Anliegens anbetrifft, die Waage — denn solche Fülle braucht ein Gravitationszentrum, um nicht zu zerfließen, und zwar ein starkes.

Geht nun die Darstellung zu sehr in die Fülle, indem sie möglichst viel bringen will, so springt dabei eine Sammlung von Gedanken, sozusagen ein Haufen von Gedankenmaterial heraus, und das Spezifische: der Stil, der Gedanken-Gang, der Rhythmus geht verloren. Und gerade dies ist für Przywara wie für Barth spezifisch: man wird in eine bestimmte Art von Bewegung hineingenommen. Für Barth heißt »Theologie treiben«: unterwegs sein, bei keinem der eigenen Werke, Gedanken und Worte stehenbleiben, vom Zug des der Theologie eigentümlichen Gegenstandes in Bewegung gehalten sein. »Das Gelingen unseres Unternehmens steht

---

8   a. a. O.
9   Moltmann, a. a. O. S. 50.
10 KD II,1 S. 201.
11 v. Balthasar, a. a. O. S. 295.

und fällt damit, daß wir auf dem Wege sind.«[12] Barths Theologie ist
betontermaßen theologia viatorum.
Und Przywaras Lieblingsworte sind: Rhythmus, Dynamik, Schwingen.
Man mag das »Was« seines Denkens, das Gedachte, noch so sorgfältig
registrieren, es bleibt unverstanden, wenn man das charakteristische
»Wie« seines Denkens nicht mitvollzieht. Bei Przywara ist alles auf
Spannung gebracht, das will berücksichtigt sein, wenn ein Ton hörbar
werden soll. Da ist keine festlegende, das Lebendige stillegende Begrifflichkeit. Die Begriffe schwingen »ineinander-übereinander«, wie Przywara gerne sagt, zwischen entgegengesetzten Polen.
Will man dem Rechnung tragen, und das ist in einer Darstellung ohne-
hin nur sehr begrenzt möglich, dann wird man der inhaltlichen Breite,
der wir bei Przywara und bei Barth begegnen, kaum gerecht werden
können. Przywara pflegt eine so eigenwillig-komprimierende Art der
Diktion, daß leichter aus einer Seite Przywara fünf Seiten Darstellung
werden als umgekehrt. Und die Breite der Barthschen Sprache ist auch
nur begrenzt komprimierbar, soll nicht für genaueres Hinhören Spezifi-
sches verlorengehen. Wenn man das berücksichtigen will, dann ist Be-
schränkung unumgänglich.
Aus den genannten Gründen bezieht sich diese Arbeit vor allem auf die
»analogia entis« von 1932 und zieht von da aus andere Werke Przywaras nur heran, soweit dies zur inhaltlichen Ergänzung oder als Korrektiv
erforderlich ist. Für die Darstellung des Barthschen Analogiedenkens
beziehe ich mich vor allem auf die Prolegomena der Kirchlichen Dogmatik, auf die Lehre von der Gotteserkenntnis in der »Lehre von Gott«
(Band II, 1) und, was die »analogia relationis« betrifft, auf den zweiten
Band der Schöpfungslehre (III, 2). Es ist also nicht beabsichtigt eine genetische Darstellung und Analyse des Analogiedenkens bei Przywara und
Barth von den Anfängen bis zur Vollgestalt, bis zum Spätwerk.

1. Der Weg der Mitte bei Przywara

Przywaras Analogiedenken ist eine Gratwanderung zwischen Extremen,
es ist darauf konzentriert, einen Weg der Mitte einzuhalten. Die aristotelische und lateranensische »analogia entis« ist, so sagt Przywara, das
alles andere »einbeschließende ›Form-Prinzip überhaupt‹: forma sola
universalis«[13]. In diesem Form-Prinzip ist die Mitte zwischen Theopanismus und Pantheismus auf ihren Begriff gebracht.

12 KD II,1 S. 241.
13 Analogia entis, S. 333.

Theopanismus und Pantheismus sind Extremformen, in denen entweder der Mensch vergöttlicht oder Gott vermenschlicht wird[14]. »Das« Reformatorische in der Theologie der Reformation sieht Przywara in dem, was er »Theopanismus« nennt. Danach liegt der letzte Differenzpunkt zwischen Luthertum und Katholizismus nicht so sehr im Unterschied einzelner Lehren, sondern im unterschiedlichen Gottesbegriff, von dem her dann auch die einzelnen Lehren sich verschieden gestalten. Katholisch ist die Mitte zwischen Widerspruch und Identität. Gott ist der »Gott göttlicher Allwirklichkeit — Allwirksamkeit *und* geschöpflicher Eigenwirklichkeit — Eigenwirksamkeit«[15]. Lutherisch ist die Lehre von der Alleinwirksamkeit Gottes, der das allein im Innern beschlossene christliche Leben als deren Erscheinungsform entspricht. Die äußerste Distanz zwischen Gott und dem seinshaft notwendigen Sünder formt sich zur äußersten Einheit, der Gott der Gnade ist alleiniges Wirk- und Formprinzip des Gerechten.

Das Prinzip der göttlichen Alleinwirksamkeit ist auch der Kern der Auseinandersetzung Przywaras mit Barths frühem dialektischem »Eschatologismus«, für den alle Religiosität am ausnahmslosen Nein zu allem Geschöpflichen hänge. Danach ist Religion wesenhaft Eschatologismus »und darum wesenhaft das Gegenteil von Kirche«[16]. In der Sicht Przywaras rückt Barth damit in die Nähe der Mystik und der Ostkirche. Denn charakteristisch für die Mystik ist das »Ausgehen aus dem Geschöpflichen« in das »Allein Gottes in der Nacht des Nicht des Geschöpflichen«. »Im Nachtmotiv berühren sich die Nacht-Licht-, Tod-Auferstehung-, Nein-Ja-Dialektik Barths und die Nacht-Mystik der Mystiker«[17]. Und damit verwandt ist die extrem kultische Frömmigkeit, der eschatologisch gestimmte Realismus der Ostkirche, für den »das Leben dieser Welt . . . bereits aufgehört, das Leben der Auferstehung bereits begonnen« hat. Die Sichtbarkeit des Kultus ist, »kraft der orthodoxen Idee von der restlosen Ewigkeit und Unveränderlichkeit des Liturgischen, eben nicht geschöpfliche Sichtbarkeit, sondern ein Göttliches selbst«[18]. Aber Eschatologismus muß nicht schlechthin unchristlich sein, er muß nur seinen legitimen Ort, seinen richtigen Stellenwert bekommen: nicht in der verzerrenden Extremität, sondern in der katholischen Mitte. Für den Protestantismus ist Vertrauen Umschlag der Selbstverzweiflung, für den

14 Przywara, Ringen der Gegenwart, S. 578, 697.
15 a. a. O. S. 38.
16 a. a. O. S. 49.
17 a. a. O. S. 50 f.
18 a. a. O. S. 54 f.

Katholizismus ist zuerst das Vertrauen in Schöpfung und Schöpfer und dann das Sich-nichtig-Wissen des vertrauenden Menschen. Es kommt auf den Ort an: eschatologische »Unruhe *aus* Ruhe«.

Gegen das betonte »Gott über uns« des frühen Barth setzt Przywara die Mitte des »und«: Gott über uns *und* Gott in uns[19]. In der Entwirklichung und Entwertung der Welt und des Lebens vor dem Alleinwirklichen und Alleinwertigen, in dem Verzicht auf Gott *in* Welt und Leben sieht Przywara ein mut- und kraftloses Waffenstrecken »vor der sogenannten ›Wissenschaft‹«, in dem Ringen um einen »Gott über uns« ein maskiertes Unterliegen in dem Ringen um einen »Gott in uns«. »Die Barthsche Theologie des ›Nicht‹ des Geschöpflichen ist im Grunde nur die Festlegung der Urvehemenz Luthers, in der er im radikalen Sündennachterlebnis Gott gleichsam in seine Arme zwang.«[20] Gott in uns *und* Gott über uns, »dieser Gott allein ist der goldene Ring, der alles echt Menschliche zu umschließen vermag. Außerhalb seiner gibt es nur verabsolutierte Subjektivismen, d. h. vermenschlichte Götter oder vergötzte Menschen.«[21] Die Zerreißung des Ineinandergebundenseins von »in und über« führt zur Aufhebung der Distanz zwischen Gott und Mensch. Von Luthers Idee des alleinwirklichen und alleinwirksamen Gottes stammen der Allgottgedanke Spinozas und Hegels und auch die Menschenvergöttlichung Kants und Nietzsches.

Es sei in diesem Zusammenhang darauf hingewiesen, daß wir bei Barth selbst die These vom möglichen Umschlag von Theologie in Anthropologie finden. Dieser Umschlag sei angelegt in der Christologie des frühen Luther (bis 1519) und der Lehre der lutherischen Orthodoxie von der communicatio idiomatum in genere maiestatico. »Sollte die Christologie, wenn wirklich das ihre Höchstleistung, ihr letztes Wort ist: das apotheosierte, allmächtig-allgegenwärtig-allwissende, das anbetungswürdige Fleisch Jesu Christi, sich nicht vielleicht als die harte Schale erweisen, die diesen süßen Kern birgt: die Göttlichkeit der Humanität überhaupt und als solcher — die Schale, die, nachdem sie diesen Dienst getan, getrost auch beiseite gelegt, bzw. geworfen werden darf?« »War Hegel so ganz im Unrecht, wenn er sich als guten Lutheraner bekennen zu dürfen meinte? War es nur eine Unverschämtheit, wenn sich L. Feuerbach für seine Theorie von der Identität des göttlichen mit dem menschlichen Wesen und also von der Menschwerdung Gottes, die in Wahrheit die Erschei-

19   a. a. O. S. 245.
20   a. a. O. S. 497.
21   a. a. O. S. 578.

nung des Gott gewordenen Menschen sei, mit Vorliebe auf Luther zu be-
rufen pflegte?«[21a]
Luthers Gottesgedanke ist explosiv durch den bis zum Äußersten aufgerissenen objektiven Widerspruch zwischen Gott und Mensch. Darin ist
für die geistesgeschichtliche Entwicklung ein keimhaftes Umschlagserleb-
nis enthalten. Diese Gefahr sieht Przywara überall, wo die analogia
entis, die Spannung von Ähnlichkeit und je größerer Unähnlichkeit,
nicht gewahrt ist. Ihr sieht er auch Barth erliegen.
Die Mitte des katholischen »und« gilt auch für die Behandlung der auf
Grund des neuzeitlichen Wissenschaftsbegriffs fundamentalen Metho-
denfrage. In der Nachfolge Luthers entsteht das Problem zwischen Glaubenstheologie und Gottestheologie. Es ist kein Zufall, sagt Przywara,
daß Barth Herrmann-Schüler ist. W. Herrmann ist kein Subjektivist im
gewöhnlichen Sinne. Im Erlebnis, in der Erfahrung begegnet der Mensch
einer geistigen Macht: Gottes Macht in Christus. Das Theozentrische
beherrscht bei Herrmann alles. Im Problem von Gottestheologie und
Glaubenstheologie gibt es zwei Möglichkeiten der Lösung. 1.: eine Synthese der Gegensätze, ein beziehungshaftes Zueinander von anthropo-
zentrischer und theozentrischer Theologie. 2.: das Durchhauen des
Knotens, die Beseitigung der subjektiven Seite zugunsten einer reinen
Theologie Gottes, die sich darin kundtut, »daß alle menschliche Theologie reines Gebrochenseins der ›Krisis‹ ist«[22].
Barths Theologie der Krisis schneidet den ganzen Wobberminschen
Zwiespalt von Religionsphilosophie, Religionspsychologie und Religi-
onsgeschichte ab, indem sie das Problem in das Jenseits des unerkennba-
ren Gottes verlegt. Von Gott kann nur Gott reden. Darum ist alles theologische Reden von Gott in der reinen Krisis zwischen den zwei Unmög-
lichkeiten einer negativen und einer positiven Theologie. Diese Theologie des Paradoxes enthält in ihrer Wurzel eine Religionsphilosophie: die
dialektische Polaritätsphilosophie der Romantik. Doch das ist nur der
Außenaspekt des Problems. »Die ›Theologie der Krisis‹ erscheint als der
›Aspekt von oben‹ der strengen ›kritischen Philosophie‹ Kants.« Das
transzendentale Subjekt über dem empirischen Subjekt »ist der ›Aspekt
von unten‹ der Transzendenz Gottes über der Kreatur.«[23] Theologie der
Krisis ist demnach Theologisierung Kants, d. h. sie ist innerlich abhängig
von einem bestimmten subjektiven Typus: sie ist das Objektkorrelat des

---

21a   KD IV,2 S. 89 f.
22   Przywara, Ringen der Gegenwart, S. 682.
23   a. a. O. S. 687 f.

Distanzgefühls. Diesen verdeckten Subjektivismus sieht Przywara bei fast allen neueren protestantischen Theologen. Eine Seite des Geschöpflichen wird als die religiöse einer areligiösen schroff entgegengestellt. Von einer »Theologie Gottes in sich« will solche Theologie nichts wissen. Sie hat nicht Gott-in-sich zum Inhalt ihres Gottesbegriffs, sondern die Korrelation, d. h. Gott in seiner inneren notwendigen Beziehung zum Menschen. Demgegenüber ist die Theologie des »und« die höhere Form solcher geschichtlichen Bereiche: sie ist scientia *und* sapientia. »Sapientia« ist sie als »Wissen von oben«[24], Wissen von Gott durch Gott. Aber das von Gott Gegebene ist in Menschenweise Gegebenes, insofern ist Theologie auch »scientia«. Sie ist eigenmethodisch *und* allmethodisch. Es geht in ihr um das Unsichtbare Gottes im Sichtbaren; *Gottes* Unsichtbares, darum gilt sein autoritatives Wort in autoritativer Theologie — im *Sichtbaren* der Geschöpflichkeit, darum gibt es sich wandelnde geschöpfliche Theologien als Formen dieses Wortes. »Es gibt darum nur Eine Unwandelbarkeit ›Einer Theologie‹, die Unwandelbarkeit ihres Autoritätscharakters.«[25] Und das heißt: die Autorität Gottes des Offenbarers in der Autorität seiner Kirche.

Der Standpunkt Przywaras in der Auseinandersetzung der zwanziger Jahre, wie er hier im Durchgang durch eine Reihe von Aufsätzen skizziert wurde, hat sich differenziert. Aber der Tenor seiner Kritik an Barths Theologie von der besagten katholischen Mitte aus ist der gleiche geblieben: alles Abweichen von dieser Mitte endet bei einer Vermenschlichung Gottes oder Vergöttlichung des Menschen. So urteilt Przywara in der »Humanitas« von 1952, in den Stil der Kirchlichen Dogmatik sei »einerseits ganz großer katholischer Stil eingegangen«, in der geschichtlichen Spannweite Schrift-Väter-Scholastik, in der spekulativen Entfaltung des Offenbarungsgehaltes. Andererseits liege in ihr die schärfste Entgegensetzung zum Katholischen in seiner Grundstruktur der analogia entis. Reformatorischer Dynamismus, folgerichtig zu der Lehre von der Alleinwirksamkeit Gottes, ist der alleinige Dynamismus Gottes in der Dynamik seines dreipersönlichen Lebens: er ist analogia fidei. »Der Rhythmus, den das Wort Analogie sagt, ist also Gottes Rhythmus allein.«[26] Dieser Rhythmus schwingt im äußersten Gegenrhythmus des Menschen. Der Widerspruch zwischen Mensch und Gott mündet »in einem gewissen Sinn in das Geheimnis des dreipersönlichen Lebens selber ein«. Der Vater Jesu wird am Tode des Menschen erkannt. Der Vater als der Grund

24 a. a. O. S. 696.
25 a. a. O. S. 699.
26 ders., Humanitas, S. 174.

ohne Grund erscheint im Zeichen des Todes, der der Sünde Sold ist. Das ist unselige Widerspruchsdialektik zwischen Gott und Mensch nicht nur, sondern diese »dämonisch zuckende Dialektik dunkelt in das Geheimnis Gottes selber hinüber«. Analogia fidei heißt »dann in einer solchen Kennzeichnung des Glaubens als Unglaubens, daß überhaupt keine Analogie mehr besteht. Es ist Bruch, nicht Rhythmus. Es bleibt auch in der Kirchlichen Dogmatik die letzte Form die »anti-logia«, Religion als Widerspruch gegen die Offenbarung. Dieser Dynamismus ist »stärkster Ausdruck und Ausbruch. Er ist nicht Erlösung und Klärung«[27]. In Barths Dogmatik kommen einerseits Objektivität und Formklarheit zu einer letzten Erfüllung. Das Objektive, demgegenüber das restloseste Offenstehen geschieht, ist der Deus infinitus immensus. Aber: dieses Offenstehen zerbricht in die Dialektik, in das »sich-öffnende Letzte und Abgründige in einer scheinbar geschlossenen Gestalt«[28]. Gott ist der ganz Andere. Alles »Geöffnetsein in Unendlichkeiten« wird ihm gegenüber zur adoratio. Es ist der Heroismus der Anbetung der göttlichen Majestät um ihrer selbst willen. Die »adoratio« Gottes um Gottes willen hat aber eine unheimliche Kehrseite: das ist der Mensch, der wie Gott sein will, das ist der zweite Tod. Des Lebens Todesgrund erscheint hier als »Folie dessen, wie Objektivität und Formklarheit anstiegen bis zur Klarheit der Göttlichen Majestät«[29].

Die Bestimmung der Differenz der Barthschen Theologie zum Katholischen hat sich im Laufe der Zeit kompliziert. Gegenüber der Verflüchtigung des Überpersönlich-Objektiven vollzieht sich bei Barth ein Rückgang in die Positivität der religiösen und religionsgetragenen Tatsachen. Barth scheint also bei einem Ur-Katholischen anzuheben mit seinem »Sprung aus der in sich festgebissenen Problematik der Neuzeit heraus in die Gesundheit der Vorzeit«[30]. Barths Dogmatik ist ein rücksichtsloser Rückgang auf Positionen, die im Laufe der Jahrhunderte als spezifisch katholische anzusehen man sich gewöhnt hatte. Przywara nennt in diesem Zusammenhang die Trinitätstheologie, die Christologie und die Jungfrauengeburt. Aber der »Rückgang« betrifft nicht nur das Material-Inhaltliche, sondern auch die Methodologie, die Ablehnung jeder Konstruktion a priori zugunsten nachzeichnender Beschreibung. Und doch, so sagt Przywara, endet Barth im denkbar schärfsten Gegensatz zu diesem Urkatholischen. Es geht »durch das ganze Werk unheimlich einheit-

---

27   a. a. O. S. 175 f.
28   a. a. O. S. 30.
29   a. a. O. S. 33.
30   a. a. O. S. 425.

lich . . . eine Reduktion, die noch weit radikaler ist als die Luthers und
seiner Nachfolger bis in die idealistische Theologie hinein: Barth sagt zu
der gesamten Welt der christlichen Offenbarung nur insofern Ja, als sie
eine einzige Anschaulichkeit des Vorgangs von Offenbarung ist, wie
Kierkegaard sie faßt: das Gespräch Gottes zum Menschen«. »Alle Fülle
des ›ewigen Lebens‹ ist also auf das eine ›Gespräch‹ reduziert«, und folgerichtig kehrt nun auch das alte Gespenst der Korrelation wieder. »Gewiß
ist es nicht, wie beim liberalen Protestantismus, eine Korrelation ›von
unten nach oben‹ . . . Aber der Mensch wird in das Wesen Gottes hinaufgezogen, weil das Wesen Gottes selbst als das ›Offenbarungsgespräch‹
bezeichnet wird.«[31] An dieser Stelle der radikalen Reduktion auf das »in
actu« der Offenbarung sieht Przywara die Mitte der analogia entis verlassen, und daher sieht er unvermeidlich die Alternative zwischen Widerspruch und Identität wieder auftauchen. Den Abschluß mag ein Zitat
bilden, in dem wir die zwiespältige Sicht der Barthschen Dogmatik durch
Przywara zusammengefaßt finden: sie trägt ohne Frage das Gesicht, das
seinen »Weg von Ragaz zu Kierkegaard zu Calvin geprägt hat: das reformatorische ›Paradox‹«. »Aber immer schwerer wird es für den Leser, nicht
nur für den protestantischen, zu unterscheiden, inwiefern diese echte
Dogmatik sich von katholischem Geist und betont kirchlichem Geist
abhebe.«[32]

2. Der Weg der Mitte bei Karl Barth

Über den Standort der Theologie Karl Barths sagt v. Balthasar: »1. Karl
Barth legt seinen Standort selbst bewußt und immer neu in gleicher
Entfernung (und somit irgendwie auch als Mitte) zwischen Neuprotestantismus und Katholizismus fest. 2. Von diesem Standort aus meint er
in der Lage zu sein, nicht nur die Offenbarung sachgerecht auszulegen,
sondern auch die wahren Anliegen sowohl des Neuprotestantismus als
des Katholizismus, ja . . . aller modernen Denker zu beurteilen und kritisch zu begrenzen. 3. Diese Mitte aber ist sachlich als radikale Christozentrik zu verstehen, somit auch als die Deutung al'er weltlichen Bezüge
und Belange von der Selbstauslegung des Wortes Gottes in Jesus Christus her.«[33]
Barth kann die hier so genannte Mitte auch das »Sein der Kirche« nennen.

31 a. a. O. S. 425 f.
32 a. a. O. S. 728.
33 v. Balthasar, a. a. O. S. 39 f.

»Die Wahrheitsfrage, um die es in der Theologie durchweg geht, ist die
Frage nach der Übereinstimmung der der Kirche eigentümlichen Rede
von Gott mit dem Sein der Kirche. Das Kriterium der christlichen Rede
von der Vergangenheit und von der Zukunft her und mitten in der Gegenwart ist also das *Sein der Kirche*, d. h. aber *Jesus Christus*: Gott in
seiner gnädigen offenbarenden und versöhnenden Zuwendung zum
Menschen.«[34] Diese Mitte ist es, die schon im »Römerbrief« gemeint
war, sie versuchte Barth mit dem Mittel radikaler Dialektik anzuzeigen.
Es war der paradoxe Versuch, den Vogel im Flug zu zeichnen, den Augenblick ins Wort der Dauer zu bannen. Die Mitte blieb auch in der
Kirchlichen Dogmatik dieselbe. Aber das Denken entsagte sich dem alles
beherrschenden Paradox der Dauer des Augenblicks, entsagte sich in das
»mühsame Schreiten« im Zwischen von geschehener und zukünftiger
Offenbarung. So meint nun die »analogia fidei« ein Entsagen im doppelten Sinne des Wortes: als »sagen-aus« und als »sich-entsagen« im
Sinne theologischer epoché[35].

Was das Sein der Kirche, wer Jesus Christus und was die Wahrheit des
menschlichen Redens von Gott ist, das ist im Lichte des Ereignisses des
Offenbarungshandelns Gottes »*in einem Nu* und in der höchsten Vollkommenheit und Gewißheit klar«[36]. Aber diesem Augenblick des göttlichen Lichtschaffens entspricht unsererseits allein die in unermüdlichem
Weiterschreiten ihre Treue bewährende menschliche Frage. »Die Dogmatik empfängt ja das Maß, an dem sie mißt, in einem Akt menschlicher
Aneignung. Darum muß sie Forschung sein. Sie *kennt* das in sich vollkommene, alles in einem Nu entdeckende Licht, aber sie kennt es nur im
Prisma dieses Aktes, der . . . ein menschlicher Akt ist . . . Die geschöpfliche Gestalt, die das offenbarende Handeln Gottes in der Dogmatik gewinnt, ist darum gar nicht die einer Erkenntnis im Nu, wie sie es der
göttlichen Gabe entsprechend freilich sein müßte, sondern ein mühsames
Schreiten von einer menschlichen Teileinsicht zur anderen . . .«[37] So finden in der Kirchlichen Dogmatik der Augenblick und die Dauer zusammen, und der Weg ihrer Versöhnung ist der Weg von der dialektischen
Theologie des Paradoxes zur Theologie der analogia fidei.

Von dieser Mitte aus fällt die Entscheidung über den »römischen Katholizismus in der Gestalt, die er sich im 16. Jahrhundert im Kampf gegen

---

34 KD I,1 S. 2 f.
35 Meines Erachtens bietet sich dieser Terminus aus der Phänomenologie Husserls
an zur Charakterisierung der Barthschen Methode.
36 KD I,1 S. 11.
37 a. a. O. S. 13.

die Reformation gegeben hat«, von hier aus auch die Entscheidung über den »in der mittelalterlichen Mystik und in der Renaissance wurzelnden pietistisch-rationalistischen Modernismus«[38].

Die Mitte des Seins der Kirche ist verlassen mit der These vom ontologischen Vorrang der Möglichkeit vor der Wirklichkeit. Damit wird dem Sein der Kirche ein Seinszusammenhang übergeordnet, der Theologie wird auf Grund der vorrangig behandelten Frage nach Möglichkeit überhaupt ein Platz in der universitas literarum zugewiesen. Es gibt aber keine »von der Aktualität der Offenbarung verschiedene« Potentialität[39]. Das Sein der Kirche ist actus *purus*, und die Festlegung eines Ortes, der vor dieser Mitte liegt, die Fixierung der Möglichkeit dieser Wirklichkeit in einer anthropologischen Voraussetzung macht es unmöglich, den modernistischen Glauben als christlich zu verstehen. An die Stelle des Wortes Gottes tritt vikariierend das moderne Kulturbewußtsein[40]. Daß eine solche anthropologische Möglichkeit-a-priori der Wirklichkeit der Offenbarung entspricht, ist eine unverbürgte Behauptung. Es bedeutet keine besondere Schwierigkeit, die beanspruchte Wirklichkeit umzudeuten ins Kulturelle, Humane oder gar Biologische[41]. In dieser Zentrierung in einer Möglichkeit-a-priori sieht Barth die Grundentscheidung des protestantischen Modernismus. In ihr liegt seine theologische Fehlentscheidung. In einer Theologie, die der Tatsache der Offenbarung gerecht werden will, kann es nicht um das Begründen gehen, sondern nur um das Verstehen, nicht um das Problem »ob . . .«, sondern um die Explikation »inwiefern . . .« Gegen den Modernismus betont Barth das Aposteriorische der Theologie als entfaltendes Nachsagen des dem Menschen Vorgesagten[42]. Es bedeutet die Aufhebung der Offenbarung, wenn sie als Prädikat dem Menschen als Subjekt zugeordnet wird. Das geschieht, wenn Offenbarung als die geschichtliche Verwirklichung von »Religion-überhaupt« angesehen wird[43], wenn von der »Geschichte-überhaupt« aus das Geschehen der »Offenbarung-im-besonderen« aufgezeigt werden soll[44].

Diese Grundentscheidung wirkt sich in alle Einzelentscheidungen des protestantischen Modernismus aus. Das gilt für das »Woher« der Offenbarung, den Deus loquens. Die Umkehrung des Verhältnisses von Wirk-

38 a. a. O. S. 33.
39 a. a. O. S. 37.
40 a. a. O. S. 265.
41 a. a. O. S. 228.
42 KD I,2 S. 5, 31.
43 a. a. O. S. 309, 315.
44 KD I,1 S. 62 ff.

lichkeit und Möglichkeit wirkt sich aus in der Umkehrung des Verhältnisses von Gott und Mensch. Der Mensch bekommt den Rang des Subjekts, Gott den des Prädikats. So formt sich der Gottesbegriff entsprechend dem Rang des menschlichen Subjekts nach dessen Bilde zum »absoluten Geist«, das souveräne Gegenüber Gottes zum Menschen hat sich aufgelöst[45]. Die Identifizierung von Allmacht und Allwirksamkeit Gottes und damit das alleinige Interesse an der Korrelation drängt zur Apotheose der Natur, der Geschichte und des Menschen[46]. Die genannte Grundentscheidung wirkt sich ferner aus in der Bestimmung des »Wohin« der Offenbarung. Die subjektive Wirklichkeit der Offenbarung als Freiheit von Gott her wird ersetzt durch die Freiheit vom Menschen her. Der Mensch in seinem Selbstverständnis ist sich selbst Zeugnis. Das Selbstverständnis ist die kritische Bedingung, unter der die Bibel als Zeugnis von Gottes Offenbarung in Geltung gelassen wird[47]. So vollzieht sich auch die Exegese unter der Norm des autonomen Selbst- und Wirklichkeitsverständnisses. Das Gegenüber, das die Bibel als Norm und freie Instanz ist, wird durch diese Norm über der Norm aufgelöst. Der Historismus findet, was er voraussetzt, Mythos. Er findet nicht, was den von ihm vorher abgesteckten Horizont des Möglichen transzendiert: Offenbarung[48]. In dem Maße, wie die Bibel ihren Charakter als Norm und Kriterium im Gegenüber zu Kirche und Verkündigung verliert, verliert auch die Verkündigung ihren Charakter als Auftrag *an* den Menschen, als Anrede Gottes und Hören des Menschen. Der Mensch bezeugt sich selbst, was er schon weiß. Das Gegenüber von Gott und Mensch geht ein in den allgemeinen Begriff der Wirkung oder Bewegung, in die Vorstellung einer allgemeinen Gott und Mensch zusammenschließenden Dynamik oder Sinnhaftigkeit. Der Begriff der Verkündigung wird aufgelöst. Dem Neuprotestantismus fehlt die Mitte des Sagens und Entsagens, die Mitte des Seins der Kirche in dem sich offenbarenden Gott und des dieser Offenbarung im Gehorsam nachsprechenden Menschen, die Mitte des Entsagens in der theologischen epoché im »Zwischen« des mühsamen Schreitens zwischen geschehener und künftiger Offenbarung, in dem sich der Mensch der Autonomie des verwaltenden und verfügenden Selbst- und Wirklichkeitsverständnisses enthält, weil er nicht autonom, sondern im Gegenüber zu Gott existiert und darum in einem echt begrenzten zeitlichen Horizont. Der Neuprotestantismus sieht den Men-

---

45 KD II,1 S. 327.
46 a. a. O. S. 596.
47 KD I,2 S. 228.
48 KD I,1 S. 347

schen auf einer Ebene, »die des Horizontes der geschehenen Versöhnung und der kommenden Erlösung entbehrt«, »beide ohne aktuelle Bedeutung für den in der Mitte existierenden Menschen, dem wohl sein Glaube, aber eben nur sein Glaube bleibt, ein Glaube, der ohne diese doppelte Beziehung auf den Herrn als auf seinen Gegenstand, allein gelassen . . . nun doch nur eine besondere Gestalt menschlichen Vermögens, Wollens und Wirkens und also, gemessen am christlichen Glauben nur ein falscher Glaube sein kann«[49].

Während die Grundentscheidung des protestantischen Modernismus in der Fixierung einer apriorischen anthropologischen Möglichkeit zu suchen ist, hat sich der nachtridentinische Katholizismus durch seine Ansiedlung in einer aposteriorischen kirchlichen Wirklichkeit, die zugleich Seins- und Erkenntnisprinzip ist, von der Mitte des Seins der Kirche entfernt. Was grundsätzlich außerhalb jeder menschlichen Möglichkeit liegt, was allein Tat des dem Menschen gnädigen Gottes sein kann, wird zu einem geschlossenen Innerhalb kirchlicher Wirklichkeit[50]. Kraft der »analogia entis« besteht eine kontinuierliche Beziehung, eine überschaubare Zuständlichkeit im Verhältnis von Gott und Mensch. Diese Grundentscheidung wirkt sich in alle Einzelentscheidungen der katholischen Theologie aus. Das gilt zunächst für das »Woher« der Offenbarung. Indem Gott und Mensch auf der beiden prinzipiell gemeinsamen Ebene des Seins zusammengesehen werden, jenseits des Aktes von göttlicher und menschlicher Entscheidung, wird zuerst von Gottes Sein als solchem in abstracto gehandelt. Das ist möglich, weil Gott abgesehen von seiner Offenbarung in seinem Sein, d. h. als »principium et finis« erkannt werden kann. So wird der Gottesgedanke durch die »Theologie des und« aufgeteilt und zuerst vom »Deus Dominus et Creator« gesprochen auf dem »gemächlichen« neutralen Boden des Gott und den Menschen gemeinsamen, beide umschließenden Seins[51]. So tritt durch die Aufteilung und Abstraktion an die Stelle Gottes des Herrn das kreatürliche Gottesbild des Seins, der Gottesbegriff der antiken Philosophie[52].

Die Grundentscheidung des Katholizismus wirkt sich ferner aus in der Bestimmung des »Wohin« der Offenbarung. Diese hat ihre endgültige und angemessene Gestalt gefunden in der Mariologie. Maria ist *der* auf Grund von Gnade die Gnade bejahende Mensch, die Verkörperung der der Welt auch abgesehen von der Inkarnation des Logos innewohnenden

---

49 KD I,2 S. 775 f.
50 KD I,1 S. 39 f.
51 KD II,1 S. 86 ff.
52 KD II,2 S. 591.

göttlichen Weisheit, die zu verstehen ist als die Offenheit und Bereitschaft des Geschöpfes für seinen Gott[53]. Der Mensch als solcher ist —
analogia entis — des wahren Seins und der Gemeinschaft mit dem höchsten Sein fähig. Hieraus erklärt sich das Interesse der »Theologie des
und« am Subjekt, am Habituellen, an der cooperatio, wie es in der
katholischen Gnadenlehre zum Ausdruck kommt. Die Einheit der Gnade
wird negiert durch die Aufteilung in die gratia creata und gratia increata,
gratia interna und gratia externa, gratia gratis data und gratia gratum
faciens, gratia habitualis und gratia actualis, gratia cooperans und gratia
operans usw., wobei jeweils das zweite Glied der Begriffspaare die objektive Ermöglichung, das erste die letztlich entscheidende subjektive Verwirklichung bezeichnet[54]. Eine solche Aufteilung der Gnade in einer
»Theologie des und« abstrahiert von der einen Gnade, um das personale
Ereignis von Wort und Glaube zu transponieren in die permanente Beziehung von Ursache und Wirkung[55]. So wird dem Menschen eine
»exousia« zugeschrieben, in der er auf die als »causa« verstandene
Gnade Jesu Christi als auf eine überwundene Vorstufe zurückblicken
kann[56]. Entsprechende Konsequenzen zeigen sich in dem Rang, den die
katholische Kirche der Bibel und der Verkündigung beimißt. Die gegenwärtige Kirche bekommt eine relative Selbständigkeit gegenüber der
Heiligen Schrift, die nicht die Bedeutung eines echten Gegenübers hat[57].
»Die souveräne Freiheit dieser Sache, sich selber zu sagen, wird uns dem
gesagten Wort als solchem und in seiner Historizität gegenüber eine
epoché auferlegen.«[58] Der »Theologie des und« fehlt das Entsagen, in
dem man sich des Verfügens über das Zeugnis von Gottes Offenbarung
enthält. Die Kirche verfügt selbstherrlich über dieses Zeugnis und ordnet
ihm ihre eigene lateinische Stimme über[59]. So befindet sich die Kirche im
Gespräch mit sich selbst, denn sie hat durch das kirchliche Lehramt die
Norm über die Norm in ihrer Hand[60]. Demgemäß hat auch die Verkündigung ihren Platz am Rande des kirchlichen Handelns, nicht aber in der
Mitte des Lebens der Kirche. Diese Mitte ist *actus* purus, nicht eine kontinuierliche Beziehung.
Die Mitte des Seins der Kirche ist weder in einer apriorischen Möglich-

53 KD I,2 S. 159.
54 KD IV,1 S. 89 ff.
55 KD I,1 S. 69.
56 KD IV,1 S. 93.
57 KD I,1 S. 107 f.
58 KD I,2 S. 520.
59 a. a. O. S. 672.
60 KD I,1 S. 109.

keit noch in einer aposteriorischen Wirklichkeit eine fixierbare und überschaubare Gegebenheit, sondern sie ist allein »je der gegenwärtige Augenblick des Redens und Gehörtwerdens Jesu Christi selber«[61]. Von dieser Mitte aus gesehen geraten der protestantische Modernismus und der
römische Katholizismus in eine große sachliche Nähe.

Die Polemik Barths gegen die katholische Theologie hat sich im Laufe
der Entwicklung der Kirchlichen Dogmatik mehr und mehr von dem
unterscheidenden Formalprinzip auf die Differenzen im Materialen ver-
lagert. Gottlieb Söhngen hatte die »analogia entis« dahin interpretiert,
daß zwar für die Seinsordnung das »operari sequitur esse« gelte, in der
Erkenntnisordnung aber das Sein dem Tun folge[62]. Die »analogia entis«
sei also der »analogia fidei« unterzuordnen, sie dürfe aber nicht unter-
schlagen werden, weil sich das Anliegen der »actualitas verbi et fidei«
verbinden muß mit dem Anliegen der »substantia verbi et fidei«, »damit
die Wort- und Glaubenssubstanz nicht in die Beweglichkeit einer Aktualität oder Ereignishaftigkeit gerate, in welcher die Substanz in Bewegung
oder gar jeweils in die geistigen und geschichtlichen ›Bewegungen‹
fällt«[63]. Barth erklärt sich mit dieser Konzeption einverstanden[64], denn
ihr Anliegen besteht in der Abwehr einer Korrelationstheologie, die ja
gerade Barths eigenstes Anliegen ist. Hans Urs von Balthasar hat die
Gedanken Söhngens aufgenommen, um zu zeigen, daß Barth in der
Kirchlichen Dogmatik das Programm »analogia entis in analogia fidei«
verwirklicht habe. D. h. inhaltlich: die Erlösungsordnung hat das absolute Prius vor der Schöpfungsordnung, die Schöpfungsordnung hat das
relative Prius vor der Erlösungsordnung. Doch komme bei Barth das
relative Prius der Setzung vor der Voraussetzung zu kurz. Im ordo
executionis müsse dem relativen Prius der Setzung (Schöpfung, Natur)
vor der Voraussetzung (Christus, Gnade) mehr Platz eingeräumt werden.
Balthasar bejaht die Zentrierung der Theologie in der Christologie,
zugleich aber ist die Durchführung der Christozentrik bei Barth der
Gegenstand seiner Kritik. Barth müsse konsequenter sein in der Durchführung der in Christus grundgelegten Analogie, er dürfe nicht so konsequent sein in seinen protologischen und eschatologischen Aussagen. In
der ersten Beziehung sage er zuwenig, in der zweiten zuviel. Diese Ver-
lagerung des Gewichts verleite zu einer christologischen »Engführung«[65].

---

61 a. a. O. S. 41.
62 Söhngen in: Catholica 1934, S. 198.
63 a. a. O. S. 185.
64 KD II,1 S. 190.
65 v. Balthasar, a. a. O. S. 253.

Diese kritische Irenik v. Balthasars in der Zuordnung von analogia entis und analogia fidei, Necessität der Natur und Faktizität der Offenbarung, formal-metaphysischem Minimum und konkret-theologisch gefüllter Kontingenz ist nur dann einleuchtend, wenn man voraussetzt, daß die »analogia entis«, wie er sie hier versteht, nicht identisch ist mit der aristotelisch-lateranensischen Analogie.

»Man wird diese Natur in jenem Minimum zu erfassen suchen, das sich in jeder möglichen Situation, darin Gott sich einem Geschöpf offenbaren wollte, verwirklicht zeigen muß, und das ausgedrückt ist in der analogia entis.« Eben nicht nur dies sagt Przywara mit der »analogia entis«, sondern durchaus auch das innere Wesen der gnadenhaften Begegnung von Gott zum Menschen. v. Balthasar fährt fort: »Wenn Offenbarung sein soll, dann kann sie nur ergehen von Gott zu Geschöpf; zu einem Geschöpf, das als solches gerade in seinem Begriff Offenbarung *nicht* einschließt. Die ›Natur‹, die die Gnade sich voraussetzt, ist das Geschöpfsein als solches. Wir nennen diesen Begriff der Natur den *formalen Naturbegriff*.«[66] »Analogia entis«, wie Przywara sie versteht, sagt das genaue Gegenteil von »formalem Naturbegriff«, nämlich ein »rein frei Faktisches«[67]. Nicht Nezessität, sondern Faktizität ist demnach das rechte Wort im Bezug auf die »analogia entis«. Es leuchtet ein, daß auf dem Boden der »analogia fidei« *dieser* Begriff von »analogia entis« sinnlos ist, denn beide Begriffe meinen, wie im einzelnen zu zeigen sein wird, ein frei Faktisches, ein *Konkretum*.

3. Vergleich der Systemstrukturen

Man kann meines Erachtens leicht der Gefahr der Fehldeutung erliegen, wenn man das von Przywara und Barth in der Abgrenzung polemisch Gesagte im Blick auf den Protestantismus bzw. den Katholizismus als hermeneutischen Schlüssel zum Verständnis des jeweils dabei polemisch anvisierten Partners benutzt. Bei dieser kontroverstheologisch so schwierigen Thematik erscheint die Vorsicht als angemessener, das von Przywara bzw. Barth abgrenzend und negierend Gesagte methodisch zunächst als Hilfe zum Verständnis der von ihnen vertretenen Positionen zu nehmen. Es könnte sonst leicht aus dem Blick geraten, daß die Negation in den Negationen bei Przywara und Barth die gleiche ist: sie wenden sich beide gegen eine sich an der Freiheit Gottes vergreifende Einbeziehung

---

66   a. a. O. S. 295.
67   Przywara, In und Gegen, S. 279.

des Menschen ins Göttliche oder des Göttlichen ins Menschliche, gegen die Handhabung irgendeines *Prinzips,* durch das Gott in irgendeiner Weise determiniert wird. So will Przywara die analogia entis keineswegs verstanden wissen als ein Prinzip, »insofern etwas urhaft Statisches damit vermeint sein könnte, ›aus dem‹ alles übrige abgeleitet werden oder ›zu dem‹ es zurückgeführt werden könnte. Sie ist vielmehr wesentlich das Ur-Dynamische, darin sowohl das Inner-Geschöpfliche schwingt, wie das Zwischen-Gott-und-Geschöpf-liche, wie das Inner-Göttliche, das im Theologumenon von den innergöttlichen ›Beziehungen‹...., die Vater, Sohn und Geist *sind,* seinen hyper-transzendenten Ausdruck hat«[68]. Die »analogia entis« darf also nicht verstanden werden als das Programm einer »natürlichen« Theologie, sondern sie gilt durchaus im »übernatürlichen« und genuinst christlichen Bereich: in der Trinitätstheologie. Przywara hat die theologische analogia-entis-Formel in den Beschlüssen des IV. Laterankonzils entdeckt. Sie ist auch nicht der Inhalt einer theologisch-philosophischen Lehrmeinung, nach der die Welt auf den Schöpfer hingeordnet ist oder nach der es einen »begriffenen« Seinszusammenhang von Schöpfer, Schöpfung und Geschöpf gibt[69]. Die »analogia entis als die schwingende Mitte zwischen den Absolutismen der absoluten Transzendenz des Gottes Calvins, Kierkegaards und Barths und der absoluten Immanenz des Gottes Schleiermachers, Ritschls und Harnacks rottet von der Wurzel her alle, ob deduktive oder induktive, ›Ableitung‹ aus«[70].

Die Negationen, die Barth von der »analogia fidei« aus unternimmt, betreffen einerseits die dem Akt der Offenbarung vorgreifende Fixierung einer gegebenen Möglichkeit, andererseits die dem Akt der Offenbarung nachfolgende Fixierung einer gegebenen Wirklichkeit. »Auf Grund des Wortes, das Gott zu seiner Kirche gesprochen hat, wird in seiner Kirche durch Menschen hingewiesen auf das Wort, das Gott zu seiner Kirche sprechen will. Die Gegenwart Gottes ist dann Gnade, d. h. seine unergründlich freie jeweilige Tat, in der er sich zu jenem Hinweis bekennt und damit die Verheißung in doppeltem Sinn erfüllt: indem er ihre durch Menschen vollzogene Wiederholung zu einer wahren macht und indem er der verkündigten Verheißung entspricht durch das wirkliche neue Kommen seines Wortes.«[71] Wenn der, um den es in der Dogmatik geht, sich nicht selber zur Sprache bringt, bleibt die Mitte leer. Weil es um die

---

68 Analogia entis, S. 210.
69 ders., In und Gegen, S. 278.
70 a. a. O. S. 279.
71 KD I,1 S. 68 f.

Mitte der Fülle des göttlichen »Lichtschaffens« geht, muß diese Mitte
von uns aus ein Vakuum bleiben[72]. Unsere Gedanken und Worte müssen
in ihrer entscheidenden Mitte ein Vakuum haben, von dem her sie entweder ganz richtig oder ganz nichtig sind. Da es um ein der Fülle *Gottes*
Entsprechen geht, kann es unsererseits nur um Entsagen im Sinne der
theologischen »epoché« gehen. Von dieser Mitte aus lehnt Barth jene
apriorischen und aposteriorischen Ansätze ab.

Nimmt man das Gegenüber der (mit großem Vorbehalt so zu nennenden)
»Systeme« der Mitte als das Gegenüber zweier System-Punkte in den
Blick, auf der einen Seite den Punkt des aristotelisch-lateranensischen
»ens«, auf der anderen Seite den Punkt des reformatorischen »sola gratia« und »sola fide«, so führt dieses Gegenüber in seiner punktualen
Intensität sofort vor die Alternative und nicht ins theologische Sachge-
spräch. Es sind aber in den differenten Systempunkten differente System-
Strukturen angelegt und impliziert, und diese eröffnen auf Grund der
strukturalen Extensität die Möglichkeit eines fruchtbaren Vergleichs mit
darin einbegriffener Chance des besseren gegenseitigen Verstehens.

Die folgenden Problembereiche bilden den Grundriß dieser Arbeit:

1. Der Analogiebegriff.
2. Ontologie und Erkenntnistheorie.
3. Glaube und Vernunft.
4. Die Denkform in der Theologie.

Diese Abfolge der Thematik ergab sich für den Vergleich des Analogiedenkens Przywaras und Barths auf solche Weise, daß das Gegenüber,
wie es sich im ersten Themenkreis darstellte, die Problematik aus sich
entließ, die im folgenden Themenkreis Gegenstand der Darstellung und
Analyse ist. Und daß wiederum das Gegenüber, wie es im zweiten Themenkreis sichtbar wurde, zur Problemstellung des dritten führt usw.,
nach dem Schachtelprinzip. Die Konsequenz solcher Abfolge kann nur
durch die Durchführung belegt werden. Den Leitfaden der Durchführung bilden folgende Gesichtspunkte:

1.   Analogie als Mitte besagt bei Przywara: die je immer größere Unähnlichkeit zwischen Mensch und Gott quer hindurchschneidend durch
alle noch so große Ähnlichkeit. Formal: die Mitte zwischen Identität und
Widerspruch im natürlich-übernatürlichen »Oben« und »Unten«.

Analogie als Mitte heißt bei Barth: das dem Handeln Gottes-selbst in
Jesus Christus Entsprechen (Entsagen). Formal: die Mitte in Synthese
und Diastase im Horizont der Zeit.

---

72   KD II,1 S. 285.

2. Daraus folgt für die Bestimmung des Verhältnisses von Seinsordnung und Erkenntnisordnung

bei Przywara: die gegenseitige Durchdringung und Wechselbeziehung von »Meta-noetik« und »Meta-ontik« entsprechend der Spannungs-Schwebe zwischen Sosein und Dasein. Formal: die Wechselbeziehung im »in-über« von »Meta-noetik« und »Meta-ontik« im Raum einer betonten energetisch-vertikalen Seins-Stufen-Ordnung.

bei Barth: die ontisch-noetische Diastase entsprechend der Unterordnung der noetischen unter die ontische Ratio. Formal: die Diastase im zeitlich permanierenden »vor und nach« der ontischen Ratio gegenüber der je jetzt im Augenblick aktualen noetischen Ratio im Raume einer betonten dynamisch-horizontalen Zeit-Folge-Ordnung.

3. Daraus ergibt sich für die Bestimmung des Verhältnisses von Glaube und Vernunft

bei Przywara: die gegenseitige Durchdringung und Wechselbeziehung zwischen Glaube und Vernunft entsprechend dem Verhältnis von télos und entelécheia der enérgeia in der Form von »Glauben in-über Verstehen«.

bei Barth: absolutes Prius des Glaubens vor dem Verstehen, dieses gefaßt als Bewegung in dem *vor*-gegebenen Raum des objektiven und subjektiven Credo, von dem allein her die Bewegung des Denkens »gerichtet« ist.

4. Daraus ergibt sich für das Problem einer theologischen Denkform überhaupt

bei Przywara: die analogische Denkform allein zwischen Dialektik und Logik.

bei Barth: ein aposteriorischer Eklektizismus aus Logik, Dialektik und Analogik.

I. Seinsstufung und Zeitlichkeit

Die erste Gegenüberstellung in ganz überschlägigem Ausblick auf die hier zum Vergleich stehenden Positionen Barths und Przywaras erwies beide als Positionen der Mitte. Da wir nach den Denkstrukturen fragen wollen, soll sich das Augenmerk richten auf die Strukturhorizonte, die sich aus den obigen Abgrenzungen ergeben.

Karl Barth siedelt seine Dogmatik in der Mitte zwischen Neuprotestantismus und Katholizismus an, wie wir sahen. Der pietistisch-rationalistische Modernismus baut auf die These vom ontologischen Vorrang der Möglichkeit vor der Wirklichkeit. Das vorrangige Interesse an einer anthropologischen Voraussetzung, die Zentrierung in einer Möglichkeit-a-priori ist die Grundentscheidung des Modernismus.

Demgegenüber sieht Barth das Eigentliche des Katholizismus in der Fixierung einer kontinuierlich-seinshaft gegebenen, nach der Regel gar von Ursache und Wirkung überschaubaren Wirklichkeit, die Gott und Mensch umgreift. In der Autonomie, die sich die Kirche angeeignet hat, liegt der Aposteriorismus des Wirklichen.

Es ist deutlich, daß »a priori« und »a posteriori« zeitliche Bestimmungen sind und nicht zu verwechseln mit den Begriffen der transzendentalen Ästhetik Kants, obwohl Barths Position nicht ohne diese denkbar wäre. Sie sind zeitliche Bestimmungen, weil sie sich beziehen auf den Vorgang von Offenbarung. Daß sich die fundamentale Abgrenzung Barths gegen den Neuprotestantismus und gegen den Katholizismus eben auf dieser Ebene vollzieht, verweist uns darauf, daß die Zeitlichkeit als Strukturhorizont für das Denken Barths grundlegende Bedeutung hat. Denn Offenbarung heißt: Offenbarung Gottes in der Zeit. »Er läßt sich hernieder und er läßt sich erkennen in Wahrheit als der, der er ist, aber ganz anders als er sich selbst erkennt, nämlich zeitlich.« Gott läßt diese unsere Zeit sein, d. h.: er schenkt uns Zeit, »damit er in ihr immer wieder seine Zeit für uns, Offenbarungszeit haben möchte«[1].

---

1 KD II,1 S. 66 f.

Die Systematik Przywaras erhält ihren Ort der Mitte in der Absetzung gegen Supranaturalismus und Rationalismus, gegen den »Theopanismus« der Reformatoren und den »Pantheismus« der Renaissance und der Romantik, gegen die reine Transzendenz des »Gott über uns« und die reine Immanenz des »Gott in uns«. Und hierin steht dieses Denken der Mitte gegen alle Versuche der Schließung des Kreatürlichen rund zu sich selbst. Die Problematik der Widersprüche wird in ihm zur Problematik der Spannungen, anfangend bei dem metaphysischen Fundamentalproblem des Verhältnisses zwischen essentia und esse, bis zum Verhältnis zwischen Theologie und Philosophie, bis schließlich — innerhalb des Theologischen selber — zum Verhältnis zwischen Begriff und Geheimnis. Gegen die betonte Distanz des »Gott über uns« z. B. in der frühen dialektischen Theologie, gegen die betonte Einheit des »Gott in uns« z. B. in der Polaritätsphilosophie der Romantik, setzt Przywara die Spannungs-Schwebe des »Gott über uns *und* Gott in uns«. Der Gegensatz zwischen Distanz und Einheit wird zum Spannungsverhältnis. Die Kritik richtet sich also nicht wie bei Barth gegen den Apriorismus des Möglichen und den Aposteriorismus des Wirklichen, sondern gegen die Widerspruchseinheit einer reinen Theologie der Transzendenz und einer reinen Theologie der Immanenz. Grundlegender Strukturhorizont dieses Denkens ist daher die Spannungsschwebe des »in-über«, die Gesamtheit des Geschöpflichen in seiner Stufenhierarchie, in der auf jeder Stufe der erreichten Ähnlichkeit die je größere Unähnlichkeit quer hindurchschneidet. Denn das Geschöpf ist »das unschließbar ›Offene‹ seiner Spannungen«[2].

Zeitlichkeit und Seinsstufung bilden demnach die ersten grundlegenden Strukturhorizonte, die zum Vergleich stehen.

1. Die Grundlegung der analogia entis im Satz vom Widerspruch

a) Sein als Schwebe zwischen zwei X

Philosophie ist nach Aristoteles die Wissenschaft vom Seienden, insofern es ist[3]. Die Einzelwissenschaften machen von Axiomen jeweils nur in dem Umfang Gebrauch, in dem es für ihre Zwecke nötig ist, d. h. im

---

2 Przywara, Schriften, Bd. II, S. 401.
3 Aristoteles, Metaphysik, 1003/a21–1003/b22.

Bereich der Gattung des Seienden, in dem der Beweis geführt werden
soll. Philosophie aber, die sich mit dem »Seienden überhaupt« befaßt,
mit dem »Seienden im Ganzen«, fragt im Unterschied zu den Einzelwissenschaften nach der Wahrheit aller Axiome, die zum Seienden gehören,
insofern es nicht »dieses« ist, sondern insofern es ist. Sie fragt nach der
»arché«, nach dem Ur-Axiom, der Quelle aller Axiome, die zum Seienden
gehören, insofern es ist. Diese »arché« definiert Aristoteles im Satz vom
Widerspruch: »es ist unmöglich, daß ein Identisches an einem Identischen zugleich in derselben Hinsicht bestehe und nicht bestehe.« Im Anschluß an diese ontische Formulierung des Satzes folgt bei Aristoteles
seine noetische Wendung: »in der Tat ist es unmöglich, daß irgend
jemand der Auffassung sei, dasselbe sei und sei nicht . . . Wenn an einem
Identischen nicht gleichzeitig Gegenteile bestehen können . . . und das
Gegenteil einer Meinung die ihr widersprechende Meinung ist, so ist
offenbar: derselbe Mensch vermag nicht gleichzeitig der Auffassung zu
sein, daß ein Identisches sei und daß es nicht sei.«[4] Im 10. Buch der Metaphysik geht Aristoteles vom Noetischen aus: »Es gibt eine Quelle in den
Dingen, über die wir nicht irren können, über die wir im Gegenteil immer
die Wahrheit denken müssen.« Und dann folgt die ontische Bestimmung:
»daß nämlich ein Identisches nicht zu ein und derselben Zeit ›sein‹ und
›nicht sein‹ könne — und daß auch keine anderen Dinge bestehen können, die in gleicher Weise einander entgegengesetzt wären.«[5]
Hierin gründet sich zur einen Hälfte der Analogiebegriff Przywaras —
zur anderen Hälfte basiert er auf dem IV. Lateranense, wovon später zu
sprechen sein wird.
Der Widerspruchssatz sagt das Minimum an festem Boden, das allem,
was ist, zukommen muß. Er bestimmt dieses Minimum 1. rein formal
und geht so jeder inhaltlichen Bestimmung voraus. Er ist 2. eine negative
Bestimmung gegen den Identitätssatz: »was ist, ist.« Er ist 3. eine reduktive Bestimmung, wie schon das »Minimum« sagt: wenn das Sein von
allem, was ist, sich als nichtseiend erweist in bestimmter Hinsicht und
die Wahrheit aller Sätze unter anderer Hinsicht zugleich als nicht wahr,
so ist doch diese »arché« durchgängig gültig, daß nicht etwas zugleich
(wahr) sein und nicht (wahr) sein kann.
Der im Satz vom Widerspruch grundgelegte Seinsbegriff ist demgemäß
nach zwei Seiten abzugrenzen und erhält daraus seine Bestimmung als
Mitte. Er ist einerseits abzugrenzen gegen die Position des reinen Widerspruchs, wie sie Heraklit vertreten hat: das geschöpfliche Sein ist der

---

4 a. a. O. 1005/b18—20. 23—31.
5 a. a. O. 1061/b34—1062/a3.

stete Wechsel der Gegensätze von Tag und Nacht, Sommer und Win-
ter usw. Darum sind Meer und Feuer die Symbole der Welt, in der der
Mensch sich selbst verliert, weil er Anfang und Ende nicht zu einem um-
fassen kann. Und Gott ist der absolute Ort der Gegensätze.
Andererseits klärt sich doch das Wogen der Gegensätze für Heraklit zu
einem Rhythmus im Maß und darin deutet sich schon die Sicht des Parmenides an, für die die Gegensätze des Geschöpflichen in Werden und
Vergehen, Sein und Nichtsein nur Schein sind. Denn Sein ist »das Sein
der Ewigen Wahrheit, die als solche eins und ungeteilt als in sich gleich-
artig dieselbe ist«[6]. So ist das Symbol des Seins bei Parmenides die Ku-
gel als das in sich Ruhende und Vollkommene.
Aristoteles definiert den Satz vom Widerspruch als negativ-reduktive
Formalposition zwischen Heraklit und Parmenides, denn beide Extrem-
positionen sind in sich nicht haltbar, sondern sie fordern sich gegenseitig
zu einer steten Auseinandersetzung heraus. Der Widerspruchssatz ist
geradezu die Formel für das Gesetz der steten Auseinandersetzung dieses
tiefsten Gegensatzes zwischen Heraklit und Parmenides. Als Mitte zwischen heraklitischer Alles-Bewegung und parmenidischer Alles-Ruhe ist
er das Maß der Bewegung, Bewegung in Ruhe und Ruhe in Bewegung,
»Ausgleich im Maß«[7] und Rhythmus-Mitte.
Für den Standpunkt der Alles-Bewegung gibt es kein Sein, weil alles sich
wandelt und Sein zu Nichts wird. So besteht letztlich kein Unterschied
zwischen Sein und Nichtsein. Für den Standpunkt der Alles-Ruhe gibt es
nicht den Wandel der Kreatur zwischen Sein und Nichtsein. Da aber tatsächlich die Kreatur diesem Wandel unterworfen ist, so muß Parmenides
letztlich Sein und Nichts als dasselbe fassen. Das Sein im Sinne des Widerspruchssatzes steht in der Mitte zwischen parmenidischer reiner Identität des Seins (ist = ist) und heraklitischem reinem Widerspruch des
Seins (ist = nicht ist), es ist dynamisch bewegte Mitte (ist = nicht nicht
ist). Also: »Sein« als »ist im nicht« *ist* analog. Der Identitätssatz mißt
allem kreatürlichen Sein zu, was Gottes eigener Name ist: »ich bin, der
ich bin.« Das ist, so sagt Przywara, die Grundoperation im Seins-Aprio-
rismus des deutschen Idealismus. Die Position des reinen Widerspruchs
zielt auf die Auflösung auch des Minimums an festem Boden, das im Satz
vom Widerspruch als »arché« definiert ist. Aber auch der Standpunkt des
reinen Widerspruchs bleibt innerlich geleitet vom Ideal der reinen Identität und erweist sich als die indirekte und verschleierte Form des Identi-
tätsdenkens. Przywara verweist in dem Zusammenhang auf Heidegger,

6 Analogia entis, S. 111.
7 a. a. O. S. 112.

der in seiner Existenz-Phänomenologie den Identitätssatz beseitigt habe zugunsten der reinen Werde-Bewegtheit des Daseins in der Sorge in der Welt. Aber indem das Dasein je seine eigene Möglichkeit existiert, ist es dynamisch unendlich zu sich selbst. In dieser unendlichen Dynamik des Daseins zu sich selbst hat sich der Identitätssatz in verschleierter Form erhalten.

Die grundlegende Bestimmung des Seinsbegriffs bei Przywara im Sinne des aristotelischen Widerspruchssatzes als Mitte des Ausgleichs im Maß ist nun zu explizieren.

b) Immanenz und Transzendenz

Alle Wirklichkeit ist zuunterst getragen von der »dýnamis« der reinen Möglichkeit als dem untersten kreatürlichen Bereich. Weil Möglichkeit Möglichkeit-zu-allem ist, gilt hier die heraklitische Gegensätzlichkeit und die parmenidische Einheit als explosive Gegensatzeinheit, die zur Verwirklichung drängt. Gegenüber dem unendlichen Meer der Möglichkeiten ist Wirklichkeit als Ins-Werk-Setzung (enérgeia) einer Möglichkeit der Ausschluß der Gegenmöglichkeit. D. h. mit der Ins-Werk-Setzung einer Möglichkeit und der damit vollzogenen Begrenzung des unendlich Möglichen gilt der Satz vom Widerspruch, gilt das »ist = nicht nicht ist«. Als Eingrenzung aus unendlicher Möglichkeit ist die Wirklichkeit wie »ein schwankender Staudamm gegenüber dem Ungestüm des Ozeans der Möglichkeiten, und das ›rationiert‹ eingelassene Meer« bebt innerhalb der Grenzen und macht sie beben[8]. Wirkliches »ist« als »ist im nicht«. Wirklichkeit verhält sich zu Möglichkeit wie Endlichkeit zu Unendlichkeit und ist auf diese Weise von der unendlichen Möglichkeit jeweils schon überholt, die kraft ihrer Dynamik zu neuer Verwirklichung drängt. Die Wirklichkeit bleibt so gleichsam in die Bewegung des Werde-Dranges der unendlichen Möglichkeiten einbezogen, da sie aber Eingrenzung ist, ist es gerichtete und gezielte Bewegung. Hierin erscheint das »Sein« als Analogie, wie es der Widerspruchssatz sagt: Bewegung in Ruhe, indem die Bewegung zu einer Richtung gebändigt ist. Wirklichkeit ist also einerseits zurückbezogen zum »Meer der Möglichkeiten«, sie ist Eingegrenztes, bebende Insel.

Andererseits ist Wirklichkeit als jeweils schon überholte vorausbezogen in einer gerichteten Bewegung, in der sie ein Ziel in sich befaßt, auf das hin sie gerichtet ist. Insofern ist Wirklichkeit »entelécheia«, in sich selbst Ziel. In diesem Rück- und Vorbezug erscheint deutlicher, wie Sein im

8   a. a. O. S. 114.

Sinne des Widerspruchssatzes Schwebe ist und Übergang, »Analogie als immanent dynamisch zielgerichtete Mitte«[9]. Mit dem »In-sich-Ziel-Haben« kann ein neuer Bezug in den Blick, nämlich der zur Sphäre des »télos«. Alles-Wandel und Alles-Bewegung sind quantitativ-formale Bestimmungen. Sie setzen ein »Etwas« voraus, das bewegt wird: das qualitativ-Inhaltliche von Seins- und Sinnformen, zwischen denen die Bewegung und Wandlung geschieht. In dem oben genannten »Eingegrenzten« sind Seins- und Sinnform dynamisch zu einer Einheit gebändigt. Das »télos«, zu dem die »enérgeia« drängt, ist die Gesamtheit und Einheit aller Seins- und Sinnformen. Dieser Bezug überhöht sich zuletzt in das Verhältnis von Transzendenz und Immanenz. Denn Kreatürliches »hat« nur insofern Sein, als es über sich hinaus bezogen ist auf das göttliche »Ist«. So begründet sich kreatürlich-analoges Sein als transzendierende Immanenz.

Das kreatürliche Sein als »Beben über dem Nichts«, wie es der Widerspruchssatz sagt, erhellt sich also dahin, daß es nur insofern »ist«, als es »über-hinaus-bezogen« ist. Kreatürliches »ist« nicht aus sich, sondern aus Gott. Aus sich würde es vielmehr dem Nichts verfallen. Das ist der aristotelisch formulierte Gedanke der creatio continua bei Przywara. Aber dieser aristotelische Gedanke des teilnehmenden »Über-sich-hinaus-bezogen-Seins« ist nach Przywara sekundär gegenüber dem primären (thomistischen) Gedanken der Analogie als »teilgebendes Sich-von-oben-hinein-beziehen der göttlichen Identität des Ist«[10]. »Dicuntur omnia esse in Deo, inquantum continentur ab ipso.«[11] »Cum . . . Deus sit ipsum esse per suam essentiam, oportet quod esse creatum sit proprius effectus eius.«[12] Analogie der »transzendierenden Immanenz« gründet demnach in der Analogie der »immanierenden Transzendenz«. Indem so das Bezogensein des Kreatürlichen über sich hinaus aufruht auf dem vorgängigen »Sich-Beziehen« des göttlichen »Ist«, erscheint die letzte dynamische Mitte des Analogiegefüges. Man darf aber im Sinne Przywaras die »immanierende Transzendenz« des teilgebenden göttlichen »Ist« nicht interpretieren als »direkte natürliche Gegebenheit«. Sie ist bei Przywara in Anlehnung an Augustinus immer komparativisch formuliert: Deus interior omni re, Gott ist allem innerer als das Innen. Das »Innesein« Gottes ist selbst über alles Innen hinaus. Und so weist es über sich hinaus auf das »Ist« Gottes in sich. Diesen aufsteigenden Verweis bringt

9 a. a. O. S. 116.
10 a. a. O. S. 119.
11 Thomas von Aquin, summa theologica, Buch I, quaestio 8, art. 1 ad 2.
12 a. a. O. quaestio 8, art. 1.

Przywara auf die Kurzformel: »Ist in-über ist.« Dem geht andererseits
vorauf, daß der »Gott über allem« (Deus exterior omni re) zum alles tra-
genden und umfassenden »Innen« wird. Kreatürliches Sein ist nur kraft
der Teilhabe, Gott aber ist aus sich selbst. Das Geschöpf ist nur, indem es
über sich hinaus bezogen ist, Gott aber ist »exterior«, über-hinaus, und
dann erst auch interior. D. h. nicht einfach: »innen«, in der Weise eines
Bestandteils der Immanenz oder dergleichen, sondern — der lateinische
Komparativ »interior« ist schwer wiederzugeben — als tragender Grund
des Innen. So begründet sich die Immanenz als »dynamisches Hin und
Zurück zwischen Überhinaus (transzendierender Immanenz) und Von-
Oben-hinein (immanierender Transzendenz)«[13]. Die Struktur dieser letzten Analogie ist nun noch nachzuzeichnen.

Die dynamische Mitte zwischen Immanenz und Transzendenz, wie sie
zuletzt beschrieben wurde, weist zurück auf die formal gleichartige Mitte
in der Immanenz, wie sie expliziert wurde als »enérgeia« zwischen »dýnamis« und »entelécheia«. Aber gerade in dieser formalen Gleichheit
zeigen sich die Unterschiede. Denn während die »enérgeia« mit Notwendigkeit über sich hinauswies, war der entscheidende Zug der zuletzt genannten Analogie das freie Teilgeben von oben her. Es ist also nicht nur
die Verschiedenheit der Bewegungsrichtung, sondern entscheidend die
Verschiedenheit der Bewegungsart: die erste ist notwendig bezogen, die
zweite frei schenkend. So kann Przywara sagen, daß Gott als das Ist so
wenig zum Geschöpf als dem ›ist‹ hin genötigt ist, daß er vielmehr nicht
einmal zu ihm bezogen ist, »sondern die Bezogenheit im Bezogensein des
Geschöpfes zu Ihm besteht«[14]. Darin zeigt sich das letzte Verhältnis zwischen der immanenten Analogie und der immanent-transzendenten
Analogie.

Das Zurückbezogensein der »enérgeia« zur »dýnamis« in der immanenten Analogie sagt die negative Zufälligkeit dessen, was nun eben aus
dem unendlichen Meer der Möglichkeiten wirklich geworden ist. Dieses
Zurückbezogensein ist der besondere Ort der immanierenden Transzendenz, so daß von dem im Satz vom Widerspruch gefaßten »ist im nicht«
(ist = nicht nicht ist) das »Deus interior omni re« gilt. Das Bezogensein-
über-sich-hinaus der immanenten Analogie (in der entelécheia) ist der
besondere Ort der transzendierenden Immanenz. Das Geschöpfliche
drängt zur Vollkommenheit des mit sich selbst identischen Seins und
erfährt gerade darin das »Kommen zum Vergehen«[15]. So gilt hier das

13   *Analogia entis,* S. 121.
14   a. a. O.
15   a. a. O. S. 123.

»Deus exterior omni re«. Aus dieser Zuordnung der beiden Analogien
folgt, daß das Verhältnis zwischen immanenter Analogie und immanent-
transzendenter Analogie selber Analogie ist.

Die »zwischen-Gott-und geschöpfliche« Analogie schneidet also in der
Weise durch alle innergeschöpfliche Analogie quer hindurch, daß alle
Geschlossenheit des Geschöpflichen in sich selbst aufgebrochen wird nach
oben und unten in die je größere Tiefe und Höhe des »Deus interior et
exterior«. Die jeweils erreichte Einheit des Geschöpflichen in der Schwebe
wird aufgebrochen zu Gott hin, aber sie wird nicht aufgelöst in Gott hinein. Gott ist gerade darin der Herr, der über alles, was ist, hinaus ist, daß
er der Kreatur wahre Eigenständigkeit verleiht, sogar bis zu »einer Art
Autonomie«[16]. Das ist der Grundgedanke der thomistischen Lehre von
den »causae secundae«, in der die Grundlegung der »analogia entis«
durch Przywara gipfelt.

Die im Satz vom Widerspruch gefaßte »analogia entis« als »ist im nicht«
ist das radikalste Prinzip, hinter das noch weiter zurückzugehen unmöglich ist, weil hier das Minimum an festem Boden ausgesagt ist, das allem
Kreatürlichen zukommen muß. »Damit ist sie gleichzeitig die letzte, alles
umfassende und durchformende Struktur. Sie umspannt im Innergeschöpflichen den Abgrund zwischen Sein und Nichts, der im Werden
stetig offen liegt . . . Sie umspannt aber auch die noch größere Spanne
zwischen dem göttlichen Ist . . . und dem geschöpflichen ›ist‹, das im Vergleich zu Ihm« wie als ein Nichts erscheint[17]. Es reduziert sich also alles
auf das Entscheidende, daß das »ist« »durch das ›nicht nicht‹ sich in seiner
Schärfe ausdrückt«[18], wie es im Satz vom Widerspruch geschieht. Das
Geschöpfliche ist so auf Gott bezogen, wie Nichts auf Sein bezogen ist.
Das Geschöpfliche hebt sich als »Nichts« gegen Gott als das reine Ist ab
und ist darin echt zu ihm bezogen. »Die communitas analogiae ist . . . das
›Nichts‹ zum ›Schöpfer aus dem Nichts‹. Das ist analogia entis im Grundbegriff: das innergeschöpfliche ›ist . . .‹ ist so sehr . . . ein ›ist im nicht‹ . . .,
daß es . . . sich als ›Nichts‹ zum ›Schöpfer aus dem Nichts‹ verhält.«[19]

c) Dynamische Transzendenz

Das geschöpfliche Sein, wie es der Widerspruchssatz am radikalsten faßt,
erwies sich darin als geschöpflich, daß es in seinem ganzen Stufengefüge
offen war nach »oben« zu Gott als dem letzten »télos«. Dieses Offensein

16 a. a. O. S. 192.
17 a. a. O. S. 140.
18 a. a. O. S. 141.
19 a. a. O.

nach »oben« hin war begründet in einem Geöffnetsein von »oben« her,
insofern alles Kreatürliche nur von Gott als seinem Urgrund her überhaupt Bestand hat. Kreatur »ist«, indem sie bezogen ist auf den Schöpfer, der aus sich selbst seiend nicht bezogen ist. Die im Satz vom Widerspruch grundgelegte Struktur des »ist im nicht« erweist sich damit als
der das Geschöpfliche und sein Verhältnis zum Schöpfer durchformende
»Rhythmus«.

Gott ist schlechthin jenseits alles Geschöpflichen. »Geschöpf ist also von
hier aus das niemals ›Geschlossene‹, es ist das unschließbar ›Offene‹ seiner Spannungen.«[20] Das Geschöpfliche in seiner ganzen Breite ist Geschöpflichkeit *vor* Gott, und so vollzieht sich in der analogia entis eine
Umwandlung der »Problematik der Widersprüche« zu einer »Problematik der Spannungen«[21]. Die Gesamtheit des Geschöpflichen in seinem
»Stufenwerk, . . . in seinen Beziehungen vom toten Stoff hinauf zu reinem Geist und reinem Geist hinunter zu totem Stoff«, diese »Stufenhierarchie«[22] »ist« als Ganze nur, indem sie von Gott her ist und zu Gott
hin.

Alle Philosophie hat das Bestreben, innerhalb des Geschöpflichen einen
Absolutpunkt zu finden, von dem aus sie eine Schließung des Geschöpflichen rund zu sich selbst leisten kann. In diesem Bestreben der Absolut-
setzung einer Seite des Geschöpflichen liegt der Krampf der Extreme, die
sich gegenseitig fortwährend herausfordern. Der — wenn auch noch so
geheime — Grund dieses Krampfes ist der Immanentismus einer Einsset-
zung mit Gott. Die Öffnung, Entkrampfung, Entabsolutierung des Denkens leistet die »analogia entis«.

Ist hier nun eine Gott und dem Menschen gemeinsame Basis des Seins
postuliert, ein begriffener Seinszusammenhang zwischen Schöpfer und
Geschöpf, »daß die Schöpfung Anteil am Sein des Schöpfers hat, daß
das geschaffene . . . Sein am Sein des höchsten Wesens partizipiert«[23]?
Arbeiten Przywaras aus den zwanziger Jahren, die stark am Denkschema
der Polarität orientiert sind, auch die »Religionsphilosophie katholischer
Theologie« von 1926, legen den Gedanken nahe, daß es sich in der
»analogia entis« in der Tat um ein Prinzip natürlicher Theologie handelt.
Daß die Gesamtheit des Geschöpflichen in ihrer Gleichnisträchtigkeit ein
direktes Schließen auf Gott als ihr »Woher« erlaubt. Przywara ist dies
nicht entgangen. Und da eben diese Konsequenz nicht seine Absicht war

20 Przywara, Schriften, Bd. II, S. 401.
21 a. a. O. S. 433.
22 a. a. O. S. 483.
23 Jüngel in: Ev. Theol. 1962, S. 545.

und dem, was er wollte, geradezu entgegengesetzt, war er doch eben aus-
gezogen, um gegen solches Denken zu streiten, in dem Gott zu einem
verfügbaren Prinzip gemacht wird, mußte er, wie er es in der »analogia
entis« von 1932 getan hat, den Gedanken der »Teilnahme« und der
»Teilgabe« dynamisch öffnen, mußte der dynamische Komparativ, die
dynamische Transzendenz und — damit verbunden — die »reductio in
mysterium« ganz anderes Gewicht bekommen. Dadurch wird der Gedanke des »Bezogenseins« und der »Teilhabe« frei von der Direktheit
einer natürlich-verfügbaren Gegebenheit, eines Prinzips, »aus dem« auf
Übernatürliches geschlossen werden kann. Vor allem aber: durch die
Kreuz-Struktur der Analogie, wie Przywara sie 1932 entfaltet, durch das
Koordinaten-Kreuz der Analogie, bekommt das gesamte Analogiedenken
Przywaras eine andere Struktur. Die »senkrechte« Analogie zwischen
Gott und Geschöpf schneidet durch die innergeschöpfliche »waagerechte«
Analogie quer hindurch. Dadurch wird der Polaritätsgedanke immanen-
tisiert und seines Charakters der Direktheit nach oben und der damit ver-
bundenen erkenntnistheoretischen Implikationen entkleidet.
Darum denkt Przywara die »Teilnahme« und das »Bezogensein« in der
»analogia entis« (1932) als dynamisch-komparativische Relation, und
zwar als einseitige Relation. Denn in ihr wird das Geschöpf als bezogen
gedacht, während der Schöpfer als nicht-bezogen jeweils »über-hinaus«
ist über alles, was außer ihm ist oder gedacht werden kann.
Wir fassen zusammen: analogia entis als Mitte zwischen Identität des
Seins (Parmenides) und Widerspruch von Sein und Nichts (Heraklit),
wie sie im Satz vom Widerspruch sich grundlegt, besagt, daß alles Sein
analog ist als »ist im nicht«. Durch dieses analoge »ist im nicht« schneidet das »Deus exterior et interior« quer hindurch.
Analogia entis als Mitte besagt also abschließend: die je immer größere
Unähnlichkeit zwischen Gott und Mensch quer hindurchschneidend durch
alle noch so große Ähnlichkeit. In formaler Bestimmung: die Mitte zwischen Identität und Widerspruch im natürlich-übernatürlichen »Oben«
und »Unten«.
Johannes Plenge[24] will apologetisch-induktiv die Notwendigkeit eines
»Transpostulats« (Gott) aus dem Gesamtüberblick über die Wirklichkeit
erweisen. Das sei der Sinn der »anodischen« analogia entis. Der Seins-
überblick wird durch die »einleuchtende« Notwendigkeit eines Transpostulats zum Gottesbeweis im allerallgemeinsten Sinn. Das leistet die
Analogie als ein zur Begründung und Durchführung logisch berechtigter
Analogieschlüsse bestimmtes methodisch bewußtes Vergleichsverfahren.

24 Plenge, a. a. O. S. 48 ff.

Plenge unterscheidet Vergleichsanalogien, bei denen beide Seiten der Analogie voll bekannt sind, Erschließungsanalogien, bei denen von einer bekannten auf eine unbekannte Seite geschlossen wird, und Analogiekonstruktionen als wissenschaftliche Methode bei »Fernabstand« in Raum und Zeit. »In der methodischen Reihe solcher Analogieformen steht die analogia entis als ein Problem der Logik. Sie ist eine Erschließungsanalogie auf das Transpostulat der Überwirklichkeit: auf ein ›Unbekannt‹ über Raum und Zeit.« Das Unbekannte ist der »Seinsgrund als der letzte Uranfang«. »Aber das einzige, was wir aus menschlicher Erkenntnis vom Seinsgrund objektiv erfassen können, bleibt doch unsere Gesamtwirklichkeit und die Analogie daraus.« Diese Analogie leistet Erstaunliches: »die analogia entis im strengen Sinn, als die methodisch bewußte Analogie aus dem Gesamtbau unserer Wirklichkeit bedeutet als Problem unserer Zeit, . . . ob die freie Wissenschaft zum Glauben zurückführt und durch den Grundansatz des Transpostulats sogar den christlichen Glauben bestätigt.« Es ist gut, Plenge zu studieren, um zu sehen, was Barth nicht will.

Plenge scheint zu übersehen, daß der Satz vom Widerspruch in der Wurzel das Zusammen eines metanoetischen und eines metaontischen Satzes ist. Darum kann er ohne weiteres von der analogia entis als einem »Problem wissenschaftlicher Logik« sprechen. Der Gesamtüberblick ist nicht ohne das Auge, das das »Gesamt« erblickt. Das Problem der Subjektivität darf hier nicht übersprungen werden. Plenge setzt das erkennende Ich selbstverständlich als seiend voraus, ebenso die Dinge, die es erkennt, beide: Ich und Es, im vollen Sinne des »ist = ist«. Nach Przywara *ist* dieses Ich ebenso wie das, was es erkennt, nur im analogen Sinne, das räumt a priori von der Wurzel her die Möglichkeit geradlinig-logischer Induktion aus.

2. *Grundlegung der analogia fidei in der Christologie*

a) Der Erkenntnisweg — analogia fidei

Durch das paradoxe Faktum der Häresie sieht sich Barth gezwungen zu einer expliziten Rechenschaftsablage über den in der Dogmatik zu beschreitenden Erkenntnisweg. Paradox ist das Faktum der Häresie in Gestalt des römischen Katholizismus und des Modernismus, weil formell ihre Gestalt als christlicher Glaube nicht zu leugnen ist, ihr Inhalt aber nur als Widerspruch gegen den Glauben verstanden werden kann[25].

---

25 KD I,1 S. 31.

»Die Bereinigung, zu der wir aufgefordert sind, wird aber sofort eine
Bereinigung hinsichtlich des zu betretenden Erkenntnisweges sein müssen.«[26] Dem dient die ganze Lehre vom Worte Gottes in den Prolegomena. Die Frage nach dem Erkenntnisweg der Dogmatik teilt sich in
zwei Aspekte: die Frage nach der Wirklichkeit der Erkenntnis Gottes
durch seine Offenbarung in seinem Wort und die Frage nach der darin
gesetzten und vorausgesetzten Möglichkeit. So spricht Barth zuerst von
der Wirklichkeit des Wortes Gottes in seiner dreifachen Gestalt, um
dann die Frage nach der Erkennbarkeit des Wortes Gottes zu stellen. So
ist in § 13 zuerst von Jesus Christus als der objektiven Wirklichkeit der
Offenbarung die Rede, dann folgt die Frage: wie ist es in Gottes Freiheit
möglich, daß dem Menschen Offenbarung widerfährt? Der § 16 hat zuerst die subjektive Wirklichkeit der Offenbarung zum Thema, dann folgt
die Frage: wie ist es in der Freiheit des Menschen möglich, daß dem Menschen Gottes Offenbarung widerfahren kann? Dem ganz entsprechend
fragt Barth in der Lehre von Gott zuerst nach der Erkenntnis Gottes in
ihrem Vollzug, alsdann nach der Erkennbarkeit Gottes und den Grenzen
menschlicher Gotteserkenntnis. Der Gedankengang ist nicht umkehrbar.
Die Frage kann nicht lauten, *ob* Gott wirklich erkannt werde? als ob dies
»anderswoher als aus der wirklichen Erkenntnis Gottes heraus erst
festgestellt werden müßte«. »Wir können nicht fragen: *ob* Gott erkennbar ist? Gott *wird* erkannt, und also *ist* Gott erkennbar.«[27]
Sofern das Denken gehorsam ist, kann es hier keine Umkehrung vollziehen, sondern nur dankbar anerkennend davon ausgehen, *daß* Gott
gesprochen hat, sich geoffenbart hat, sich zu erkennen gibt. Von da aus
fragt Barth nach der darin mitgesetzten oder vorausgesetzten Möglichkeit. »Mitgesetzt« oder »vorausgesetzt« heißt hier nicht, daß das Wort
Gottes ein Organ beim Menschen voraussetzt, kraft dessen es vernom-
men werden kann, sondern, daß das Ereignis des Wortes Gottes »diese
ihm entsprechende Möglichkeit auf seiten des Menschen . . . mit sich
bringt und sie ihm . . . *verleiht*«[28] und daß dieses Ereignis bestimmte
(trinitäts-)theologische Voraussetzungen impliziert.
Das Erkenntnisproblem im engeren Sinne stellt sich jeweils im zweiten
der genannten Gedankengänge. Die Wirklichkeit des Redens und der
Offenbarung Gottes fordert das Verstehen heraus, inwiefern dieses möglich sei. »Das wäre kein ernstliches Vernehmen dieser Wirklichkeit, das
nicht sofort auch zum Verstehen werden wollte. Das wäre gar nicht

26 a. a. O. S. 34.
27 KD II,1 S. 68.
28 KD I,1 S. 201.

credere, das nicht zum *intelligere* drängen würde . . . Der Tatsachenfrage
muß die Verständnisfrage folgen.«[29]
In diesem Kontext: »fides quaerens intellectum« kommt es bei Barth zur
Artikulation der analogia fidei. Genauer gesagt: im Rahmen des Er-
kenntnisproblems im engeren Sinne des nach der vorausgesetzten und
mitgesetzten Möglichkeit fragenden intellectus fallen die Entscheidun-
gen für die analogia fidei gegen die analogia entis.
Die in anderer Hinsicht erhellende Stellungnahme von E. Jüngel[30] krankt
m. E. daran, daß sie diesen Kontext nicht im Auge behält. »Das Sein des
Menschen Jesus ist der Seins- und Erkenntnisgrund aller Analogie.«
Nur, daß Sein und Erkenntnis secundum ordinem nach Barth wirklich
zweierlei sind. Bei der Besprechung von Heinrich Vogels Kritik an Barths
Anthropologie bricht dann zwar für Jüngel die Differenz von ontischer
und noetischer Ratio auf, nachdem er sie vorher beharrlich übersprungen
hat. Aber die Interpretation ist so sehr heideggersch eingefärbt (dessen
philosophischer Impetus ja in der Tat darin besteht, die ontologische
Differenz in ihr Ursprünglicheres zurückzudenken), daß die Bedeutung
dieser Differenz für die Analogie nicht mehr zum Tragen kommt. »Das
Sein des Menschen gründet im Ja Gottes, sofern dieses allererst dergleichen wie ein ›es ist‹ gewährt.« Jüngel wehrt sich heftig gegen das »totale
Mißverständnis«, es komme dabei eine Univocität zwischen Gott und
der Kreatur auf der Ebene der Sprachlichkeit heraus. Doch kann das ent-
schiedene Verdikt die zureichende Begründung nicht ersetzen. Daß die
durch das Wort Gottes konstituierten Verhältnisse nur kraft ihrer Entsprechung *sind*, ist richtig. Wie kann ich aber eine reale Differenz zwischen analogans und analogatum postulieren, ohne die nicht mehr
Analogie, sondern Identität in Rede stehen würde, wenn das »einai« in
der »analogia tou einai« permanent emanatives Entsprechen der Sprache
Gottes besagt? Die ontische Analogie besagt auch bei Barth: Beziehung
gegenseitigen Andersseins, allo pros allo! Die fides quaerens intellectum,
das ist die *noetische* Seite, entspricht je und je der Sprache Gottes.
Barth unterscheidet sehr sorgfältig zwischen der Wirklichkeitsfrage und
der Verstehensfrage. Er gibt genau Rechenschaft über das Verhältnis beider zueinander. Darauf wird später einzugehen sein. Worauf es an dieser Stelle ankommt: der Kontext, innerhalb dessen Barth seine Lehre von
der analogia fidei artikuliert, ist die Rechenschaftsablage über den besonderen Erkenntnisweg der Dogmatik. Der nähere Kontext innerhalb die-

29   KD I,2 S. 29.
30   Jüngel in: Ev. Theol. 1962, S. 538.

ser Rechenschaftsablage ist die Frage nach der im Geschehen des Wortes Gottes vorausgesetzten und mitgesetzten Möglichkeit des Verstehens. In dem Kapitel über die Offenbarung Gottes entfaltet Barth zunächst die Trinitätslehre, um dann in strenger Beziehung zu der dort gefundenen Antwort auf die Frage nach dem Subjekt der Offenbarung von der objektiven Wirklichkeit und Möglichkeit der Offenbarung in Jesus Christus zu sprechen.

»Offenbarung bedeutet in der Bibel die Menschen zuteil werdende *Selbstenthüllung*« des seinem Wesen nach unenthüllbaren Gottes[31]. Gott enthüllt sich in der Weise, daß er sich zum Gegenstand menschlicher Anschauung und Erfahrung, menschlichen Denkens und menschlicher Sprache macht, zu einem in der Zeit wirksamen Faktor ihres Daseins. Dieses Gestalthaben ist ein Ereignis, ein Schritt, in dem sich Gott von sich selbst unterscheidet, um zeitliche, irdische Gestalt anzunehmen. Und dann folgt ein für die Trinitätslehre zentraler Satz: Gott kann sich offenbaren, denn »es ist ihm eigentümlich, sich von sich selbst zu unterscheiden . . .«[32] Weil also in Gott selbst Unterschied ist, darum ist er der Herr auch in der von ihm unterschiedenen Weltwirklichkeit. Darum ist er frei, auch in dieser von ihm angenommenen Gestalt Gott zu bleiben. Frei auch, in der Gestalt, die er annimmt, sich zu offenbaren oder zu verhüllen. Unterschied in Gott heißt: Schöpfer und Vater ist er »schon zuvor und an sich«[33]. Darum und daraufhin ist er dann auch unser Schöpfer und unser Vater. Sohn oder Wort Gottes ist Gott »zuvor in sich selber«. Darum und daraufhin ist er dann auch das uns zugesagte Wort Gottes, unser Versöhner. Wir nennen diesen Gedanken der »Verschiedenheit in Gott«: die theologische Differenz.

Jesus Christus ist die objektive Wirklichkeit der Offenbarung Gottes. In ihm offenbart Gott seine Freiheit für uns Menschen. Barth beschreibt diese Wirklichkeit als eine »schlechterdings *einfache* Wirklichkeit«. In dem Namen Jesus Christus ist das Erste und Entscheidende und alles Umfassende ausgesprochen. Diese einfache Wirklichkeit ist weiter eine »schlechterdings *einmalige* Wirklichkeit«, sie ist »die Einfachheit eines bestimmten, zeitlich umgrenzten . . . Geschehens«[34]. Gottes Sohn ist der Mensch Jesus von Nazareth, der Mensch Jesus von Nazareth ist Gottes Sohn. Das sind die beiden christologischen Thesen des Neuen Testaments. Die erste ist nicht doketistisch, die zweite nicht ebionitisch miß-

31 KD I,1 S. 332.
32 a. a. O. S. 334.
33 a. a. O. S. 412.
34 KD I,2 S. 11, 13.

zuverstehen. Beide sind nicht synthetische, sondern analytische Sätze.
Sie kommen von einer einfachen Wirklichkeit her und weisen auf sie
hin. Aber es gibt keine Synthese dieser beiden christologischen Sätze.
»Was wir über den Namen Jesus Christus hinaus zu hören bekommen,
das ist das Zeugnis von Gottes Sohn, der ein Mensch geworden — von
dem Menschen, der Gottes Sohn war . . . Uns ist aufgegeben, unmittelbar
im Ersten das Zweite, im Zweiten das Erste und so: nicht in einem System, sondern in einem *Weg* des Denkens, in beiden das Eine zu hören.«[35]
Von dieser Wirklichkeit der Offenbarung aus fragt Barth nach der darin
vorausgesetzten und erkennbaren Möglichkeit des Erkennens.
In Jesus Christus erkennen wir:
1.   Gott *kann* identisch werden mit einer von ihm verschiedenen Wirklichkeit, er kann die Grenze zwischen seinem eigenen Sein und dem Sein
dessen, was nicht mit ihm identisch ist, überschreiten.
2.   Weil Gott in seinen Seinsweisen als der Vater und der Sohn in sich
verschieden ist, darum kann er für andere, für eine von ihm selbst verschiedene Wirklichkeit frei sein. Die theologische Differenz geht der
ontologischen Differenz voraus. So kommt es zu dem für unseren Zusammenhang fundamentalen Satz: »Es gibt — in der ganzen Unähnlichkeit des Göttlichen und des Nicht-Göttlichen — eine Ähnlichkeit zwischen
dem ewigen Worte Gottes und der durch dieses . . . geschaffenen Welt,
aber auch und noch mehr eine Ähnlichkeit zwischen dem ewigen, natürlichen, eingeborenen Sohne und denen, die durch ihn Gottes Adoptivsöhne,
die aus Gnaden seine Kinder sind. In dieser Ähnlichkeit zwischen ihm und
uns erkennen wir die Möglichkeit der Offenbarung Gottes.«[36] D. h.: wir
als die von Gott Verschiedenen sind ähnlich dem Sohne Gottes als dem
vom Vater Verschiedenen, und insofern sind wir Ort der Möglichkeit
von Offenbarung.
3.   Gott kann uns erreichbar, ja sichtbar werden in einer Gestalt innerhalb unseres Wirklichkeitskosmos. »An bestimmter Stelle im Raum und
in der Zeit lebt und stirbt ein Mensch wie wir alle.« »So, in dieser Ähnlichkeit, konnte Gott uns erreichbar« werden. Darin geschieht nicht —
analogia entis — eine Anknüpfung an einen Bestand, den unsere Natur
schon hatte und den wir kennen konnten, »sondern eine freie . . . nur in
der Gnade und gar nicht in der Natur begründete Auszeichnung«[37].
4.   Daß Gott uns in Weltgestalt sichtbar wird, bedeutet nicht, daß Gott

35   a. a. O. S. 27.
36   a. a. O. S. 38.
37   a. a. O. S. 40 f.

damit aufhört, Gott zu sein. Die Erniedrigung bedeutet keinen Verlust an göttlicher Majestät, sondern geradezu deren Triumph. Die Verhüllung der göttlichen Majestät bedeutet nicht deren Minderung. Das Eingehen des Wortes Gottes in eine von Gott verschiedene Wirklichkeit »kann Gottes Offenbarung sein als Gegenwart des in seinem Gottsein unverminderten aber verhüllten Wortes in der von Gott verschiedenen Wirklichkeit des Fleisches«[37a].

5. Der letzte Gedankengang in diesem Zusammenhang der Frage nach der objektiven Möglichkeit der Offenbarung zeigt konkret, was hier »Ähnlichkeit« heißt. Gottes Offenbarung wird in der Weise möglich, daß Gottes Sohn Mensch wird. Er wird Mensch in der konkreten Bestimmung dieses Wortes, als der Mensch, der vor Gott steht. Das ist der Mensch, der »Fleisch« ist. »Fleisch« ist der Mensch als von Gott geschaffen aus dem Nichts, gehalten über dem Nichts; unter Gottes Gericht stehend und gerettet durch Gottes Gnade; dem Tode verfallen und dennoch lebend und der ewigen Erlösung entgegengehend. Als der fleischgewordene Sohn kann sich Gott verhüllen und enthüllen, schweigen und reden, sterben und auferstehen von den Toten. »Wir können verstehen, daß wir den Menschen, der Fleisch ist, *nicht* verstehen können . . . Wir können verstehen, daß wir den Menschen, der Fleisch ist, *verstehen* können.«[38] *Nicht* verstehen insofern, als es für den Menschen nichts Fremdartigeres gibt als den Mitmenschen. Der Mensch ist dem Mitmenschen in nicht aufzulösender Weise Gegen-stand, Rätsel, verschlossene Tür. Darum kann der Mensch etwas verhüllen, Mittel göttlicher Offenbarung, »die ja eben immer auch Verhüllung ist«, werden. *Verstehen* können wir den Menschen, der Fleisch ist, insofern es für den Menschen nichts Bekannteres und Näheres gibt als den Mitmenschen, nichts, was so konstitutiv für uns selbst ist. Was sich uns gerade im Mitmenschen ankündigt, ist doch »ein Allernächstes, ein höchst Vertrautes, ein aufs Intimste zu uns Gehöriges.« Wissen wir, was wir sind im Urteil Gottes, dann wissen wir, daß beides gilt: die menschliche Existenz kann letztes Geheimnis sein, sie kann aber auch Verborgenes sichtbar machen, sie kann enthüllen. Die menschliche Existenz kann also »Mittel göttlicher Offenbarung werden, die ja nicht nur Verhüllung, sondern immer auch Enthüllung ist«. Barth betont wiederum: das ist kein Beweis für eine besondere Eignung des Menschen als Träger der Offenbarung Gottes. Wohl hat der Mensch als Gottes gutes Geschöpf die Eignung, Organ der Offenbarung zu sein. Das ist seine ursprüngliche Güte. Aber eine »analogia entis« läßt

37a   a. a. O. S. 43.
38   a. a. O. S. 45 f.

sich daraus nicht ableiten als eine vor der Offenbarung und unabhängig von ihr feststellbare Eignung. Daß und wiefern unsere Humanität als solche ein taugliches Mittel der Offenbarung ist, »das ist uns nämlich in uns selbst . . . schlechthin verborgen.« Diese Möglichkeit der menschlichen Existenz ist nur in der Offenbarung, in Jesus Christus erkennbar, sie ist nur von dem Menschen in geistlicher Wirklichkeit aussagbar. »Ursprünglich und eigentlich ist nur Jesus Christus der Mensch, der Fleisch ist.« An seiner Existenz will Barth die Möglichkeit des Menschen, in Verhüllung und Enthüllung Organ der göttlichen Offenbarung zu sein, ablesen. Der Beweis dieser Eignung ist also »ganz und gar relativ zur Christologie«[39].

Wir fassen zusammen: in der Wirklichkeit der Offenbarung Gottes in Jesus Christus ist die *Erkennbarkeit* der darin vorausgesetzten Möglichkeit mitgesetzt. Damit ist jede andere Möglichkeit der Erkenntnis Gottes abseits von der Offenbarung oder neben ihr ausgeschlossen.

Erkenntnis Gottes in seiner Offenbarung ist darum möglich, weil Gott die Grenzen zwischen seinem eigenen Sein und dem Sein, das nicht mit ihm identisch ist, überschreiten kann.

Gott kann diese Grenze überschreiten, weil er in seinem Wesen nicht einsam ist, sondern in seinen Seinsweisen verschieden als der Vater des eingeborenen Sohnes. Gott ist nicht der Gefangene seiner Aseität. Darum gibt es eine Ähnlichkeit zwischen dem Sohne Gottes und der durch ihn geschaffenen Weltwirklichkeit, eine Ähnlichkeit auch zwischen ihm und den durch ihn geschaffenen Menschen.

Darum kann schließlich der Mensch in seiner konkreten Existenz als »Fleisch« Mittel der Offenbarung Gottes werden in Verhüllung und Enthüllung. Es gibt eine Ähnlichkeit zwischen dem, was Gott in seiner Offenbarung als Verhüllung und Enthüllung tut, und der menschlichen Existenz, die etwas verhüllen und enthüllen kann, als dem Mittel der Offenbarung.

Gott *wird* erkannt, indem er sich offenbart.

Gott *kann* in seiner Offenbarung erkannt werden, weil es eine Ähnlichkeit gibt zwischen dem, was er in seiner Offenbarung tut — und dem Mittel der menschlichen Existenz, durch das er sich offenbart.

Gott kann als *Gott* erkannt werden, weil das, was er in seiner Offenbarung tut, zuvor in ihm selber ewige Wirklichkeit ist: sich von sich selbst zu unterscheiden, Offenheit im gegenständlichen Gegenüber des Vaters und des Sohnes.

---

39 a. a. O. S. 47—49.

b) Der kritische Vorbehalt

Gott wird erkannt und er kann erkannt werden, *indem* er sich offenbart. Es bleibt zu explizieren, was »indem« heißt. Gotteserkenntnis ist Glaubenserkenntnis[40]. Glaube ist die positive Beziehung des Menschen zu Gott. Er wird dadurch hervorgerufen, daß Gott sich in seiner Gnade dem Menschen zuwendet. Der Glaube kommt also von Gott selbst. Glaube ist nach Barth die Relation im Gegenüber von Gott und Mensch. »Gegenüber« bedeutet: es ist im Glauben kein unmittelbares Gottesverhältnis gesetzt. Und Gotteserkenntnis im Glauben ist demnach gegenständliche, mittelbare Erkenntnis. Gott wird Gegenstand menschlichen Anschauens und Begreifens. Barth unterscheidet zwischen primärer und sekundärer Gegenständlichkeit Gottes. Primär ist Gott sich selber in seinem dreieinigen Leben gegenständlich. In Gott selbst ist Gegenständlichkeit und Erkenntnis unmittelbare Wirklichkeit. »Als der Dreieinige ist Gott zuerst und vor allem sich selbst gegenständlich.«[41] Die sekundäre Gegenständlichkeit Gottes ist seine mittelbare Gegenständlichkeit in seinen Werken. In Jesus Christus zuerst, der die Offenbarung Gottes ist, dann »im Zeugnis der Schrift, in der Sichtbarkeit der Kirche, in der Hörbarkeit der Predigt, in der Vollziehbarkeit des Sakramentes, in dieser ganzen Welt seines Werks und Zeichens«[42]. In dieser Mittelbarkeit ist Glaubenserkenntnis Gotteserkenntnis. Sie geschieht nur im Stand der Gnade. Indem Gott so selber objektiv auf den Plan tritt, schafft er selber das Subjekt seiner Erkenntnis. »Nur indem Gott sich selbst setzt als Gegenstand, ist der Mensch gesetzt als Erkennender Gottes.«[42a] Gottes Sein in dieser Gegenständlichkeit ist also nicht zu trennen von dem Akt, in dem er ein Werk zum Zeugnis seiner selbst erwählt und zugleich den Menschen in einem Akt der Öffnung von oben als Erkennenden seiner selbst. »Offenbarung heißt *Zeichengebung* ... Selbstbezeugung Gottes ... in der Gestalt geschöpflicher Gegenständlichkeit und damit in der Angemessenheit unserer geschöpflichen Erkenntnis.«[43]
Mit dieser theologischen Grundentscheidung, mit der Voranstellung der Offenbarungswirklichkeit und der Trinitätslehre, mit dieser Entthronung aller aprioristischen Erkenntnistheorie als eines kritischen Prinzips in der Theologie hat Barth die Tür verschlossen gegen jede kantianisierende

40 KD II,1 S. 11.
41 a. a. O. S. 53.
42 a. a. O. S. 23.
42a a. a. O. S. 22.
43 a. a. O. S. 56.

Theologie des protestantischen Modernismus mit ihrem Ausgehen auf
Unmittelbarkeit im Gottesverhältnis und in der Gotteserkenntnis des
Menschen im ästhetischen oder im ethischen Ghetto einer allgemein-
apriorischen Anthropologie. Das kantische Verdikt, daß Gott nicht Gegenstand theoretischer Vernunfterkenntnis sein könne, galt weithin der
nachkantischen Theologie als kategorischer Imperativ, den möglichen
Ort von Theologie in einer Gottunmittelbarkeit des Menschen zu suchen.
»Ich behaupte nun, daß alle Versuche eines bloß spekulativen Gebrauchs
der Vernunft in Ansehung der Theologie gänzlich fruchtlos und ihrer
inneren Beschaffenheit nach null und nichtig sind; daß aber die Prinzipien ihres Naturgebrauchs ganz und gar auf keine Theologie führen,
folglich, wenn man nicht moralische Gesetze zum Grunde legt, . . . es
überall keine Theologie der Vernunft geben könne. Denn alle synthetische Grundsätze des Verstandes sind von immanentem Gebrauch;
zu der Erkenntnis eines höchsten Wesens aber wird ein transzendenter
Gebrauch derselben erfordert, wozu unser Verstand gar nicht ausgerü-
stet ist.«[44] Denn alle menschliche Erkenntnis fängt »mit Anschauungen
an, geht von da zu Begriffen, und endigt mit Ideen«. Darum ist die spekulative Vernunft in bezug auf Transzendentes blind, sie ist vielmehr
dazu da, »um der Natur . . . bis in ihr Innerstes nachzugehen, niemals
aber ihre Grenze zu überfliegen, außerhalb welcher *für uns* nichts als lee-
rer Raum ist«. Wo die spekulative Vernunft vorgab, um Transzendentes
zu wissen, handelte es sich um Anmaßung, »weil es eine Kundschaft be-
traf, die kein Mensch jemals bekommen kann«. Und Kant schließt mit
der Feststellung, er habe dieses Wissen um Transzendentes (d. h. die
spekulative Theologie) nur darum einer ausführlichen Kritik unterzo-
gen, weil es ratsam war, »die Akten dieses Prozesses ausführlich abzu-
fassen, und sie im Archive der menschlichen Vernunft, zu Verhütung
künftiger Irrungen ähnlicher Art, niederzulegen«[45].
Barth hat sie dort nicht liegenlassen. In Barths Lehre von der Gotteserkenntnis wird das kantische Verdikt unterlaufen bzw. theologisch überholt: wenn Gott erkannt wird, dann geschieht das mit den Mitteln und
in den Grenzen unserer Vernunfterkenntnis, durch Anschauung und Begriff, im Verhältnis von Subjekt und Objekt.
Gott macht sich zum Gegenstand, d. h. er läßt ein Geschöpf oder ein Geschehen im Raum und in der Zeit für ihn selber reden. »Der Realgrund
und der Inbegriff einer solchen von ihm zum Reden von ihm selbst be-

---

44 Kant, Kritik der reinen Vernunft, S. 600.
45 a. a. O. S. 649 f.

auftragten und ermächtigten Geschöpflichkeit . . . ist die Existenz der *menschlichen Natur Jesu Christi.*«[45a]
Die Fleischwerdung des Wortes ist ein einmaliges Geschehen ohne Fortsetzung im Raum und in der Zeit. Ihre *Bezeugung* aber durch die Existenz des Menschen Jesus steht in einer sakramentalen Kontinuität, in einer Reihe von Fortsetzungen, nach rückwärts in die Existenz des Volkes Israel, nach vorwärts in die Existenz der Kirche hinein. Da können auch andere Geschöpfe Organ und Zeichen Gottes sein. Die Annahme solcher Geschöpflichkeit durch Gott bedeutet seine Verhüllung und Erniedrigung. Er offenbart sich trotz und in dieser Verborgenheit, indem er sich dem Glauben erkennbar macht. Daß die Verhüllung nicht nur Verhüllung, sondern auch Enthüllung ist, das geschieht für den Glauben, nicht für den Unglauben. Der Glaube erkennt Gott als »Du« und »Er«, und er erkennt ihn zeitlich, in der Wiederholung, in einer Reihe von Erkenntnisakten. Darum ist unser Stehen vor Gott in Wahrheit ein Wandeln vor ihm.
Daß Gott erkennbar ist, offen ist, nicht nur sich selbst unmittelbar, sondern — mittelbar — auch uns, daß er uns Anteil gibt an seiner Wahrheit, das ist Gnade. Gottes Erkennbarkeit liegt in seiner Bereitschaft, in dem Übergriff, in dem er nicht nur für sich selbst, sondern auch für uns ist, der er ist. Seine Erkennbarkeit liegt also nicht in einer schon vorhandenen, als allgemeine Wahrheit vorfindlichen Analogie, »sondern nur in einer durch Gottes Gnade zu schaffenden Analogie, der Analogie der Gnade und des Glaubens«[46]. Dieses Zueinander von Gnade und Glaube ist die »analogia fidei«. Gnade: Gott macht sich gegenständlich erkennbar in Raum und Zeit. Glaube: Gott verleiht dem Menschen das Organ, mittels dessen die Verhüllung Gottes in Raum und Zeit dem Menschen zur Enthüllung werden kann und also Gott erkennbar werden kann.
Es ist deutlich, daß Barth hier einen Zirkel beschreitet:
Gestaltwerdung Gottes von Gott her — Erkennen dieser Gestalt als Gottes Gestalt durch Gott.
Darin liegt der »circulus veritatis Dei«, daß Gott kreatürliche Gestalt annimmt — gratia unionis, und in dieser kreatürlichen Gestalt wird Gott nur durch Gott erkannt — intellectu fidei. Gott steht — gratia unionis — objektiv vor dem Menschen als der, der seinen Glauben weckt.
Das *Sein* Gottes in der sekundären Gegenständlichkeit und der *Akt* der Erkenntnis Gottes in dieser Gegenständlichkeit sind im Geschehen der Offenbarung nicht voneinander trennbar. »Sind wir im Gehorsam von

---

45a   KD II,1 S. 58.
46   a. a. O. S. 92.

Gott *her*, dann kann es nicht anders sein, als daß wir im selben Gehorsam *zu Gott hin* sein und bleiben werden.«[47] Im Gehorsam gegenüber
Gottes Sein und Handeln sind wir hineingestellt in diesen Kreislauf.
Gott wird erkannt, indem er sich — in actu — zu erkennen gibt. Das ist
der kritisch-theologische Vorbehalt, durch den alle Vorbehalte einer Kritik der theoretischen Vernunft überholt werden. Gott wird erkannt, er
kann erkannt werden, wann und wo es ihm gefällt, sich zu erkennen zu
geben und erkennbar zu machen. Darum: »Gott wird durch Gott und
zwar allein durch Gott erkannt.«[48] Moltmann[49] interpretiert diese Theologie der Selbstoffenbarung Gottes als reflexive »Theologie der transzendentalen Subjektivität Gottes«. Er stellt zwar fest, daß in der Kirchlichen Dogmatik der Herrmannsche Gedanke der Subjektivität zurücktritt. Es geht ja durchaus um transzendente Objektivität, die in der Offenbarung immanente Objektivität wird. Eben das ist der Sinn der Unterscheidung zwischen primärer und sekundärer Gegenständlichkeit Gottes.
Aber, und das kritisiert Moltmann, es bleibt bei Barth doch bei der Theologie der »transzendentalen Subjektivität Gottes«. Und zwar wegen der
Zirkelstruktur, wegen des reflexiven Charakters dieser Offenbarungstheologie. Der Zielpunkt wird zurückbezogen auf den Ursprung. »Das
Verständnis der Christusoffenbarung als Selbstoffenbarung Gottes beantwortet die Frage nach der Zukunft und dem Ziel, die durch Offenbarung angezeigt werden, mit einer Reflexion auf den Ursprung der Offenbarung. . . . Mit dieser Reflexion aber wird es fast unmöglich, auf
Grund der Offenbarung des Auferstandenen noch von einer ausstehenden Zukunft Jesu Christi zu reden.«[50] Daher könne Barth sagen, die
Ostergeschichte rede nicht eschatologisch, in ihr gehe es um reine Gegenwart Gottes ohne Zukunft. Inwiefern die Auferstehung Jesu Christi
jedoch — im Sinne Barths — Zukunft im zeitlichen Sinne impliziert, wird
im Gegensatz zu Moltmann im Abschnitt C aufzuzeigen sein. Überhaupt
wird diese Arbeit fortlaufend deutlicher machen, welches Gewicht die
Zeitlichkeit für Barths Denken hat.
Es ist aber ferner gegen Moltmann daran festzuhalten, daß es Barth um
die Subjektivität *und* Objektivität Gottes geht. Und zwar um eine transzendente *und* immanente Subjektivität und Objektivität Gottes. Es ist
verwirrend, hier den Begriff des Transzendentalen einzuführen. Er ist
zwar zutreffend für die Periode, in der Barths Denken konstruktiv be

47 a. a. O. S. 46.
48 a. a. O. S. 47.
49 Moltmann, a. a. O. S. 43 ff.
50 a. a. O. S. 50.

stimmt war durch seine Abhängigkeit von den Marburger Neukantianern. Sofern Transzendentalphilosophie heißt: die durch die Vernunft selbst geleistete Bestimmung ihrer eigenen Grenzen bezüglich der Erkenntnis von Transzendentem, muß aber gesehen werden, daß die transzendentale Kritik des spekulativen Vernunftvermögens in der Kirchlichen Dogmatik keine apriorisch-kritische Funktion mehr hat. Die transzendentale Vernunftkritik wird von Barth überholt durch den Offenbarungsgedanken. Der transzendente Gott wird durchaus immanent, innerhalb der Grenzen der theoretischen Vernunft erkannt. D. h. ferner: Gott wird erkannt durch den von ihm verschiedenen Menschen. Insofern ist Moltmann zuzustimmen: Gott wird von Nicht-Gott erkannt, »nur Ungleiches erkennt einander«[51]. Daraus darf aber kein Gegensatz konstruiert werden gegen das, was W. Kreck[52] mit Recht an der Lehre von der analogia fidei als von Barth ganz konsequent durchgehaltene Konstante hervorhebt: daß Gott nur *durch* Gott erkannt wird. Gott wird *vom* Menschen erkannt, darin liegt die Differenz. Gott wird aber nicht *durch* den Menschen, d. h. nicht durch ein ihm eigenes Vernunftvermögen in bezug auf Gott erkannt, sondern nur durch das »in actu« der Offenbarung Gottes. Darin liegt der Zirkel: Gott wird *von* dem Menschen *durch* Gott erkannt. Das will kein Satz aus der »neuplatonischen Gnosis« sein, sondern Explikation des Christusgeschehens bezüglich des Erkenntnisweges, den biblisch gebundenes Denken zu beschreiten hat. Wie kommt es aber zu einer realen Einbeziehung und Mitbeteiligung des Geschöpfes im Geschehen der Offenbarung? *Ihm* soll ja Gottes Offenbarung widerfahren. Zur einen Hälfte ist diese Frage bereits beantwortet: Geschöpflichkeit als gegenständliche Weltwirklichkeit wird gratia unionis, durch die Gnade der Zeichengebung, zum Mittel der göttlichen Offenbarung. Wie kommt es aber zu einer Mitbeteiligung des Geschöpfes in seinem Erkenntnisvermögen — *intellectu* fidei? Barth beantwortet diese Frage mit einer doppelten Negation: wir erkennen Gott »nicht *durch* die Kraft der Anschauungen und Begriffe, mit denen wir auf seine Offenbarung im Glauben zu antworten versuchen. Wir erkennen ihn aber auch nicht *ohne* daß wir . . . diesen Versuch unternehmen«[53]. Nicht durch unsere Begriffe und Anschauungen wird Gott erkannt. Gott ist verborgen, sie erreichen ihn nicht. Die Verborgenheit Gottes ist der terminus a quo unserer Gotteserkenntnis. Andererseits: nicht ohne unser Anschauen und Begreifen wird Gott erkannt: »unser

51 a. a. O. S. 49.
52 Kreck in: Antwort, S. 285.
53 KD II,1 S. 200.

Anschauen, Begreifen und Reden wird ... in einem ... *Gebrauch* genommen, zu dem es die Fähigkeit aus sich selber und in sich selber ... *nicht* hat.«[54] Indem Gott unser, der Sünder Anschauen und Begreifen in seinen Dienst stellt, werden unsere Anschauungen und Begriffe gerechtfertigt und geheiligt. »*Unsere* Mittel schaffen es nicht. Aber die Gnade der Offenbarung Gottes schafft es.«[54a]

Wie sieht das Verhältnis zwischen unseren Anschauungen und Begriffen und Gott als ihrem Gegenstand aus? Bestände zwischen ihnen Gleichheit, Univocität, dann würde das offenbar bedeuten, daß Gott in seiner Offenbarung aufhören würde, Gott zu sein. Oder umgekehrt, daß der Mensch nicht mehr Mensch wäre. Bestände aber Ungleichheit, Äquivocität zwischen unseren Begriffen und Gott als ihrem Gegenstand, so würde das bedeuten, daß Offenbarung nicht stattfindet, daß Gott faktisch nicht erkannt wird.

Es bleibt also nur der Terminus der Ähnlichkeit, der teilweisen Entsprechung und Übereinstimmung. Zwischen unseren Anschauungen und Begriffen und Gott besteht auf Grund der Offenbarung Gottes Analogie. So sagt Barth zu Römer 12, 6: »wir stellen also der katholischen Lehre von der analogia entis nicht eine Leugnung des Analogiebegriffs entgegen. Wir sagen aber: die in Frage kommende Analogie ist nicht eine analogia *entis*, sondern nach Röm. 12, 6 die ἀναλογία τῆς πίστεως: die Entsprechung des Erkannten im Erkennen, des Gegenstandes im Denken, des Wortes Gottes im gedachten und gesprochenen Menschenwort, wie sie die wahre, im Glauben stattfindende, christliche Prophetie von aller unwahren unterscheidet. Diese analogia fidei ist doch wohl auch der Sinn der merkwürdigen paulinischen Stellen, in denen das menschliche Erkennen Gottes umgekehrt wird in ein Erkanntwerden des Menschen durch Gott.«[55]

Zu solcher teilweisen Entsprechung und Übereinstimmung kommt es für uns, weil sie zuvor in Gott selbst Wirklichkeit ist. Gott ist in sich selbst und in unserem Werk wohl anders, aber er ist kein anderer. Er vollzieht kein »tumultuarisches Mirakel«, indem er unsere Anschauungen und Begriffe so in seinen Dienst stellt. Er kommt in sein Eigentum. Die Begriffe werden heimgeholt aus der Uneigentlichkeit, in der wir sie gebrauchen, in die Eigentlichkeit ihrer ursprünglichen Wahrheit. Ursprünglich, primär und eigentlich ist die Kreatur *seine* Schöpfung und die Wahrheit, in der wir die Gegenstände der Schöpfung erkennen, *seine*

54   a. a. O. S. 218.
54a a. a. O. S. 252.
55   KD I,1 S. 257.

Wahrheit. Die Ähnlichkeit besteht darum, bevor sie unser Werk wird, in Gott selbst.

Das »teilweise« als Näherbestimmung der Entsprechung ist von Barth nicht als quantitative Bestimmung gemeint, so daß einem gewissen Quantum des Inhalts unserer Anschauungen und Begriffe ein Quantum in Gottes Sein entspricht. Das »teilweise« bezeichnet vielmehr das dialektische Moment in der Analogie: unsere Begriffe und Worte sind nur kraft ihrer Indienststellung und Auferweckung durch Gott zureichend, Gottes Sein zu erfassen, und dies widerfährt ihnen im Akt der göttlichen Offenbarung. Offenbarung aber heißt: Verhüllung. Das schließt den Begriff der »Gleichheit« aus. Und Offenbarung heißt: Enthüllung. Das schließt den Begriff der »Ungleichheit« aus. Zwischen Verhüllung und Enthüllung besteht »teleologisch geordnete Dialektik«[56]. Das »teilweise« bezeichnet also nicht Quanten, sondern die Dynamik der enthüllenden Gnade, an deren siegreicher Teleologie jegliche bestehende Ähnlichkeit hängt wie an einem goldenen Faden. Unseren Begriffen und Worten widerfährt dies durch Gottes Offenbarung, »daß *er* ihnen das gibt, was *es* nicht gibt: in ihrer Geschöpflichkeit den Charakter einer Analogie zu sich« als dem Schöpfer[57]. Eben diese Differenz zwischen »er« und »es« ist bezeichnet durch das »teilweise« in der Analogie. Die dynamische Teleologie der Gnade ist gemeint, wenn Barth das österliche Wort »Auferweckung« wählt für das, was unseren Worten und unserem Denken widerfährt in der analogia fidei: das Sterbliche wird verschlungen vom Leben, »verschlungen« nicht als »vernichtet«, sondern als »einbegriffen« und in Dienst gestellt durch die Dynamik des göttlichen Lebens.

Nach dem Gesagten ist es verständlich, warum Barth die Analogie als eine »analogia attributionis« verstanden wissen will. Sie bezeichnet eine Ähnlichkeit zwischen Zweien, die zuerst und eigentlich in dem Einen und dann abhängig davon und sekundär auch in dem Zweiten besteht, es ist das Verhältnis eines »analogans« und eines »analogatum«. Dem Zweiten wird Ähnlichkeit vom Ersten her verliehen. Barth bestimmt die analogia attributionis weiter gegen Quenstedt als »analogia attributionis extrinsecae«. Auch das folgt konsequent aus dem oben Gesagten. Die Ähnlichkeit ist dem Geschöpf nicht innerlich — intrinsece — zu eigen, in ihm selber, seiner Natur nach und unabhängig von der Offenbarung ist das Geschöpf nicht ein analogon Gottes. Was das Geschöpf zum analogon Gottes macht, liegt vielmehr — extrinsece — in der Wahrhaftigkeit Got-

56 KD II,1 S. 266.
57 a. a. O. S. 261.

tes selber, sie wird dem Geschöpf nicht anders als in der »apprehensio«
zu eigen.

Wenn v. Balthasar dieses Beharren Barths auf einer »analogia attributionis extrinsecae« als eine »von der Sache selbst widerlegte Konsequenz-
macherei« bezeichnet, weil zwar die Wahrheit des Geschöpfs in Gott
liegt, ihm aber andererseits, sofern es durch Gott geschaffen ist, »gerade
nicht äußerlich, sondern innerlich« ist[58], so scheint mir dieses Urteil durch
v. Balthasars durchgängiges Interesse an einem eigenständigen Naturbegriff — ontisch und noetisch — diktiert zu sein. Im Zuge der Barthschen
Systematik ist es vielmehr eine sachlich gebotene und folgerichtige Konsequenz. Denn Barth spricht in diesem ganzen Zusammenhang nicht von
einer der »Humanität an sich« widerfahrenden Offenbarung, sondern er
spricht von dem konkreten, sündigen, von Gott abgefallenen Menschen,
und dessen geschöpfliche Erkenntnismittel werden durch Gott gerechtfertigt und geheiligt. Die von Gott gut geschaffene Humanität als solche ist
uns ebenso schlechthin verborgen wie Gott selbst.

c) Zeitlichkeit und epoché des Glaubens

Barth betont, wie wir sahen: Gottes primäre Gegenständlichkeit in ihm
selber und seine sekundäre Gegenständlichkeit in seiner Offenbarung ist
nicht zu trennen von dem Akt, in welchem er sich selbst setzt als Gegenstand und uns als Erkennende seiner selbst. »Seine primäre und seine
sekundäre Gegenständlichkeit ist Gegenständlichkeit *für uns*, indem er
sich uns zum Gegenstand und uns zu Erkennenden seiner selbst *macht*.«[59]
Gottes sekundäre Gegenständlichkeit in Jesus Christus, im Zeugnis der
Schrift, in der Verkündigung der Kirche muß also je in actu, indem Gott
sich dieser Mittel bedient, Offenbarung für uns werden. In kontingenter
Gleichzeitigkeit, im konkreten Augenblick je jetzt ereignet sich dies, daß
Gott uns erkennbar wird im Mittel solcher Gegenständlichkeit, »ubi et
quando visum est Deo«. Offenbarung Gottes ist in der in Jesus Christus
gefallenen Entscheidung ein für allemal wahr, aber gerade darum ist sie
für uns nur in der streng zukünftigen Entscheidung Gottes wahr. Sie
muß in der Kirche je und je im Glauben wahr *werden*[60]. Die Verkündigung ist in der Kirche zwar da, aber als Wirklichkeit der Offenbarung
und des Glaubens muß sie jeweils ins Dasein treten. Die Verkündigung

58   v. Balthasar, a. a. O. S. 120.
59   KD II,1 S. 23.
60   KD I,1 S. 14 f.

beruht auf dem Auftrag des Wortes Gottes. Und eben dieses Wort Gottes ist auch der Gegenstand der Verkündigung. Aber wir haben diesen Gegenstand nur, indem er sich gibt. Verkündigung als menschliche Rede von Gott ist wahr nur im von außen her fallenden Urteil Gottes, das wir nicht vorwegnehmen können, das wir nicht in die Hand bekommen, das in streng kontingenter Gleichzeitigkeit gefällt *wird*. Verkündigung ist Ereignis des Wortes Gottes, indem Gott sich dieses Mittels annimmt und in menschlicher Rede von sich selbst redet. In dem allen ist Verkündigung Wiederholung der göttlichen Verheißung. Auf Grund des Wortes, das Gott gesprochen hat, wird durch Menschen hingewiesen auf das Wort, das Gott sprechen will. »Die Gegenwart Gottes ist dann Gottes Gnade, d. h. seine . . . freie jeweilige Tat, in der er sich zu jenem Hinweis bekennt und damit die Verheißung in doppeltem Sinn erfüllt: indem er ihre durch Menschen vollzogene Wiederholung zu einer wahren macht und indem er der verkündigten Verheißung entspricht durch das wirkliche neue Kommen seines Wortes.«[61]

Das ist der zeitliche Horizont des Geschehens: Erinnerung und Erwartung sind unser Teil, dazu sind wir aufgefordert. Die ereignishafte Gleichzeitigkeit, die konkrete Gegenwart, das »im Nu« des göttlichen Lichtschaffens ist uns gänzlich unverfügbar. An dieser Stelle muß von unserer Seite ein Vakuum bleiben. Daß der Glaube diesen Ort wirklich leer läßt, daß der Mensch nicht eigenmächtig vorwegnimmt, was allein Gottes Tun vorbehalten ist, das ist die »epoché« des Glaubens. So geschieht das Wagnis der Verkündigung in Erinnerung geschehener und in der Erwartung künftiger Offenbarung.

»Erinnerung« ist hier aber nicht zu verwechseln mit platonisch-augustinischer »Anamnese«. Sie ist vielmehr Erinnerung ganz konkret an das, was die Schrift von Gottes bereits geschehener Offenbarung sagt. Die Schrift ist der konkret in der Zeit laut werdende Imperativ zu dieser Erinnerung. Die Bibel ist das Wort Gottes, indem sie sich — das ist wiederum ein Ereignis in kontingenter Gleichzeitigkeit — uns als Gottes Wort imponiert. Sie ist Gottes Wort, sofern Gott durch sie redet. Wir dürfen auch hier nicht abstrahieren von dem Handeln Gottes, in welchem »er es jetzt und hier an uns und für uns wahr sein läßt, daß das biblische Menschenwort sein eigenes Wort ist.«[61a] Beide, Predigtwort und Schriftwort, werden ganz anders bei dem Übergang aus dem Munde Gottes in unseren menschlichen Mund. »Es wird nun das von uns im Glauben erinnerte und erwartete Wort Gottes, dem das von Gott gesprochene und wieder

61   a. a. O. S. 68 f.
61a   a. a. O. S. 112.

zu sprechende Wort als solches aufs neue . . . gegenübertritt.«[62] Gottes
Wort ist Gottes Tat. Verkündigung und Schrift werden Gottes Wort,
indem Gott sich dieser Mittel bedient. Das bedeutet die kontingente
Gleichzeitigkeit des Wortes Gottes.

Die Zeit Jesu Christi, die Mitte der Zeit, ist unterschieden von der Zeit
der Prophetie und des Apostolats. Und diese wiederum ist unterschieden
von der Zeit der Kirche. Der Unterschied der Zeiten besteht in der verschiedenen Stellung Gottes zu den Menschen. »Dreimal handelt es sich
um ein Sagen des Wortes Gottes durch Menschenmund. Aber nur zwei-
mal, bei den biblischen Zeugen und bei uns, zuerst auch um ein Sichsagenlassen und nur einmal, bei uns, um ein indirektes, durch die Bibel
vermitteltes Sichsagenlassen.«[63] Wenn Bibel und Verkündigung gleichzeitig werden mit der Offenbarung Gottes in Jesus Christus, dann ist das
Gottes Tat. In diesem Schritt von der Offenbarung in die Schrift und in
die Verkündigung, also im »strengen Unterschied der Zeiten«[64], ist das
Wort Gottes gleichzeitig. Es handelt sich darum für uns um eine doppelt
kontingente Gleichzeitigkeit: im Verhältnis von Offenbarung und
Schrift und im Verhältnis von Schrift und Verkündigung. Von der
Offenbarung in Jesus Christus gilt nicht das »ubi et quando«, hier ist zu
sagen: »illic et tunc visum est Deo«. Aber die Beziehung dieser Offenbarung zu Schrift und Verkündigung ist keine kontinuierliche Relation,
sie hat Ereignischarakter. Es geht um den zeitlich-konkreten Begriff der
Offenbarung, die die Bibel als geschehen bezeugt und die die Verkündigung als kommend verheißt. »Wir fragen nach der ebenso gewissen wie
unbegreiflichen, ebenso einmaligen wie immer neuen, aber jedenfalls
konkreten Gegenwart des Wortes Gottes zwischen den Zeiten.«[65] Barth
legt Wert darauf, hier zwischen Begriff und Wirklichkeit zu unterscheiden. Im Begriff der Offenbarung geht es um die Gegenwart des Wortes
Gottes zwischen den Zeiten. Jenseits des Begriffs steht die Wirklichkeit.
Diese konkrete Wirklichkeit der Gegenwart Gottes *in* der Zeit können
wir nicht auf den Plan führen. Hier läßt die epoché des Glaubens ein
Loch, ein Vakuum. »Wir haben es zu tun mit dem *Begriff* der Offenbarung, d. h. mit der Gegenwart des Wortes Gottes *zwischen* den Zeiten.«[66]

In solcher doppelt kontingenten Gleichzeitigkeit macht sich Gott zu einer

62   a. a. O. S. 145.
63   a. a. O. S. 150.
64   a. a. O. S. 154.
65   a. a. O. S. 308.
66   a. a. O. S. 309.

konkreten Instanz, zu einem geschichtlichen Faktor, »zu einem in der
Zeit und in zeitlichen Beziehungen bedeutsamen Element« unseres
menschlichen Daseins. In solcher Gleichzeitigkeit werden wir der Mitte
der Zeit — der Zeit Jesu Christi — gleichzeitig. Um diese Gedanken Barths
in ihrem Gegensatz zu dem verbreiteten apologetischen Bemühen, die
biblische Botschaft »zeitgemäß«, d. h. unserer Zeit gemäß zu machen,
mit dem zu ihrem Verständnis nötigen Hintergrund zu versehen, muß
in diesem Zusammenhang auf Barths Zeitbegriff eingegangen werden.
Barth unterscheidet unsere Zeit als die vom gefallenen Menschen be-
wirkte Zeit — er beschreibt sie in Anlehnung an Augustinus und Heidegger — von der durch Gott geschaffenen Zeit der unversehrten Schöpfung und des unversehrten Geschöpfes vor dem Fall.
Von dieser wiederum unterscheidet Barth die Zeit, die Gott für uns hat.
Das ist die Zeit, die die Offenbarung sich schafft, Gottes eigene Zeit, die
Zeit Jesu Christi. Da es sich hier um die Zeit des Herrn der Zeit handelt,
versucht Barth sie in einer anderen Kategorie, eben als »neue Zeit«, zu
denken. Das von Ewigkeit gesprochene Wort hebt die Zeit, in die es hin-
eingesprochen ist, »als nunmehr seine Zeit hinauf in seine . . . Ewigkeit, gibt ihr Anteil an dem allein wirklichen durch sich selbst bewegten,
in sich selbst ruhenden . . . Sein Gottes.« Das Wort Gottes ist Perfec-
tum, Futurum und Praesens in einem. »Ist es doch *Deus praesens*, der
immer schon war und immer noch sein wird und gerade so auch ein echtes Vorher und Nachher hat: der . . . in seinem Handeln aus einer elen-
den Spanne dieser unserer verlorenen Zeit sich selbst seine Zeit schaffende . . . Herr der Zeit, dem gegenüber die Zeit keine eigene Gesetzlichkeit haben kann.«[67] In Christus wird Gottes Zeit unsere Zeit, d. h. wir
sollen seiner Zeit gleichzeitig werden. Die Zeit Jesu Christi ist als Verheißung auch uns zugedachte, auch von uns zu lebende Zeit. »Wie eben ein
Licht in einem im übrigen dunkeln Raum an seinem einen kleinen Ort
Licht ist und Licht hat für den ganzen Raum, sofern es nämlich ein ent-
hülltes Licht ist und sofern sich in diesem Raum Augen . . . finden, um es
als Licht zu sehen.«[68] Der Übergang vom alten Äon, der mit dem Kreuz
endigt, zum neuen Äon, der mit der Auferstehung anhebt, dieser Übergang ist das Licht der erfüllten Zeit.
Barth versucht also, von der Offenbarung her einen genuin theologischen Zeitbegriff zu bilden. Er folgt nicht der Methode, die einen Zeitbegriff voraussetzt und dann fragt, inwiefern durch den Filter der Zeit und
der Geschichte gesehen das von der Schrift Bezeugte »heute noch« Rele-

---

67 KD I,2 S. 58.
68 a. a. O. S. 61.

vanz habe. Weil die Zeit der Offenbarung Gottes Zeit ist, darum ist unsere Zeit von dieser erfüllten Zeit schlechthin überhöht und beherrscht, »so überhöht und beherrscht, daß ... auch die fernsten vergangenen und die fernsten künftigen Zeiten ihr benachbart sind, so also, daß der Abstand der Jahrhunderte und Jahrtausende nicht hindern kann, daß nicht auch die Tage Kains und Abels, daß nicht auch unsere Tage im gleichen Sinn ... durch die erfüllte Zeit begrenzt und bestimmt sind wie etwa die Tage des Apostels Petrus«. Jedes räumliche Bild zerbricht hier: »in der erfüllten Zeit ist die Erde eben eins mit dem Himmel, der sich über der ganzen Erde wölbt.«[69]

Das Alte wie das Neue Testament ist Zeugnis von der Offenbarung, in der Gott dem Menschen gegenwärtig ist als der kommende Gott. Alle Aussagen des Neuen Testaments sind insofern eschatologisch — explizit oder implizit, mit einer Ausnahme! Diese Ausnahme sind die Ostergeschichten. Auf der dünnen Linie der Osterberichte von der Begegnung der Jünger mit dem Auferstandenen »haben wir es mit der Bezeugung reiner Gegenwart Gottes zu tun«[70]. Denn die Tatsache »Christ ist erstanden« meint in der Erinnerung ihrer Zeugen einen wirklichen Teil menschlicher Zeit, »die, wie sie nicht Vergangenheit werden kann, so auch keiner Zukunft bedarf, eine Zeit reiner *Gegenwart*, weil reiner Gegenwart *Gottes* unter den Menschen«[71]. Hier geht es um Erinnerung »ewiger Zeit«. Das Zeugnis von der Auferstehung Jesu gibt sich als Erinnerung an ein in bestimmter zurückliegender Zeit vorgefallenes Geschehen. Dennoch geht es dabei nicht um eine »vergangene« Tatsache. Wohl ist es Erinnerung an eine zurückliegende, datierbare Zeit, aber an diese als an die erfüllte und als solche nicht vergangene, »sondern schlechthin gegenwärtige Zeit«. Die Kategorie, unter die diese Erinnerung fällt, umfaßt nur einen einzigen Fall, nämlich Gottes Offenbarung. Darum ist »Gottes Offenbarung ... die Möglichkeit der Oster*geschichte und* die Möglichkeit der Oster*botschaft*«[72]. In der ewigen Zeit der reinen Gegenwart Gottes in den Begegnungen der Jünger mit dem Auferstandenen ist alle unsere Zeit von vornherein einbeschlossen. Daher kann Barth sagen, daß wir, indem uns Offenbarung widerfährt, gleichzeitig werden mit der Zeit Jesu Christi.

Es bleibt die Frage nach der Kontinuität. Wenn es so ist, wie Barth sagt, daß die Verkündigung geschieht in Erinnerung geschehener Offenbarung

69 a. a. O. S. 73.
70 a. a. O. S. 125.
71 a. a. O. S. 126.
72 a. a. O. S. 127 f.

und in Erwartung künftiger Offenbarung; wenn die Bibel das konkrete Mittel ist, durch das die Kirche an Gottes geschehene Offenbarung erinnert und zur Erwartung künftiger Offenbarung aufgerufen wird; wenn unser Erkennen Gottes im Glauben nur möglich ist, indem es gesetzt wird durch den sich ihm zum Gegenstand setzenden Gott und an diese jeweils in actu von Gott her geschehende Zeichengebung gebunden ist; wenn wir also als Erkennende Gottes immer auf dem Wege sind, auf dem uns die Offenbarung Gottes »jederzeit zukünftig« ist; wenn unsere Worte jeweils erweckt werden müssen zur Ähnlichkeit mit ihrem göttlichen Gegenstand, weil Ähnlichkeit ihnen nicht (intrinsece) eigen ist, sondern ihnen streng zukünftig (extrinsece) von außen zukommt, so ist die Frage nach der Kontinuität unausweichlich. Wir können, indem wir unsere Begriffe und Worte bilden, bei keinem dieser Werke stehenbleiben, als ob wir nun Gott gedacht und von ihm geredet hätten, als ob wir nun bloß diese unsere Gedanken und Worte zu wiederholen brauchten, um damit wieder Erkenntnis Gottes zu gewinnen. Das Gelingen unseres Unternehmens steht und fällt damit, daß wir *auf dem Wege* sind, »auf dem uns die Offenbarung Gottes mit ihrer Wahrhaftigkeit jederzeit zukünftig ist«[73]. Wir sind unterwegs in einer dreifachen Begrenzung unserer zeitlichen Erkenntnis: von der Verborgenheit Gottes her, im Medium unseres Verstehens und Glaubens, zu Gott in seiner Verborgenheit hin.

Zerrinnt die Wirklichkeit der Offenbarung, auf die hin als je gewesene und zukünftige der Mensch den Versuch des Erkennens und Redens von Gott unternimmt, nicht in ein »überall und nirgends«, wenn sie so radikal auf den »actus purus« der je sich ereignenden Gnade im konkreten Augenblick »zwischen den Zeiten« punktualisiert wird? Wie sieht das Verhältnis zwischen der Dauer (in Erinnerung und Erwartung) und dem »im Nu« des Augenblicks (zwischen den Zeiten) aus?

Barths Antwort auf diese Frage ist eine doppelte. Die erste ist negativ: es gibt kein *Sein* in einer Gott und uns gemeinsamen Wahrheit, von dem wir *wissen* könnten. Sofern wir es erkennen, ist es gebunden an den Akt der Gnade und des Glaubens. Wie Sein und Akt zusammengehen, das vermögen wir nicht zu überschauen. Das macht die »Einseitigkeit«[74] unseres Erkennens aus. (Der zum Verständnis Barths sehr wichtige Begriff der »Einseitigkeit« wird noch eigens zur Sprache kommen.) Unser »Sein in der Wahrheit« als Kinder Gottes ist eingeschlossen in die Tat Gottes. Darum: esse sequitur operari. Unser gottförmiges Sein als er-

---

73 KD II,1 S. 241.
74 KD I,1 S. 180.

löste Kinder Gottes können wir nicht abstrakt betrachten und feststellen. »Es liegt im Wesen der Offenbarung und Versöhnung Gottes in der Zeit, es liegt im Wesen des *regnum gratiae*, daß das zweierlei ist: ›Gott haben‹ und unser ›Haben Gottes‹, daß unsere Erlösung kein solches Verhältnis ist, das wir zu überschauen, d. h. das wir nach beiden Seiten, von Gott her *und* von uns aus zu verstehen vermöchten. Paradox genug: wir können es nur von Gott aus verstehen, d. h. wir können es nur im Glauben als von Gott her gesetzt verstehen.«[75] Das *und*, die Synthese von Akt und Sein, können wir nicht vollziehen.

Die zweite Antwort, die Barth gibt, ist positiv. Es gibt den Menschen, der offen ist für Gott, der also wahr *ist* in der Dauer seines Seins, der für Gott bereit ist und ihn erkennt. Aber dieser Mensch ist extra nos: Jesus Christus. Unser Leben ist mit Christus in Gott verborgenes Leben. Wir sind nicht Gott. Aber Gott *ist* Mensch. »In ihm stehen wir nicht draußen, sondern drinnen . . . Unser Fleisch ist also dabei, wenn er Gott erkennt.«[76] Er ist der Sohn Gottes von Ewigkeit, der Fleisch angenommen hat, und so *ist* er in unserem Fleisch von Ewigkeit zu Ewigkeit.

Barth antwortet also auf unsere Frage nach der Kontinuität mit dem Hinweis auf das hohepriesterliche Amt Jesu Christi. Er vertritt uns zu jeder Zeit gegenwärtig. Es liegt im »Wesen dessen, was dort, in Gott geschieht in ewiger Fortsetzung der in der Zeit vollbrachten Versöhnung und Offenbarung, daß es in voller Realität auch hier, auch an und in uns geschieht.«[77] Weil Christus der Fleischgewordene ist, ist es als Geschehen in Gott »von Hause aus« auch ein Geschehen an uns und in uns. Das ist die zeitliche Gegenwart des ewig Gegenwärtigen. Das Leben der Kinder Gottes ist »nichts Anderes als die Einheit des Vaters und des Sohnes in der Gestalt der *Zeit*«. »Unsere Wahrheit ist unser *Sein* im Sohne Gottes.«[78] »Glauben ist also kein Stehen, sondern ein Aufgehobensein und Hängen ohne Boden unter den Füßen.«[79] Das ist die Wahrheit unseres Seins, wie wir sie im Glauben erkennen.

»Der Glaube ist die zeitliche Gestalt seines (sc. des Menschen) ewigen Seins in Jesus Christus«[79a], unser Sein als kontinuierliches »Sein in der Wahrheit« nach Barth demnach extra nos. Als solches »ist« es. Der Glaube als die zeitliche Gestalt dieses Seins ist aber »augenblicklich« seinem Wesen nach: im actus purus der Gnade und des Glaubens.

75   a. a. O. S. 485.
76   KD II,1 S. 169.
77   a. a. O. S. 176.
78   a. a. O. S. 177.
79   a. a. O. S. 178.
79a   a. a. O. S. 177.

Wir fassen zusammen: Gott *wird* erkannt, indem er sich offenbart. Er offenbart sich in der Analogie der Gnade und des Glaubens, *gratia unionis* — *intellectu fidei*. Gott spricht, das ist die Gnade; der Mensch entspricht, das ist der Glaube.

Gott *kann* erkannt werden gratia *unionis* — *intellectu* fidei. Gratia *unionis* nimmt Gott sekundäre Gegenständlichkeit an, in deren Verhüllung er sich dem Glauben enthüllt. Realgrund und Inbegriff solch sekundärer Gegenständlichkeit ist die menschliche Natur Jesu Christi. Die menschliche Existenz als das dem Menschen zugleich Geheimnisvollste und Vertrauteste *kann* Mittel der Verhüllung und Enthüllung Gottes sein. Gott kann darin als *Gott* erkannt werden, weil das, was er in seiner Offenbarung tut, zuvor in ihm selber ewige Wirklichkeit ist: Offenheit im Gegenüber des Vaters und des Sohnes in primärer Gegenständlichkeit. *Intellectu* fidei kann Gott erkannt werden, d. h. durch das Medium menschlichen Anschauens und Begreifens, indem Gott unsere Anschauungen und Begriffe ihrem göttlichen Gegenstand analog macht.

Gott wird erkannt, *indem* er sich offenbart. Das heißt: indem der Mensch unterwegs ist in Erinnerung geschehener Offenbarung und in Erwartung künftiger Offenbarung — als Wanderer in der Zeit, geschieht Offenbarung in der kontingenten ereignishaften Gleichzeitigkeit Gottes im konkreten Augenblick zwischen den Zeiten. Indem dies geschieht, wird der Mensch der Mitte der Zeit, der Zeit Jesu Christi, gleichzeitig. Die Zeit Jesu Christi ist die Zeit, die Gott für uns hat, sie ist »ewige Zeit«. Von ihr ist alle unsere Zeit überhöht und beherrscht. Aber sie löscht den Unterschied der Zeiten, als Zeit der Offenbarung, Zeit der Schrift und Zeit der Verkündigung der Kirche, nicht aus. Gerade *in* diesem Unterschied der Zeiten ist dies, daß wir Zeitgenossen Jesu Christi werden, ein doppelt vermitteltes Ereignis: das Ereignis der Offenbarung Gottes zwischen den Zeiten. Dieses Ereignis ist uns unverfügbar, es ist allein Gottes Tat. Indem der Mensch dieser Tat Gottes *zwischen* den Zeiten entspricht, geschieht Erkenntnis Gottes in der Analogie des Glaubens. Indem der Mensch *in* der Zeit unterwegs ist, in der Erinnerung geschehener Offenbarung und in der Erwartung zukünftiger Offenbarung, geschieht die epoché des Glaubens. Sie steht unter der Verheißung, daß unsere Wiederholung und unsere Ankündigung durch Gott wahr *gemacht* wird.

Analogia fidei als Mitte besagt also abschließend: das dem Handeln Gottes in Jesus Christus in der Mitte der Zeit, die für uns jeweils Mitte zwischen den Zeiten wird, Entsprechen (Entsagen).

In formaler Bestimmung: die Mitte der Synthese zwischen Diastasen im Horizont der Zeit.

Zum Abschluß dieses Kapitels bedarf es einer hermeneutischen Anmerkung. Wir haben den Barthschen Begriff der analogia fidei entfaltet aus dem Kontext der beiden Bände der Prolegomena und aus dem 5. Kapitel in Band II, 1 — ohne dabei eine etwaige Metamorphose des Barthschen Denkens in Rechnung zu stellen. Nach v. Balthasar taucht im Band I, 1 der Begriff der »analogia fidei« auf, »doch ohne den geringsten christologischen Zusammenhang«[80]. Mit der christologischen Grundlegung, die ernsthaft im 2. Band beginne, sei der Gedanke eines Widerspruchs zwischen dem Worte Gottes und seiner Gestalt in Bibel und Verkündigung »schlechterdings überholt«[81].

Diese These ist mir fraglich, ihre Berechtigung zweifelhaft. Die stark genetische Interpretation scheint mir auch hier durch v. Balthasars vorwiegendes Interesse an einem eigenständigen Naturbegriff diktiert zu sein. »Der Begriff der Natur erhält durch die Christologie Ebenbürtigkeit neben dem Begriff der Aktualität.«[82] Der Begriff der »Ebenbürtigkeit« ist hier mindestens mißverständlich. Barth definiert das Verhältnis von Akt und Sein sehr genau als ein einseitiges Verhältnis, einseitig, weil wir die Synthese von Akt und Sein nicht leisten können. Darum ist hier m. E. besser nicht von »Widerspruch«, sondern von »Diastase« zu sprechen, weil eben das Verhältnis nicht überschaubar ist. Die Art dieser Einseitigkeit wird im nächsten Kapitel genauer in den Blick zu nehmen sein.

Ich sehe im Unterschied zu v. Balthasar innerhalb der ersten Bände der Kirchlichen Dogmatik keine Wandlung der Barthschen Denkstrukturen sich vollziehen. Die Kirchliche Dogmatik ist von der ersten Seite der Prolegomena an christologisch fundiert. Das gilt von der Bestimmung der Aufgabe der Dogmatik, das gilt auch von der Lehre vom Worte Gottes. Sie steht ja unter der Gleichung: Gottes *Wort* ist Gottes *Sohn*. Gott offenbart sich, indem er welthafte Gestalt annimmt, die Gestalt geschöpflicher Wirklichkeit. Nicht einer allgemeinen Geschöpflichkeit qua Humanum, sondern der konkreten Geschöpflichkeit, die »Fleisch« ist. Gerade in dieser konkreten Natur erweist sich die Gnade als siegreiche Gnade[83]. Nimmt Barth diesen Gedanken später zurück? Kommt er nicht vielmehr im Band II, 1 zu demselben Ergebnis? Er beschreibt dort des Menschen Bereitschaft für die Gnade, seine Bedürftigkeit, seine Erkenntnis, seine Willigkeit; er fragt dann: wo ist diese dreifache Bereitschaft

---

80 v. Balthasar, a. a. O. S. 117.
81 a. a. O. S. 124.
82 a. a. O. S. 126.
83 KD I,1 S. 172.

des Menschen *wirklich?* Und er antwortet: des Menschen Wirklichkeit als solche ist »des Menschen Streit gegen die Gnade und also des Menschen Elend«. In der Wirklichkeit und Möglichkeit des Menschen als solchen ist eine Bereitschaft für Gott »überhaupt *nicht* sichtbar«[84]. Kein noch so richtiges Postulat kann den Menschen dort erreichen, wo er — jenseits aller möglichen Näherbestimmungen —»er selbst, d. h. aber ein Feind der Gnade ist«[84a]. Diesem im Widerspruch gegen Gott befindlichen Menschen widerfährt die Rechtfertigung, die Heiligung, die Berufung durch Gott, die Rechtfertigung auch seiner Anschauungen und Begriffe, mittels deren er Gott erkennt.

Daher habe ich mich wohl keiner sachlichen Nivellierung schuldig gemacht, wenn ich Barths Analogielehre, soweit sie die theologische Erkenntnistheorie betrifft, aus den ersten drei Bänden entfaltet habe. Eben auf dem Grunde der Christologie schließen sich Analogie und Widerspruch nicht aus. Sie behalten beide ihren Stellenwert in der Barthschen Systematik, jeweils an ihrem Ort. Analogik, Dialektik, als dritte Denkform die Logik, diese drei fundamentalen Denkformen *koexistieren* in der Barthschen Systematik. Auf welche Weise, das wird im 4. Kapitel thematisch werden. Hier sollte nur angemerkt sein, daß es m. E. verfehlt ist, das analogische Denken der Ähnlichkeit und das dialektische Denken des Widerspruchs in der Dogmatik Barths gegeneinander auszuspielen.

3. Seinsstufung und Zeitlichkeit

»Analogia entis« als Mitte im Sinne des Satzes vom Widerspruch besagt die je immer größere Unähnlichkeit zwischen Gott und Mensch quer hindurchschneidend durch alle noch so große Ähnlichkeit.
Formal: die Mitte zwischen Identität und Widerspruch, zwischen Sein und Nichts im natürlich-übernatürlichen »Oben« und »Unten«.
Barths kritische Frage an die »analogia entis« lautet: woher *weiß* ein Mensch das, was er auf dem Grunde der analogia entis über Gott und den Menschen und ihr Verhältnis zueinander sagt? Wie kommt er an den sehr hohen Ort, von dem aus er das Verhältnis beider wissend überschauen kann?
Woher weiß er das, was er von dieser Basis aus über *Gott* sagt? Und von welchem Gott spricht er? Ist das Gott der Herr, der in Jesus Christus sich

84 KD II,1 S. 148, 150.
84a a. a. O. S. 160.

als solcher offenbart hat und der über uns verfügt[85]? Oder ist das das
Gottesbild der antiken Philosophie, ein Gebilde des auf sich selbst vertrauenden menschlichen Denkens[86]? Gibt es nicht letztlich nur diesem
Gebilde des Menschengeistes gegenüber jene Reziprozität, jene Analogie
von transzendierender Immanenz und immanierender Transzendenz,
während der Glaube an den Gott, der sich in Jesus Christus offenbart, der
Akt des Verzichtes auf alle Reziprozität ist, »der Akt der Anerkennung
des einen Mittlers, neben dem es keinen anderen gibt«[87]?
Woher weiß man, wenn man sich auf dieser Basis bewegt, das, was dort
über den *Menschen* gesagt wird? Stammt das aus dem »toten Winkel«
einer spekulativen Theorie vom Menschen, einem Winkel, »wo der
Mensch das Wort noch nicht oder nicht mehr hört«[88], aus dem ungebrochenen Selbstvertrauen des sich selbst erkennen wollenden Menschen?
Der wirkliche, der ganze Mensch der Schöpfung Gottes ist uns ebenso
verborgen wie Gott selbst. Das Wesen des Geschöpfes Mensch wird uns
erst durch die Offenbarung bekanntgemacht.
Und die Antwort Przywaras: die analogia entis ist kein statisches Prinzip, von dessen hoher Warte aus Sätze über Gott und den Menschen und
das Verhältnis beider zueinander abgeleitet werden könnten. Sie besagt
vielmehr etwas rein Faktisches: *sofern* Gott erkannt wird, geschieht dieses, daß alle noch so große Ähnlichkeit und Nähe aufgebrochen wird hinein in die je größere Unähnlichkeit und Ferne zwischen Gott und Mensch,
daß Liebe und Furcht die Spannungspole bilden, zwischen denen der
Mensch in seinem Verhältnis zu Gott sein Wesen hat. Das Letzte, was
im Verhältnis des Menschen zu Gott auf dem Grunde des Verhältnisses
Gottes zum Menschen anzumerken ist, ist »der je immer größere Gott in
aller noch so großen Gott-Nähe«. »Das aber eben ist es, was die ›Weisen
und Vernünftigen‹ nicht sehen, während die ›Unmündigen‹ es atmen in
dem, was Newman das Zueinander von Liebe und Ehrfurcht nennt.«[89]
Sofern der Mensch in seiner Kreatürlichkeit erkannt wird, geschieht dies,
daß alle noch so große Geschlossenheit des Geschöpflichen, das »Kommen zum Sein«, wieder aufbricht ins »Kommen zum Vergehen«, daß
das kreatürliche »ist« potenziert als »ist im nicht« erscheint. Und eben
hierin ist es objektiv offen als senkrecht durchschnitten von dem Gott,
der innerer ist als das Innen und äußerer als das Außen der Kreatur.

---

85 KD II,2 S. 591.
86 KD II,1 S. 87.
87 KD I,2 S. 160.
88 KD III,2 S. 24.
89 Przywara, In und Gegen, S. 281.

»Analogia fidei« als Mitte besagt: das dem Handeln Gottes in Jesus Christus in der Mitte der Zeit, die für uns je und je Mitte zwischen den Zeiten wird, Entsprechen (Entsagen). Formal: die Mitte der Synthese zwischen Diastasen im Horizont der Zeit.

Przywaras kritische Frage an die analogia fidei lautet: besteht bei solcher konsequenten Reduktion auf das dynamische »in actu« des sich je jetzt offenbarenden Gottes überhaupt noch Analogie oder nicht vielmehr die letzte Form einer Anti-logia?

Einerseits bietet die Kirchliche Dogmatik »für den erstaunten Leser das Schauspiel eines rücksichtslosen Rückganges auf Positionen, die man im Laufe der Jahrhunderte als spezifisch katholische anzusehen gewohnt war«, einer radikalen Rückkehr von jeglicher Autonomie des philosophierenden und theologisierenden »Ich« zu der Majestät der »facta divina«, »zum einfachen Sich-Beugen unter die Tatsächlichkeit der göttlichen Offenbarung«. Aber auf der anderen Seite sieht Przywara den mittleren und späten Barth in erstaunlicher Weise dem Anliegen des jungen Barth treu bleiben. Denn es geht durch das ganze Werk »unheimlich einheitlich« eine Reduktion, die noch weit radikaler ist als die Luthers und seiner Nachfolger: »Barth sagt zu der gesamten Welt der christlichen Offenbarung nur insofern Ja, als sie eine einzige Anschaulichkeit des Vorgangs von Offenbarung ist . . .: das Gespräch Gottes zum Menschen.«[90]

Przywara fragt: wird der Mensch nicht in das Wesen Gottes hinaufgezogen und in seinem relativen Eigenbestand ausgelöscht, »weil das Wesen Gottes selbst als das Offenbarungsgespräch bezeichnet wird«? Przywara kennzeichnet Barths Denken als »Dynamismus«. Offenbarung vollzieht sich in der rein dynamischen Aktualität »einer immer wieder über uns fallenden Erscheinung«. Offenbarung und das dreipersönliche innere Leben Gottes entsprechen einander. Nicht als ob Gott nicht zuvor in sich selber Vater, Sohn und Geist wäre. »Aber doch so, daß die Offenbarung als Akt *die* Offenbarung des dreipersönlichen Lebens ist: in ihrer Dreiform von ›Offenbarer . . . Offenbarung und . . . Offenbarsein‹«, »Verhüllung — Enthüllung — Mitteilung, Freiheit — Gestalt — Geschichtlichkeit.« Das ist reformatorischer Dynamismus als der alleinige Dynamismus Gottes folgerichtig zur reformatorischen Lehre von der Alleinwirksamkeit Gottes. Das ist analogia fidei: einmal als der Gegensatz Akt gegen Sein, dann aber entscheidend nicht nur als eines »göttlichen Tuns, das Er (am Menschen) tut, sondern das Er (in der Aktualität Seines dreiper-

90 ders., Humanitas, S. 425 f.

sönlichen Lebens) ist . . . Der Rhythmus, den das Wort Analogie sagt, ist also Gottes Rhythmus allein«[91].

Trotzdem ist es nicht zutreffend, das Gegenüber von Przywara und Barth und hier im engeren Sinne von »analogia entis« und »analogia fidei« zu sehen als das Gegenüber von Seins-Statik und Akt-Dynamik. Denn genau das, was bei Barth der kritische Vorbehalt besagt, steckt implizit in dem, was Przywara das »rein frei Faktische« nennt. Und es wird explizit z. B. in Przywaras »Theologie des Alten und Neuen Bundes« geradezu als heraklitisch flammender Dynamismus, das ganze Buch eine einzige Predigt des Gottes, der »hinverzehrendes Feuer« ist[92]. »Gott erscheint in der unerhörten Menschengestalt Jesu Christi, in der Erde und Himmel zusammengefaßt sind wie in einem Haupt; aber dieser Jesus Christus ist der jeweils neu absteigende und jeweils neu aufsteigende, ist Christus gestern und heute und in alle Ewigkeit, das heißt Christus im Heute, Christus im Jetzt, Christus nicht kristallisiert, Christus nicht erstarrt, Christus jeweils neu lebendig im jeweils neu lebendigen Augenblick. Das, wogegen das Feuer des Zornes Gottes im Niederbrennen des Alten Bundes ergeht, ist die stolze vetustas, . . . das stolze Statischsein, das stolze Ein-für-allemal-bleiben-Wollen des Menschen, der sich seinen Babelturm immer wieder aufbaut gegenüber seinem Gott. Aber nun soll der Mensch allein stehen in der Freiheit der einfallenden und einblitzenden Gnade Gottes, die da einbricht, wann es diesem Gott gefällt. Und er soll stehen in dem Letzten, was in diesem Neuen liegt. Der heilige Augustinus sagt von Gott, daß Er Selbst das Heute sei . . . Und daß er den stolzen Menschen hinausschlägt aus allem stolzen Besitz der Vergangenheit und Besitzenwollen der Zukunft und ihn hineinzwingt in den Augenblick, ist zuletzt . . . unerhörte Gnade von Gott her.«[93]

Dieser Dynamismus wird vollends deutlich in der Art, wie Przywara Christus verkündigt in die Stunde des Niedergangs (1944) hinein als Weg des Glaubens, der Hoffnung und der Liebe. »So ist es für uns Stunde einer Hoffnung auf dem Weg allein im Weg, der Christus, die Hoffnung, ist. — Wenn wir ernüchtert und nüchtern in der heutigen Stunde feststellen müssen, daß wir in einer radikal entchristlichten Welt und Gesellschaft leben und dies ›zwischen Scylla und Charybdis‹ heidnischer Gewalten, — so ist es neue Stunde Moses' in Christo: gesetzt in eine endlose Wüstenwanderung: zwischen einem für uns verklärten Christentum der Vergangenheit, das aber eben doch bei den ›Fleischtöpfen

---

91   a. a. O. S. 174.
92   ders., Alter und Neuer Bund, S. 132; vgl. S. 253 pass.
93   a. a. O. S. 39.

Ägyptens< saß, versklavt in einer pseudo-christlichen Welt, — und einer
verhangenen Zukunft eines kommenden Christentums >unter den Hei-
denstämmen<: nicht Heimat rückwärts, nicht Heimat vorwärts, — einzig
im Weg, weil in Christo, der der Weg ist. — Wenn wir ernüchtert und
nüchtern in der heutigen Stunde in einem >Reich Gottes< uns finden, das
>eben noch< besteht (in ehrwürdigen Relikten), aber >eigentlich gar nicht<
(weil das wirklich lebende Leben zu ihm nicht mehr findet), — so ist es
neue Stunde Samuels in Christo: Reich Gottes immer nur >auf dem Weg<,
. . . des Einen Königs Christus, der für Juden und Heiden der >Narr< ist. —
Und wenn wir vollends ernüchtert und nüchtern nur >Wüste< hinter uns
und um uns und vor uns sehen, Wüste einer brutal >weltlichen< Welt,
Wüste demaskierter Heiliger Gewalten, — so ist es neue Stunde Elias' in
Christo: Reich Gottes und Erde Gottes, die gewiß Wüste wurden, über
die der Prophet landflüchtig irrt, — aber Wüste, die doch flammende
Wüste wird im Feuer des Heiligen Geistes, der wie glühender Wüsten-
sturm durch eben die Wüste führt, Feuers, das Gott urgründlich ist, —
Feuers, das Christus kam, >zu werfen auf die Erde<.«[94]
Diese Seite, der Prediger Przywara, mußte hier zu Worte kommen, denn
von da aus wird deutlich: mit einer einfachen Gegenüberstellung von
»Seins-Statik« und »Akt-Dynamismus« ist das Gegenüber Przywara-
Barth nicht getroffen. Allerdings ist der Dynamismus bei Przywara
etwas ganz anderes als der Dynamismus, wie wir ihn bei Barth finden.
Er scheint mir bei Przywara im Mystischen beheimatet zu sein und zwar,
was »Alter und Neuer Bund« anbetrifft, dem die oben zitierten Passagen
entnommen sind, in einer aus dem Subjektiven ins Objektive, ins »Außen« gewendeten Mystik: es ist die Ausleerung des Menschen, die Fülle
Gottes wird, die tiefste Finsternis der Nacht der Geschichte, die eben der
dunkle Schoß des Lichtes des Tages Gottes wird. Es scheint gewagt, aber
es spricht manches dafür, daß man »Alter und Neuer Bund« (wenigstens
auch) auf dem Hintergrund der »überlichten Finsternis« des Mystikers
Dionysius Areopagita zu lesen hat. Dem soll hier nicht weiter nachge-
gangen sein.
Wohl aber ist — so sagt Przywara — mit dem Gegenüber von Seins-
Statik und Akt-Dynamismus der nervus rerum der Kontroverse zwischen dem römischen Katholizismus und der reformatorischen Kirche
getroffen. Und mit diesen Gedanken nähert sich Przywara dem Anliegen
Barths. Die Reformation als »die alles entscheidende Mitte« der Geschichte des Abendlandes führt ins Absolute, was in den großen ge-

94 a. a. O. S. 138 f.

schichtlichen Reformen vor ihr ein bestimmtes Konkretum war. Darin ist sie Erbin der zisterziensischen Reform: »des Deus Caritas, Gott der flammenden Liebe, — gegenüber dem erstarrten Buchstaben des Gesetzes. Sie ist Erbin der benediktinischen Reform Joachims von Fiori: des Deus... Libertas, ... zur Überwindung aller Äußerlichkeit, hin zur Anbetung im Geist und in der Wahrheit. Sie ist Erbin der Reform des heiligen Franz von Assisi: des Deus Paupertas Crux, . . . gegen eine Kirche des Prunkes und der Üppigkeit. Sie ist Erbin der dominikanischen Reform: des Deus Verbum, Gott des Wortes und der Verkündigung, — gegenüber einer unverstanden toten Liturgie. Sie ist endlich wahres Geschwister zur spanischen Reform eines Ignatius von Loyola, einer Teresa von Avila, eines Johannes vom Kreuz: des ... Gott als alleinige Gnade aufgehend über dem zusammengebrochenen Stolz, aufleuchtend über der in Verzweiflung harrenden Seele: die dunkelste Nacht der Verlassenheit dennoch Nacht des überstrahlenden Lichtes«.

Aber — und in diesem »aber« verbirgt sich Przywaras Ringen mit der reformatorischen Theologie — die Reformation drängt zum Absoluten, sie wird Protest und Ur-Revolution »schlechthin gegen alles Gewordene und Gefügte«[94a]. Sie ist darin nicht mehr Reformation innerhalb der Kirche, sondern *als* Kirche und darum an Stelle von Kirche. Aus dem Korrektiv, dem berechtigten, wird das radikale, zerstörende Nein.

Przywara sieht in vier Stufen die Reformation sich aufbauen: Sünde allein, Gewissen allein, Wort allein, Christus allein.

»Sünde allein«: sie ist auch mitten im corpus Christi. Denn alles ist in der Sünde, alle Menschen sind nur gerecht in der erbarmenden Gnade Christi, die wir im Glauben empfangen.

Das ist, so sagt Przywara, eine an sich urchristliche Voraussetzung, wie Christus gemäß dem Evangelium gekommen ist, die Sünder zu rufen und nicht die Gerechten, und wie Paulus im Römerbrief alle einbeschlossen sieht unter die Sünde und gerechtfertigt allein im Glauben. Das ist ebenso ein »geschenktes wahres Korrektiv« gegenüber einer Kirche, die »in Vergessenheit dieser entscheidenden Voraussetzung, immer neu in Gefahr war, sich als ein sakral *reines Sein*, rein ontisch, zu sehen: als rein verklärte Teilnahme am Sein, das Gott ist, . . . als real heilige Seinsordnung«.

Barths Kritik des katholischen »Aposteriorismus des Wirklichen«, des betont Habituellen, des statisch Seinshaften, wird also von Przywara durchaus geteilt.

94a a. a. O. S. 42 f.

Aber: die Reformation schreitet vom Korrektiv weiter zum protestie-
renden Nein. Es wird »Nein zur Schöpfung schlechthin: die Welt ist böse
und wird ihrem Bös überlassen.«[95] Welt wird zur Hölle.

»Gewissen allein«: wenn alles »Außen« unter der Sünde steht, dann
bleibt allein das innerste Innen, die »sola personalitas«, die Unmittelbarkeit zwischen dem persönlichen Gott und dem Person-Ich. Dieses
Innen der Person hat den Namen »conscientia«. Die Unmittelbarkeit
des richtenden und begnadenden Gottes hat ihren Ort im Gewissen. Und
dies in reiner Aktualität des Gottes, der selber das Nun des Augenblicks
ist, »in dem der persönliche innerliche Mensch des Gewissens steht, im
Blitz des Augenblicks, der der Augenblicks-Blitz des richtenden und begnadenden Gottes ist«[96].

Auch dies ist echt biblische Voraussetzung: wie Christus in der Begegnung von Person zu Person den einzelnen ruft: komm, folge mir nach!
Und wie es das Johannes-Evangelium ausdrückt als personalen Vorgang
des Erkennens: »Ich erkenne die Meinen, und die Meinen erkennen Mich,
wie Mich erkennt der Vater und Ich erkenne den Vater.«

Wenn dieses persönlich-unmittelbare Begegnen Gottes im Gewissen von
den Reformatoren hervorgehoben wird, so ist das ein wahres Korrektiv
gegenüber einer Kirche, die, folgerichtig zur »Vor-Betonung einer heiligen Seinsordnung, der weiteren Gefahr ausgesetzt ist, an Stelle der wesentlich neu-testamentlichen ... Unmittelbarkeit zwischen Gott und Seele
die Selbstzwecklichkeit einer Heiligen Seins-Hierarchie zu setzen. Der
lebendige Gott erscheint gebunden an die Ämterstufung eines himmlischen und irdischen Hofes, und der lebendige Mensch wird versachlicht
zum Beamten innerhalb dieser gestuften Kurie«[97].

Wenn Barth die »überschaubare Zuständlichkeit« im Verhältnis von
Gott und Mensch im geschlossenen Innerhalb kirchlicher Wirklichkeit
kritisiert, so finden wir auch dazu Parallelen bei Przywara.

Aber auch hier verbindet sich das Solidarische mit dem kritischen Distan-
zieren in Przywaras Sicht der Reformation: die Reformation schreitet
vom Korrektiv zum Nein. »Sie will die Innerlichkeit als alleinige Form,
... den aktual lebendigen Einfall als alleinige Bindung. Es wird das Nein
zur sichtbaren Form überhaupt, — aber eben darum und darin die Richtung in eine formlos wogende reine Innerlichkeit. Es wird das Nein zu
sichtbarer Autorität überhaupt, — aber eben darum und darin die Richtung in eine rein autonome Intuition. Es wird zum Schluß das Nein zu

95 a. a. O. S. 43 f.
96 a. a. O. S. 44.
97 a. a. O. S. 44 f.

einer sichtbar beharrenden Ordnung überhaupt, — aber eben darum und
darin die Richtung in einen absoluten Dynamismus, Dynamismus nicht
einmal im Sinne einer kontinuierlichen Bewegung, sondern (folgerichtig
zum je aktualen Einfall) Dynamismus des dynamischen Blitzes.«

»Wort allein«: das ist das dritte Grundelement. »Sünde allein« besagt die
»Grund-Voraussetzung von allem. ›Gewissen allein‹ sagt die subjektive
Haltung. Im ›Wort allein‹ soll eine absolut werdende Innerlichkeit objektiv gebändigt« werden. Gott erschließt sich dem Menschen entscheidend im Wort, das Christus ist als fleischgewordenes Wort. Er ist das
fleischgewordene Wort, »das Sich gleichsam aus-wortet in die ›Worte
des Wortes‹, . . . das heißt in das Evangelium, das Er kündet. Das Evangelium, das Er ist, . . . lebt Er als verkündetes Evangelium.« Und so ist die
Kirche vor allem das Weiterleben des fleischgewordenen Wortes in der
Weiterverkündigung. Im Gegenüber von verkündetem Wort und bekennender Antwort allein ist die Menschwerdung Christi heute lebendig, in der Verkündigung von Gottes Gericht und Barmherzigkeit, in der
Antwort des Bekenntnisses und der Buße. Innerlichkeit allein ist also
eigentlichst das Zueinander zwischen »Sünde allein und . . . Wort allein.
Das Wort ist objektive Form der Innerlichkeit, insofern diese ›die Sünde
bekennt‹.«

Wieder betont Przywara: »Dieses Zentrale des Wortes ist ohne Frage
echt ur-christlich.« Und daß die Reformation »das Wort Gottes« so sehr
ins Zentrum holt, ist wahres Korrektiv »gegenüber einer Kirche, die, in
weiterer Folgerichtigkeit zur Betonung einer heiligen Seins-Hierarchie,
in die Gefahr gerät, die ›Worte von Geist und Leben‹ zurückzusetzen gegenüber heiligem Fleisch und Ding«.

Aber die Reformation will mehr sein als Korrektiv, sie will das Wort
»allein«, und alle Gegenständlichkeit, die Region von Stoff und Ding
und Fleisch und Leib, ist Region der Sünde. Und daraus entspringt ein
Spiritualismus, Dialektizismus, Problematizismus, ein Kult des »Ge-
sprächs«, in das »Sprache« entartet, wie »Rede« zu »Ge-rede« wird.

»Christus allein«: er ist der eine Mittler, der den Abgrund zwischen Gott
und Mensch schließt. In diesem Namen »scheint«, so sagt Przywara, die
Übersteigerung ins Absolute eines absoluten Sündenbewußtseins, einer
absoluten Innerlichkeit, eines absoluten Wort-Kultes, gebannt zu sein.
Gott ist allein in Christus den Menschen geoffenbart, erkennbar gewor-
den, mitgeteilt. »Theologie und Anthropologie sind allein konkret als
Christologie: da Gott und Mensch konkret sind als das gottmenschliche
›Christus alles in allem‹.«[98]

98 a. a. O. S. 45–48.

Und entsprechend, wie Gott sich zum Menschen hin allein in Christus geöffnet hat, so ist auch der Mensch zu Gott hin offen allein in Christus: gerechtfertigt vor Gott in Christus, lebend in Gott im Leben Christi. »Nicht mehr ich, sondern Christus lebt in mir.«[98a] Durch Christus erfährt der sündige Mensch das Gericht und die Barmherzigkeit Gottes. Denn in Christus ist das »Person-Eins« von menschlicher Natur, die stellvertretend für uns »zur Sünde wurde«, und göttlicher Natur, von der die Gnade der Barmherzigkeit über den Sünder kommt.

Przywara unterstreicht: solche Christozentrik ist echt urchristlich. Und: sie ist notwendiges Korrektiv gegenüber einer Kirche, deren Gefahr es ist, daß sie entartet als hierarchische Seins-Welt zu einer natürlichen Schöpfungsordnung oder einer verweltlichten Korporation, »in Vergessen dessen, daß sie gerade als Kirche der lebendige ›Leib Christi‹ ist und also allein ›Haupt und Leib ein Christus‹ . . ., und also nicht eine menschliche Institution, die in sich selbst ruht, sondern einzig und allein Leben vom souveränen Haupt her . . ., das tiefer noch ›Christus in uns‹ ist (Röm. 8, 10; 2. Kor. 13, 5)«.

Auch hier finden wir also Gemeinsamkeit zwischen Barth und Przywara in der Kritik an einer Kirche als »natürliche Korporation« mit dazugehöriger »natürlicher Theologie«. In der Kritik an einer angemaßten Autonomie der Kirche als Institution, die selbstherrlich verwaltet, wo sie in ständiger Abhängigkeit von der »dynamis« Christi leben müßte, die sie nicht besitzt, sondern auf die sie angewiesen bleibt als auf Unverfügbares, das eben nur den Namen »Gnade« haben kann.

Aber: auch hier schreitet die Reformation fort zur reinen Gestalt einer formalen Verabsolutierung. Nämlich in der äußersten Formalisierung der Rechtfertigung, in der es weder um die Gerechtigkeit Gottes noch um die Gerechtigkeit des Menschen geht, »sondern einzig um die Gerechtigkeit Christi, in der die Gerechtigkeit Gottes zur formalen Gerechtigkeit des Menschen wird«. So wird die *Identität* zwischen Gott und Mensch zum zentralen Punkt, eine Identität, die in der »geschichtlichen Re-Formation« zwar noch den Namen »Christus« trägt, aber geradezu innerlich angelegt ist zur Vereinnahmung durch den Menschen überhaupt. »Christus als Gottesform des Menschen. Gott in Christo ist enteignet zur Form des Menschen, und der Mensch ist in Christo enteignet zum reinen Träger dieser Form. So ist der deutsche Idealismus des 19. Jahrhunderts folgerichtig, wenn er den geschichtlichen Christus auflöst zu

98a Gal 2, 20.

einer inneren Christushaftigkeit des Menschen überhaupt, zu jener messianischen Humanität, der Hegel und Humboldt die Formel gaben«.
»Der Gott-Mensch entward zum Mensch-Gott.«[99] Diese Konsequenz finden wir z. B. bei E. Bloch in der Weise, wie er sich an die »Vollziehung der Gedanken der Vergangenheit«[100] macht, wie von ihm »guter Gehalt« berichtigt wird und, »als auf die Füße gestellt, verwirklicht wird«[101]. Bloch polemisiert gegen die Transzendenz-Hypostase der theistischen Religionen, auch der metaphysischen Idealismen, trage sie nun den Namen »Gott« oder »Substanz« oder »Absolutum«, »als wäre hier ein Fixum, ein Definitum, gar ein Realissimum ohnegleichen«. »Zuverlässig ist zwar alles und vor allem das menschliche Leben eine Art Transcendere, eine Überschreitung des Gegebenen, aber dieses Transcendere involviert als konkret-utopisches ebenso zuverlässig keine Transzendenz«[102]. Das »Ens realissimum« ist vielmehr das, was seine Genesis noch vor sich hat: der »die Gegebenheiten umbildende und überholende Mensch« und seine Welt, die das erst werden muß, »das allen in die Kindheit scheint und worin noch niemand war: Heimat«[103].
Przywara sagt: es gibt ein Götzentum der Ordnung und ein Götzentum der Bewegung, Götzentum der Statik wie der Dynamik. Das Götzentum der Statik will Gott einfangen zu Garantie dauernder Vollendung. Götzentum der Dynamik verwechselt den lebendigen Gott mit einer Formel geschöpflicher Dynamik. Beides, so betont Przywara, ist uns zerbrochen.
Der Gott der unerschütterlichen statischen Ordnung war das, worauf wir unter keinen Umständen »verzichten wollten. Gott war für uns das, als was Kant ihn bezeichnet: der Garant einer menschlichen und kulturellen Ordnung. Er war dafür da, diese Erde uns wohleingerichtet und wohlgeordnet zu erhalten. Gott war für die Ordnung da. Darum ist er zusammengebrochen mit dieser Ordnung, weil er an diese Ordnung gebunden war. — Aber diese abendländische, wir dürfen wohl das Wort gebrauchen, diese abendländische Dämonie bestand schon vor Kant. Es war in den Summen des Mittelalters bereits diese Gefahr, Gott zu verwechseln mit dem Gott einer wohlgefügten irdischen Ordnung. Aber in der neuzeitlichen Philosophie wurde er der Gott, der die Ordnung selber ist. Die ganze große deutsche und europäische Philosophie kannte

---

99 Przywara, Alter und Neuer Bund, S. 49 f.
100 K. Marx in einem Brief an Ruge 1843, zit. nach Bloch, a. a. O. S. 1613.
101 Bloch, a. a. O. S. 1613.
102 a. a. O. S. 1625.
103 a. a. O. S. 1628.

schließlich keinen anderen Gott als diese sakrale Ordnung: Ordnung in Form von Gesetzen, Ordnung als politische Ordnung. Das, woran die Menschheit geglaubt hat, nachdem sie Christus und seiner Kirche aufgesagt hat, das war noch die Ordnung. Und sie hat es nicht gewußt, daß diese Ordnung ein säkularisiertes Christentum war. Es war der letzte armselige Rest der ecclesia hierarchica, der Kirche der heiligen Ordnung«. Ebenso aber ist uns das Götzentum der reinen Dynamik zerbrochen. Zwar war die lutherische Entdeckung des Gottes des souveränen Willens, der den Menschen überfällt, unbegreiflich im Gericht vernichtend und unbegreiflich barmherzig erlösend, »ohne Frage ein großes Aufbrechen des wahren Gottes«[104]. Aber die verkrampfende Verabsolutierung der Dynamik zur reinen und alleinigen Form führt zum Protest gegen alles jeweils Bestehende. Es entspringt eine neue Situation: das bleibende »Dennoch des Glaubens« als Verewigung der Katastrophe, Verewigung der Situation, in der das Mittelalter in Flammen unterging.

Nun ist deutlicher, wo Przywaras Kritik an Barths Dynamismus einsetzt: es ist die Grenzlinie, jenseits deren Dynamik zum absoluten Dynamismus wird, wo Bewegtheit sich versteift ins Katastrophische. Diese Grenzlinie sieht Przywara überschritten, wo die Offenbarung gesehen wird als die rein dynamische Aktualität einer immer wieder über uns fallenden Erscheinung. Und dies gegen den Widerspruch des Menschen, so daß Offenbarung heißt: Gegenwart Christi in den tenebrae unseres Herzens. Hier sieht Przywara das Katastrophische hereinbrechen.

Der Vater Jesu Christi wird am Tode des Menschen, am Ende seiner Existenz erkannt. »Real mit dem Tod, den Tod am Menschen vollstreckend, . . . tritt sein Wille in das Leben des Menschen hinein.«[105] Dieser Dynamismus ist nicht nur »unselige Widerspruchsdialektik zwischen Mensch und Gott, sondern diese . . . Dialektik dunkelt in das Geheimnis Gottes selber hinüber«. »Analogia fidei« heißt dann, »daß überhaupt keine Analogie mehr besteht. Es ist Bruch, nicht Rhythmus«.

Was bleibt, ist die Form einer »Anti-Logia«, die als einzig positive Form den »Übergang« hat. Übergang vom alten Äon, der mit dem Kreuz endigt, zum neuen Äon, der mit der Auferstehung anfängt. Die Antilogie trägt zwar analogische Züge in der Bindung der Einheit Gottes mit dem von ihm verschiedenen Sein des Geschöpfs, darin, »daß Gott seine Freiheit bestätigt und bewährt gerade an dem freien Menschen«, aber diese Züge tragen doch im ganzen den Charakter einer bloßen Behauptung,

104 Przywara, Alter und Neuer Bund, S. 67 f.
105 KD I,1 S. 408.

»daß die der Analogie bis zum letzten sich entgegenstellende Antilogie die wahre Analogie sei«[106].
Die kritische Frage Przywaras an Barth lautet also genauer: ist die »analogia fidei« wirklich Analogie, oder ist sie nicht vielmehr »Dynamismus einer Antilogie im Übergang«? Reine Identität des durch sich selbst bewegten Gottes — also doch der »Gott des Parmenides«, den Moltmann bei Barth herausspürt — auf der einen Seite, Widerspruch des sündigen Menschen auf der anderen Seite? Katastrophischer Ausbruch doch wieder des Vulkans aus frühen Römerbriefzeiten und nicht Erlösung und Klärung?
Wir versuchen, Barths Antwort sinngemäß zu formulieren: das bisher als »analogia fidei« Artikulierte bezieht sich nicht auf die Seins-Ordnung, sondern auf die Erkenntnis-Ordnung. Der Mensch wird nicht gesetzt im Akt der Offenbarung, er ist da in seiner von Gott verschiedenen, kontinuierlichen, guten Geschöpflichkeit. Aber der Mensch wird gesetzt als Erkennender Gottes und seiner selbst, wie er von Gott gemeint ist. Nachdem Gott sich in Jesus Christus geoffenbart hat, ist bereits darüber entschieden, daß uns alle anderen Möglichkeiten der Gotteserkenntnis genommen und abgeschnitten sind, daß wir allein auf Jesus Christus zu sehen haben. Denn er ist die sichtbar gewordene Wahrheit über Gott und über uns selbst. Kann es nach dem, was Gott in Jesus Christus für uns getan hat, etwas anderes sein als Ungehorsam, wenn wir an ihm vorbei oder nur relativ auf ihn sehen wollten? Die »analogia fidei« will nichts weiter sein als die Umschreibung des dieser Wirklichkeit allein angemessenen Gehorsams, »alle rechte Gotteserkenntnis entsteht aus dem Gehorsam«[107]. Die im Blick auf den Inhalt des Evangeliums gebotene Sachlichkeit und die im Blick auf die Adressaten dieser Botschaft gebotene Liebe erfordern in gleicher Weise, daß wir in diesem Punkt kein kompro-mißliches »Sowohl-Als auch« gelten lassen. »Jesus Christus, wie er uns in der Heiligen Schrift bezeugt wird, ist das eine Wort Gottes, das wir zu hören, dem wir im Leben und im Sterben zu vertrauen und zu gehorchen haben.«[108]
Barth fragt nach der Erkennbarkeit.
Przywara fragt nach dem Sein.
Auf der einen Seite das Beharren auf der Exklusivität des kontingenten Christusgeschehens als Erkenntnisgrund.

106 Przywara, Humanitas, S. 175 f.
107 Calvin, a. a. O. I,6; 2; übersetzt vom Vf.
108 Barmer Erklärung, These 1 in: K. Kupisch, Quellen zur Geschichte des deutschen Protestantismus (1871–1945), S. 271.

Auf der anderen Seite das Beharren auf einem Minimum an festem Boden geschöpflichen Seins — ontisch und noetisch.
Wahrheit gegen Sein?
Die Problematik verdichtet sich zum Problem des Verhältnisses zwischen Seinsordnung und Erkenntnisordnung.

II. Ontologie und Erkenntnistheorie

1. Transzendentale Dynamik

a) Meta-noetik und Meta-ontik und das Problem der Transzendentalien

Wie wir sahen, formuliert Aristoteles den Satz vom Widerspruch so, daß
seine noetische und seine ontische Form ineinandergehen. In dieser gegenseitigen Durchdringung liegt implizit die grundlegende Formalstruktur, die die gesamte Metaphysik von Erich Przywara durchformt.

Przywara ist Theologe *und* Metaphysiker. Wobei »physis« in »Metaphysik« nicht als Gegenbegriff, wie es heute meist geschieht, zu »psyche«
verstanden sein will, im Sinne des Gegensatzpaares Sein-Bewußtsein,
Realität-Idealität. Dann gehört Metaphysik zum Bereich des Bewußtseins, der Idealität, der Spekulation bis hin zu »Projektion«, Inbegriff
schließlich dessen, was der modernistische Agnostiker seit Kant, Schopenhauer, Feuerbach und Marx als »naiv« zu kennzeichnen pflegt.

Physis ist nicht Gegenbegriff zu Psyche, sondern Oberbegriff. Physis
und Psyche verhalten sich zueinander wie das Allgemeinere zum Besonderen. »Physis« ist die Seinsweise, in der ein Seiendes »in sich selbst seiend und wirkend beruht«[1]. Die Physis der Psyche ist demnach die besondere Seinsweise, in der die Psyche in sich selbst seiend und wirkend beruht.

Meta-physik ist das »Dahinter-Gehen« in die Hintergründe dieser Seins-
eigentümlichkeit der Physis. »Es geht um die formale Frage dieses ›in
sich selbst Grund und Ziel und Sinn‹, die vom Sein als Sein her sich
stellt.«[2]

Damit ist das Problem gegeben. Es liegt im Bezug der Frage auf ihren
Gegenstand. Der Bewußtseins-akt fragt nach dem Sein um »Grund und
Ziel und Sinn«. Das Problem ist also: hat Metaphysik mit der Reflexion

---

1   Analogia entis, S. 23.
2   a. a. O.

des Wissensaktes einzusetzen, mit der kritischen Hinterfragung der Art und Weise des Wissensaktes, also mit »Meta-noetik«, wie Przywara diese kritische Hinterfragung nennt? Oder geht die Intention der Metaphysik unmittelbar auf den Gegenstand als Hinterfragung von Seiendem nach Grund, Ziel und Sinn, also auf »Meta-ontik«? Przywara sagt, es geht hier nicht um ein exklusives Entweder-Oder, sondern um die Vorrangigkeit im Ansatz. Damit läßt sich Przywara auf den philosophiegeschichtlichen Gegensatz zwischen einer reinen Meta-noetik eines in sich geschlossenen Bewußtseins-Idealismus — und der reinen Meta-ontik einer konsequenten Phänomenologie gar nicht erst ein: und zwar qua Gegensatz.

Für die methodische Vorrangigkeit einer Meta-noetik spricht, daß sie keine Voraussetzung ungeprüft läßt, indem der Rechenschaft über Wissens-Gegenstände die Rechenschaft über den Wissens-Akt vorausgeht.

Aber dagegen stehen zwei Gründe. Erstens steht diese Rechenschaft über den Wissens-Akt unter dem Gesetz des »in infinitum«. Denn wenn eine solche Rechenschaft nötig ist, so folgt daraus die weitere Notwendigkeit der Rechenschaft über die Art und Weise dieser Rechenschaft. Und so weiter. Zweitens kann eine kritische Reflexion des Wissensaktes nicht anders sich vollziehen, als daß sie sich in bestimmten Seins-Kategorien bewegt. Selbst die Urteils-Kategorien Kants und die formalste Urteils-Form des Bewußtseins bei Hegel (Identität und Entgegensetzung) tragen die Form von Seins-Kategorien.

Diese Gründe sprechen zugleich für den methodischen Primat einer Meta-ontik. Nur spricht gegen den Einsatz bei einer Meta-ontik, daß darin faktisch schlicht eine bestimmte Erkenntnistheorie geübt wird. Und zwar die einer völligen Gleichung zwischen Erkenntnis-Akt und Erkenntnis-Gegenstand, bis dahin, daß Erkenntnis ausgesagtes Sein ist, sogar: sich selbst aussagendes Sein. Wenn aber jemand der Meinung ist, daß eine solche Erkenntnistheorie zu praktizieren sei, so geht die Darlegung der Gründe dafür offenbar ihrer Praktizierung voraus.

Daraus folgt, daß selbst im Falle einer primär äußerst meta-ontischen Methodik der meta-noetische Ansatz nicht zu vermeiden ist. Demnach wird Metaphysik mit dem Akt-Problem einzusetzen haben.

Aus den — sehr abgekürzt — dargelegten Gründen resultiert für Przywara folgende Methode: das Einsetzen mit einer Meta-noetik, die einerseits durchaus immanent sich entfaltet, d. h.: sich mit der immanenten Akt-Problematik befaßt, die sich aber andererseits ihrer innersten Durchdringung mit Meta-ontik von Anfang an bewußt ist. Sie wird darum

nicht nur vom Bewußtsein zum Sein zielen, sondern innerhalb der immanenten Bewußtseinsbetrachtung die meta-ontischen Kategorien entfalten. Die Meta-ontik ist dann die ausdrückliche Betrachtung der meta-
ontischen Kategorien selber. Darin liegt einerseits ein neuer Ansatz,
andererseits aber ruht er auf der Meta-noetik auf, insofern die Akt-
immanente Entwicklung der meta-ontischen Kategorien in der Meta-
ontik zur ausdrücklichen Entfaltung kommt. Weiter auch insofern, als
die Meta-noetik in der Meta-ontik unter dem Gesichtspunkt des Ontischen neu gewonnen wird. So knüpfen sich, im Akt- wie im Seins-Pro-
blem, Bewußtsein und Sein zueinander.
Ein drittes und neues Problem ist dieses »Zueinander« selber, d. h.: das
Gefüge der »Welt«, das durch dieses Zueinander besteht. In diesem dritten Gedankenschritt kehrt die Strukturform des »Neu-Einsetzens bei
gleichzeitigem Rückweisen auf und Neugewinnen des Vorausliegenden«[3]
wieder. Denn wenn auch das »Zueinander« nach »Akt« und »Sein« ein
neues drittes Problem ist, so kommt doch das Ineinanderfließen von
Meta-noetik und Meta-ontik, wie es oben entfaltet wurde, hier zu seiner
ausdrücklichen Bestimmung. Durch das Ineinander-gebunden-Sein von
Akt und Sein liegt die formale Gesamtstruktur der Metaphysik Przywaras darin, daß ihre drei Probleme vom ersten zum dritten sich so auseinander entfalten, daß sie rückblickend vom dritten zum ersten von vorneherein ineinander enthalten sind.
Damit haben wir die formalste Grundlegung der Metaphysik Erich Przywaras vor Augen. Sie ist kreatürlich ihrem Objekt nach, weil sie die
Spannungs-Schwebe zwischen Bewußtsein und Sein betrifft. Sie ist weiter gesteigert kreatürlich der Methode nach, »weil sie werdehaft in Rück-
und Vor-beziehung verläuft«[4].
Das »kreatürlich« bezieht sich also auf die Spannungsschwebe im Objekt
und auf die werdehafte Rück- und Vorbeziehung in der Methode. In
bezug auf das »Kreatürliche« besagen demnach »Spannungs-Schwebe«
des Zueinander und »werdehafte Rück- und Vorbeziehung« dasselbe.
Denn die werdehafte Rück- und Vorbeziehung als Methode hat sich ja
aus der Spannungs-Schwebe als ihrem Objekt entwickelt. Sie ist »Methode gewordenes Objekt«. »Das Werdehafte der Rück- und Vorbeziehung ist aber das alte ›Werde, was du bist‹: das So, zu dem hin das Werden geht, bereits doch als Da des Werdenden: also ›So über Da‹ und doch
›So in Da‹: also ›So in-über Da‹.«[5] Demnach heißt die konstituierende

3   a. a. O. S. 27.
4   a. a. O. S. 28.
5   a. a. O.

Grundformel einer kreatürlichen Metaphysik: »Sosein in-über Dasein«.

In seiner größeren Breite zeigt sich das Problem von Meta-noetik und Meta-ontik im Rahmen der Transzendentalien. Denn »nous« beinhaltet »téchne«, die als Genus des künstlerischen Schaffens das »Schöne« betrifft. Er beinhaltet die »epistéme«, die als reine Wissenschaft das »Wahre« betrifft. Er beinhaltet schließlich die »phronesis«, die als praktische Haltung das »Gute« betrifft. »Noetik« sagt demnach genauer: die Einheit logischer (wahr), ethischer (gut) und ästhetischer (schön) Bewußtseinshaltung. Auf der anderen Seite besagt »Sein« keineswegs bloß faktische »Vorhandenheit«. »On« ist bei Plato wie Aristoteles geradezu Synonym für das »eigentlich sein« des Wahren, Guten, Schönen.

Darin liegt das zweite Formalproblem der Metaphysik. Es ist die Frage nach der Einbeziehung der Transzendentalien. In der Antike wurden sie vorwiegend meta-ontisch, im kantischen Transzendentalismus meta-noetisch gedacht, nämlich als die innere Formgestalt der Akte der reinen Vernunft als Ort des »wahr«, der praktischen Vernunft als Ort des »gut« und der synthetisierenden Urteilskraft als Ort des »schön«.

Die Frage lautet nun: geht es in der Metaphysik um die Transzendentalien als Bestimmungen des Noetischen, oder haben sie als Bestimmungen des Ontischen zu gelten? Der erste Fall wäre der eines meta-noetischen Transzendentalismus. Der zweite der eines meta-ontischen Transzendentalismus. Aus dem oben Gesagten folgt, daß es auch hier nicht um die Absolutheit einer Selbst-Identität von Bewußtsein oder Sein gehen kann — dem Objekt nach und auch nicht um die Trennung selbständiger Einheiten — der Methode nach, daß also die Transzendentalien sich einzeichnen in das grundlegend offene Spannungsgefüge des »Sosein in-über Dasein« und diesem damit die sachlich größere Breite geben.

b) Apriori und Aposteriori

Als Gegenstand der Metaphysik wurde eingangs die »phýsis« genannt als das »in sich selbst Grund und Sinn und Ziel« des Seienden als Seienden. Meta-physik ist das Dahintergehen in die Hintergründe des Seienden. Hierin liegt die bisher noch nicht anvisierte Fragestellung, wie sich denn Hintergrund und Vordergrund, wie sich Grund, Ziel und Sinn verhalten zu Begründetem, Gerichtetem, Bestimmtem.

Objektiv ist es eindeutig, daß Grund, Ziel und Sinn als die Hintergründe das sachlich erste sind, da von ihnen her alles andere begründet, gerichtet und bestimmt ist. In diesem Sinn ist Metaphysik apriorisch, weil sie vom Sein ausgeht und nicht von dem so und so begründeten, gerichteten und bestimmten Seienden.

Ein anderes Problem aber ist die Frage der subjektiven Methode. Es scheint auf der Hand zu liegen, daß die Methode die beste ist, die einsetzt in möglichst unmittelbarer Nähe des sachlich ersten und vom Grund, Ziel und Sinn her sehend das Begründete, Gerichtete und Bestimmte erfaßt. Das wäre reiner methodischer Apriorismus.

Dem steht aber entgegen, daß der konkrete, denkende Mensch natürlich-unmittelbar nicht in den »Hintergründen«, sondern in den »Vordergründen« steht. Das konkret zeitlich-geschichtlich Seiende ist das »Selbstverständliche«, von dem aus also das denkende Fragen weggeht und ausgeht auf Grund, Ziel und Sinn. Das wäre reiner methodischer Aposteriorismus. Die Vollgestalt des Problems zwischen apriorischer und aposteriorischer Metaphysik zeigt sich aber erst, wenn seine konkrete Doppelgestalt in den Blick kommt.

Von der Gegenstandsseite her geht es um deduktive Metaphysik, die vom Sein ausgeht hinein in die Vielgestaltigkeit seiner Ausprägungen — und um induktive Metaphysik, die vom vielgestaltig Seienden zum Sein zielt. Der andere Aspekt aber gehört dazu: die Frage von der Seite des Aktes her. Ist der metaphysische Denker reines Subjekt, das von einem reinen Seins-Erfassen den Ausgang nehmen kann im Sinne einer akt-apriorischen Metaphysik? Oder ist er als konkretes geschichtliches Subjekt nicht vielmehr eine Oszillation vieler möglicher Denker-Typen? Und muß nicht demnach auf dem Wege einer kritischen Konvergenz der konkreten Denker-Subjekte »das« Denken herauskristallisiert werden, im Sinne also einer akt-aposteriorischen Metaphysik?

Przywara geht das Problem zuerst von der Gegenstandsseite her an[6]. Der Gedankengang Przywaras kommt hier nur in starker Abkürzung zur Sprache, um — wegen der Übersichtlichkeit — nur das herauszuheben, was das Grundverhältnis zwischen Akt und Sein, wie es Przywara entfaltet, erhellen kann.

Aposteriorische Metaphysik geht von der realen Gestaltigkeit der Dinge aus, wie sie Aristoteles als »morphé« bezeichnet. Apriorische Metaphysik geht von dem den Dingen innerlichen »Wesen« aus. Es ist das, was Plato »eidos« nennt. »Morphé« als reale Gestaltigkeit der Dinge besagt ein *verwirklichtes* Wesen, also mit der eingangs entfalteten Formel: So-sein *in* Dasein. »Eidos« als innerliche Idee der Dinge besagt das Wesen, von dem her bzw. auf das hin etwas wirklich ist, also: Sosein *über* Da-

6   a. a. O. S. 38.

sein. Auch hier führt also der Gedanke vom Entweder-Oder zwischen eidetisch-deduktiver und morphologisch-induktiver Metaphysik weg zur offen gespannten Einheit beider: Induktion vom »in« zum »über«, Deduktion vom »über« zum »in«. Im Zueinandergebundensein von »morphé« und »eidos« zur Methode »realogischer Eidetik« kehrt demnach die Grundgestalt kreatürlicher Metaphysik wieder: Sosein in-über Dasein.

Auf der Akt-Seite verschärft sich die Problematik. Akt-aposteriorische Metaphysik ist eine solche, der es zwar auf »Wahrheit-an-sich« ankommt, aber unter positiver Einbeziehung der konkreten geschichtlichen Verschiedenheit der Standpunkte. Demgegenüber entfällt für akt-apriorische Metaphysik diese Einbeziehung, da es ihr auf ein Denken ankommt, das immer zugleich identisch ist mit »dem Denken« überhaupt, das unabhängig ist von Person und Geschichte und dem konkreten Erfahrungsbereich jeweils »dieses« Menschen.

Daher trägt akt-apriorische Metaphysik streng übergeschichtlichen Systemcharakter. Sie geht davon aus, daß das »Denken im Denker« seiner sonstigen kreatürlichen Begrenztheit, die individuell besteht durch das Nebeneinander mit anderen begrenzten Individuen, die aber auch geschichtlich besteht im Nacheinander der geschichtlich bedingten Individuen, nicht unterliegt. Solch ein reines Akt-Apriori abstrahiert also von der gesamten Kreatur-Gestalt des Denkenden. »Es ist die Göttlichkeit des reinen Denkens, wie sie später den gesamten deutschen Idealismus beherrscht: das ›transzendentale Subjekt‹ Kants, der ›absolute Geist‹ Hegels, bei beiden als immanente Göttlichkeit im empirischen Menschen.«[7]

Die akt-aposteriorische Metaphysik macht demgegenüber eben das zur Methode, was als Einwand gegen den Akt-Apriorismus laut wurde. Sie scheidet zwischen übergeschichtlicher Wahrheit und innergeschichtlichem Auf und Ab. Wahrheit wird also in dem Maße erkannt, wie es gelingt, »mit dem Auge der Universalität dieser Innergeschichtlichkeit zur übergeschichtlichen Wahrheit hinzuschauen«[8].

Aber solcher Aposteriorismus gerät in eine andere Aporie. Denn wenn man mit der Innergeschichtlichkeit Ernst macht, bleibt das »Auge der Universalität« reine Grenzidee, ferner bleibt die Scheidung zwischen geschichtlichem Ablauf und übergeschichtlicher Geltung. Oder man versucht, innergeschichtlich einen Generalnenner zu finden. Das hat dann eine Vermischung von Geschichte und Philosophie zur Folge. Daß nämlich entweder die Wahrheit entsachlicht wird, indem nichts gesagt wird

7 a. a. O. S. 48.
8 a. a. O. S. 50.

über das, was wahr ist, sondern nur über das, was durchgehend für wahr gehalten wird. Oder daß auf der anderen Seite die Geschichte entgeschichtlicht wird, indem sie philosophisch uminterpretiert wird zur »Selbsterscheinung des Logischen«. So ist z. B. für Hegel die Geschichte »für uns« eine Geschichte des Geistes, und der einzige Gedanke, den die Philosophie bei der Betrachtung der Geschichte mitbringen muß, ist »der einfache Gedanke der Vernunft, daß die Vernunft die Welt beherrscht«[9].
Es geht in der Metaphysik nicht um das, was in der Geschichte einmal als »wahr« ausgesagt wurde, sondern um das, was wahr ist. Wahrheit läßt sich nicht aus Geschichte, Geschichte nicht aus Wahrheit ableiten. Letztlich wird Philosophie immer von einem apriorischen Sachinteresse geleitet sein. Aber dies im Bewußtsein, daß Geschichte das positive Medium ist, innerhalb dessen sich alle Erkenntnis vollzieht, insofern also aktaposteriori. Kreatürliche Metaphysik wird demnach einen solchen Ausgleich suchen zwischen Akt-Aposteriorismus und Akt-Apriorismus, der der nicht auflösbaren Differenz zwischen dem Ideativen (der reinen Wahrheit) und dem Realen (der Geschichtlichkeit) Rechnung trägt. Eine kritische Reflexion der geschichtlichen Überlieferung läßt sich nicht vollziehen ohne ein Wissen um die Sachprobleme, die dahinterstecken. Andererseits ist eine reine Erörterung der Sachfragen nicht möglich, sondern sie wird immer bestimmt sein durch die Eingefügtheit des Denkenden in die geschichtliche Tradition, in der er lebt. »Wahrheit als ›über Geschichte‹ tut sich doch immer nur ›in Geschichte‹ kund, aber ›in Geschichte‹ kündet sie sich als ›über Geschichte‹. Die Formel muß also lauten: Wahrheit in-über Geschichte.«[10]
Hier wird deutlich, wie die metaphysische Grundstruktur des »Sosein-in-über-Dasein« die gesamte Systematik Przywaras durchformt. Denn »Wahrheit« ist die Region des »So«, »Geschichte« ist die Region des »Da«. Und das Kreatürliche liegt darin, daß für uns das Wesen und das Faktische nicht identisch sind, sondern sich im »in-über« in nicht auflösbarer Differenzspannung zueinander binden.
Die resultierende Struktur kreatürlicher Metaphysik unter der Rücksicht 1. des *Gegenstands*-Apriorismus- und Aposteriorismus; 2. des *Akt*-Apriorismus- und Aposteriorismus; und 3. des *Verhältnisses* von Akt- und Seinsproblematik wird abschließend von Przywara so formuliert: »die kreatürliche Akt-Form (des ›Wahrheit in-über Geschichte‹) greift verschärfend in die kreatürliche Gegenstandsform ein: da eidetisch-deduktive wie induktiv-morphologische Metaphysik wie ihr schweben-

9 zit. nach Löwith, a. a. O. S. 57.
10 Analogia entis, S. 57.

des Zueinander als ›Wahrheit‹ (und der Methode nach als ›realogische Eidetik‹) dem erneuten ›in-über‹ des ›Wahrheit in-über Geschichte‹ unterliegen.«[11]

c) Begriff und Geheimnis

Nach dem in den vorigen Abschnitten Ausgeführten kann es so scheinen, als ginge es hier um rein philosophische Reflexionen zum Problem einer Grundlegung und Methodologie der Metaphysik. Dann läge also gar keine sachliche Antithese zur theologischen Erkenntnistheorie Barths vor, weil hier philosophische, dort theologische Probleme anstehen und es sich um zwei verschiedene Ebenen handelt, die sich überhaupt nicht zueinander verhalten, weder positiv noch kritisch.

Aber das scheint nur so. Denn es zeigte sich schon beim ersten Formalproblem von Meta-noetik und Meta-ontik, daß Przywara mit zureichenden Gründen nicht zu einer reinen Lösung entweder eines rein metanoetischen oder eines rein meta-ontischen Ansatzes kam, sondern zu dem Ergebnis, daß beide sich in einem offenen Spannungsverhältnis zueinander befinden, das nicht auf »einen« Begriff zu bringen ist, eben weil es offen ist. Das meint Przywara mit »kreatürlich«.

Kreatürlich ist das Spannungsverhältnis im Objekt der Metaphysik, denn dieses besteht in der unschließbaren Spannungs-Schwebe zwischen Seiendem und Sein. Kreatürlich ist ferner die diesem kreatürlichen Objekt entsprechende Methode des Erkennens, indem sie werdehaft ist in Rück- und Vorbeziehung. Demnach spricht sich in beiden Hinsichten, im Objekt und in der Methode, das kreatürliche »Werde, was du bist« aus. Und eben dieses Sein im Werden zum Sein, die Spannungs-Schwebe und Differenz des »in-über« in der Grundformel »Sosein in-über Dasein« ist nicht auflösbar. Hier werden Begriffe »zu Paaren getrieben« ihrem kreatürlichen Objekt gemäß. Und alle Versuche, dieses offene Spannungsgefüge zu hinterfragen bzw. zu hintergehen mit dem Ziel, das Kreatürliche rund zu sich selbst zu schließen, sind getarnte Theologisierung des Geschöpflichen. In ihnen wird das »in-über« ersetzt durch das »als«, das Geschöpfliche und das Absolute werden identisch gesetzt. Entweder idealistisch: Werden als *Sein*, Dasein als *Sosein*, das Real-Faktische als identisch mit dem »Wesen«. Oder realistisch: Sein als *Werden*, Sosein als *Dasein*, das »Wesen« als identisch mit dem Real-Werdehaften. Wenn z. B. bei Heidegger das zeitlich-werdehafte Dasein rund zu ihm selbst geschlossen wird, indem es als »gewesend-gegenwärtigende Zukunft« je

seine eigene Möglichkeit existiert, so verbirgt sich darin eine Anthropo-
Theologie: Sosein *als* werdehaftes *Dasein* und darin — wenn auch getarnte — Identität und nicht kreatürliche Spannungs-Schwebe.
Die Extreme rein apriorischer oder rein aposteriorischer Metaphysik ver-
wandeln die kreatürliche Relativität in göttliche Absolutheit. Im Falle
des reinen Apriorismus des Seins als Grund und Ziel und Sinn kommt es
zu einer absoluten Einheit, die das kreatürliche Werden erstarren läßt zur
Ewigkeit des Soseins. Im Falle des reinen Aposteriorismus des Seins als
Dasein des Gegründeten, Gerichteten, Bestimmten wird Sein zu einer
absoluten Bewegung im »apeiron« des Daseins in seiner Bewegtheit ins
Unendliche. In der Grundformel »Sosein in-über Dasein« sind Einheit
und Bewegung kreaturgemäß zusammengebunden. Eine in sich geschlossene Kreatürlichkeit wie in den obigen Absolutsetzungen ist also eine
»willkürliche Festlegung eines ›Übergangs‹ zu einem ›Zustand‹«[12].
Hier wird sichtbar, inwiefern sich die Grundstruktur des »in-über« positiv zum Theologischen verhält. Denn Przywara insistiert darum mit solcher Konsequenz auf der »Kreatürlichkeit« als einer im Denken nicht zu
hintergehenden Qualität, weil er von *Geschaffenheit* als Relation herkommt. »Sosein in-über Dasein« ist darum als letzte Qualität eine transzendierende Relation, weil sie zuvor eine transzendierte (vom Schöpfer
her zum Geschöpf hin) Relation ist. Insofern ist das geschöpfliche »in-
über« transparent in das Verhältnis zwischen Schöpfer und Geschöpf.
Das kreatürliche »Sosein in-über Dasein« ist ein unschließbar Letztes,
weil es senkrecht durchschnitten ist durch das »Gott in-über Geschöpf«
und »Gott über-in Geschöpf«.
Das Verhältnis einer »Explizitierung des Impliziten«, wie wir es im Problem von Meta-ontik und Meta-noetik beobachten konnten, wie es ferner im Problem der Transzendentalien und schließlich im Problem von
Apriori und Aposteriori erschien, erreicht hier im Verhältnis von Philosophie und Theologie seinen Höhepunkt. Denn soviel ist in der Transparenz von Kreatürlichkeit als Qualität zu Geschaffenheit als Relation
geleistet: daß das Philosophische das Theologische *nicht ausschließt*. Die
Relation zwischen Gott und Geschöpf ist in kreatürlicher Metaphysik als
Potentialität von vornherein einbezogen.
Die Frage muß hier angemeldet werden, ob Gott aber, zu dem hin die
Kreatur (objektiv) offen ist, wirklich in den Blick kommen kann auf diesem von Przywara beschrittenen Wege des Hinblickens von der creatura
zum Creator. Kann das »Gott *über* Geschöpf« hier wirklich zum Tragen
kommen, solange es an den Hinblick von der Kreatur aus gebunden ist?

---

12 a. a. O. S. 65.

Wird es nicht mindestens ein sehr relatives »über« sein, indem es nur in dem Maße gesichtet werden kann, als Kreatur transparent ist? Przywara stimmt dem zu. Das »über« Gottes über der Kreatur zeigt sich erst dann, wenn gesehen wird, daß Gott über die Weise seines Erscheinens unabhängig verfügt. D. h.: erst von der Selbstoffenbarung Gottes her zeigt sich das »über« Gottes als das, was es ist. Eben diese Selbstoffenbarung aber ist der Gegenstand der Theologie.

Theologie und Philosophie sind also dadurch unterschieden, daß Philosophie primär das Geschöpf als Subjekt des Aktes und das Geschöpfliche zu seinem Objekt hat, während Theologie primär Gott als Subjekt ihres Aktes und zum Gegenstand ihrer Erkenntnis hat, wobei das Gegebensein dieses Gegenstandes für die Erkenntnis vom Akt (der Offenbarung Gottes) abhängt.

Theologie hat also das göttliche Offenbarungswort nicht nur als Material-Objekt ihrer Aussagen, sondern radikaler: sie ist angewiesen auf Gott als das Akt-Subjekt, sofern sie Vollzug von Theologie wirklich ist. Denn dieser Vollzug gründet in der Bewegung Gottes in die Menschheit hinein, gründet in dem sichtbaren Eintreten Gottes in diese unsere Sichtbarkeit hinein. Theologisches Denken als Entfaltung dieses Offenbarungswortes ist demnach ein Denken »vom Apriori des Sich aussprechenden Gottes« her, »es wird ein Denken vom *principium qui et loquor* her«. »Jesus sprach: erstlich bin ich der, der mit euch redet!«[13]

Trotzdem bleibt bestehen, was oben von der Transparenz des Geschöpflichen gesagt wurde, von dem »Sosein in-über Dasein« als transzendierender Relation. Hier waltet die gleiche Strukturform, wie sie bei der Entfaltung des ersten Formalproblems der Metaphysik begegnete. Es ist die Struktur-Form des »Neu-Einsetzens bei gleichzeitigem Rückweisen auf und Neugewinnen des Vorausliegenden«[14].

Darin liegt ein Dreifaches: einmal ein echter Fortgang und Durchgang durch die Breite des Philosophischen zum Theologischen, sofern sich das Vorausgesetzte in der Fragestellung und im Inhalt vom Darauf-gesetzten unterscheidet. Zum andern aber: eine wirkliche Begründung von Theologie auf Philosophie, sofern das Darauf-gesetzte echt auf das Vorausgesetzte gesetzt ist. Denn jede theologische Aussage muß sich einer Sprachform bedienen, und keine Sprachform ist gänzlich frei von irgendeiner ihr immanenten Ontologie. Schließlich: ein echtes innerliches Übergehen vom Philosophischen ins Theologische, sofern das Vorausgesetzte innerlich zu dem Daraufgesetzten hin gerichtet ist.

13 a. a. O. S. 77 (Joh 8, 25).
14 a. a. O. S. 27.

Hieraus folgt, daß der »fides quaerens intellectum« (vom Theologischen aus) durchaus ein »intellectus quaerens fidem« (vom Philosophischen aus) entspricht. Przywara bringt dieses dreifach strukturierte Verhältnis zwischen Theologie und Philosophie auf die Formel: »das Theologische als Entelechie der Metaphysik«[15]. Das Theologische ist einerseits wirklich »télos« als »Grenze« zum unableitbar Neuen. Es ist aber andererseits zugleich »Innentelos«, insofern die ansteigende Bewegung von Metaphysik innerlich zum »télos« sich hinbewegt.

Das Verhältnis von Glaube und Vernunft wird in anderem Zusammenhang zu einer eigenständigen Entfaltung kommen müssen. In diesem Zusammenhang geht es primär um den Aufweis, wie die im ersten Ansatz der Metaphysik, die im Problem von Meta-noetik und Meta-ontik waltende Struktur des »in-über« das gesamte Gefüge der Metaphysik Przywaras durchzieht: das Problem der Transzendentalien, das Problem von Apriori und Aposteriori und schließlich und zuhöchst auch das Problem des Verhältnisses von Philosophie und Theologie.

Zugleich aber meldet sich angesichts dieser durchgehenden Struktur, die auch im Verhältnis zwischen Theologie und Philosophie waltet, die zentrale Frage an: wird hier nicht die Weiche in die Richtung gestellt, die Barth als »natürliche Theologie« kompromißlos abgelehnt hat?

Denn wenn wir in der Formel »das Theologische als Entelechie des Philosophischen« das Wort »Entelechie« in seinem Vollsinne nehmen und darin inbegriffen ist, daß der Bewegung Gottes zum Menschen hin eine Bewegung des Menschen zu Gott hin — ontisch und noetisch — korrespondiert, so ist das geradezu *die* Formel für das, was Barth als das Antichristliche in der »analogia entis« apostrophiert.

Die Frage hat einen doppelten Aspekt; einmal (noetisch): wird hier eine Ableitbarkeit theologischer Inhalte aus natürlichem Denken postuliert, eine Ableitbarkeit, die der Kreatur als Kreatur ständig, d. h. seinshaft-statisch verfügbar ist? Und darin liegt bereits ein Zweites: bildet eine Gott und der Kreatur gemeinsame Ebene des Seins, also eine heimliche univocitas entis die Voraussetzung, auf Grund deren jenes Postulat erst möglich ist? Wenn das zuträfe, so folgte daraus, daß auf dem, wie Barth sagt, »gemächlichen Boden« einer Gott und den Menschen umfassenden Ontologie das Verhältnis beider überschaubar wäre. Und wo steht der »Überschauende«, wenn nicht über beiden? Das war die Frage, die Barth in dem Streitgespräch 1928 Przywara stellte: ob die »analogia entis« nicht ein »Prinzip« sein könnte, päpstlicher als der Papst.

Wie steht es damit? Przywara stellt selbst die Frage: ist das Theologische

15 a. a. O. S. 80.

»Entelechie« des Philosophischen, »wie etwa die Kraft im Stoff, das Le-
bensprinzip im Leben, die Seele im Leib, die, wenngleich auch nicht auseinander ableitbar, doch in gleicher Ebene sich ineinander binden«[16]?
Wir versuchen die Antwort Przywaras auf diese kritische Frage zusam-
menzufassen:
es kann auf keiner Problemebene der Metaphysik um ein Aus-ein-ander-
Ableiten gehen — soviel ist aus den obigen Zusammenhängen bereits
ersichtlich. Das Meta-noetische ist nicht aus dem Meta-ontischen ableitbar und das Meta-ontische nicht aus dem Meta-noetischen. Wahrheit ist
nicht aus der Geschichte ableitbar, wie es eine rein aposteriorische Metaphysik will, noch kann Geschichte aus der Wahrheit abgeleitet werden,
wie es der Sinn rein apriorischer Metaphysik ist. Auch ist Theologie nicht
aus Philosophie ableitbar noch Philosophie aus Theologie. Vielmehr hält
Przywara, wie wir sahen, in allen Problembereichen der Metaphysik an
einer strengen Polarität fest und an der nicht auflösbaren Dynamik der
Spannungsverhältnisse. Eben darin besteht ja das Kreatürliche einer
kreatürlichen Metaphysik. In dieser Hinsicht also, was die Unableitbar-
keit anbetrifft, besteht Gemeinsamkeit zwischen den Fundamentalproblemen der Metaphysik und dem Problem des Verhältnisses von Metaphysik und Theologie.
Damit ist allerdings die obige Frage erst teilweise beantwortet. Bei den
Fundamentalproblemen der Metaphysik (Meta-noetik — Meta-ontik, die
Transzendentalien, Apriori — Aposteriori) geht es um innergeschöpfliche
Verhältnisse: zwischen Sein und Seiendem, zwischen Idee des Seins und
Wirklichkeit des Seienden. Da besteht die gemeinsame Ebene des Seins,
die als ein und dieselbe sich auseinanderlegt in Idee (Sosein) und Wirklichkeit (Dasein). Und eben dies, die »gemeinsame Ebene«, hört auf bei
dem Problem, das das Verhältnis von Theologie und Philosophie betrifft. »Denn zwischen Gott und Geschöpf besteht keinerlei Eindeutigkeit« des Seins[17]. Es besteht vielmehr (vom Menschen aus) unüberbrück-
bare Scheidung. Denn der Bezug Gottes zum Geschöpf, um den es in der
Theologie geht, trägt den Charakter völliger Ungeschuldetheit in sich.
Das Geschöpf besitzt keinerlei Anspruch darauf, daß Gott eine Verbindung zu ihm schaffe, so sehr es als Geschöpf zu Gott hin objektiv offen
ist, denn Geschöpflichkeit *schließt* Offenbarung als Möglichkeit *nicht* aus.
Aber der Gehalt der Theologie, d. h. der *wirkliche* Bezug Gottes zum Geschöpf, liegt völlig in der Freiheit Gottes begründet. Im Problem des Verhältnisses zwischen Philosophie und Theologie gibt es demnach nur die

16 a. a. O.
17 a. a. O. S. 81.

Bindung einer vorausgehenden »*Nicht-Unmöglichkeit*«, daß Gott sich
offenbare und Theologie begründe, einerseits. Und andererseits die Bindung einer *tatsächlichen* Beziehung, nämlich wenn Gott sich tatsächlich
geoffenbart hat. Die erste Beziehung zwischen Philosophie und Theologie spricht nur von »Möglichkeit«, oder noch genauer: von »Nicht-Unmöglichkeit«. Sie sagt also nichts von Wirklichkeit. Die zweite Beziehung spricht von »Wirklichkeit«, sagt aber nichts von Notwendigkeit.
Das »über-hinaus« der Theologie über die Philosophie »bedeutet hier
also wirklich das, was der 1. Korintherbrief über die Beziehung zwischen
Offenbarung und Denken sagt: ›Ärgernis‹ und ›Torheit‹ im Zeichen des
›Kreuzes‹. Das ›reinliche Denken‹ wird ›zu Paaren getrieben‹ zwischen
›Notwendigkeit ohne Wirklichkeit‹ und ›Wirklichkeit ohne Notwendigkeit‹. Und gerade so ist es Philosophie: Teilnahme an der Wahrheit, die
Gott ist. *Theologie* ist für die Eine Metaphysik entelécheia . . ., d. h. letzte
lebenspendende Form, indem sie . . . stéresis philosophischen Denkens zu
sein scheint, d. h. dessen Aufsprengung bis zur Aushöhlung: ›Leben im
Tod‹«[18]. Wir begegnen hier einer für Przywara charakteristischen Denkbewegung: der »reductio in mysterium«, der Rückführung aller Positivität des Denkens in den einen blinden Punkt, in dem es nur noch reine
»negative Potentialität«, nur noch Gott ausgelieferte Werkzeuglichkeit
ist.

Zusammenfassend: das Problem von Meta-noetik und Meta-ontik führte
zu der Grundformel »kreatürlicher Metaphysik«: Sosein in-über Dasein.
In ihr vereinigt sich, dem Objekt nach, die Spannungs-Schwebe zwischen
Bewußtsein und Sein und — der Methode nach — die Werdehaftigkeit in
Rück- und Vorbeziehung. Im Problem der Transzendentalien zeigte sich
das Problem des Verhältnisses von Meta-noetik und Meta-ontik in seiner größeren sachlichen Breite.

Die gleiche Struktur des »Sosein in-über Dasein« kehrte wieder im Problem des Verhältnisses von Apriori und Aposteriori, wobei Przywara für
den Gegenstands-Aspekt zur Formel »realogischer Eidetik« als Spannungsgefüge kam, für den Akt-Aspekt zur Formel »Wahrheit in-über
Geschichte«.

In der Frage nach dem Verhältnis von Philosophie und Theologie er-
reichte die Systematik des »Neu-Einsetzens« bei gleichzeitigem »Rück-
weisen auf und Neugewinnen des Vorausliegenden« ihren Höhepunkt.
In Philosophie ist Gott Gegenstand, insofern und soweit das Geschöpf
Gegenstand ist: in der Transparenz von Kreatürlichkeit als Qualität zu
Geschaffenheit als Relation. »Transparenz« ist hier strikt im Sinne nega-

18   a. a. O. S. 83.

tiver Potentialität zu verstehen. In Theologie ist Gottes »Name« der Gegenstand, der sich selbst offenbarende Gott in der freien unverfügbaren Gnade seines Hineingehens in die Menschheit. Also der Gott, der in keinen verfügbaren Begriff eingeht oder aufgeht. Und Kreatur ist soweit Gegenstand der Theologie, als Gott Gegenstand ist.

Hierin begründet Przywara den umfassenden Form-Primat der Theologie vor der Philosophie. Denn sofern die vorgängige und absteigende Bewegung Gottes in Schöpfung und Offenbarung die Voraussetzung ist für das Sein von allem, was ist, und für die Erkenntnis dessen, was »Gott« und »Geschöpf« »ist«, ist jeder mögliche Gegenstand philosophischer Erkenntnis von vornherein einbeschlossen, und zwar vom untersten Formalproblem an einbeschlossen in Theologie.

Die im Fundamentalproblem der Metaphysik waltende Formalstruktur des »in-über« kehrt also in allen Bereichen der Metaphysik wieder bis hin zum Problem des Verhältnisses von Theologie und Philosophie. Dem Aufweis dessen diente dieser Abschnitt. Zugleich aber wurde aus diesem Zusammenhang der Grund ersichtlich, warum Przywara die Deutung der »analogia entis« als ein Prinzip natürlicher Theologie stets nur als ein Mißverständnis ansehen konnte. Denn »analogia entis« ist kein natürliches Prinzip, kein statisch verfügbarer und begriffener Seinszusammenhang von Schöpfer, Schöpfung und Geschöpf, aus dem Theologisches »ableitbar« wäre, wie oben dargelegt.

Auch ist es nicht möglich, der »analogia entis« eine »Theologie der Offenbarung« entgegenzusetzen, da »analogia entis« selbst auch ein Interpretament des Ereignisses von Offenbarung sein will — davon wird im Zusammenhang mit dem IV. Lateranum zu sprechen sein.

Die Differenz zwischen Przywara und Barth an dieser Stelle liegt m. E. nicht in der Alternative »natürliche Theologie — Offenbarungstheologie«, sondern in der Differenz zwischen »Werkzeuglichkeit«, die von der »reductio in mysterium« her definiert ist — und »Werkzeuglichkeit«, die von der »Verheißung« (promissio) her definiert ist. So sagt Barth, daß wir Gott nicht »durch« unser Denken, unsere Begriffe erkennen, aber auch nicht »ohne« daß wir diesen menschlichen Versuch unternehmen. Und dieses menschliche Bemühen, sofern es sich des Verfügenwollens enthält, steht unter der Verheißung Gottes, daß die Gedanken, Begriffe, Worte eine Tauglichkeit bekommen, eine capacitas, die sie von uns aus nicht haben. Sie werden »getauft«, von Gott heimgeholt in ihre Eigentlichkeit.

Bei Przywara finden wir an eben dieser Stelle eine »reductio in Mysterium«. Der Begriff führt ins Geheimnis: »es ist eine re-ductio in fieri, Ein-

rücken des begriffhaften Lichtkranzes in die dunkle Mitte«, und dort
öffnet die Nacht ihr Antlitz, »im Maße alles Licht erlosch«[19]. Im Begriff
holt der überbegriffliche Gott den Menschen ein in das Geheimnis seines
dreieinigen Lebens, »nicht im Maße als das Geheimnis Begriff wird, sondern im Maße, als der Begriff in das Geheimnis übermächtigt wird«.
Als Ergebnis ist zunächst festzuhalten für das Verhältnis von Seinsordnung und Erkenntnisordnung bei Przywara:
die gegenseitige Durchdringung und Wechselbeziehung zwischen Meta-
noetik und Meta-ontik in der Spannungsschwebe von »Sosein in-über
Dasein«. Formal: die Wechselbeziehung im »in-über« von Meta-noetik
und Meta-ontik im Raum einer betonten energetisch-vertikalen Seins-
Stufen-Ordnung.

2. *Synthese und Diastase*

a) analogia relationis 1. Teil — Synthese

Rückblickend von der Kirchlichen Dogmatik liest sich Barths »Fides
quaerens intellectum«, die Interpretation von Anselms Proslogion 2—4,
aus dem Jahre 1931 wie eine letzte Etude vor dem großen Konzert. Barth
selbst weist in seinem zweiten Vorwort von 1958 darauf hin, »daß man
es in diesem Anselmbuch wenn nicht mit *dem,* so doch mit *einem* sehr
wichtigen Schlüssel zum Verständnis der Denkbewegung zu tun hat, die
sich mir dann eben in der ›Kirchlichen Dogmatik‹ mehr und mehr als die
der Theologie allein angemessene nahegelegt hat«[20].
In diesem Buch hat Barth in konzentrierter Form die Reflexion des Charakters von ontischer und noetischer »ratio« vollzogen[21] und das Verhältnis zwischen beiden bestimmt. Darum gehe ich von »Fides quaerens
intellectum aus«, um die hier gefallenen systematischen Grundentscheidungen an der Kirchlichen Dogmatik zu explizieren.
Was heißt das: »Sein«? Warum *ist* überhaupt etwas und nicht vielmehr
nichts? Warum *ist* der Mensch und ist nicht vielmehr nichts? Barth stellt
diese Urfrage aller Philosophie, aber er stellt sie anders als der Philo-
soph. Einmal fragt Barth nicht, *ob* überhaupt etwas sei oder nicht vielmehr nichts, sondern er fragt auf dem Boden des Credo, *inwiefern* es
Sein gibt und man um Sein wissen könne. Zum andern, das klingt in die-

---

19 a. a. O. S. 88 f.; vgl. S. 87 ff.
20 Fides quaerens intellectum, S. 10.
21 siehe dazu v. Balthasar, a. a. O. S. 155 ff.

sem Zusammenhang überraschend, wird sich aber klären: Barth will diese Frage radikaler stellen, als das die bisherige Philosophie getan hat.
Warum? Unser Ichbewußtsein und Weltbewußtsein schließt ein Wissen um Sein in sich. Und als solches fragt es nach dem Sein des Ich und des anderen außerhalb des Ich. Und es fragt — als Noologie — zuerst nach der Weise des Bewußtseins oder — als Ontologie — zuerst nach der Weise des Seins als eines für das Bewußtsein Vorgegebenen. Hier waltet ein Zirkel: zwischen Subjekt und Objekt, Bewußtsein und Sein, Noologie und Ontologie. Und innerhalb dieses Zirkels, so sagt Barth, läßt sich die Frage nach Sein oder Schein weder radikal stellen noch beantworten. Denn die Radikalität, das wurzelhaft Erste, liegt nicht im Bewußtsein, auch nicht im Sein und auch nicht im Zueinander-Gebundensein beider, sondern im Begriff des »*reinen*, d. h. prinzipiellen, alles Erkennen und Sein begründenden und also ihm vorangehenden *Werdens*«[22].
In der Sprache von »Fides quaerens intellectum«: es gibt
a)   das Dasein von Gegenständen in der Erkenntnis (esse in intellectu). Zum Dasein eines jeden Gegenstandes gehört die »essentia«, das ist die »Mächtigkeit«, die »potentia« des Seins, und das »esse«, das ist die Wirklichkeit (actus) des Seins eines Gegenstandes.
Was so in der Erkenntnis da ist, kann möglicherweise *nur* in der Erkenntnis da sein, ohne daß ihm in Wirklichkeit Dasein eignet (potest non esse). »Essentia und esse können auch einem solchen Gegenstande eigen sein, dessen Da-Sein zwar in einem Akt menschlichen Denkens vorausgesetzt ist — denn sofern er gedacht wird, wird er daseiend gedacht — bei dem es jedoch nicht ausgemacht ist, ob dieser Denkakt nicht in bezug auf diese Voraussetzung den Charakter einer bloßen Hypothese, einer Dichtung, einer Lüge oder eines Irrtums hat.«[23] Der betreffende Gegenstand ist also potentiell *nur* »in intellectu«, d. h. als Voraussetzung des Denkaktes da, ihm eignet aber kein Dasein, er existiert nicht.
b)   Es gibt Daseiendes, das sowohl in der Erkenntnis als auch in der Gegenständlichkeit da ist. D. h.: es existiert. Es tritt aus dem inneren Kreis des Gedachtseins, in dem es sich auch befindet, zugleich heraus, es ist dem Denken selbständig gegenüber. Seinsmächtigkeit und Seinswirklichkeit (essentia und esse) als Bestimmungen eines möglicherweise bloß gedachten Gegenstandes auf der einen Seite — und Dasein auf der anderen Seite verhalten sich wie ein innerer zu einem äußeren Kreise. An der Existenzfrage, also an der dem Denken entgegenstehenden Gegenständ-

22   KD III,1 S. 390.
23   Fides quaerens intellectum, S. 85.

lichkeit hängt nicht weniger als das Wahrsein des Gegenstandes. Daseiendes von solcher Art, das nicht nur in der Erkenntnis, sondern auch in der Gegenständlichkeit da ist, das also subjektiv und objektiv existiert (esse in intellectu et in re), kann aber doch hypothetisch als nicht-daseiend gedacht werden (potest cogitari non esse). Das gilt durchaus von allem, was im Sinne von subjektivem und objektivem Dasein allgemein seiend ist: wir *können* es an sich als nicht-existierend denken[24].

»Unsere als Ichbewußtsein und Weltbewußtsein, d. h. als Wahrnehmung und Begriff unserer selbst und der Menschen und Dinge außer uns sich vollziehende Existenzerkenntnis könnte auch bloß vermeintlich, sie könnte auch Schein, und zwar reiner Schein, eine Gestalt des Nichts sein, unser Schritt vom Bewußtsein zum Sein eine leere Fiktion. Es ist nicht wahr, daß wir unmittelbar um unsere eigene oder um irgendeine Wirklichkeit wissen. Wahr ist nur dies, daß wir unmittelbar *meinen*, darum zu wissen. Wahr ist nur unsere unmittelbare *Vermutung*, daß wir und andere Wesen existieren, daß unser Bewußtsein ein Sein — unser eigenes und fremdes Sein — in sich schließe.«[25] Wir leben und verhalten uns zwar faktisch so, als ob das vermeintlich Wirkliche wirklich wäre. Wir leben aber doch über dem Abgrund der Möglichkeit, daß wir nicht sind, daß nichts ist, daß alles Traum und Täuschung ist. Wir können wohl versuchen, uns selbst zu sagen, daß es unser eigenes und daß es fremdes Sein tatsächlich gebe. Uns führt aber kein solcher Versuch aus dem Kreislauf von Bewußtsein und Sein heraus, der möglicherweise der Kreislauf des reinen Scheins sein könnte. Das »noetisch-ontische X«[26] ist wirklich ein X. Von ihm her führt kein Weg zu zweifelsfreier Gewißheit des Seins meiner selbst und des anderen außer mir. »Das Problem des Seins des Menschen hat sich direkt oder indirekt, offen oder heimlich, explizit oder implizit immer wieder als das Problem des allgemeinen Seinsverständnisses, als das Schlüsselproblem aller menschlichen Besinnung herausgestellt.«[27] Wenn es sich aber mit dem noetisch-ontischen X so verhält, wie eben dargelegt, wenn im Zirkel zwischen Bewußtsein und Sein keine Gewißheit des Seins zu leisten ist, was ist dann der Gegenstand der Anthropologie, sei es Anthropologie als philosophisch-spekulative Theorie vom Menschen — sei es Anthropologie in der Gestalt der exakten Wissenschaft vom Menschen?

Von der ersteren sagt Barth: sie (d. h. die philosophisch-spekualtive An-

24   a. a. O. S. 127.
25   KD III,1 S. 395.
26   a. a. O. S. 397.
27   KD III,2 S. 22.

thropologie) fällt für die Erfüllung unserer Aufgabe aus. Denn sie steht auf dem Boden des autonomen Selbstverständnisses, sie fängt an mit dem ungebrochenen Selbstvertrauen des Menschen, der meint, mit seinem Seinsurteil »so etwas wie einen absoluten Anfang setzen zu können, von dem aus fortschreitend er es für erlaubt und geboten hält, endlich und zuletzt zu einer absoluten Synthese, zu einem die Wirklichkeit erschöpfenden System der Wahrheit vorzudringen«[27a].
Womit aber hat es die Anthropologie als exakte Wissenschaft vom Menschen zu tun? Barth sagt: in ihr wird vorausgesetzt, *daß* der Mensch ist und *was* er ist. In dieser Beziehung vermag exakte Wissenschaft keine Auskunft zu geben und will es auch nicht, wenn sie sich selbst recht versteht. Sie hat es vielmehr mit den »Phänomenen« des Menschlichen zu tun, sie fragt danach, *wie* der Mensch ist, in welchen Grenzen und unter welchen Bestimmungen er als der, der er ist, existieren kann.» Sie berührt nicht seine Wirklichkeit, geschweige denn, daß sie sie begründen, erklären und umschreiben kann. Sie enthüllt aber die ganze Fülle seiner Möglichkeiten«[28]. Da menschliche Selbsterkenntnis ein Zirkel ist, in dem wir an den wirklichen Menschen niemals herankommen, sind die von der exakten Wissenschaft zu entdeckenden Phänomene grundsätzlich neutral, relativ und zweideutig. *Daß* der Mensch ist und *was* der Sinn von Sein ist, was also das Wesen des Menschen ist, die Entscheidung darüber fällt an einem anderen Ort.
Diese positive und negative Abgrenzung exemplifiziert Barth in dreierlei Hinsicht: an der naturwissenschaftlichen Betrachtungsweise des Menschen (Lamarck, Darwin, Haeckel, Portmann), die den Menschen betrachtet, sofern er Objekt seiner selbst ist. Dann an der ethischen Betrachtungsweise (Fichte), die den Menschen betrachtet, sofern er handelndes Subjekt und Täter seines Seins ist. Und schließlich an der Existenzphilosophie (Jaspers), die den Menschen betrachtet, sofern er in der Offenheit seiner Spannungen als geschichtliches Wesen existiert auf Möglichkeit hin. Positiv in dem allen ist, wie hier Möglichkeiten enthüllt werden und gezeigt wird, *wie* der Mensch ist. Grenzen zieht Barth, wo darüber hinaus Seinsurteile gefällt werden, in denen der Mensch sich selbst Auskunft darüber gibt, *daß* und *was* er ist.
Wir kommen zurück auf den Zusammenhang von Barths Anselm-Interpretation: es gibt (a) Gegenstände, die möglicherweise nur in der Erkenntnis, also nur subjektiv da sind. Weiter (b) gibt es Daseiendes, das sowohl subjektiv als auch objektiv — d. h. in der Gegenständlichkeit —

27a a. a. O. S. 24.
28 a. a. O. S. 26.

da ist; dem also sowohl »esse — essentia« als auch »existentia« eignet. Seinsmächtigkeit und Seinswirklichkeit einerseits — und objektives Dasein andererseits verhalten sich wie ein innerer zu einem äußeren Kreis. Aber auch das, was subjektiv und objektiv da ist, kann hypothetisch als nicht-daseiend gedacht werden. Auf der Ebene dieses zweiten, äußeren Kreises, der der Kreis zwischen Sein und Bewußtsein ist, ist noch nicht über die Frage von Sein oder Schein entschieden.

c) »Das Sein in der *Wahrheit* ist für Anselm sozusagen der dritte äußerste Kreis, von dem das Dasein und innerhalb des Daseins das Gedachtsein umschlossen sein muß, wenn ein Gedanke bzw. ein gedachter Gegenstand wahr sein soll. Der Gegenstand *ist* zuerst in der *Wahrheit*, dann und demzufolge ist er *da*, dann und wiederum demzufolge kann er *gedacht sein*.«[29] »Existenz heißt allgemein: Dasein eines Gegenstandes auch abgesehen davon, daß er als daseiend gedacht wird. Die Wahrheit eines Gegenstandes und seines Gedachtseins bedingt, daß er existiert. Aber eben die *Wahrheit* bedingt seine Existenz *und* das wahre Gedachtsein seiner Existenz. Er ist da und er ist als daseiend wahr gedacht, weil und sofern er zuerst in der Wahrheit ist. Nicht in ihm selbst und durch ihn selbst, sondern in jenem dritten umfassenden Kreis, in der Wahrheit und durch die Wahrheit selber fällt die Entscheidung über seine Existenz und über die Wahrheit ihres Gedachtseins. Diese entscheidende Wahrheit ist Gott.«[30] Gott ist der, der in Wahrheit existiert. Das heißt: Gottes Existenz ist die »eigentlich und erstlich einzige, alle anderen Existenzen schlechthin begründende Existenz.«[31]

Hierbei ist wohl zu beachten, daß Barth von drei konzentrischen Kreisen spricht. Dieser Zirkelcharakter darf nicht übersehen werden. Denn er besagt einmal, daß sich das extramentale Dasein eines Gegenstandes nicht analytisch aus seinem Gedachtsein ableiten läßt. Und zum anderen: daß sich das »Sein in der Wahrheit«, die Gott selber ist, nicht aus dem Gedachtsein und der Existenz eines Gegenstandes analytisch ableiten läßt. Der Weg verläuft vielmehr umgekehrt, gleichsam nicht von »unten« nach »oben«, sondern von »oben« nach »unten«.

Weil Gott durch seine Offenbarung für den Glauben auf dem Plan ist, »weil man auf Grund von Offenbarung und Glauben weiß, daß man, vor Gott stehend, nicht als irgendein Wesen vor irgendeinem anderen Wesen, sondern als *Geschöpf* vor seinem *Schöpfer* steht«[32], darum ist

29 Fides quaerens intellectum, S. 87.
30 a. a. O. S. 92.
31 a. a. O. S. 94.
32 a. a. O. S. 145.

Wissen um das Sein Gottes und um Sein-überhaupt möglich. Der Mensch hat »mit seinem Sein auch sein Denken über Sein, Seinswerte und Seins-ordnungen schlechterdings vom Schöpfer«[33]. Darum sagt Barth: »weil Gott in dieser unauflöslichen, nicht wegdenkbaren Weise da ist, wie er als Träger seines offenbarten Namens da ist, *darum* gibt es gegenständ-liche Wirklichkeit und die Möglichkeit, solche zu denken, darum dann auch die Möglichkeit, Gott als (im Sinne von Prosl. 2) überhaupt daseiend zu denken. Wobei doch Alles, was außer ihm da ist, nur gleichsam in der Klammer seines Daseins da ist und also auch nur in der Klammer des Denkens seines Daseins . . . als daseiend denkbar ist — und also, von die-ser Klammer abgesehen, immer auch als nicht-daseiend denkbar ist.«[34] Der offenbarte Name Gottes ist bei Anselm: quo maius cogitari nequit. Die Existenz Gottes beweist Anselm unter Voraussetzung dieses Na-mens und also unter Voraussetzung der Offenbarung und des Glaubens. Dieser Beweis kommt nicht darin zu seinem Ziel, daß bewiesen wird: Gott kommt in der Weise Dasein zu wie allem anderen Daseienden auch. Sondern diesem Beweis der allgemeinen Existenz Gottes folgt der Be-weis seiner besonderen, einzigartigen Existenz. »Es gibt daseiende We-sen. Auch Gott ist ein daseiendes Wesen. Aber nur Gott der Schöpfer ist das unauflöslich nicht wegdenkbar daseiende Wesen.«[35] Aus dem allge-meinen »vere esse« des in der Erkenntnis und außerhalb der Erkenntnis Daseienden hebt sich ein »vere esse« prägnant hervor, dessen Wahrheit weder bloß subjektiv noch bloß subjektiv und objektiv, sondern jenseits dieses Gegensatzes *a se*, in sich selbst begründet ist. »Jenes erste Wesen ist nicht nur in Wahrheit da, sondern es ist da als die Wahrheit des Da-seins selbst, als das Kriterium alles Daseins und Nicht-Daseins.«[36] Hier erst, im Glauben an Gott den Schöpfer, ist der Begriff des reinen, prinzi-piellen Werdens erreicht, das alles Erkennen und Sein begründet und ihm vorangeht.
Wir wenden uns nun an die Kirchliche Dogmatik mit der Frage: welches ist die besondere Weise, in der Gott Dasein eignet? Barths Antwort lau-tet bündig: Gott ist so da, wie er in Jesus Christus da ist. »Was heißt das: Gott ›ist‹? Was oder wer ›ist‹ Gott? Wollen wir diese Frage legitim und sinnvoll beantworten, dann dürfen unsere Gedanken keinen Augenblick anderswohin streben als zu Gottes Tat in seiner Offenbarung, keinen Augenblick anderswoher kommen, als eben von daher.«[37] Und weil Gott

33 a. a. O.
34 a. a. O. S. 148.
35 a. a. O. S. 149.
36 a. a. O. S. 135.
37 KD II,1 S. 292.

eben so da ist, wie er in Jesus Christus da ist, darum gibt es Dasein-über-
haupt. Es bleibt zu entfalten, was das heißt.

An der Wirklichkeit Gottes in Jesus Christus ist abzulesen: Gott ist »als
der Liebende in der Freiheit«[38]. Und das meint: Gottes *Sein* ist in der
Tat. Gottes Sein ist Leben, Ereignis, reiner freier Akt. Und diese Tat,
dieses Leben, ist die Tat und das Leben der Liebe. Hier gibt es nichts zu
unterscheiden zwischen Akt und Sein, weil Gott eben als der Liebende,
weil er in dieser *Tat ist*.

Gott ist der Liebende, indem er Gemeinschaft zwischen sich und uns
sucht. Aber der Liebende ist Gott nicht erst in seinem Verhalten zum
Menschen, sondern zuvor in sich selber, in seinem eigenen inneren Wesen als Vater, Sohn und Heiliger Geist. Als solcher hat Gott sein Leben
aus sich selbst. Gott ist absolut frei. D. h. daß Gott mit nichts von dem,
was er nicht ist, »unter einen gemeinsamen Art- oder Gattungsbegriff zu-
sammengestellt, zusammengefaßt, zusammengeordnet werden kann. Es
gibt keine Synthese, in welcher dasselbe, heiße es nun Sein oder Geist
oder Leben oder Liebe im gleichen Sinn von Gott *und* von einem Anderen auszusagen . . . wäre«[39]. Gott ist allen anderen Wesen gegenüber
schlechthin unabhängig. »Haben sie alle ein Sein und haben sie alle ihr
bestimmtes Sosein, so hat Gott es ihnen gegeben in seiner Freiheit: nicht
weil er es mußte, nicht weil er in seinem Sinn bedingt wäre durch ihr Sein
und Sosein, sondern indem ihr Sein und Sosein schlechthin durch das
seinige bedingt ist.«[40] Gottes Sein ist frei, es genügt sich selbst.

Dem dient die zentrale Stellung der Trinitätstheologie in Barths Dogmatik: die völlige Ungeschuldetheit und Freiheit ans Licht zu stellen, die
Freiheit der Liebe Gottes, in der er die von ihm verschiedene Wirklichkeit
der Welt und des Menschen schafft und die Beziehung zwischen sich und
seinem Geschöpf schafft. »Es ist dieselbe freie Liebe, in der er selber Gott
ist: der Vater im Sohne, der Sohn im Vater durch den Heiligen Geist.«[41]

Es ist dieselbe freie Liebe, in der er die Gemeinschaft mit dem Menschen
beschlossen hat und in der er dann dieses Gegenüber außerhalb seiner
selbst ins Dasein ruft.

Und es ist wiederum dieselbe Liebe, in der er in der Tat seiner Offenbarung in Jesus Christus die Gemeinschaft mit dem Geschöpf gegen den
Ungehorsam des Geschöpfes durchsetzt.

Es ist von daher völlig konsequent, daß Barth sofort auf den ersten Sei-

---

38   a. a. O. S. 288.
39   a. a. O. S. 348.
40   a. a. O. S. 350.
41   KD III,1 S. 260.

ten seiner Schöpfungslehre christologisch und trinitätstheologisch einsetzt.

Es ist weiterhin von Interesse, zu bemerken, daß Barths theologische Erkenntnislehre, wie er sie in den Prolegomena und im ersten Teil der Gotteslehre entfaltet, sich ebenso in der Trinitätstheologie begründet wie die Schöpfungslehre der Kirchlichen Dogmatik. Und man wird von hier aus davor gewarnt sein, in der Schöpfungslehre Aussagen zu erwarten, die das, was Barth in seiner theologischen Erkenntnislehre sagt, relativieren oder teilweise aufheben.

Für die theologische Erkenntnislehre Barths stellten wir heraus: weil Gott der dreieinige Gott ist, weil in Gott selbst ein Gegenüber ist, weil es ihm demnach *eigentümlich* ist, sich von sich selbst zu unterscheiden, darum kann sich Gott in der Analogie der Gnade und des Glaubens einem von ihm verschiedenen Gegenüber erkennbar machen und doch in dieser Beziehung der schlechthin freie Herr bleiben.

In genauer Entsprechung dazu sagt Barth in seiner Schöpfungslehre: weil Gott nicht einsam ist, weil ein Gegenüber schon im göttlichen Bereich und Wesen stattfindet, »weil Gott nicht punktuell existiert, . . . darum kann er Schöpfer werden und also ein Gegenüber haben außer sich selbst, ohne mit seinem inneren Wesen in Widerspruch zu geraten, vielmehr in Bestätigung, in Verherrlichung seines inneren Wesens«. »Eine im göttlichen Bereich und Wesen stattgefundene Geschichte, eine göttliche Bewegung zu einem göttlich Anderen hin und von diesem zurück, ein göttliches Gespräch, ein göttlicher Aufruf und eine göttliche Entsprechung dazu war und ist der schöpferische Grund« der menschlichen Existenz. Ein reales »Gegenüber in Gott selbst ist das geheime Urbild, auf dem das offenbare Abbild . . . der Koexistenz Gottes und des Menschen, aber auch die Existenz des Menschen selbst beruht.«[42]

Gott entspricht also seinem inneren Wesen, wenn er »nach seinem eigenen Willen und in keiner anderen inneren Nötigung als der der Freiheit seiner Liebe, in einem Akte des Überströmens seiner inneren Herrlichkeit eine von ihm verschiedene Wirklichkeit als solche gesetzt hat.«[43]

Eben diese Entsprechung

1. zwischen Gottes innerem Wesen und der Koexistenz Gottes und des Menschen,

2. zwischen Gottes innerem Wesen und der Existenz des Menschen selbst,

sie ist der Inhalt der Barthschen Lehre von der »analogia relationis«.

---

42 a. a. O. S. 205.
43 a. a. O. S. 15.

Beide Aspekte gehören untrennbar zusammen in einen großen Rela-
tionszusammenhang. Wir wenden uns hier dem ersten Aspekt der analogia relationis zu. Der zweite Aspekt soll im nächsten Abschnitt dargestellt werden. Das soll aber keine Abtrennung bedeuten, sondern es sind
im Gang der Analyse zwei verschiedene Arbeitsschritte innerhalb eines
unauflöslichen Zusammenhanges.

Gott ist der Vater Jesu Christi, der in ewiger Zeugung in seinem Sohn
durch den Heiligen Geist sich selbst Setzende. Als solcher ist er der »Liebende in der Freiheit«. Gottes *Sein* ist die im göttlichen Gegenüber sich
vollziehende *Geschichte*. In der Liebe, in der das Sein Gottes selbst geschieht, beschließt Gott von Ewigkeit her in der Person seines eigenen
Sohnes die Gemeinschaft mit dem von ihm verschiedenen Gegenüber
des Menschen. Es ist die Liebe, »die schon in dem ewigen Ratschluß der
Dahingabe seines Sohnes zugunsten des Menschen nicht ohne einen konkreten außergöttlichen Gegenstand sein wollte«[44]. Gott entspricht dem
Wesen seines Seins im Gegenüber, indem er das außergöttliche Gegenüber — das Geschöpf — will und bejaht.

Das so in seinem ewigen Ratschluß Gewollte und Bejahte ruft Gott, seinem Wesen und seinem Willen entsprechend, in das Sein. Die Geschichte
des Seins Gottes im Gegenüber und die Geschichte der Schöpfung eines
außergöttlichen Gegenübers entsprechen sich demnach. »Schöpfung bezeichnet im Unterschied zu aller uns bekannten Begründung und Verur-
sachung die göttliche Aktion, die nur in der ewigen Zeugung des Sohnes
durch den Vater, die also nur im inneren Leben Gottes selbst, nicht aber
im Leben der Kreatur eine wirkliche Analogie, einen echten Vergleichs-
punkt hat. Daß Gott außerhalb seiner eigenen Wirklichkeit eine Entsprechung dessen wollte und vollbrachte, was als der konstitutive Akt seines
Gottseins das Geheimnis seiner eigenen Existenz und seines eigenen
Wesens bildet, das ist das historische Geheimnis der Schöpfung.«[45]

Daß Gott in seinem Sohn ein außergöttliches Gegenüber wollte und ins
Sein rief, das heißt nicht einfach, daß nun außer Gott der Mensch und die
ihn umgebende Welt *ist*, also einfach für sich da — einfach vorhanden ist.
Sondern der Mensch ist *als* Gegenüber Gottes geschaffen, und als solcher ist er überhaupt da. Sein »Sein« besteht geradezu darin, daß er Gottes Gegenüber ist, mit Gott zusammen ist. Gott ist nicht allein, »er lebt
sein göttliches Leben nicht nur in seinem eigenen Raum«, sondern, das
ist in der Person Jesu Christi vor Augen, unterschieden von Gott »ist
Jemand, an dem und mit dem er handelt«[46]. Und auch der Mensch ist

44 a. a. O. S. 261.
45 a. a. O. S. 13.

nicht allein, sondern er ist nur im Zusammensein mit seinem Schöpfer. Dieses Schöpfer-Geschöpf-Verhältnis, diese Geschichte des Menschen mit Gott ist »die äußere Entsprechung des inneren Lebens des Vaters, des Sohnes und des Heiligen Geistes«[47]. Ein Gegenüber in Gott ist das geheime Urbild, dem das offenbare Abbild der Koexistenz Gottes und des Menschen entspricht.

»Gott für den Menschen — wenn das der ewige Bund ist, der in der Menschlichkeit Jesu in der Zeit offenbart und kräftig wird, so entsteht in dieser Entscheidung des Schöpfers für sein Geschöpf eine Beziehung, die ihm, dem Schöpfer, die Gott selber als Gott nicht einfach fremd, sondern die ihm, wenn man so sagen darf, angemessen, natürlich ist. Gott *wiederholt* nämlich in dieser Beziehung nach außen eine Beziehung, die ihm selbst in seinem inneren Wesen eigentümlich ist. Gott schafft, indem er in diese Beziehung tritt, ein *Nachbild* seiner selbst. Auch in seinem eigenen, innergöttlichen Sein ist nämlich Beziehung. Es ist ja auch Gott selber in sich wohl der Eine und Einzige; er ist aber darum kein Einsamer. Es ist ja auch in ihm ein Zusammensein, ein Miteinandersein, ein Füreinandersein. Gott selber in sich ist ja nicht nur einfach, sondern in der Einfachheit seines Wesens auch dreifach: der Vater, der Sohn und der Heilige Geist — Gott sich selber setzend, Gott durch sich selber gesetzt, Gott sich selber in Beidem, als sein eigener Ursprung und als sein eigenes Ziel bestätigend. Gott selber in sich ist ja der ewige Liebende, der ewig Geliebte, die ewige Liebe . . . Und nun ist es diese *Beziehung im inneren göttlichen Sein*, die wiederholt und nachgebildet wird in *Gottes ewigem Bund mit dem Menschen*, wie er in der *Menschlichkeit* Jesu in der Zeit offenbar und kräftig wird.«[48]

Eben diese Beziehung, dieses Gegenüber zwischen Gott und Mensch, das sich vollzieht in Analogie zum innergöttlichen Leben, sie ist es, die das Sein des Menschen ausmacht. Des Menschen Sein besteht geradezu im Zusammensein mit Gott. Es »*ist*« die »*Geschichte*« dieses Zusammenseins. Aber es geht hier wohlverstanden nicht um ein göttliches Gegenüber, das irgendwie im Menschen selber wohnt, auch nicht um die Transzendenz einer abstrakt existierenden und in abstrakten Begriffen zu beschreibenden Gottheit, nicht um die notwendige Transzendenz-Bezogenheit der menschlichen Existenz (Jaspers). Sondern es ist eben das konkrete, geschichtliche Gegenüber des Menschen Jesus, in dem es der Mensch zugleich mit dem Gegenüber Gottes zu tun hat. Denn in Jesus Christus

46 a. a. O. S. 26.
47 a. a. O. S. 15.
48 KD III,2 S. 260 f.

ist die Einheit von Schöpfer und Geschöpf verwirklicht. Er ist der Mensch, der inmitten aller anderen Menschen für Gott steht. Eben darin, daß inmitten aller anderen Menschen einer der Mensch Jesus ist, ist die ontologische Bestimmung des Menschen begründet. Was des Menschen Sein und Wesen ist, darüber ist entschieden, indem neben ihm und im Raume seiner Geschichte der Mensch Jesus existierte. Darum heißt »Menschsein« von vornherein und von Hause aus: mit Gott zusammensein. Der Mensch ist ursprünglich und ganz von Gott her. Er ist von Hause aus immer schon von Gott erreicht und betroffen. Weil das die ontologische Bestimmung seines Seins ist, darum ist Gottlosigkeit eine »ontologische Unmöglichkeit«.

Das *Sein* des Menschen ist die *Geschichte*, in der er ganz von Gott her ist und ganz zu Gott hin ist, es ist die Geschichte dieses Zusammenseins.

Barth beschreibt inhaltlich das Von-Gott-her-Sein des Menschen als des Menschen Erwähltsein. Ursprung und Inbegriff des menschlichen Seins ist dies, daß er der Gegenstand der göttlichen Gnadenwahl, des guten und bewahrenden Willens Gottes ist. Als Gegenstand seines guten und bewahrenden Willens beschließt Gott das Sein des Menschen, setzt er es in das Sein, handelt er an ihm, so daß es nicht in das Nichts stürzen kann. Gott handelt nicht nur am Menschen, belebend und bewahrend — das ist die ontische Seite der Geschichte des Zusammenseins von Gott und Mensch.

Gott gibt sich auch zu erkennen — das ist die noetische Seite. Er offenbart sich dem Geschöpf, ermöglicht das Bewußtsein seiner eigenen Existenz. Das Geschöpf soll nicht nur *sein*, sondern es soll auch das *Bewußtsein* seines Gottes haben. Das geschieht, indem Gott zum Menschen redet. Darum sagt Barth: des Menschen Sein besteht im Hören von Gottes Wort, es hat sein Wesen darin, daß es von Gott aufgerufen ist. Das ist nicht als eine akzidentielle Bestimmung gemeint in dem Sinne, daß der Mensch zunächst einmal *ist* und dann neben andere Konkretionen seiner Existenz auch noch diese treten kann, daß er Gottes Wort hört. Sondern: »das menschliche Sein *ist* ein Aufgerufensein, das außer Gott in seinem Wort *nichts vor sich*, das seinen Charakter als Sein allein Gott in seinem Wort zu verdanken hat.«[49]

Das ist also die rezeptive Seite: das Sein des Menschen von Gott *her*.

Dem korrespondiert die spontane Seite des Seins zu Gott *hin*. Und beide Seiten zusammen bilden einen Kreislauf, der von Gott kommt und zu Gott zurückführt.

---

49   a. a. O. S. 182.

Das zweite Moment, das Sein zu Gott hin, beschreibt Barth als Sein im Danken und als Sein in der Verantwortung des Menschen vor Gott. Der Dank entspricht der Gnade des Erwähltseins, die Verantwortung entspricht dem Worte Gottes. Und auch diese beiden Bestimmungen des menschlichen Seins sind nicht akzidentiell gemeint. Sondern: das menschliche Sein *ist* dankendes Sein oder es ist nicht. »›Sein oder Nichtsein? das ist hier die Frage‹, und sie entscheidet sich in der Beantwortung der Frage: Dank oder Undank?«[50] Als dankendes und sich verantwortendes Wesen ist der Mensch zu Gott hin offen, ist er Subjekt in reiner Spontaneität. Menschliches Sein als Sein in der »Verantwortung« verwirklicht sich in der Erkenntnis Gottes, im Gehorsam gegen Gott, in der Anrufung Gottes und in der Freiheit des Geschöpfes vor seinem Schöpfer. In dem allen *ist* der Mensch, indem er *tätig* ist. Er ist tätig in dem ursprünglichen Sinne reiner Spontaneität, daß er in solchem Tun sich selbst setzt, sein eigentliches Sein verwirklicht. Barth kann sagen: der Mensch *tut* sein eigenes *Sein.*

Nun ist deutlicher, wie Barth das menschliche Sein als die Geschichte des Zusammenseins mit Gott versteht. Der Mensch *ist* in dem Kreislauf der Gnadenwahl Gottes von Gott her und der Tat des Dankes zu Gott hin. Der Mensch ist (noetisch) im Kreislauf des von Gott Angesprochen- und Aufgerufenwerdens und des sich vor Gott Verantwortens. »Er *ist*, und er ist *Mensch*, indem er diese *Tat tut*.«[51] Der Mensch ist im Kreislauf des von Gott ausgehenden und zu Gott zurückführenden Erkenntnisvorganges. Er ist, indem er gehorsam ist, sich entscheidet und mit Willen den Weg zu Gott hin antritt, von dem er herkommt. Er ist, indem er Gott anrufend, zu Gott redend, den Schritt über sich hinaus ins Freie tut und indem er darin zum Ziel zu Gott kommt. Indem der Mensch »Gott als seinen Richter anruft und seinen Bescheid erwartet, schließt sich der Kreis«, schließt er selber den Kreis von seiner menschlichen Seite, kehrt er antwortend zu dem Gott zurück, von dem er ausgegangen ist[51a]. Das Geschehen dieser Geschichte macht das Sein des Menschen aus. »Hier geschieht Geschichte, d. h. aber: hier ist auf beiden Seiten kein Sein, das nicht als solches Akt wäre: Akt zum Menschen hin von Gottes Seite, Akt von Gott her und gerade darum auch wieder zurück zu Gott hin auf des Menschen Seite. Wir müssen diesen Akt von Gott her zu Gott hin

50 a. a. O. S. 204.
51 a. a. O. S. 209.
51a a. a. O. S. 229.

sehen, wenn wir den Menschen als das Wesen sehen wollen, das mit Gott zusammen ist.«[52]

Aus dreierlei Gründen mußte die Darstellung in diesem Abschnitt, in dem es um die Grundlegung der Lehre vom Sein des Geschöpfes geht, ausführlicher werden:

1. war zu zeigen die ontologische »Anfangslosigkeit« der Barthschen Lehre vom Sein, ihre ontologische Voraussetzungslosigkeit. D. h.: Barth beginnt von vornherein *un*-metaphysisch und darum dann auch anti-metaphysisch. Weder das Bewußtsein noch das Sein, noch das Zueinander beider geben einen »Grund« ab, von dem aus der Mensch »starten« könnte zu einer autonomen Lehre vom Sein. Denn Gewißheit des Seins ist so nicht zu leisten. Jeder metaphysische »Satz vom Grund« ist eo ipso un-gründig. Es trifft demnach zu, was H.-G. Geyer in bezug auf Barth sagt, »daß in der theologischen Rede von Gott, wenn sie allemal nur mit dem (offenbarten) Namen Gottes beginnen kann, das Denken in einem strengen Sinne mit Nichts anfängt«[53]. Und dasselbe gilt nicht nur für die »Rede von Gott«, sondern auch für die Rede vom »Sein« überhaupt und vom menschlichen »Sein«. Indem Barth auch in der Schöpfungslehre nichts voraussetzt als Gott in seiner Offenbarung, fängt er — metaphysisch gesprochen — mit Nichts an.

2. zeigte sich eine Parallele, die für diese Untersuchung von entscheidender Bedeutung ist: in der theologischen Erkenntnislehre spricht Barth von dem »circulus veritatis Dei«, vom Kreislauf des Erkennens, in den der Mensch im Vollzug der Erkenntnis Gottes einbezogen ist.

Auch in der Lehre vom Sein des »wirklichen Menschen« spricht Barth von einem Kreislauf. In ihm ist der Mensch von dem Gott her, der erwählend und redend an ihm handelt, und dankbar antwortend zu Gott hin. In diesem Kreislauf existiert der Mensch als geschichtliches Wesen, und eben diese Geschichte macht sein Sein aus.

3. zeigte es sich, daß es sich hier nicht nur um eine Parallele handelt, sondern daß in der Lehre vom Sein des »wirklichen Menschen« die theologische Erkenntnislehre integriert und subsumiert ist. Die ontische und die noetische Seite des Seins des Menschen *als* Zusammensein mit Gott erscheinen miteinander in der Lehre vom *Sein* des Menschen.

Gott handelt belebend und bewahrend am Menschen — und er handelt redend und offenbarend am Menschen. Und beides zusammen macht das Sein des Menschen aus als *Sein* von Gott her.

Und: der Mensch handelt, indem er Gott sein Sein dankt — und indem

52   a. a. O. S. 194.
53   Geyer, a. a. O. S. 258.

er Gott erkennend im Gehorsam antwortet. Und beides zusammen macht
sein Sein aus als Sein zu Gott hin.
In dem allen *ist* der Mensch im Akt Gottes von Gott her und in seinem
eigenen menschlichen Akt zu Gott hin. Akt und Sein erscheinen in der
Kirchlichen Dogmatik — für den Leser zunächst verwirrend — als aus-
tauschbare Glieder, eines durch das andere interpretierbar, oft genug
identisch gesetzt:
der Mensch tut sein eigenes Sein —
der Mensch ist sein eigenes Tun.
Hier ist der Punkt erreicht, auf den es uns in diesem Abschnitt ankam:
wo Barth vom wirklich seienden Menschen spricht, da erscheinen Akt
und Sein, Bewußtsein und Sein, Erkennen und Sein in der Synthese, in
der synthetischen Einheit des Lebensvorganges im Lichte Gottes.
Der wirkliche Mensch, wie er uns im Lichte der Offenbarung und nirgends sonst sichtbar wird, ist eben darin ganz wirklich: seiend im Tun
und tuend im Sein.
Das heißt formal: in der Synthese beider.
»Synthese« bezeichnet in diesem Zusammenhang das, was man sonst
»das Konkrete« nennt. Und »synthetische Einheit des Lebensvorganges«
soll nichts anderes besagen als die formale Bestimmung der »konkreten
Einheit der menschlichen Seins-Geschichte im Lichte Gottes«. Das »Konkrete« ist das »Zusammengesetzte«, das »Verdichtete«. Um dieses »Zusammen« von Akt und Sein in der Barthschen Schöpfungslehre formal
herauszuheben, dazu dient uns der Begriff der Synthese.
(Die Konkretion und die Zirkelstruktur als besondere Merkmale Barthschen Denkens werden uns noch gesondert beschäftigen.)
Nach dieser hermeneutischen Schlußbemerkung wenden wir uns nun
dem zweiten Aspekt der Barthschen Lehre von der »analogia relationis«
zu.

b) analogia relationis 2. Teil — Diastase

Der Mensch *ist* wirklich nur in der *Tat* Gottes von Gott her: indem Gott
ihn erwählt und aufruft.
Der Mensch *ist* wirklich nur in der *Tat* seiner selbst zu Gott hin: indem
er Gott dankt und ihm antwortet.
Die Aktualität und Dynamik dieses Kreislaufes ist es, in der das Sein
des Menschen besteht.
Wo Akt und Sein in solcher Weise zusammengesehen werden, da ergibt

sich mit Notwendigkeit folgendes Problem: »Aktualität« besagt den Ereignischarakter des Seins. Ein Ereignis, das sich *immer* ereignet, wäre aber kein Ereignis, sondern ein Zustand.

Gerade um den Ereignischarakter des Tuns Gottes auf der einen Seite und des menschlichen Tuns auf der anderen Seite wahren zu können, muß hier demnach differenziert werden zwischen dem Ereignis selbst und dem, *an dem* sich das Ereignis vollzieht bzw. *der* selber tätig ist. Es kann nicht wohl sein, daß im Akt jeweils der Agierende gesetzt wird. Er muß in irgendeiner Weise darin schon *vorausgesetzt* sein[54]. Daß Akt und Sein in der oben ausgeführten Weise bei Barth zusammengesehen werden, besagt ja nicht, daß beide identisch sind. Denn das würde bedeuten, daß entweder die Aktualität und Ereignishaftigkeit, soll sie wirklich »Sein« meinen, zu einem Zustand verfestigt und damit aufgelöst wird. Oder umgekehrt: daß das »Sein«, sollte es rein in einer Bewegung ohne Bewegtes bestehen, zu reiner Dynamik verdampft und damit aufgelöst wird.

Die Frage läßt sich von einem zweiten Aspekt her stellen. Der oben beschriebene »konkrete Lebensvorgang« ist ja das Geschehen zwischen Gott und dem von ihm verschiedenen, ihm gegenüberstehenden Menschen. In seiner Verschiedenheit von Gott, in seiner Menschlichkeit gerade muß demnach der Mensch gesehen werden. An das von Gott verschiedene Gegenüber des Menschen richtet sich das Tun Gottes, an das vom Menschen verschiedene Gegenüber Gottes richtet sich das Tun des Menschen. Auch von hier aus ergibt sich die Notwendigkeit einer Differenzierung zwischen Akt und Sein. Denn wenn das Sein des Menschen identisch gesetzt wird mit dem von Gott ausgehenden und zu Gott zurückführenden Handeln, dann wird das menschliche Sein aufgelöst in einen Moment des Selbstvollzuges des inneren Lebens Gottes. Oder umgekehrt: Gott wird zum Inbegriff des Selbstvollzuges menschlichen Seins.

In einem dritten Aspekt stellt sich die Frage nach der Differenz zwischen Akt und Sein am konkretesten. Wenn das Sein des Menschen in der Geschichte seines Zusammenseins mit Gott besteht und wenn diese Geschichte als ein Kreislauf zu verstehen ist, in dem der Mensch von Gott her und zu Gott hin ist, dann fragt sich: wo bleibt der Mensch, wenn der Kreislauf unterbrochen ist? Es ist das Faktum der Sünde, an das hier zu denken ist. Darin besteht ja die Sünde, daß der Mensch eben nicht in dieser Tat des Dankens und des Antwortens begriffen ist. Der Mensch kann

---

54 v. Balthasar weist auf die zentrale Bedeutung des Begriffs »Voraussetzung« bei Barth hin, a. a. O. S. 129.

sündigen, und er sündigt tatsächlich. Er ergreift damit eine Möglichkeit, die zwar von Hause aus eine »ontologische Unmöglichkeit« ist. Aber diese »unmögliche Möglichkeit« ist tatsächlich auf dem Plan. Wenn nun Akt und Sein identisch gesetzt werden, dann folgt daraus, daß der Mensch aufhört zu existieren, wenn er sündigt. Die Sünde würde also sein sofortiges »Verschwinden« zur Folge haben. Oder umgekehrt, da der Mensch ja als Sünder tatsächlich weiterexistiert und keineswegs verschwindet, so würde das heißen, daß der sündige Mensch eine gegenüber Gott autonome Setzung vollzieht, daß er sich selbst das Sein zuspricht und darin für sich selber das ist, was Gott ihm war: Schöpfer und Ursprung seines Seins. Und sein Credo: *Ich* bin, der ich bin.

Kurz: es stellt sich die Frage nach der Kontinuität. Sie hat uns schon im Zusammenhang der theologischen Erkenntnislehre Barths beschäftigt — hier ist es die Frage nach der Kontinuität des menschlichen Seins. Und wie nahe Akt und Sein auch immer zusammen wohnen mögen, wie sehr sie auch als konkrete Einheit zusammen erscheinen mögen, wenn Barth auf das zu sprechen kommt, bei dem sein Herz schlägt: auf »Wirklichkeit«, das Sein des »wirklichen Menschen«, so differenziert er doch sehr genau zwischen Akt und Sein, und zwar in allen drei genannten Hinsichten.

1. Der Mensch wird im Ereignis der Begegnung mit Gott nicht gesetzt, sondern in diesem Ereignis ist eine Grundform des menschlichen Seins schon vorausgesetzt. »Wo das Heilandswerk des Menschen Jesus an den andern Menschen möglich und wirklich wird, wo es zu solcher Gemeinschaft zwischen ihm und anderen Wesen kommt, da muß nach einer *Zusammenordnung* zwischen ihm und diesen anderen Wesen gefragt werden, die als solche nicht erst durch diese Gemeinschaft begründet, sondern die in ihrer Ermöglichung und Verwirklichung schon *vorausgesetzt* ist. Es muß also nach einer solchen Grundform der Menschlichkeit . . . des Menschen überhaupt und im allgemeinen gefragt werden, in welcher die Voraussetzung dessen gegeben und sichtbar ist, daß der Mensch Jesus für ihn sein kann.«[55]

2. Barth unterscheidet zwischen dem *Gehalt* des menschlichen Seins und seiner *Gestalt*. In der ersten Hinsicht fragt Barth: *wozu* ist der Mensch geschaffen? In der zweiten Hinsicht: *wie* ist er geschaffen? Die Bestimmung des Menschen, zu der er geschaffen ist, ist sein Sein als Geschichte des Zusammenseins mit Gott. Hier ist alles lauter Aktualität, Faktizität und Kontingenz.

Die Art des Menschen, in der er als Geschaffener ist, ist die Humanität

---

55 KD III,2 S. 266.

als »Sein in der Begegnung« (zwischen Ich und Du, Mann und Frau). In dieser Beziehung ist alles lauter Kontinuität und Nezessität. »Die göttliche Bestimmung und die geschöpfliche Art des Menschen, seine Humanität, sind zweierlei, so gewiß Schöpfer und Geschöpf, Gott und Mensch, zweierlei sind.«[56]

3. »Indem der Mensch sündigen kann und tatsächlich sündigt, geschieht es allerdings, daß er zu sich selbst in unheilbaren Widerspruch gerät, gewissermaßen auseinandergerissen wird: hier seine Wirklichkeit als Gottes Bundesgenosse, ... und dort — nun allerdings etwas ganz Anderes und in seinem Zusammenhang mit jener Wirklichkeit gar nicht mehr zu erkennen — seine geschöpfliche Art.«[57] Aber wie furchtbar auch die Zerrüttung des Menschen sein mag, wie bodenlos der Widerspruch, in den der Mensch durch die Sünde mit sich selbst gerät, die Macht der Sünde ist doch nicht so groß, daß sie Gottes Schöpfung durch eine andere, widergöttliche ersetzen könnte, ihre Macht ist nicht grenzenlos. »Die Sünde ist nicht schöpferisch.« »Gibt es eine Grundgestalt der Humanität, in der diese der göttlichen Bestimmung des Menschen entspricht und ähnlich ist, dann haben wir es auch in dieser Entsprechung und Ähnlichkeit mit etwas Kontinuierlichem, Durchhaltendem zu tun, mit einer *unangreifbaren* Bestimmtheit seiner geschöpflichen Art, mit einer solchen also, die auch im sündigen Menschen weder verschwunden und verloren gegangen, noch verändert, sondern eben nur unkenntlich gemacht ist.«[58]

Damit sind die Weichen gestellt für den Teil der Lehre von der »analogia relationis«, der in diesem Abschnitt zu entfalten ist.

Worin besteht das Kontinuum der Humanität? Was ist die Menschlichkeit des Menschen, die in dem Tun Gottes nicht erst gesetzt, sondern die darin schon vorausgesetzt ist? Welches ist die Grundform der Menschlichkeit, die das Sein des Menschen in seiner von Gott verschiedenen Seinsweise ausmacht und die auch durch die Sünde nicht verloren gegangen ist, weil sie unangreifbar ist?

Barth fährt auch hier fort in der Begründung der Anthropologie auf die Christologie, indem er zuerst nach der Menschlichkeit des Menschen Jesus fragt, um dann nach der Form der Menschlichkeit im allgemeinen zu fragen. Warum Barth auch hier den Erkenntnisweg über die Christologie wählt, um zu einer Bestimmung der Humanität zu gelangen, darüber wird noch zu sprechen sein.

56   a. a. O. S. 244.
57   a. a. O.
58   a. a. O. S. 246.

Wer ist Jesus? Wir hörten oben: Jesus ist der Mensch für Gott. In ihm existiert direkt und unmittelbar auch der Schöpfer. Er ist der göttliche Erretter in Person. In ihm triumphiert Gottes Ehre. Er ist als Mensch allein und ausschließlich Gottes lebendiges Wort. Jesus ist, indem Gottes Gnade tätig ist. Daß Jesus in dem allen der Mensch für Gott ist, darin besteht seine Divinität.

Aber es gibt nicht nur eine Divinität, sondern auch eine *Humanität* des Menschen Jesus. Denn daß Jesus mit Gott eins ist, bedeutet ja nicht, daß seine Menschlichkeit von der Gottheit »verschlungen« sei. Er ist wahrer Gott und in ganzer »*Unterschiedenheit* davon« auch wahrer Mensch. Wenn die Divinität Jesu Christi darin besteht, daß er der Mensch für Gott ist, so ist von seiner Humanität zu sagen: sie besteht darin, daß er der Mensch für den Menschen ist.

Das bedeutet einmal: Jesus ist ganz vom Mitmenschen *her*. Seine Solidarität mit dem Mitmenschen ist eine ganz reale. Er läßt sich durch die Not des Mitmenschen »sein eigenes Sein vorgeben, vorschreiben, diktieren«[59]. Er ist nichts als der Träger der ihm aufgeladenen fremden Schuld und Strafe.

Und zum andern: Jesus ist ganz zum Mitmenschen *hin*. Er ist im radikalsten Sinn der Mensch, der für die anderen ist. Er behält sich nicht ihnen gegenüber. Er opfert sein Leben, damit die anderen, die fernen und nahen Mitmenschen, leben können. So ist er das Ich, das ganz vom Du her und zum Du hin bestimmt ist. Und diese doppelte Bestimmtheit ist die Humanität des Menschen Jesus.

Wie ist nun das Verhältnis zwischen der göttlichen und der menschlichen Art Jesu Christi, zwischen seiner Divinität und seiner Humanität? Es ist nicht ein Verhältnis des Gegensatzes, denn damit wäre die Einheit der Person Jesu Christi geleugnet. Andererseits aber auch nicht Gleichheit und Identität. Denn in seiner Divinität ist Jesus von Gott her und zu Gott hin. In seiner Humanität ist er vom Kosmos her und zum Kosmos hin. Und Gott ist nicht der Kosmos. Es besteht hier vielmehr das Verhältnis einer Entsprechung und Ähnlichkeit. Die Humanität Jesu Christi bildet seine Divinität ab. Das tertium comparationis zwischen Divinität und Humanität Jesu ist sein *Werk*, dessen Grund der Wille Gottes ist und dessen Gegenstand der Mensch ist. *Wie* Jesus Gott gehorsam ist, *so* tritt er für seine Mitmenschen ein.

Aber diese Entsprechung ist nicht nur eine faktische, sondern zugleich eine sachlich-notwendige. *Weil* Jesus Gott ganz gehorcht, *darum* tritt er ganz für den Mitmenschen ein. »Nicht zuerst der Mensch Jesus, sondern

59 a. a. O. S. 256.

zuerst Gott ist für den Menschen.« Und weil Gott von Ewigkeit her dem
Menschen gnädig zugewandt ist, darum muß Jesus für den Mitmenschen
sein, indem er Gott gehorsam ist[59a].

Und nun tut Barth noch einen dritten Schritt auf dieser Linie. Es gibt
nicht nur eine *faktische* Entsprechung, auch nicht nur eine sachlich-*notwendige*, sondern — das ist der letzte Ursprung jenes Faktums und jener
Notwendigkeit — es gibt eine göttlich-*wesentliche* Entsprechung. »Diese
göttlich-wesentliche Entsprechung und Ähnlichkeit besteht darin, daß
der Mensch Jesus in seinem Sein für den Menschen das innere Sein, das
Wesen Gottes selbst wiederholt und nachbildet und eben damit sein Sein
für Gott wahr macht.« Die Humanität ist also nicht nur die Nachbildung seiner Divinität, sondern die Nachbildung Gottes selber. Denn auch
im innergöttlichen Sein ist Beziehung, Gott ist nicht einsam, in ihm ist
Zusammensein. »Ich, das ewig vom Du her und ewig zum Du hin und
gerade so im eminentesten Sinn Ich ist. Und nun ist es diese *Beziehung
im inneren göttlichen Sein*, die wiederholt und nachgebildet wird in *Gottes ewigem Bund mit dem Menschen*, wie er in der *Menschlichkeit Jesu* in
der Zeit offenbar und kräftig wird.«

Es muß betont werden: um Entsprechung geht es hier, nicht um Gleichheit. Denn dort ist von Gottes innerem Sein die Rede, von seinem Verhältnis zu sich selber, hier aber von Gott in seinem Verhältnis zu der von
ihm verschiedenen geschöpflichen Wirklichkeit. »Es ist also kein zweiter
Gott, mit dem sich Gott in jenem ewigen Bund mit dem Menschen, wie
er in Jesus sichtbar wird, verbündet hat.« Es wird auch kein zweiter Gott
aus dem Menschen, indem er dieses Bundes teilhaftig wird[60].

Aber nun kommt die positive Seite: »Entsprechung« steht auch gegen
*Un*gleichheit. Sie bezeichnet die genaue Mitte zwischen Gleichheit und
Ungleichheit, Identität und Widerspruch. Aber: was ist das für eine
Mitte? Es ist nicht ein Fixum an Sein, das bei aller Verschiedenheit doch
dem Divinum und dem Humanum gemeinsam wäre. »Keine Entsprechung und Ähnlichkeit des Seins, *keine* analogia entis; denn das Sein
Gottes und das des Menschen sind und bleiben unvergleichlich, aber um
dieses doppelte Sein handelt es sich auch nicht, sondern um die *Beziehung* im Sein Gottes auf der einen und um die *Beziehung* zwischen dem
Sein Gottes und dem des Menschen auf der anderen Seite. Zwischen diesen beiden Beziehungen als solchen besteht — und in diesem Sinn ist die
zweite das Bild der ersten — Entsprechung und Ähnlichkeit. Es gibt eine

---

59a   a. a. O. S. 259.
60   a. a. O. S. 261 f.

analogia *relationis*.«[61] Die analogia relationis ist nichts anderes als der
Ausdruck dafür, daß die Freiheit, in der Gott sich selber setzt als der Vater, durch sich selber gesetzt ist als der Sohn und sich selber bestätigt im
Heiligen Geist, dieselbe Freiheit ist, in der er das Geschöpf Mensch setzt
ihm zum Gegenüber. Es ist dieselbe Liebe, in der Gott sich selber zugewendet ist und in der er dem Menschen zugewendet ist.

Diese analogische Bestimmung der Humanität Jesu ist nun aber der christologische Anlauf zu einer Bestimmung der Humanität des Menschen-
überhaupt. Gleichheit zwischen der Humanität des Menschen Jesus und
der Humanität des Menschen-überhaupt kann hier nicht in Frage kommen. Denn so wie Jesus *für* den Mitmenschen ist, so real, wie er vom anderen Menschen her ist, so radikal, wie er in seinem ganzen Sein zum
Mitmenschen hin ist, so ist kein anderer Mensch. Da ist ein unaufhebba-
rer Unterschied. Jesus allein ist der Mensch für den Menschen. Aber auf
der anderen Seite kann zwischen der Humanität Jesu und der Humanität
des Menschen-überhaupt nicht geradezu Ungleichheit walten. Sie können
sich nicht widersprechen. Warum?

Barth begründet diese wichtige Wendung so: wenn Jesus für den Menschen ist, dann muß darin eine Voraussetzung mitgegeben sein, auf
Grund deren er für den Mitmenschen sein *kann*.»Wo das Heilandswerk
des Menschen Jesus an den andern Menschen möglich und wirklich wird,
wo es zu solcher Gemeinschaft zwischen ihm und anderen Wesen kommt,
da muß nach einer *Zusammenordnung* zwischen ihm und diesen anderen
Wesen gefragt werden, die als solche nicht erst durch diese Gemeinschaft
begründet, sondern die in ihrer Ermöglichung und Verwirklichung schon
vorausgesetzt ist.«[62] Es muß also eine Grundform der Menschlichkeit des
Menschen-überhaupt geben, in deren Horizont es von vornherein möglich ist, daß der Mensch ein solcher sein *kann*, für den Jesus ist: es muß
eine Disposition und Bündnisfähigkeit schon da sein. Denn es kann nicht
wohl sein, daß der Mensch-überhaupt dem »Sein Jesu für den Menschen«
gegenüber neutral oder gar entgegengesetzt geschaffen ist, wenn der
Ursprung seiner Natur die göttliche Gnadenwahl ist, wenn der dem
Menschen in Christus gnädige Gott auch des Menschen Schöpfer ist.
Dann muß vielmehr die Natur des Menschen, seine Humanität, der
Gnade Gottes in einer bestimmten Vertraulichkeit, einer schöpfungsmä-
ßigen Offenheit gegenüberstehen.

Wenn also nicht Gleichheit zwischen der Humanität Jesu und der Humanität des Menschen-überhaupt in Frage kommt, aber auch nicht Ungleich-

61 a. a. O. S. 262.
62 a. a. O. S. 266.

heit und Widerspruch zwischen beiden, dann muß auch hier nach einer
Entsprechung und Ähnlichkeit gefragt werden. Und diese Ähnlichkeit
besteht darin, daß das Sein des Menschen-überhaupt bestimmt ist als
Zusammensein mit anderen Menschen. Soweit reicht die Entsprechung
zwischen dem Menschen Jesus und uns anderen Menschen, daß man das
Sein des Menschen bestimmen kann als ein Sein in der Begegnung. Und
damit ist wiederum gesagt, daß auch die Humanität-überhaupt als Geschichte anzusehen ist. Das menschliche Sein ist »kein in sich selbst ru-
hendes, sondern ein sich selbst bewegendes, ein tätiges, ein handelndes
Sein, kein esse, sondern ein existere. Wer Mensch sagt, sagt *Geschichte*«[63].

Barth expliziert diese Geschichte des menschlichen Seins in der Begegnung als ein solches Sein, in dem der eine dem anderen in die Augen
sieht. Als ein Sein, in dem man miteinander redet und aufeinander hört.
Als ein Sein, in dem man in der Tat seines Seins einander Beistand leistet. Und schließlich als innerste Seite der Humanität: als ein Sein, in
dem das alles gerne geschieht, also spontan, willig, von Herzen. Wo des
Menschen Herz ist, da ist er ganz. Und indem der Mensch gerne dem anderen in die Augen sieht, gerne mit dem anderen spricht und auf ihn
hört, gerne dem anderen Beistand leistet, ist er Mensch in wahrer Humanität.

Daß es bei der so beschriebenen Humanität als Geschichte des Seins in
der Begegnung wirklich um ein unverlierbares Kontinuum geht, das
durch die Sünde wohl unkenntlich gemacht, nicht aber beseitigt werden
kann, das steht uns darin deutlich vor Augen, »daß wir nicht *Mensch*
sagen können, ohne entweder *Mann oder Frau* oder zugleich Mann *und*
Frau sagen zu müssen[64]. Das ist die einzige strukturelle Differenzierung, in der jeder Mensch existiert. So kann Barth die jahwistische Sage
Genesis 2 von der Erschaffung des Mannes, dem Gott die Frau zugesellt,
die »alttestamentliche Magna Charta der Humanität« nennen. Und das
»Lied der Lieder« die »zweite Magna Charta der Humanität«[64a]. Das hu-
mane Sein als Mann und Frau, Mann oder Frau entspricht dem Verhält-
nis Jahwes zu seinem Bundesvolk Israel. Jahwes Bund mit Israel ist das
Urbild des Seins in der Begegnung zwischen Mann und Frau. Und das
Urbild wiederum des alttestamentlichen Bundes zwischen Jahwe und
Israel ist der Bund zwischen Christus und seiner Gemeinde. Denn »im
Anfang war, der erste und eigentliche Gegenstand von Gottes Willen,

63   a. a. O. S. 297.
64   a. a. O. S. 344.
64a   a. a. O. S. 351, 354.

Plan und Erwählung war, der innere Grund der Schöpfung war der Bund zwischen *Jesus Christus und seiner Gemeinde*«[65]. Und so entspricht schließlich die Humanität des Menschen-überhaupt der Humanität des Menschen Jesus. »Eben das allgemein menschliche ›mit‹ ist ja die Entsprechung des in Jesus einmaligen menschlichen ›für‹, von dem alle Pläne, Wege und Werke Gottes herkommen, dem sie alle entgegengehen.«[66]

Barth tut auf diesem Wege noch einen letzten Schritt. *Wie* der Mensch geschaffen ist, in seiner Natur also, entspricht er seiner Bestimmung, d. h. dem, *wozu* er geschaffen ist. Wir sind *als* Bundesgenossen untereinander geschaffen, als Ich und Du, als Mann und Frau. Wir sind *zu* Gottes Bundesgenossen geschaffen. Und so ist unsere Humanität die Entsprechung und das Abbild unserer Bestimmung. So ist zuletzt und zuhöchst zu sagen: des Menschen Sein als Sein in der Begegnung ist ein Sein in der Entsprechung zu Gott selber. Denn Gott selbst ist nicht einsames Sein, sondern in ihm ist Beziehung und Gemeinschaft. »Als der Vater des Sohnes, als der Sohn des Vaters ist er sich selbst Ich und Du, ist er sich selbst gegenüber, um im Heiligen Geist zugleich Einer und Derselbe zu sein.«[67]

Das heißt: Gott schuf den Menschen nach seinem Bilde. Er schuf ihn in Entsprechung zu seinem eigenen Sein. »Eine Analogie des Seins kommt nicht in Frage, wohl aber eine Analogie der Beziehung. Gott ist in Beziehung; in Beziehung ist auch der von ihm geschaffene Mensch. Das ist des Menschen Gottebenbildlichkeit.«[68]

In § 46, auf den hier noch kurz eingegangen werden soll, weil darin das ganze Relationsgefüge nach »unten« hin sich schließt, befaßt sich Barth mit der natürlichen Beschaffenheit des Menschen. Denn der Mensch hat nicht nur seine göttliche Bestimmung zu seinem Sein als Gottes Bundespartner, er hat auch nicht nur seine natürliche Art in seinem humanen Sein in der Begegnung, er hat auch eine natürliche Beschaffenheit als Leib und Seele. Der Mensch verhält sich nicht nur zu Gott seiner Bestimmung gemäß. Er verhält sich auch nicht nur zu seinem Mitmenschen seiner humanen Art gemäß. Er verhält sich auch zu sich selber als Seele seines Leibes seiner Beschaffenheit gemäß.

Barth setzt auch hier christologisch ein und orientiert sich an der Beschaffenheit des menschlichen Seins Jesu. Jesus ist der ganze Mensch in sinnhaft geordneter Einheit von Seele und Leib. Und die Struktur, in der er

---

65 a. a. O. S. 361.
66 a. a. O. S. 384.
67 a. a. O. S. 390.
68 a. a. O. S. 391.

Mensch ist als Seele seines Leibes, ist eine Entsprechung des Verhältnisses, in dem er zugleich wahrer Gott und wahrer Mensch ist. »Kann es
uns entgehen . . ., daß die Struktur, in der er Mensch ist, eine Wiederholung, eine Abbildung, eine Entsprechung des Verhältnisses ist, in welchem er zuerst und zugleich wahrer Gott und als solcher auch wahrer
Mensch ist?« Um mehr als Analogie kann es sich nicht handeln. »Die
Seele Jesu ist nicht seine Gottheit, sondern sie ist ihr nur vergleichbar in
ihrer Funktion innerhalb seines Menschseins. Und sein Leib ist nicht
seine Menschheit, sondern nur innerhalb seines Menschseins ist er diesem (in seiner Totalität als Seele und Leib) vergleichbar. Es sind nur die-
selben Proportionen, in denen sich im oberen Bereich Gottheit und
Menschheit, im unteren Seele und Leib Jesu gegenüberstehen.«[69]
Von hier aus weist Barth eine ganz üppige Fülle von weiteren Analogie-
verhältnissen auf. Dem Verhältnis von Seele und Leib Jesu entspricht
das Verhältnis Christi zu seiner Gemeinde, das Verhältnis von Himmel
und Erde, Rechtfertigung und Heiligung, Evangelium und Gesetz, Glaube
und Werken, Predigt und Sakrament, bekennendem Wort und bekennender Haltung, Kirche und Staat.
Der Entsprechung des Verhältnisses von Seele und Leib Jesu einerseits —
und Gottheit und Menschheit Jesu andererseits entspricht nun auf der
Seite des Menschen im allgemeinen die Beschaffenheit des Menschen als
Seele seines Leibes in ihrer Entsprechung zur geschichtlichen Bestimmung
des Menschen zum Zusammensein mit Gott. Des Menschen Beschaffenheit entspricht also seiner Bestimmung. Auch in seinem zuunterst anthropologischen Bauplan verhält sich der Mensch nicht neutral zu seiner
göttlichen Bestimmung. »Der Bund ist ja der innere Grund der Schöpfung. Und so ist der geschichtliche Stand des Menschen im Bunde mit
Gott, obwohl er sachlich auf den in seiner natürlichen Beschaffenheit zu
folgen scheint, in Wirklichkeit das *Urbild* und Modell, dem die natürliche
Beschaffenheit des Menschen nachfolgen und entsprechen muß.«[70]
Die Beschaffenheit des Menschen als Seele seines Leibes entspricht ferner
auch der humanen Art seines Seins in der Begegnung von Ich und Du,
Mann und Frau. »Der Mensch als vorangehende Seele seines nachfolgen-
den Leibes ist . . . auch das Gleichnis dessen, was in der Schrift im Ver-
hältnis von Mann und Frau als das Gottebenbildliche des erst in dieser
Dualität vollkommenen menschlichen Seins beschrieben wird.«[71]
Kurz: der Bestimmung des Menschen zu Gottes Bundesgenossen ent-

69   a. a. O. S. 410.
70   a. a. O. S. 429.
71   a. a. O. S. 513.

spricht seine humane Art als »Sein in der Begegnung«. Und beidem, der
Bestimmung des Menschen und seiner Art, entspricht zuunterst seine
natürliche Beschaffenheit als Seele seines Leibes.
Die Ordnungsanalogien, die in der natürlichen Beschaffenheit des Menschen sichtbar werden, kann man als »analogia proportionis« bezeichnen. Sie schließt nach unten hin das gesamte Gefüge der »analogia relationis« ab. Wobei sich zugleich das ganze Gefüge der analogia relationis
auch in diesen zuunterst kreatürlichen Bauplan des Menschen einzeich-
net. Es gibt eben für Barth keine Verfaßtheit und Befindlichkeit des
menschlichen Seins, die nicht auf das engste bezogen wäre auf die humane Art, *in* der er ist, und zugleich auf die göttliche Bestimmung, *zu*
der er geschaffen ist.
Es ging mir in diesem Abschnitt um die Differenz zwischen dem *Tun*, in
dem die Bestimmung des menschlichen Seins besteht, und dem *Sein*, in
dem die natürliche *Art* des Menschen besteht. Anders ausgedrückt: es
ging um die Differenz zwischen dem Gehalt und der Gestalt des Menschseins, zwischen Aktualität und Kontinuität, zwischen Faktizität und Nezessität.
Die entscheidende systematische Weichenstellung für die Differenzierung zwischen Akt und Sein hatte Barth schon vollzogen, bevor er die
Kirchliche Dogmatik in Angriff nahm: in »Fides quaerens intellectum«.
Barth unterscheidet dort zwischen drei Bedeutungen des Begriffes »ratio«.
Sie ist einmal die dem Menschen eigene erkennende, die *noetische* ratio.
Sodann die *ontische* ratio, die dem Gegenstand der Glaubenserkenntnis
eigen ist. Und drittens und zuhöchst die ratio *veritatis*. Das ist die ratio
Gottes, die identisch ist mit dem göttlichen Wort, das alles, was ist, ins
Dasein ruft. Die noetische ratio, die Fähigkeit des erkennenden Menschen zur Begriffs- und Urteilsbildung, ist zunächst gebunden an die ontische ratio des Erkenntnisgegenstandes. Die Erkenntnis ist dann wahr,
wenn ihr Urteil mit dem bezeichneten Gegenstand übereinstimmt.
Der rechte Gebrauch der noetischen ratio wird also durch den Gegenstand der Erkenntnis bestimmt. »Nun beruht aber auch die Wahrheit der
Existenz und des Wesens des Gegenstandes nicht in sich selber, sondern
in dem göttlichen Wort . . ., durch das er geschaffen ist und das ihm mit
seiner Erschaffung Ähnlichkeit mit der ihm selbst . . . eigenen Wahrheit
verleiht. Die Bestimmung des Gebrauchs der menschlichen ratio zum
rechten Gebrauch, die zunächst vom Gegenstand ausgeht, ist also nur
gleichsam die Leitung, mittels derer die Wahrheit bzw. Gott selbst diese
Entscheidung fällt . . . Was nun zweitens die ontische ratio betrifft, so
geht aus dem Gesagten hervor, daß ihr Anteil an der Wahrheit grund-

sätzlich kein anderer, aber ein höherer ist als der der noetischen ratio: er muß ihr wie jener von der Wahrheit selbst, als der Wahrheit aller ratio, verliehen sein. Aber während diese Verleihung auf Seiten der noetischen ratio Sache der je und je fallenden Entscheidung ist, ist von der ontischen ratio zu sagen, daß ihr mit der Erschaffung des Gegenstandes, dessen ratio sie ist, Wahrheit verliehen *ist*.«[72]

Das gilt in besonderem Maße von der ratio fidei. Sie ist zwar mit der »ratio veritatis« identisch, aber sie ist im Credo und in der Bibel verborgen und muß sich offenbaren, damit wir sie erkennen können. Sie offenbart sich aber nur, indem Gott selbst sie offenbart. »Also: je und je im *Ereignis* des Erkennens ist es so, daß mit der ontischen auch die noetische ratio der veritas konform . . . ist.«[73]

Die Konsequenz, die sich daraus für die Kirchliche Dogmatik ergibt, ist deutlich:

1. Der Mensch wird im Ereignis der Begegnung mit Gott nicht erst gesetzt, sondern er ist darin in seiner guten kontinuierlichen Geschöpflichkeit schon vorausgesetzt.

2. Die natürliche *Art* des Menschen, seine Humanität als »Sein in der Begegnung«, die kontinuierlich ist, wird unterschieden von seiner *Bestimmung*, die im Akt des Zusammenseins mit Gott besteht. Darin ist gewahrt, daß es in der Bundesgeschichte um eine Geschichte zwischen Gott und dem von Gott verschiedenen, ihm gegenüberstehenden Menschen geht.

3. Die Grundgestalt der Humanität als »Sein in der Begegnung« ist eine *unangreifbare* Bestimmtheit der geschöpflichen Art des Menschen. Sie kann auch durch die Sünde nicht zerstört werden.

Das bedeutet weiterhin: die natürliche Beschaffenheit des Menschen (als Seele seines Leibes) und seine natürliche Art (als Humanität) entsprechen seiner göttlichen Bestimmung (als Geschichte des Zusammenseins mit Gott). Das *Sein* des Menschen entspricht dem *Akt* in der Geschichte des Zusammenseins mit Gott, in welchem er sein Wesen hat. Das heißt, »daß der Mensch in seiner Menschlichkeit sich selber rein tatsächlich Zeichen und Zeugnis seiner Bestimmung ist«[74]. Die Art, *wie* der Mensch ist, kann dem Akt nicht widersprechen, *zu* dem er von Gott geschaffen ist, sondern sie muß ihm entsprechen. Aber — und nun kommt die Differenz zwischen Akt und Sein zum Tragen —: die Art des Menschen ist eine Wirklichkeit, »die die Ankündigung seiner Bestimmung zum Sein mit Gott zwar

---

72 Fides quaerens intellectum, S. 45.
73 a. a. O. S. 46.
74 KD III,2 S. 387.

enthält, aber eben nur enthält und also ebensowohl verschweigt wie
ausspricht und nur dann ausspricht, wenn sie durch Gottes Gnade und
Offenbarung und in der durch sie erweckten Erkenntnis des Glaubens
zum Sprechen kommt. Geschieht das nicht, dann hilft es dem Menschen
gar nichts, daß er sich selber Zeichen und Zeugnis ist; er bleibt sich selber
dann stumm«[75]. Hier gibt es also nur einen Weg, senkrecht von oben,
von Gott her, auf dem sich dem Menschen die Analogie zwischen seiner
Art und seiner Bestimmung erschließt. »Denn indem Gott sich ihm
erschließt, erschließt sich ihm zugleich das Geheimnis seiner eigenen
menschlichen Wirklichkeit.«[76]
Der Mensch ist sich selbst, ob er es weiß oder nicht, »Zeichen dessen, was
er von oben, von Gott her gesehen, wirklich ist. Und so ist er ganz und
gar zu Gott hin geschaffen«. Aber: er ist sich selber als dieses Zeichen
nicht einfach, d. h. unvermittelt, *erkennbar*.
»Es gibt auch in Sachen dieser natürlichen Entsprechung und Ähnlichkeit
der menschlichen Natur keine natürliche Erkenntnis Gottes.«[77] »Es bedarf
dazu, daß aus der Tatsache der menschlichen Natur des Menschen *Tat*
wird, der Gnade und Offenbarung des Bundes, den Gott mit dem zu ihm
hin geschaffenen Menschen geschlossen hat.«[78] Darum geht Barth, wie
wir sahen, konsequent den Weg von der Christologie aus zur Anthropologie, weil eben nur in Gottes Offenbarung sichtbar ist, worin des Menschen Bestimmung von Gott her besteht und inwiefern seine natürliche
Art dieser Bestimmung entspricht. Der Mensch ist der sündige, im Widerspruch und im Ungehorsam gegen Gott befindliche Mensch. Aber die
Sünde kann den wirklichen, den guten Menschen, wie er von Gott geschaffen ist, nicht beseitigen. Sie kann ihn nur *unkenntlich* machen, und
das ist es, was de facto geschieht. Die Grundgestalt der Humanität, in
der diese der göttlichen Bestimmung des Menschen entspricht, ist kontinuierlich, sie ist eine unangreifbare Bestimmtheit der geschöpflichen
Art des Menschen, »die auch im sündigen Menschen weder verschwunden und verloren gegangen, noch verändert, sondern eben nur *unkenntlich* gemacht ist«[79].
Akt und Sein fallen hier also auseinander. Der Mensch *weiß* von Natur
nicht, was er von Natur aus *ist*. Der natürliche Mensch ist sich selbst kein
Gegenstand natürlichen Wissens, er ist für sich selbst unauffindbar ge-

75 a. a. O. S. 387 f.
76 a. a. O. S. 388.
77 a. a. O. S. 247.
78 a. a. O. S. 389.
79 a. a. O. S. 246.

worden, er hat sich selbst verloren. Er hat durch die Sünde nicht seine
natürliche Beschaffenheit, auch nicht seine natürliche Art verloren, sondern sich selbst, sofern er *bezogen* ist auf Gott und sich selbst. Nicht seine
Bezogenheit hat er verloren, sondern sein Sich-bezogen-Wissen. Das
beredte, erkennende Zeichen ist zum stummen Zeichen geworden. An
die Stelle der konkreten Einheit des menschlichen Seins tritt die abstrakte
Vielheit von Phänomenen. In der ganzen Art und Beschaffenheit seines
Seins ist der Mensch zugeschnitten auf die Bestimmung, in deren Vollzug
er sein Wesen hat. Aber er vermag es nicht zu deuten, denn dazu müßte
er im Vollzug der Geschichte stehen, in der er ganz von Gott her ist und
ganz zu Gott hin und in der er sein Wesen hat.

Die ursprüngliche Akt-Sein-Einheit der konkreten Lebens-Geschichte
zerfällt, es bildet sich ein Abstand, eine Aufspaltung, eine Trennung dessen, was seiner »Natur« nach zusammengehört. Kurz: der Mensch der
Sünde ist der Mensch in der *Diastase* zwischen Akt und Sein. Es ist eine
vom Menschen her nicht überbrückbare Diastase. Nur je und je im streng
kontingenten Ereignis der Offenbarung und des Glaubens geschieht dieses, daß die ursprüngliche Einheit des menschlichen Seins, die Einheit
zwischen seiner Bestimmung und seiner Art, bis zur ursprünglichen
Kenntlichkeit verändert wird. Die analogia fidei ist demnach die Voraussetzung der Möglichkeit der theologischen Lehre von der analogia
relationis, nicht umgekehrt!

Damit ist deutlicher, was es mit der »Einseitigkeit« unseres Erkennens
des »Seins in der Wahrheit« auf sich hat, von der oben[80] die Rede war.

Wir vermögen die Synthese von Akt und Sein nicht zu vollziehen. »Dieses unser Sein ist also eingeschlossen in die Tat Gottes.«[81] In der Tat
Gottes, in seiner Offenbarung, kommt dies beides zusammen: der Gehalt und die Gestalt, die Bestimmung, *zu* der wir sind, und die Art, *in* der
wir sind. Das Verhältnis bleibt von uns aus gesehen immer einseitig —
nicht überschaubar. Wir sind jeweils schon immer in Adam, in der
Diastase, oder in Christus, in der konkreten Einheit der Lebensgeschichte
im Lichte Gottes.

c) Zeitlichkeit als Horizont von Akt und Sein

Des Menschen Sein, so sagt Barth, besteht darin, daß er mit Gott zusammen ist. Es besteht ferner darin, daß er mit dem Mitmenschen zusammen

---

80 s. o. S. 59.
81 KD I,1 S. 485.

ist. Diese zweite Beziehung des menschlichen Seins entspricht der ersteren. In beiden Hinsichten *ist* der Mensch, indem er *tätig* ist. Da gibt es kein »esse«, das nicht als »existere« auszulegen wäre.

Um dieser doppelten Beziehung willen braucht der Mensch *Zeit*. »Wer Mensch sagt, sagt *Geschichte*.«[82] »Er braucht, er bekommt, er hat Zeit, um in dieser doppelten Beziehung zu leben. Unter diesem Gesichtspunkt interessiert es uns, daß sein Sein ein Sein in der Zeit ist.«[83] Die Beziehungen zwischen Gott und Mensch, Mensch und Mitmensch sind zeitliche, geschichtliche Beziehungen. Demnach ist die Zeitlichkeit der Horizont von Akt und Sein.

Was heißt das — Zeit? Es ist uns unmöglich, die Zeit nicht hinzunehmen. Unmöglich auch, sie anders denn als Rätsel hinzunehmen. Denn was hat es mit ihren drei Dimensionen auf sich?

Vergangenheit: Zeit, in der wir waren. »Ein Meer von schlicht vergessener Wirklichkeit« mit »einigen kleinen Inseln von erinnerter Wirklichkeit«[84]. Vergangen mit dem makabren Beiklang, den das Wort hat.

Zukunft: Zeit, die wir vielleicht einmal haben werden. Sie liegt noch ganz anders im Dunkel als die Vergangenheit.

Gegenwart: hier sind wir ganz in die Luft gestellt, denn eben »jetzt« »haben« wir keine Zeit, wir leben gerade »jetzt« immer in Erinnerung und Erwartung. Der Mensch lebt de facto in einem dauernden Zeitverlust, in einem dauernd verschwindenden »Jetzt«, in dem nicht mehr ist, was er war, und noch nicht ist, was er sein wird. Er »hat« Zeit, indem er sie nicht mehr oder noch nicht hat.

Trotzdem kann es bei dem Rätsel »Zeit« nicht sein Bewenden haben. Auch nicht bei dem philosophischen Theorem, die Zeit sei eine bloße Anschauungsform der reinen Vernunft. Denn Gott wurde Mensch, und das heißt: Gott hat sich in der Existenz des Menschen Jesus für uns Zeit genommen. Und damit hat Gott die Zeit als wirklich behandelt[85].

»Gott war in Christo«, das bedeutet aber auch kritisch: es gibt keine »absolute« Zeit, kein unerschütterliches Prinzip der Zeit. Nicht einmal ihre Unumkehrbarkeit ist ein unumstößliches Prinzip. Die Zeit ist am Maß der Offenbarung Gottes auszulegen, nicht die Offenbarung am Maß der Zeit. Die Zeit des in Jesus Christus gegenwärtigen Gottes drückt aller anderen Zeit den Stempel ihrer Natur und ihres Gesetzes auf.

Da also wir einerseits nicht wissen, das Rätselgesicht der Zeit zu deuten,

---

82 KD III,2 S. 297.
83 a. a. O. S. 526.
84 a. a. O. S. 617.
85 a. a. O. S. 546.

wir aber andererseits mit ihrer Realität zu rechnen haben angesichts dessen, daß Gott in Christus zeitlich wurde, so ist auch hier für Barth die Christologie der Weg zum rechten Verständnis des Phänomens »Zeit«.
Wir sahen: Jesus lebt für Gott, als sein Stellvertreter vor den Menschen. Und er lebt für die Menschen, als ihr Stellvertreter vor Gott. Er in seiner Existenz steht ein für Gottes Gnade und des Menschen Dankbarkeit. Das macht die Schranke seiner Zeit nach allen Seiten zum Tor. Das macht seine Zeit zu der Zeit, »die immer war, wo Menschen lebten, — immer ist, wo Menschen leben — immer sein wird, wo Menschen leben werden, macht sie zur Mitte, aber auch zum Anfang und Ende aller Lebenszeiten aller Menschen, der Zeit des Menschen in ihrem ganzen Umfang«[86]. Jesus ist der Herr der Zeit. Er macht sich zum Zeitgenossen aller Menschen. So bekommt seine Zeit den Charakter der Zeit Gottes — der Ewigkeit. Denn »Ewigkeit« ist die Weise, in der Gott Zeit hat, in der das Gestern, das Heute und Morgen nicht nacheinander sind, sondern ineinander.
Der konkrete Erweis des Gottes, der so ganz anders Zeit hat als wir, ist der auferstandene Christus. Eben das Osterereignis ist es, das die Schranke seiner Zeit nach allen Seiten zum Tor macht. Jesus sagt von sich: ich bin, der da war, der da ist und der da kommt.
Vom Menschen im allgemeinen gilt das nicht, was von Jesus zu sagen ist. Wir sind nicht Herr der Zeit. Wir »haben« Zeit, wie oben gesagt, nur in der Weise des fortwährenden Zeitverlustes. Unsere Zeit ist nicht der Zeit Jesu Christi gleich, wir haben nicht »ewige Zeit«.
Aber mit dieser Entgegenstellung kann es nicht sein Bewenden haben. Denn Jesus ist wahrer Gott und wahrer Mensch. Darum ist unsere Zeit der seinigen nicht einfach ungleich. Und sofern tatsächlich ein Gegensatz zwischen unserem Sein in der Zeit und dem Jesu Christi besteht, sofern wir in einem dauernden Schwund der Zeit existieren, ist das nicht die natürliche, sondern die verkehrte Wirklichkeit, die Wirklichkeit des sündigen Menschen in der Zeit. Gegen sie ist in der Existenz des Menschen Jesus eben Einspruch erhoben. In ihm ist die gute geschöpfliche Natur und damit auch die echte, von Gott gemeinte Zeitlichkeit des Geschöpfes verteidigt und wieder ans Licht gebracht worden. Das Sein Jesu Christi in der Zeit ist unserem Sein in der Zeit nicht gleich. Denn Jesus ist der Mensch für Gott. Und so hat er Zeit, wie es ihm zukommt: Zeit der Ewigkeit Gottes entsprechend.
Aber das Sein Jesu Christi in der Zeit ist dem unsrigen auch nicht einfach

---

86 a. a. O. S. 527.

ungleich. Denn Jesus ist der Mensch für den Menschen. Und so hat er
Zeit, wie es dem Menschen entspricht: der natürlichen Gestalt des Seins
des Menschen-überhaupt in der Zeit gemäß[87]. Und so eignet unserer
Weise der Zeitlichkeit eine teilweise Entsprechung und Ähnlichkeit mit
der Zeit, wie sie Jesus Christus hat.

So könnte man im Sinne Barths durchaus von einer »analogia temporum«
sprechen. Weil aber beim Gebrauch neuer Termini Vorsicht geboten ist,
weil sie leicht die Gesprächslage eher verunklaren als verdeutlichen, so
bescheiden wir uns bei der Feststellung, daß eben die analogia relationis
auch diese zeitliche Komponente hat.

»Was wir in uns selbst finden und haben, ist unsere verkehrte und zerstörte Natur, ist ein Sein in der Zeit, das ein einziger Zeitverlust ist. Wir
finden und haben aber unsere wahre und wirkliche Natur in dem Einen,
in welchem Gott uns geliebt hat, liebt und lieben wird und so *in ihm*
auch unser echtes und rechtes *Sein in der Zeit*. Wie er der Garant der
Treue des Schöpfers ist, so ist er auch der Garant der Kontinuität seines
Geschöpfs: der Garant seiner Erhaltung und Bewahrung. Es ist also
merkwürdigerweise so, daß wir gerade der freien *Gnade* Gottes in Jesus
Christus auch dies zu verdanken haben, daß uns die *Natur*, in der wir
geschaffen und von der wir abgefallen sind, indem wir von Gott abfielen, nicht genommen, sondern *erhalten* und *bewahrt* ist: daß wir der
Lüge, in die wir uns verstrickt, zum Trotz . . . echt und recht Zeit haben
dürfen.«[88]

Menschlichkeit ist Zeitlichkeit, und Menschsein heißt: in der Zeit sein.
Dem Menschen ist von Gott Zeit gegeben. Gegenwart als erfülltes, dauerndes Sein. Vergangenheit als mitgegenwärtiges, nicht nur gewesenes,
sondern das Jetzt erfüllendes Sein. Zukunft als schon die Gegenwart und
die Vergangenheit erfüllendes Sein. Das ist gegebene, nicht verlorene
Zeit, wie wir sie in Christus als uns von Gott gegeben erkennen.

Die Gegenwart ist darum ein erfülltes, ein wirkliches »Jetzt«, weil Gott
uns gegenwärtig ist. Nicht zuerst wir sind jetzt, sondern »*Gott* ist
jetzt.«[89] Und die Beziehung zum ewigen Gott ist es, die die Gegenwart
des Menschen der Abstraktion eines bloßen Übergangs enthebt. »*In der
Zeit* sein, jetzt sein, heißt für uns: *unter und mit Gott* sein, unter und mit
dem ewigen Gott, der doch nicht nur für sich, sondern für uns, nicht nur
in der Höhe, sondern in der Tiefe mit uns sein will und tatsächlich ist.
Daß wir in der Gegenwart sind, das bedeutet: wir sind in der Gegenwart

---

87 a. a. O. S. 625.
88 a. a. O. S. 627.
89 a. a. O. S. 638.

seines gnädigen, richtenden, gebietenden Willens und Tuns, in welchem er uns ganz zugewendet ist — uns aber auch ganz für sich, für die Gemeinschaft mit ihm und doch auch für die menschliche Gemeinschaft in Anspruch nimmt.«[90] Daß ich »jetzt« bin, das heißt, daß ich ganz auf Gottes mir zugewendetes Sein in der Zeit angewiesen bin. Ohne ihn hätte ich gar keine Zeit und würde überhaupt nicht sein.

Die Vergangenheit war darum erfülltes und erfüllendes Sein, weil auch damals Beziehung zu Gott war. In ihrem Ineinander von Vergangenheit, Gegenwart und Zukunft ist Gottes Ewigkeit »die ursprüngliche, die eigentliche, die schöpferische Zeit«[91]. Auch in unserer Vergangenheit sind wir nicht ohne Gott gewesen. Darum ist ihr ihre Fülle nicht genommen, indem sie »gewesen« ist. »Gott tut nichts umsonst. Was er gewollt und geschaffen hat, das kann sich nicht in Nichts auflösen.« Wenn unsere ganze Zeit Gottes Gabe ist, »dann bürgt Gott auch für die Erhaltung ihrer Wirklichkeit in dieser ihrer Gesamtheit.«[92] In Gott ist unsere Zeit wirklich, auch unsere Vergangenheit, indem sie aufgehoben ist in ihm. Denn die Zeitstufen, die bei uns, eine der anderen folgend, sich einander ablösen, sind bei Gott als Einheit ineinander.

Darum ist schließlich auch die Zukunft eine die Gegenwart bereits erfüllende Wirklichkeit, weil wir auch dort in Beziehung zu Gott sein werden. Der ewige Gott wird auch die Wirklichkeit unserer kurzen oder langen Zukunft garantieren. Wir werden auch in Zukunft der Gegenstand seiner Liebe sein, den er sich nicht entreißen lassen wird.

So ist Gott in der Folge der Zeiten seiner Geschöpfe der Garant, der kreative Ort ihrer Kontinuität.

Eben das Problem der Kontinuität ist es, um dessentwillen im dritten Teil dieses Kapitels die »Zeitlichkeit« thematisch werden mußte. Es stellt sich hier noch einmal in übergeordnetem Sinn. Denn wenn des Menschen Sein im Zusammensein mit Gott besteht und — das ist die zweite Dimension — im Zusammensein mit dem Mitmenschen, so wird ja durch die zweite Dimension die erste nicht wieder aufgehoben, auch nicht teilweise. Es bleibt dabei: *das* Sein des Menschen besteht im Zusammensein mit Gott. Er ist als in Beziehung zu Gott seiend oder er ist nicht. In der ersten Dimension ist alles Aktualität und Kontingenz, kein *Sein*, das nicht *Akt* wäre. In der zweiten Dimension ist alles Kontinuität und Nezessität, kein Sein, in dem der Mensch nicht Mann und Frau, Mann oder Frau wäre. Aber in beiden Hinsichten gilt, daß der Mensch *ist* in der

90   a. a. O. S. 639.
91   a. a. O. S. 647.
92   a. a. O. S. 648 f.

Geschichte seiner Begegnungen. Und in der zweiten Dimension — der Humanität — ist nichts Selbstzweck, sondern alles Disposition und Einrichtung für die Geschichte des Gnadenbundes zwischen Gott und Mensch. Die Schöpfung ist der äußere Grund des Bundes, der Bund ist der innere Grund der Schöpfung. Und der wirkliche, der konkrete, der ganze Mensch ist der Mensch in der Geschichte seiner Begegnungen mit Gott und mit dem Mitmenschen: das ist der Mensch in der konkreten Einheit der Lebensgeschichte im Lichte Gottes.

Aber nun ist der Mensch de facto ohne die erste Dimension, er ist der Sünder, er lebt in der Diastase, er existiert in einer Disposition ohne Vollzug. Was ist er nun? Inwiefern *ist* er? Wo ist die Kontinuität in der Diastase? Die Frage muß mit ganzem Gewicht gestellt werden, will nicht Barth den Satz zurücknehmen mit seinem ganzen Schwergewicht: des Menschen *Sein bestehe im Zusammensein mit Gott.* Und Barth nimmt ihn nicht zurück, auch nicht teilweise.

Die Antwort liegt eben darin, daß die Zeitlichkeit der Horizont von Akt und Sein ist. Der Mensch hört nicht auf zu sein. Auch in der Diastase, in der selbstverschuldeten Abstraktion *ist* er Mensch. Weil er auch dort nicht ohne Gott ist; denn er hat Zeit. Wäre er ohne Gott, dann hätte er keine Zeit. Und das heißt: er wäre überhaupt nicht.

Daß der Mensch gottlos lebt — eine »unmögliche Möglichkeit«, aber paradox real — heißt nicht, daß Gott menschenlos lebt. Gott läßt das Werk seiner Hände nicht fahren. Die Untreue des Menschen ist nicht stärker als die Treue Gottes. Der Untreue des Menschen zum Trotz bleibt Gott dem Menschen treu. Und eben dies wird manifest darin, daß Gott dem Menschen Zeit schenkt. Das ist die »creatio continua« in der Zeit.

So binden sich Gnade und Natur im Horizont der Zeit zueinander, »daß wir gerade der freien *Gnade* Gottes in Jesus Christus auch dies zu verdanken haben, daß uns die *Natur,* in der wir geschaffen und von der wir abgefallen sind, indem wir von Gott abfielen, nicht genommen, sondern erhalten und bewahrt ist: daß wir der Lüge, in die wir uns verstrickt, zum Trotz echt und recht . . . Zeit haben dürfen«[92a].

Unser kontinuierliches Sein in der Zeit, sozusagen die Horizontale, konkretisiert sich in der Geschichte der Begegnungen zwischen Mensch und Mitmensch, die unsere Humanität ausmacht. Das ist die Geschichte, in der unsere unverlierbare und auch durch die Sünde nicht zerstörte humane Art besteht.

92a   a. a. O. S. 627.

In diese Horizontale schießt die Vertikale senkrecht »von oben« ein, sie
schießt ein in die Folge unserer »Zeiten« zum Augenblick »zwischen den
Zeiten«, zu den Augenblicken reiner göttlicher Aktualität seiner Selbstkundgabe in seiner Offenbarung, drängt unser Sein zusammen zur
Dichte höchster Konkretion, zur konkreten Einheit der Lebensgeschichte
im Lichte Gottes.

Diese Augenblicke sind es, in denen ontische und noetische ratio zur
Deckung kommen.

Abschließend summieren wir das in diesem Abschnitt Gesagte im Bezug
auf das Verhältnis von ontischer und noetischer ratio bei Barth:

die ontisch-noetische Synthese und Diastase entsprechend der Unterordnung der noetischen unter die ontische ratio.

Formal: die Synthese und Diastase zwischen der zeitlich permanierenden
ontischen ratio und der je im Augenblick zwischen den Zeiten aktualen
noetischen ratio im Raum einer betonten geschichtlich-horizontalen Zeit-
Folge-Ordnung.

3. Ontologie und Erkenntnistheorie

Auch hier sollen die oben herausgearbeiteten Positionen von Przywara
und Barth einander gegenübergestellt und diskutiert werden.

Für Przywara ist zu betonen, daß sein Denken von der Wurzel her bis in
die letzten Ausfolgerungen von der Einheit des Geschöpflichen — ontisch
und noetisch — ausgeht. Einheit aber nicht als Identität, sondern als
Spannungseinheit und Gefüge nicht auflösbarer Polaritäten. Die für alle
Metaphysik fundamentale Spannungseinheit und Polarität ist die zwischen Akt und Sein. Das Wort »Polarität« ist ernst zu nehmen. Es geht
da wirklich um zwei Pole, die, wie sie nicht ineinander auflösbar, so auch
nicht auseinander ableitbar sind: allo pros allo. Eben dieses polare Spannungsgefüge konstituiert von der Wurzel her die von Przywara so sehr
betonte Offenheit des Geschöpflichen in allen seinen Stufenbereichen.

Bei Barth fand sich auch die Einheit zwischen Akt und Sein. Nur ist »Einheit« hier ganz anders zu interpretieren. Wir beschrieben sie formal als
»synthetische« Einheit des Lebensvorganges im Lichte Gottes. Und dies
zeigte sich als Einheit bis zu Identität. »Hier ist . . . kein Sein, das nicht
als solches Akt wäre.«[93]

Dieses Sein *als* Akt beschreibt Barth konkret als den *Kreislauf* der von
Gott ausgehenden und zu Gott zurückführenden Geschichte. Andererseits

93   a. a. O. S. 194.

spricht Barth von dem Menschen in der Diastase, d. h. dem in bezug auf Gott und seine eigene schöpfungsmäßige Natur noetisch blinden Menschen. Auch hier spricht Barth von einem Zirkel im Verhältnis zwischen Bewußtsein und Sein. Und darum von einem »noetisch-ontischen X«[94], weil der natürliche Mensch noetisch blind ist. Das ist der Mensch der Sünde, der Mensch im Widerspruch. Im Abfall von Gott und von seiner gottgeschaffenen Natur.

Erstens bleibt also festzuhalten: auf der einen Seite Offenheit in der Spannungseinheit der Polarität (Przywara).

Auf der anderen Seite: Geschlossenheit in der Kreislaufstruktur der Identität und des Widerspruchs (Barth).

Wo Offenheit im Gefüge der Spannungsfelder ist, da gibt es auch einen — wenn auch noch so terminierten — »Weg zu Gott« des Denkens.

Wo Geschlossenheit in der Struktur des Kreislaufs vorwaltet in Synthese oder Diastase, da gibt es nur den Sprung. Wie soll ich sonst in den Kreis bzw. — was das noetisch-ontische X anbetrifft — aus dem Kreis kommen?

Die fundamentale sachliche Differenz, die in diesem Punkt zwischen Przywara und Barth herrscht, wird zu diskutieren sein.

Zunächst soll aber das Augenmerk auf einen anderen interessanten Punkt gerichtet werden, nämlich die auf beiden Seiten deutlich gewordene theologische Wertung des Kontinuums »Natur«.

Przywara sagt: Geschöpflichkeit schließt Offenbarung als *Möglichkeit nicht aus*. Er spricht sehr vorsichtig in doppelter Negation von einer vorausgehenden »Nicht-Unmöglichkeit«. D. h.: er postuliert eine negative Potentialität, Natur ist der Ton in der Hand und in der gänzlichen Verfügung ihres Meisters.

Barth sagt: der Mensch ist von Hause aus, d. h. seiner Natur nach, ein zu Gott in Beziehung stehendes, ein zu Gott hin offenes Wesen. Seine Natur ist reine Disposition für die Geschichte des Zusammenseins mit Gott, sie ist äußerer Grund *für* die auf diesem Grund sich ereignende Geschichte des Gnadenbundes zwischen Gott und Mensch.

Wir stellen also zweitens fest: Barth sagt mehr und Positiveres über das Kontinuum »Natur« als Przywara.

Aber wohlgemerkt: was Barth über die Natur sagt, ist nicht »natürlich« gesagt, es will verstanden sein unter Voraussetzung der Offenbarung und des Glaubens. Der natürliche Mensch ist sich selbst kein Gegenstand natürlichen *Wissens*. Er ist sich durch die Sünde unkenntlich geworden. Hier spricht der denkende Glaube bzw. der denkende Gläubige.

94 KD III,1 S. 397.

Wenn Przywara von vorausgehender Nicht-Unmöglichkeit spricht, dann spricht das glaubende Denken bzw. der glaubende Denker, dem das reinliche Denken »zu Paaren getrieben« wird zwischen Notwendigkeit ohne Wirklichkeit und Wirklichkeit ohne Notwendigkeit.

Und hier liegt eben das Problem. Es ist das Problem des Anfangs. Und damit sind wir wieder bei Punkt eins.

Ist der Theologe schon beim allerersten Schritt, den er tut, im streng geschlossenen Kreislauf von Offenbarung und Glauben? Und geht nicht die Darlegung der Gründe dafür, wenn es sich so verhält, dem ersten Schritt — nicht zeitlich, aber logisch — voraus, wenn nicht Theologie sich selbst zu einer arkanen Disziplin erklären will? *Muß* nicht der Theologe sich fragen lassen: wie kommst du an den Ort, an dem du stehst? Von dem aus dein Glaube denkt — quaerens intellectum?

Oder steht der Theologe schon beim ersten Wort, das er sagt, in der offenen Gemeinschaft der Sprache des Denkens, das das Seiende befragt nach Grund, Ziel und Sinn — in dem polaren Spannungsfeld allen lebendigen Daseins, das sich jeweils schon vorfindet unterwegs mit dem Marschgepäck der Frage nach dem Sein von allem, was ist. Das fragen muß, weil es fraglich *ist*, das beheimatet ist und befremdet zugleich irgendwo zwischen Nichts und Sein — als »ist im nicht« und sich doch an diesem »irgendwo« nicht genügen lassen kann?

Und wird nicht, wenn es sich so verhält, die streng kontingente Offenbarung-im-Augenblick überflüssig zugunsten einer schrittweisen Hinwendung und Annäherung, in deren Verlauf und an deren Ziel das Denken auf dem Wege des Denkens schließlich auch so etwas ausmacht wie den Ursprung und das Ziel alles Seienden? *Muß* nicht der Theologe vom ersten Schritt an sich fragen lassen: wie kommst du auf den Weg, auf dem du zu *diesem* Ziel, zu Gott dem Vater Jesu Christi unterwegs bist — quaerens fidem?

Es ist das Problem des Verhältnisses von Glaube und Vernunft, dem wir uns nun konzentriert zuwenden müssen. Konzentriert insofern, als hier nun eigens thematisch werden muß, was ja auch in den bisherigen Zusammenhängen schon mehrfach zur Sprache kam.

III. Glauben und Verstehen

1. Beziehung gegenseitigen Andersseins

a) Philosophie, Theologie, Wissenschaft

Wir wenden uns zunächst Przywara zu mit der Frage, wie er das Feld der
Problematik absteckt, um die es uns hier geht. Was ist Philosophie? Was
hat es auf sich mit dem »philein der sophia«? Die Liebe zur Weisheit, so
sagt Przywara, gibt sich geschichtlich in zwei Hauptformen.
Einmal als liebendes *Suchen* der Weisheit, in der Distanz, in der Ratlo-
sigkeit des Nicht-Wissens, wie es die Weise des Philosophierens bei So-
krates und Plato war. Hier trägt Philosophie vorwiegend den Charakter
der Aporetik und ist mithin die Lehre von den letzten Fragen.
Dem steht die vorwiegend östliche Weise des Philosophierens gegenüber,
in der die Liebe zur Weisheit vielmehr das *Einssein* mit der Weisheit ausdrückt, und »Liebe« nicht das »liebende Suchen« sagt, sondern vielmehr
die Nähe und das Einssein »der umfangen umfangenden Liebe«[1]. In dieser Form wird Philosophie zu einem System der allgemeinen Prinzipien
und darin zu einer Lehre von den letzten Gründen.
Beide Formen des Philosophierens erscheinen nun weiter in der Weise
des theoretischen oder des praktischen Philosophierens. Als theoretische
Philosophie haben sie den Charakter der überpersönlichen Sachform,
eines Wissens von bestimmten Gegenständen, das der Methode und der
Begrifflichkeit nach weitergebbar ist. »Aporetik und Prinzipien-Systema-
tik im eigentlichen Es-Sinn dieser Worte.«[2]
Als praktische Philosophie leben sie persongebunden, als Lebensform
und Haltung, die Beispiel gibt und Nachfolge sucht. Es ist der Aporetiker
in der persönlichen Haltung des entsagenden Weisen, der hindurchschaut
in allem bis in seine letzte Fragwürdigkeit. Es ist auf der anderen Seite

---

1 Analogia entis, S. 303.
2 a. a. O.

der Systematiker als der schauende Weise, der alles »überschaut« von den letzten Gründen her.

Diese Gegensätze sind es, die die Geschichte des Denkens bestimmen: Kritik in der Form der Aporetik gegen Intuition, reines Wissen gegen Lebens-Wissen.

Und die Wissenschaften? Sie haben es mit den einzelnen Realgebieten zu tun, um methodisch deren innere Gesetzlichkeit, inneren Zusammenhang, innere Ordnung, inneren Sinn zu erforschen, kurz: deren Logos. »So geht Bio-Logie auf den Logos des Bios, d. h. des vegetativen Lebens, — Psycho-Logie auf den Logos der Psyche, d. h. des sinnes-seelischen und geist-seelischen Lebens usw.«[3] Und hierin vollziehen sich die Wissenschaften zwischen den Polen des reinen Positivismus als reine Materialsammlung der »positiven« Tatsachen — und des reinen Konstruktivismus, der auf die reine Form des jeweiligen Gebietes zielt bis zur Nähe der reinen Idee oder der reinen Struktur. Das ist das Spannungsfeld, innerhalb dessen sich die wissenschaftliche Beschäftigung mit Seiendem zuträgt: vom ungeordneten Material zum geordneten und damit nutzbar gemachten in positiver Wissenschaft, vom Material zur Form in konstruktiver Wissenschaft. In dieser Weise sind die Wissenschaften Bewegung von »unten« nach »oben«: vom Material zur Ordnung, von der Ordnung zur Form.

Und die Theologie? Ihr eignet die umgekehrte Bewegungsrichtung: von »oben« nach »unten«. Denn in ihr geht es um das Reden Gottes selber, um das Sich-Offenbaren des Schöpfers zum Geschöpf. Es ist zwar kein direktes Reden in irgendeiner Sprache der Unmittelbarkeit, sondern ein vermitteltes Reden in geschöpflichen Zeichen (wie auch Barth sagt: Offenbarung ist »Zeichengebung«). Aber es ist eben göttliches Reden, insofern in geschöpflichen Zeichen Gott selber spricht. Der Theologe ist nur insofern Theologe, als sein »Mühen in steter Abhängigkeit und Vorläufigkeit hängt an der alleinigen Autorität des redenden Gottes«[4]. *Theologie* ist also *nicht Religion* als Lehre von der natürlichen Beziehung des Menschen zu Gott — als Philosophie der subjektiven Religion. Theologie ist auch nicht Religion als Lehre über Gott als Grund und Ziel und Sinn der Welt — als Philosophie der objektiven Religion. Sondern sie ist Lehre von der freien Beziehung Gottes zum Menschen. Es gibt keine Offenbarung Gottes als allein die, die in Christus im Fleisch geschieht, der als totus Deus totus homo ist.

»Darum gilt weiter: daß einzig dieser Christus als ›total Mensch, total

3   a. a. O. S. 304.
4   a. a. O.

Gott‹ in der Erstreckung Seines Lebens zwischen Empfängnis, Geburt, Leben, Passion, Tod, Auferstehung, Himmelfahrt, Sitzen zur Rechten [Gottes], Wiederkunft im Ende der Welt die ausschließlich einzige ›Offenbarung‹ und ›Innewerdung‹ Gottes ist und bleibt und dies einzig und ausschließlich als ›Haupt und Leib… Ein Christus‹,—so daß eine Offenbarung und Innewerdung Gottes mit Ihm einzig anhebt (im ›Typus‹ des Alten Bundes) und mit Ihm völlig schließt (in den ›Aposteln‹).«[5] Wie verhalten sich nun Theologie, Wissenschaft, Philosophie zueinander? Aus den obigen Abgrenzungen geht bereits hervor, daß Philosophie eine Art Mittelstellung innehat. Gegenüber den »positiven« Wissenschaften kann keine Indifferenz statthaben, sofern auch die Philosophie sich mit dem Seienden befaßt. Die Differenz liegt allerdings darin fundamental, daß Philosophie sich nicht mit dem Seienden befaßt, sofern es *dieses* Seiende ist, sondern sofern es *ist*. Ebenso kann gegenüber Theologie keine Indifferenz statthaben, weil eben Philosophie sich mit dem *Sein* von allem befaßt, was ist. Und weil Theologie in der Offenbarung Gottes in Jesus Christus nicht nur dem Versöhner und Erlöser, sondern auch dem Schöpfer begegnet, der in der creatio ex nihilo das Nichtseiende rief, daß es sei. Doch bevor wir der Frage nachgehen, wie sich Philosophie und Theologie, intellectus und fides, positiv zueinander verhalten, muß im Sinne Przywaras ein kritischer Vorbehalt laut werden, damit dann im rechten Licht erscheinen kann, was er positiv vermerkt.

b) Sünde und Erlösung

Denn das Denken vollzieht sich nicht im Niemandsland. »Gott war in Christo und versöhnte die Welt mit ihm selber.«[6] Es gibt kein Denken, das von dieser konkreten Ordnung zwischen Gott und Mensch, wie sie in Christus offenbar wird, absehen kann. Genauer gesagt: es kann wohl davon absehen, aber es steht auch, nein gerade als solches innerhalb der konkret existierenden Welt der Erbsünde in Adam und der Erlösung in Christus, indem es als von Christus absehendes Denken das Denken des Unerlösten, des Sünders ist. »Das konkret existierende Gesicht von Philosophie (also jeder Philosophie in dieser konkret existierenden Welt und Geschichte) ist erst sichtbar von dieser Ordnung her (in der als objektiv allgemeiner Ordnung jeder konkret existierende Mensch steht, ob er es weiß oder nicht). Die Frage nach einer ›christlichen Philosophie‹

5 a. a. O. S. 329 f.
6 2. Kor. 5, 19.

ist mithin nicht die Frage nach einer besonderen Philosophie neben andern im Rahmen einer Philosophie überhaupt, — sondern die Frage zwischen Christentum und Philosophie ist die Frage nach der konkret existierenden Gestalt von Philosophie überhaupt (in dieser einzig konkret existierenden Ordnung zwischen Erbsünde in Adam und Erlösung in Christo).«[7]

Hinter dieses Entweder-Oder gibt es keinen Weg zurück: »Menschwerdung Gottes gegen die Erbsünde als das Gott-werden-Wollen des Menschen; Erlösung im Kreuz gegen die Erbsünde als Sich-durchsetzen-Wollen des Menschen ins Ewige Leben . . . Es ist das Eine Gegenüber: während Adam (und alle Menschen in ihm) auf dem Wege des unbedingten Sich-selbst-Behauptens in Sünde, Tod und Hölle stürzt, — öffnet sich in der unbedingten Selbst-Hingabe Christi (und aller durch Ihn erlösten Menschen in Ihm) Heil, Ewiges Leben und Himmel. ›Leben durch Tod‹ (im Geheimnis der Erlösung) tritt gegen ›Tod durch Leben‹ (im Geheimnis der Erbsünde). Es ist das Wort des Evangeliums: ›Wer sein Leben retten will, verliert es; wer aber sein Leben verliert, findet es‹ (Mt. 16, 25). Hieraus folgt für Philosophie: insoweit sie die Form des Kreuzes zu ihrer letzten Form hat, wahrt sie ihre natürliche Form. Konkret existierende Philosophie in der einen einzigen Konkret-Ordnung von Erbsünde-Erlösung geschieht in dem Ausmaß als echte Philosophie, als das paulinische ›Wie Sterbende, und siehe, wir leben‹ (2. Kor. 6, 9) ihr Wirk-Prinzip ist.«[8]

Bernhard Gertz[9] trifft den Kern, wenn er hierin den »Tiefen-Grund« im Denken Przywaras sieht: »Der Schlüssel zu seinem Denken ist die Religiosität der ignatianischen Exerzitien. Und einen entscheidenden Punkt dieser Exerzitien nennt er mit dem Satz: ›Alle Wahl, die ein Mensch trifft, ist nur so weit recht, als sie Auswirkung der Einen Wahl ist, die das Sein des Menschen ausmacht: allein Dienst und Lob Gott, Unseres Herrn, in der Einen konkreten Ordnung der Erlösung und darin Ewiges Heil meiner Seele.‹ Auch die Philosophie eines Christen kann sich nicht außerhalb dieser Wahl vollziehen. Deshalb geht es eigentlich gar nicht mehr um ein allgemeines Verhältnis des Geschöpfes zu seinem Schöpfer, sondern allein um die konkrete Form ›der Einen Ordnung der Menschwerdung und Erlösung‹, und *darum* kann es ›nur noch zwei konkrete Philosophie-Weisen geben . . ., Philosophie des Menschen, der Ja sagt zu einer einzigen Ordnung der Menschwerdung und Erlösung, und Philo-

---

7 Analogia entis, S. 306.
8 a. a. O. S. 306 f.
9 Gertz, a. a. O. S. 249.

sophie des Menschen, der Nein sagt‹. Es gibt gar nicht ein Gegenüber zwischen christlicher und neutraler Philosophie. Auch und gerade Philosophie hat es mit dem ›Logos des Lebens‹ aus dem 1. Johannes-Brief zu tun.« Das ist demnach das Entweder-Oder: zwischen erbsündiger Philosophie und erlöster Philosophie. Erlöst von dem Willen, absolut zu sein, wissend wie Gott, »um entweder der toten Absolutheit ›reiner Begriffe‹ . . . zu verfallen oder der höllischen Absolutheit alles zersetzender ›reiner Kritik‹ . . ., und also wahrhaft schreitend von Sünde zu Tod und Hölle«. Erlöst zur gelösten Lebendigkeit des Geschöpflichen in seiner ganzen Spannungsweite, zur offenen Beweglichkeit echten Werdens vor Gott. Aber »Erlösung« sagt noch mehr als dieses Erlöstsein zur Gelöstheit des Geschöpflichen aus allem Krampf und aller Dämonie des Sein-Wollens und Wissen-Wollens wie Gott. Es ist Erlösung zur Demut des Geschöpfs vor seinem Schöpfer, das »auch und gerade sich anerkennt als von sich aus verfallend in den Tod . . . und die Hölle . . . (und darum ihr je neues Werden vollzieht als je neue Auferstehung aus je neuem Tod und je neuer Hölle, da sie ein je neues Verfallen in ihre ›Erbsündigkeiten‹ durchleidet und durchstirbt in ein je neues Erlöst)«[10].

Es ist und bleibt darin ein dauerndes Angewiesensein auf Gott. Der Denkende in seinem Denken auch bringt dieses fundamentale Entweder-Oder nicht hinter sich, es steht jeweils ganz auf dem Spiel und mit ihm das Ganze. Er bringt es nicht hinter sich, schon gar nicht durch eine bestimmte Methode oder einen bestimmten Ansatz. Gerade ein solcher »Ansatz«, *von dem aus* dann doch noch das Ganze zu gewinnen wäre, ist das Stigma der Sünde, ist das Streben des Menschen, im Bereich des Geschöpflichen einen Absolutpunkt zu gewinnen, ein »dos moi pou sto«, »von dem aus Zusammenhang und Sinn von Sein und Geschichte sich entwickeln ließe«[11].

Es geht in dem allen um das Vorzeichen, unter das alles Denken zu stehen kommt. Przywara schreitet mit Siebenmeilenstiefeln durch die Geistesgeschichte, um eben dieses zu zeigen: wie das Geschöpf, anfangend bei sich selbst, endet bei den Konvulsionen und Verkrampfungen des in sich selbst verkrümmten Menschen; wie der Mensch de facto immer wieder versucht, solch einen absoluten »Anfang« zu erklimmen.

»Philosophie als Kosmologie oder Naturphilosophie gründet darin, daß der Kosmos statisch oder dynamisch als ›Absolutum‹ genommen wird, von dem alle Fragen der Philosophie her sich klären.« So im chinesischen

---

10 Analogia entis, S. 307.
11 a. a. O. S. 308.

Tao, in der jonischen Philosophie der Weltelemente, in der aristotelischen Philosophie des ewigen Kreis-Umschwungs, in der Renaissance-
Philosophie des gotthaften Kosmos. »Philosophie als Anthropologie
gründet entweder in der ›Humanität‹ als Absolutum (in der Philosophie
der Aufklärung und der geisteswissenschaftlichen Philosophie der Gegenwart) — oder in der ›Totalität‹ (Menschheit, Volk, Gemeinschaft — Gesellschaft) als Absolutum (in der Menschheits-Philosophie der Aufklärung, der Volks-Philosophie Herders und der Romantik, der neueren
Soziologie und Rassen-Philosophie). Philosophie als Noetik . . . gründet
im ›reinen Denken‹ als Absolutum: bei Eckhart und der deutschen Mystik — empirisch in der Psychologie der Gegenwart, methodisch bei Descartes und der modernen Phänomenologie, kritisch bei Kant, metaphysisch bei Leibniz, Hegel und dem deutschen Idealismus. — Philosophie
als Ethik gründet (akthaft) im ›reinen Wollen‹ oder (gegenstandshaft)
im ›reinen Wert‹ als Absolutum: im chinesischen Konfuzianismus, im
ursprünglich sokratischen Platonismus, im spätmittelalterlichen Volunta-
rismus, in der neuzeitlichen Lebens-, Wert- und Existenz-Philosophie. —
Philosophie als Ästhetik gründet im ›reinen Rhythmus‹ oder in der ›reinen Harmonie‹ oder im ›reinen Ideal‹ als Absolutum: in dem Ausbau
Platons zum Neu-Platonismus, in Schellings Polarität als Ausbau der
Andeutungen Kants in der ›Kritik der Urteilskraft‹, im tragisch pessimi-
stischen oder tragisch dionysischen ›Welt-Rhythmus‹ bei Schopenhauer
und Nietzsche.«[11a]
Das Problem in alledem ist das Problem des Anfangs. Im Suchen des je
ursprünglicheren Anfangs sieht Przywara geradezu *den* Logos der Geschichte der »Philosophie in Adam«. »Die geschichtlichen Systeme haben
in ihrer Abfolge im Grunde genommen die Richtung, den je ursprünglicheren Ansatz zu gewinnen. Als dieses je Ursprünglichere erscheinen für
die antiken Naturphilosophen die Ur-Elemente, für Anaxagoras der sie
ordnende Geist (nous), für Platon das Objektive dieses Geistes (die eide),
für Aristoteles das Subjektiv-Akthafte desselben Geistes (die noesis),
für Descartes darum das Zu-sich-Sein des Geist-Aktes (in der Geschlossenheit des cogito), für Kant die Akt-Form als solche (das Transzendentale), für Hegel die Dynamis dieser Akt-Form (im Ternar), für Husserl
das letzte Unrückführbare von Inhalts-Form und Akt-Form des Geist-
Aktes (Noëma-Noësis als Form der transzendentalen Subjektivität). Die
Kritik in dieser Abfolge besteht in der jeweiligen Rückführung in ein
jeweilig Ursprünglicheres.«[12]

11a   a. a. O. S. 309.
12   a. a. O. S. 205.

Darüber setzt Przywara geradezu als Überschrift das Paulus-Wort: »denn Gott hat alle beschlossen unter den Unglauben, auf daß er sich aller erbarme.«[13]
Gegen alle solche divinatorische Autonomie des Menschen ist Einspruch erhoben. Dagegen steht der Widerspruch des Kreuzes Christi geradezu als Skandal und närrischer Widerspruch »gegen alles, was unter ›Gott‹ vorstellbar und denkbar ist«[14]. »Es bleibt als Einziges: daß eben ein unaufgelöstes und unauflösbares Mysterium Crucis im Gekreuzigten Christus *der* ›Logos‹ und ›Ikon‹ und ›Spiegel‹ und ›Abglanz‹ und ›Präge‹ und ›Heraustreten und Auslegung‹ des Gottes ist, ›den nie einer der Menschen sah noch zu sehen vermag‹.«[15] Das ist Gott, der Vater, der darin der wahre Vater ist, daß »Er Seines Eingeborenen Sohnes nicht schonte, sondern für uns alle ihn auslieferte«[15a].
Christus ist die Selbstauslegung Gottes, hier bekommt die Frage »quid est Deus« ihre Antwort. »Wer mich sieht, der sieht den Vater.«[16] Christus ist einzig der Logos Gottes, so daß »alle menschliche Theologie (als ›legein‹ über dieses ›quid est Deus‹) praktisch einzig ›Auslegung‹ (›exegesis‹) der empfangenen Selbst-Sinn-Aussage Gottes in Christo sei, d. h. mitvollziehende und mitverstehende menschliche Theologie der ›Theologie Gottes Selbst‹ (in Seiner Selbst-Aussage in Christo), als der ›christologischen Theologie Gottes Selbst‹.«
Aber Christus ist der Logos Gottes, die Sichtbarkeit des Vaters als der Logos, der *Fleisch* wurde. Als der »Logos-Fleisch« eines vollen Menschentums, der Logos des ewigen Lebens beim Vater, als das Leben, das unter uns erschienen ist, »so sehr voller Mensch, daß er ›erlauscht ist (mit Ohren), eraugt mit Augen, erschaut (als Schauspiel), ertastet mit Händen‹ und eben so ›Der Logos des Lebens‹ (1 J 1, 1—2); — darum . . . ›Totus Deus totus homo‹, total Gott total Mensch, — bis dazu, daß er . . . ›totus Deus homo et totus homo Deus‹ ist, ›total Gott als Mensch und total Mensch als Gott‹ und darin der ›totale Mensch durchbleibt, was Gott ist, und der totale Gott durchbleibt, was Mensch ist‹«. Christus ist also nicht in dem Sinne reine Manifestation Gottes, wie der urchristliche Doketismus es gesehen hat, der das Menschsein Christi als reinen Schein der Gottheit nahm, und wie die Alexandriner die Existenz Christi als reine Glorien-Existenz ansahen. »Sondern alles und jedes in diesem Christus . . . ist restlos Mensch in Fleisch und Blut und Geist im ›gewöhnlichen

13 Röm. 11, 32.
14 Analogia entis, S. 453.
15 a. a. O. S. 454 (1. Tim. 6, 16).
15a Röm. 8, 32.
16 Joh. 14, 9.

Schema Mensch‹« (Phil. 2, 7)[17]. Aber Christus ist auf der anderen Seite
auch nicht reine Manifestation des Menschen, wie der urchristliche Ebio-
nitismus die Gottheit Christi auslegte als Vollkommenheit des Menschen
bis zu göttlicher Vollkommenheit und wie die antiochische Schule »(bis
in heutige Reste einer liberalen protestantischen Theologie: im Sinn
Schleiermachers, Ritschls und Harnacks) Christi Existenz als reine Existenz eines ›vollendeten Menschen‹ nahm, in dessen ›Bewährung als
Mensch‹ Gott durchstrahlt, zu einem symbolischen ›Gott in Christo‹«[18].
Sondern Christus als ganzer Mensch ist die Präsenz des ganzen Gottes.
Das ist das Vorzeichen, unter das der Mensch mit allem, was sein Dasein
ausmacht, zu stehen kommt, auch mit seinem Denken. Ein Vorzeichen,
das wir nicht setzen, sondern das gesetzt *ist*. Denn Gott war in Christo.
Dieses Vorzeichen, diese Klammer, innerhalb deren Przywara alles sagt,
was er sagt, darf nicht übersehen werden, und auch nicht, daß Przywara
sich wohl bewußt ist, daß er mit dem, was er von »erlöster Philosophie«
sagt, ziemlich allein gegen ein Meer von philosophischer »Realität«
steht; dann wird verständlich, warum er von einer »Lieblings-Karnevals-
Puppe« spricht, zu der die analogia entis herausgeputzt worden sei[19].
Przywara wehrt sich mit Nachdruck gegen eine Interpretation, nach der
»analogia entis« der Zentralbegriff einer — Gott und Mensch umfassenden — natürlichen Theologie ist, ein Prinzip, *aus dem sich*, als quasi von
einer neutralen Plattform im Niemandsland aus, allgemeine Aussagen
über Gott und die Welt herleiten ließen.

c) Glaube in-über Verstehen

Das Problem des Zueinanders von Glauben und Verstehen durchzieht
nahezu die gesamte Denkarbeit Przywaras. Er unternimmt es immer
wieder, dieses Verhältnis auf seinen Begriff zu bringen. Wobei »Begriff«
nicht zu verstehen ist als ein »Drittes« über Theologie und Philosophie,
als der systematisch fixierbare Überbau, in dem als Einheit beide Teile zu
sich selbst kämen. Dann wäre die Analogie das Dritte eines »videre«, zu
dem »intellectus« und »fides« als zu ihrer Einheit in Vollkommenheit
zusammenstreben. Das wäre absolutes Wissen als offenbare Religion.
Aber hier liegt keine innerzeitliche Möglichkeit vor[20]. Ein solcher »Begriff« als Drittes gehört zu den Eschata.

17 Analogia entis, S. 450 f.
18 a. a. O. S. 451.
19 Przywara, In und Gegen, S. 278.
20 Analogia entis, S. 86.

Przywaras Bemühen, das Zueinander von Glauben und Verstehen auf seinen Begriff zu bringen, geht also nicht dahin, einen geschlossenen systematischen Überbau zu beiden zu erstellen. Es geht vielmehr darum, das offene und grundsätzlich nicht schließbare Spannungsverhältnis zwischen Glauben und Verstehen zu artikulieren. Und dies nicht mit dem Ziel eines »Überblicks«, sondern mit dem Ziel einer Durchkreuzung des menschlichen Bemühens, das Absolutum einer Philosophie *als* Theologie oder einer Theologie *als* Philosophie zu gewinnen. Also zur Abwehr einer philosophischen Pseudotheologie oder einer theologischen Pseudophilosophie. Immer wieder bemüht sich Przywara zu zeigen, wie bestimmte Philosophien einen bestimmten Typus von Theologie implizieren und als menschliche Standpunkt-Möglichkeit usurpieren oder (in der Philosophie der Neuzeit) geradezu als säkularisierte Formen bestimmter Theologien erscheinen.

Er zeigt das zum Beispiel am Problem der Erkenntnistheorie. Przywara unterscheidet vier Formen der praktizierten Erkenntnistheorie:

1. Die präambulare Erkenntnistheorie. Sie gewann ihre reinste Gestalt bei Descartes. Er gewinnt durch den universalen methodischen Zweifel im »cogito ergo sum« das unbezweifelbar Erste, das zum entscheidenden Ansatz seiner Philosophie wird, »die ein souveränes ›cogito‹ (streng mathematischen Denkens) über eine Realität einer reinen ›massa extensa‹ stellt, die zwar echte Realität ist, aber eine solche, die kraft ihrer Begründung vom ›cognito‹ her als ›Materie‹ . . . diesem ›cognito‹ als bestimmendem Form-Prinzip untersteht, Form-Prinzip eines ›Ingenieurs und Technikers‹, der aus einer ›passiven Materie‹ eine rational-technische Welt gestaltet, wie sie heute All-Wirklichkeit werden will«[21]. In dieser Form ist Erkenntnistheorie präambular, d. h., sie ist Vorstufe und Durchgang in die »eigentliche« Philosophie.

2. Davon unterscheidet Przywara die »autonome« Erkenntnistheorie als Lehre von der Erkenntnis in sich selbst bis zu einer Lehre von der Struktur des Bewußtseins in sich selbst. Solche autonome Erkenntnistheorie hat ihren Grundtypus in den drei Kritiken Kants, vor allem in der Kritik der reinen Vernunft, die das Bestehen einer echten Realität voraussetzt, um sich allein mit den Bedingungen einer Erkenntnis der Realität zu befassen.

3. Solche Erkenntnistheorie als »Phänomenologie des Bewußtseins in sich selbst« hat die geradezu angeborene Tendenz in sich, zu einer absoluten Erkenntnistheorie zu werden. So im spekulativen Idealismus, in dem Bewußtsein und Erkenntnis nicht mehr intentional zu einer bewußt-

---

21 a. a. O. S. 417.

seinsunabhängigen Realität sind, sondern sich selbst als die »eigentliche«
Realität begreifen. So wird das »Reale« sinnenhafte Scheinrealität,
Selbstentfremdung eines Geistes der geistigen All-Wirklichkeit, Sünden-
fall des Geistes, aus dem es sich wieder hinauferlösen muß ins absolute
Wissen des absoluten Geistes (Hegel).

4. Solcher äußersten Form der selbstzwecklichen Erkenntnistheorie
steht am schroffsten der Typus der methodologischen Erkenntnistheorie
gegenüber. Sie ist das, was in der asiatischen Metaphysik »Weisheit«
heißt, und Weisheit als »Weg« oder »Bahn« oder »Fahrzeug« (I Ging,
Tao-te-king, Veden, Buddhas Reden), was im Alten Testament das »Leben im Gesetz Gottes« ist, als Weg, der göttlichen Weisheit teilhaftig
zu werden.

Alle vier Formen der Erkenntnistheorie haben eine bestimmte Weise des
Glaubens zu ihrem Untergrund schon im allerersten Ansatz.

Im »cogito« der Descartesschen präambularen Erkenntnistheorie verrät
sich das theologische Implikat in der Unmittelbarkeit, in der im »sum«
des »cogito« das Göttliche als Ur-Seiendes erscheint. Gott wird als Ur-
Wahrheit im Innersten des Ich gefunden. So gründet die philosophische
Innerlichkeit bei Descartes im Apriori einer religiösen Innerlichkeit, wie
sie Augustinus formuliert: Deus interior intimis meis.

In der autonomen und der absoluten Erkenntnistheorie ist das religiöse
Apriori noch mehr am Tage. »Wie Hegel offen (in seiner Geschichte der
Phiolosophie) die ›neue Philosophie‹ (von Descartes zu Leibnitz zu Kant
zu sich selbst als Spitze) gleichsam als ›Aus-Philosophierung‹ der reformatorischen ›Religion der Innerlichkeit‹ aufhüllt . . . so gründet eine relativ oder radikal absolute ›Philosophie des Geistes‹ als ›Philosophie der
Innerlichkeit‹ in jener ›Innerlichkeit‹ des ›angefochten-getrösteten Gewissens‹ im ›reinen Geist‹ des ›zürnend-erbarmenden Gottes‹, wie die Reformation sie als ›geistig-innerliches Christentum‹ einer institutionellen
Kirche einer sichtbaren Hierarchie sichtbarer Ämter entgegenstellte.«[22]
Die Grundform der Unmittelbarkeit zwischen Gott und innerstem Glau-
bens-Ich pflanzt sich fort in den Idealismus Kants und Hegels und — als
vollends säkularisiert — in die Phänomenologie Husserls und die Existenzphilosophie Heideggers. Und von dort wieder in die Unmittelbar-
keits-Innerlichkeit der Existential-Theologie.

Demgegenüber hat die methodologische Erkenntnistheorie der Weisheit
als »Weg« einen entgegengesetzten Untergrund des Glaubens. Es ist
nicht die Form einer heimlichen oder offenen Identität, sondern die Form
einer »Einheit in Distanz«. Indem der rechte Weg nur begangen werden

22 a. a. O. S. 422.

kann vom Menschen als innerlich geleitet jeweils unterwegs von der Nähe Gottes, aber indem andererseits doch die je größere Distanz in aller noch so großen Gott-Nähe das letzte Wort hat, weil »Weg« das Unterwegssein *zu* Gott besagt und darin der Ortsunterschied gewahrt ist: »Gott ist im Himmel und du auf der Erde«[23].
So trägt einzig die methodologische Erkenntnistheorie den Charakter der Analogie: des jeweils größeren Gottes in aller noch so großen Gott-Nähe. Hierin ist schon angelegt, was im nächsten Kapitel eigens zur Sprache kommen soll: das Problem einer Wahl der Denkform für theologische Inhalte.
An dieser Stelle aber geht es uns um das Verhältnis zwischen Glauben und Denken überhaupt. Przywara bestimmt dieses Verhältnis als Analogie, wie schon aus dem vorigen Kapitel ersichtlich ist. Dieses analoge Verhältnis von Glauben und Verstehen soll nun noch zu ausführlicherer Klärung kommen.
Beiden, fides und intellectus, eignet die Ebene eines »zwischen Oben und Unten«. Für den intellectus ist es die Ebene zwischen erfahrbaren realen Dingen und einem letzten Grund in oder über diesen Dingen. Für die fides ist es das »Oben und Unten« zwischen dem lebendigen Gott und dem lebendigen Geschöpf. Konkret gibt sich der intellectus entweder als aposteriorische oder als apriorische Erfahrung. Entweder als »aisthanein«, als ertastendes Erspüren, oder als »noein«, als inneres Erfahren im Geist. Es ist auf der einen Seite das Erfahren im Versuch, das Auf-die-Probe-Stellen im Experiment an den konkreten einzelnen Dingen als dem Begründeten und Bestimmten, worin sich das »meta« des Grundes und Sinnes ankündigt, wie der experimentierende Physiker zuletzt den Versuch einer physikalischen Weltformel unternimmt. Es ist auf der anderen Seite die Erfahrung einer noetischen Welt des Geistes, als Abkehr von allem »Außen« und Einkehr ins »Innen« im innerlich geistigen Kreisumschwung des »ich denke mich denken«. Wobei doch diese Erfahrung im Innen des Geistes transzendiert nicht nur in eine monadologische »Welt«, sondern das innere Gesetz des Geistes als äußeres Gesetz des real-physischen Kosmos erfahren wird. So steht also nicht eine reine Transzendenz der realen Physika der reinen Immanenz des Geistes gegenüber, nicht eine real-kritische Metaphysik der Naturwissenschaften einer idealistischen Metaphysik der Immanenz des Bewußtseins. Sondern es ist das Gegenüber zwischen »immanierender Transzendenz« und »transzendierender Immanenz«.

---

23 Pred. 5, 1.

Dem stehen zwei Grundtypen der Erfahrung des Glaubens gegenüber.
Es ist einmal der Glaube als Innerlichkeit in der Unmittelbarkeit zwischen Gott und unserem innersten Geist-Sinn, wie Meister Eckart die augustinische Innerlichkeit extrem vereinseitigte: »Rückbinde uns je und je die Religion zum Einen Allmächtigen Gott: weil zwischen unseren Geist-Sinn . . ., durch den wir Jenen Vater einsehen, und die Wahrheit, d. h. das innere Licht, durch das wir Ihn einsehen, keine Kreatur dazwischen gestellt ist.«[24] Auf der anderen Seite steht die Erfahrung des Glaubens in der Distanz der Sachlichkeit zwischen Gott und Geschöpf, wo der Glaube sein Wesen hat im Dienst, im Kultus, in der äußeren Religion, in der Anbetung des »ganz anderen« Gottes, dem gegenüber der Mensch zurückgeworfen wird in die nüchterne Mittelbarkeit des Dienstes gegenüber Gott.

Aber auch diese zwei Grundtypen der Glaubenserfahrung stehen sich nicht gegenüber in der Geschlossenheit einer Glaubenserfahrung der Immanenz und einer solchen der Transzendenz. Denn die Erfahrung der Innerlichkeit des Glaubens bricht auf zur Erfahrung des Gottes, der über alles Innen hinaus der Gott der Welt ist (so z. B. bei Augustinus) und wird so zur transzendierenden Immanenz. Und ebenso öffnet sich die Glaubens-Erfahrung der Transzendenz zur Erfahrung eines inneren »Hangens in Gott« (so bei Thomas von Aquin). So ist auch hier das wirkliche Gegenüber das zwischen »transzendierender Immanenz« und »immanierender Transzendenz«.

Es wird hier demnach eine Parallelstruktur zwischen fides und intellectus sichtbar, nämlich die des offenen Spannungsgefüges zwischen immanierender Transzendenz und transzendierender Immanenz. Es sind zwar verschiedene Ebenen, aber sie entsprechen sich in der nicht schließbaren Offenheit des Zueinanders verschiedener Typen — Glaubens-Typen bzw. Denk-Typen. Und sofern sie in sich offen sind, sind sie auch zueinander offen. Diese Offenheit hat bei Przywara den Namen »Analogie«.

Das Grundwort für alle Denkerfahrung ist bei Aristoteles: »to gar analogon meson«, das Analoge ist das Mittlere. Wird der Satz in dieser Weise akzentuiert: das *Analoge* ist das Mittlere, so ist darin die Unähnlichkeit unterstrichen und die Mitte als etwas Unangebbares betont. Es ist wirklich »Korrelation zwischen zwei X«[25], die zueinander je das ganz andere sind: allo pros allo. Wird der Satz aber so akzentuiert: das Analoge ist das *Mittlere*, so ist darin das »pros« des »allo pros allo« betont

---

24 Analogia entis, S. 319 f.
25 a. a. O. S. 324 f.

und darin das Zueinandergebundensein der beiden X als Positivum. Das bedeutet: Sein *ist* Analogie, und Denken *ist* Analogie als Beziehung gegenseitigen Andersseins hinaus über alle Gemeinsamkeit.

Das Grundwort für alle Glaubenserfahrung ist die Formulierung im zweiten Kapitel des IV. Laterankonzils. Sagt die aristotelische Analogie als Form jeglichen Denkens das »allo pros allo«, die Proportion zwischen zwei X, so ist gemäß dem zweiten Lateranum das Letzte aller Glaubenserfahrung die je immer größere Unähnlichkeit in noch so großer Ähnlichkeit zwischen Schöpfer und Geschöpf, der je immer größere Gott in aller noch so großen Gott-Nähe. Die Offenheit und dieses immer wieder Aufgesprengtwerden gilt gerade für den Höchstfall der Gottesbeziehung, ja der Teilhabe an Gott durch die Offenbarung. Für das Geschehen der Offenbarung in actu, in dem Gott nicht nur mit sich selbst eins ist als der Vater des Sohnes in der Einheit des Heiligen Geistes, sondern in dem er den Menschen einbezieht in die Dynamik seines innergöttlichen Lebens: »Daß sie eins seien wie Wir Eins sind ... daß sie alle Eins seien, wie Du, Vater, in Mir und Ich in Dir, daß sie Eins seien in Uns.«[26] Gerade auch für dieses Geschehen gilt: daß »zwischen Schöpfer und Geschöpf keine noch so große Ähnlichkeit angemerkt werden kann, daß nicht zwischen ihnen eine je immer größere Unähnlichkeit angemerkt werden muß«[27]. Auch in der Offenbarung bleibt Gott Gott und der Mensch Mensch, entgegen allem Identitätsrausch der Vergöttlichung des Menschen oder der Vermenschlichung Gottes. Gerade in der dem Glauben widerfahrenden Offenbarung ist die Analogie das Letzte. Das heißt: das Sein, das Wesen des Glaubens *ist* Analogie. »Es ist ›analogia entis‹, weil das ›Sein als Sein‹ ... diese ›Analogie‹ ist.«[28]

Und eben hierin trägt die Erfahrung des Glaubens die Form Christi, der ganz Gott und ganz Mensch ist: »ringsum in Seine Menschlichkeit geschlossener Mensch, in dessen Menschlichkeit es nichts gibt, was eraugbare, erlauschbare, erschaubare, ertastbare *unmittelbare* Göttlichkeit wäre, sondern einzig ›total Mensch‹, der als solcher ›total Gott‹ ist.« Als solcher ist Christus »die ausschließliche einzige ›Offenbarung‹ und ›Innewerdung‹ Gottes«[29]. Wer Gott in Christus begegnet, der steht dem gegenüber, vor dem dem Geschöpf nur zweierlei bleibt: Liebe und Furcht in nicht auflösbarem Zueinander. Liebe und Einheit, die doch zu Furcht

---

26 Joh. 17, 11. 21.
27 Analogia entis, S. 328.
28 a. a. O.
29 a. a. O. S. 329.

und Distanz immer wieder ernüchtert werden. Furcht und Distanz, die
doch erstarren müßten ohne die Wärme je neuer Liebe und Einheit.

Aus dem Gesagten geht hervor, daß das Verhältnis zwischen Glauben
und Verstehen selber Analogie ist. Przywara bringt dies Verhältnis auf
die Formel: Glaube in-über Verstehen (Theologie in-über Philosophie).
Glaube *in* Verstehen insofern, als schon der allererste Anfang des Denkens (wie das Beispiel der vier Erkenntnistheorien zeigte) nicht ohne ein
Apriori des Glaubens ist. Zum andern auch insofern, als es materialiter
kein für das Denken Gegebenes gibt, das nicht von Gott her wäre, was
es ist. Wo dieses Glauben *in* Verstehen nicht ausdrücklich wird, da hat
sich bereits, heimlich oder offen, eine Usurpation theologischer Inhalte
vollzogen. Und das bedeutet inhaltlich, daß entweder die Welt und der
Mensch vergöttlicht oder Gott verweltlicht und vermenschlicht wird.

Glaube *über* Verstehen insofern, als Gott kein für den intellectus Gegebenes ist. Der Glaube lebt von dem Bezug zu dem Gott, der sich in Christus geoffenbart hat und der über die Weise und die Zeit seines Erscheinens frei verfügt. Der wirkliche Bezug Gottes zum Menschen trägt den
Charakter völliger Ungeschuldetheit in sich. Es geht hier wirklich um ein
strenges »von oben nach unten«.

Es handelt sich also im Verhältnis zwischen fides und intellectus tatsächlich um ein »allo pros allo« und darum um Analogie. Auf seiten des intellectus findet sich die doppelte Unmöglichkeit: einerseits die Unmöglichkeit, von Gott abzusehen und also nicht »intellectus quaerens fidem«
zu sein; andererseits die Unmöglichkeit, Gott als Gegenstand zu »haben«, weil Gott abgesehen von seiner Offenbarung nicht Gegenstand
möglichen Wissens ist.

Auf seiten der fides ereignet sich »Verwirklichung« in ebenfalls doppelter Weise: einmal, indem Gott von sich aus den Bezug zum Geschöpf
verwirklicht, zum andern, indem das Geschöpf von dort aus, d. h. von
der fides aus, den adaequaten intellectus sucht, um sich so in der Geschöpflichkeit des intellectus zu artikulieren. Denn der Glaube kann nicht
sprachlos sein.

In diesem Sinne spricht Przywara von »intellectus quaerens fidem« *und*
von »fides quaerens intellectum«, von »intelligo ut credam« *und* »credo
ut intelligam«. Darum gilt der Satz: »fides non destruit, sed supponit et
perficit rationem.« Das »non destruit« sagt durchaus einen positiven
Ansatz des Denkens, der im Glauben nicht einfach zum Verschwinden
gebracht wird. Positiv ist das Denken aber nicht nur insofern, als der
Glaube das Denken als wahres nicht unmöglich macht, sondern indem er
solches Denken im wahren Ansatz ausdrücklich *ermöglicht*, »da das non

destruit der ›Vorschatten‹ des perficit ist«[30]. Positiv ist das Denken im Ansatz also kraft des »Glauben *in* Verstehen«.

Zum andern aber besagt das »supponit«, daß der Glaube das Denken echt voraussetzt, insofern das »Vorausgesetzte« wirklich das ist, worauf das »Darauf-Gesetzte« gesetzt ist. Es besteht also »ein wirkliches intelligo ut credam, d. h. aus dem innersten Wesen von Akt und Gehalt des Philosophischen. Aber es ist (kraft des perficit) von *vornherein* innerlich ›über sich hinaus‹ in das credo ut intelligam, weil dieses sein per-ficere ist, d. h. die ihm *innerlich* übergeordnete Form.«[31] Das »intelligo ut credam« ist also möglich nur auf Grund des »Glauben *in* Verstehen«. Das »credo ut intelligam« ist möglich auf Grund des »Glauben *über* Verstehen und ins Verstehen hinein«.

Abschließend halten wir fest, was als Verhältnis von Glauben und Verstehen bei Przywara sichtbar wurde:

die gegenseitige Durchdringung und Wechselbeziehung zwischen Glaube und Vernunft im Verhältnis von »télos« und »entelécheia« in der Form von »Glauben in-über Verstehen«.

2. *Fides quaerens intellectum*

a) Philosophie, Theologie, Wissenschaft

»Dogmatik ist als theologische Disziplin die wissenschaftliche Selbstprüfung der christlichen Kirche hinsichtlich des Inhalts der ihr eigentümlichen Rede von Gott«, so sagt Barth in der These zu § 1[31a]. Theologie als Wissenschaft folgt der Rede der Kirche von Gott, indem sie sie an ihrem eigenen Maßstab mißt. Theologie führt die Rede der Kirche, indem sie sie an die ihr gebotene Sachlichkeit erinnert. Sie begleitet das Reden der Kirche von Gott, sofern sie selber mit ihr unter dem gleichen Gericht steht als ein menschliches Unterfangen. Das Kriterium der wissenschaftlichen Selbstprüfung ist Jesus Christus: »Gott in seiner gnädigen offenbarenden und versöhnenden Zuwendung zum Menschen. Kommt die christliche Rede von ihm her? Führt sie zu ihm hin? Ist sie ihm gemäß?«[32] Das sind die Fragen, die die Theologie als biblische, als praktische und als dogmatische Disziplin an die Verkündigung zu stellen hat.

---

30 a. a. O. S. 84.
31 a. a. O. S. 84 f.
31a KD I,1 S. 1.
32 a. a. O. S. 3.

Was aber hat es auf sich mit der »Wissenschaftlichkeit« der Theologie? Wie steht Theologie als selbständige Disziplin unter den anderen Wissenschaften?

Zur letzteren Frage antwortet Barth, es gebe keine prinzipiell aufweisbare Notwendigkeit für die Existenz der Theologie als besonderer Wissenschaft. Auch Philosophie, Geschichtswissenschaft, Soziologie, Psychologie, Pädagogik könnten ihre Aufgabe übernehmen und erfüllen. Denn Theologie verfügt über keinen exklusiven Erkenntnisgrund, auch über keinen exklusiven Erkenntnisgegenstand, von denen die anderen Wissenschaften grundsätzlich ausgenommen wären. »Philosophie und ›profane‹ Wissenschaft überhaupt *muß* wahrlich nicht ›profan‹, nicht heidnisch sein. Sie *könnte* philosophia christiana sein.« Die relativ-faktische Notwendigkeit der Theologie als Disziplin unter anderen Disziplinen, die eben keine prinzipiell-absolute Notwendigkeit ist, besteht eben darin, daß die anderen Wissenschaften die Aufgabe der Theologie faktisch nicht übernommen haben, die Kirche an ihrem *eigenen* Prinzip zu messen. »Philosophia christiana ist faktisch noch nie Wirklichkeit gewesen: war sie philosophia, so war sie nicht christiana, war sie christiana, so war sie nicht philosophia.«[33] An sich ist die Sonderexistenz der Theologie als wissenschaftlicher Disziplin gerade das Problematische, mit absoluten Gründen nicht Begründbare. Nach Barth könnte man geradezu sagen: die wissenschaftliche Sonderexistenz der Theologie ist die Anzeige eines Defizits.

Ähnlich verhält es sich mit dem Prinzip der Wissenschaftlichkeit überhaupt. Theologie nennt sich wissenschaftlich, weil sie 1. wie alle anderen Wissenschaften menschliche Bemühung um einen bestimmten Wissensgegenstand ist, weil sie 2. dabei einen in sich folgerichtigen Erkenntnisweg beschreitet und weil sie 3. in der Lage ist, über diesen Weg jedem Rechenschaft zu geben.

Wissenschaftlichkeit der Theologie bedeutet aber nicht, daß sie auf Kosten der ihr gebotenen Sachlichkeit sich einem allgemeinen Wissenschaftsbegriff unterzuordnen habe. Denn Theologie kann sich nicht als Glied in einem geordneten Kosmos, »sondern nur als Lückenbüßerin in einem ungeordneten Kosmos verstehen«[34]. Aus dreierlei Gründen möchte Barth auf die Bezeichnung der Theologie als Wissenschaft nicht verzichten: 1. Weil Theologie sich damit bekennt als menschliche Bemühung in der Solidarität mit sonstigen profanen Bemühungen. 2. Weil damit der Protest gegen den allgemein heidnischen Wissenschaftsbegriff

33 a. a. O. S. 3 f.
34 a. a. O. S. 8.

angemeldet ist, gegen die quasi-religiöse Unbedingtheit der anderen Wissenschaften. 3. Weil die Theologie deren »Heidentum« nicht so ernst nimmt, daß sie sich reinlich von ihnen abzusondern hätte. Hieraus ist ersichtlich, wie Barth gerade auf das verzichtet in unbekümmerter, aber exakt motivierter Indifferenz, was Przywara unternimmt: den Entwurf einer Ordnung der Wissenschaften einschließlich der Theologie.

b) Fides quaerens intellectum

Wir greifen hier noch einmal auf Barths Anselm-Interpretation aus dem Jahre 1931 zurück, weil hier in gedrängter Form erscheint, was dann für die Kirchliche Dogmatik formbestimmend wird.

Es liegt im Wesen des Glaubens selbst begründet, daß der Glaube das Verstehen sucht. Nicht etwa, um Glaube sein zu können. Am Vollzug oder Nicht-Vollzug des intellectus hängt nicht die Existenz des Glaubens, so daß der »fides quaerens intellectum« ein »intellectus quaerens fidem« irgendwie korrespondieren müßte, der die Menschen zum Glauben »führt« oder sie im Glauben »bestärkt« oder den Glauben von Zweifeln befreit. Sondern der Glaube seinem eigenen Wesen nach, »mein Glaube selbst und als solcher ist mir Aufruf zum Erkennen«[35].

Dem entsprechend wehrt sich Barth in der Kirchlichen Dogmatik ganz entschieden gegen das Postulat einer »anderen Aufgabe« der Theologie, demgemäß die Theologie sich zunächst mit dem Widerspruch der Vernunft und der Autonomie des modernen Geistes auseinanderzusetzen habe, bevor sie sich ihrem eigenen Thema zuwendet; demgemäß sie zuerst mit den Mitteln der Vernunft den Feind aus dem Felde zu schlagen habe — also mit dessen eigenen Waffen —, um so den Raum zu bereiten für ihre eigene Aufgabe. Danach müßte der »fides quaerens intellectum« zunächst ein »intellectus quaerens fidem« den Weg bahnen. Dagegen sagt Barth, daß die Theologie a priori nicht an der Vernunft und ihrem Widerspruch, sondern von der ersten Zeile an »am Spruch der Offenbarung« sich zu orientieren hat.

Absolut am Anfang der Theologie steht also der Glaube. Woher kommt der Glaube? Er kommt aus dem Hören des Wortes Gottes, das legitim repräsentiert wird durch bestimmte Menschenworte: die Bibel zuerst, dann die Predigt, die Dogmen der Kirche, die Lehre der Väter. Kurz: das subjektive credo des einzelnen hat ein objektives »Credo der Kirche«

35 *Fides quaerens intellectum*, S. 17.

zum Beziehungspunkt. Das »credo« in seinem subjektiven Gehorsams-
und Erfahrungscharakter ist unweigerlich bezogen auf das objektive
»Credo« der Kirche. Aus dieser Beziehung zwischen subjektivem und
objektivem Credo ergibt sich die Möglichkeit und die Notwendigkeit,
daß die fides eine fides quaerens intellectum ist.

Als »credere« des »Credo« vollzieht sich bereits ein gewisses »intelligere«, wenn auch sehr terminiert. Und zwar indem solcher subjektiver
Glaube mindestens die Kenntnisnahme von gewissen Vokabeln im
Dogma und in der Predigt ist, von Worten in einem logisch-sinngemä-
ßen Zusammenhang, d. h. einer »vox significans rem«, die als solche »in
intellectu« ist, sie ist »zur Kenntnis genommen«. Solche Kenntnisnahme
ist neutral und zweideutig, insofern ist sie dem Glauben und dem Unglauben durchaus noch gemeinsam, weil über das Gemeinte im Gesagten,
d. h. über die Wirklichkeit des Bezeichneten, damit noch nichts entschieden ist.

Darum gehört zum »credere« unabdingbar das »intelligere esse in re«,
worin sich über die bloße Kenntnisnahme hinaus die Bejahung des Verkündigten vollzieht, Bejahung um Christi willen, der selber der Urheber
der Verkündigung ist »und der, selber die Wahrheit, nur die Wahrheit
verkündigen kann«[36]. Jene »Kenntnisnahme« ist der Anfang, diese Bejahung des Gemeinten ist die Spitze der Erkenntnis, beides im Glauben
bereits vorweggenommen. Dieser Rahmen des Credo ist für den gesuch-
ten intellectus schon vorausgesetzt. »Nur um das Begehen der Mittelstrecke zwischen der stattgefundenen Kenntnisnahme und der ebenfalls
schon stattgefundenen Bejahung kann es sich also handeln, wenn fides
quaerit intellectum.«[37]

Das Verstehen setzt also den Glauben voraus. Darum fragt es nicht, *ob*,
sondern *inwiefern* es so ist, wie das Credo sagt. Es ist *Nach*-Denken des
vorgesagten und vorbejahten Credo. Darum ist das der theologischen
Situation angemessene Verstehen ein demütiges und gehorsames Verstehen. Es will nicht die Begründung unserer Bejahung oder die Begründung des Credo leisten. Diese Begründung ist allein Gottes Offenbarung.
Das Verstehen findet allein die innere Nezessität der Sätze des Credo,
nicht die unableitbare Faktizität des in ihnen Bezeichneten. Die liegt
allein in der Freiheit des sich offenbarenden Gottes. Was diese unableitbare Faktizität anbetrifft, befleißigt sich das Denken des Glaubens vielmehr einer konsequenten »epoché«.

36 a. a. O. S. 24.
37 a. a. O.

c) Die Einseitigkeit

Wir müssen uns hier zum dritten Male der Bedeutung des Begriffs der »Einseitigkeit« in der Barthschen Systematik zuwenden. Er tauchte auf im Zusammenhang mit dem Erkenntnisproblem[38], dann im Zusammenhang des Problems von Akt und Sein[39]. Im vorhergehenden Abschnitt zeigte sich eine von Barth deutlich apostrophierte »Einseitigkeit« im Verhältnis von Glauben und Erkennen.

Das Verhältnis von Glauben und Verstehen ist einseitig, insofern der Glaube aus seinem eigenen Wesen heraus ein das Erkennen und Verstehen suchender Glaube sein muß. Und dieser Bewegungsrichtung vom Glauben zum Verstehen entspricht keine gegenläufige vom Verstehen zum Glauben. Warum nicht? Wir gehen auch hier von Barths Anselminterpretation aus, um die dort gefundene Grundlinie an der Kirchlichen Dogmatik zu exemplifizieren.

Am Schluß des Anselm-Buches geht Barth ein auf die »Möglichkeit der Leugnung der Existenz Gottes«[40]. Anselm hat aufgewiesen: »Es gibt daseiende Wesen. Auch Gott ist ein daseiendes Wesen. Aber nur Gott der Schöpfer ist das unauflöslich nicht wegdenkbar daseiende Wesen.«[40a] Den Erweis der sachlichen inneren Notwendigkeit dieses Satzes hat Anselm geleistet. Die faktische Notwendigkeit der Erkenntnis: »ein solches Wesen ist da«, ist dadurch nicht geschaffen. Der Aufweis war ein streng in sich geschlossener Kreis. Er bewegte sich innerhalb des Zusammenhanges von objektivem und subjektivem Credo. Die These des Unglaubens: »est non talis natura« steht dem ebenso geschlossen gegenüber. Aber wie kann der Tor denken in seinem Herzen: »es gibt keinen Gott«, wenn doch Gott das unauflöslich »nicht wegdenkbar daseiende Wesen« ist? Die Antwort liegt darin, daß das Bejahen und das Verneinen der Existenz Gottes auf zwei verschiedenen Ebenen stattfinden. Die eine Ebene ist das Denken der »vox significans rem«, die andere das Erkennen der »res ipsa«. Das Denken der »vox significans rem« kann nur wahr sein als integriertes Moment des Denkens der »res significata«. Der Tor kann darum Gott als nicht-daseiend denken, weil er abstrakt, auf die »vox significans rem« denkt. Die Voraussetzung aber, unter der das Denken des Nicht-Daseins Gottes unmöglich ist, ist das Denken des *Glaubens*, der Gott selbst erkennt. »Wer ihn selbst erkennt, der *kann*

---

38 s. o. S. 59.
39 s. o. S. 116.
40 Fides quaerens intellectum, S. 154.
40a a. a. O. S. 149.

nicht denken: ›Gott ist nicht da‹. Keiner konnte es, der ihn selbst erkannte. Gott selbst, wo *er* erkannt wurde, hat eben diesen Gedanken . . . ausgeschlossen und wird ihn, wo *er* erkannt werden wird, immer wieder ausschließen.«[41] Gott selbst erzwingt die Erkenntnis seiner selbst. Gott ist der Herr. Und darum heißt »bene intelligere«: »endlich merken, daß man nicht über Gott hinausdenken, nicht als Gottes und sein eigener Zuschauer denken kann, daß alles Denken *über* Gott mit dem Denken *an* Gott anfangen muß . . . Wer es gemerkt hat, der steht eben damit unter dem Zwang der Erkenntnis der Existenz Gottes«[42]. Wenn Gott sich zu erkennen gibt, dann kann er erkannt werden. Der Mensch kann auch immer ein Tor sein. Es ist die Gnade der Offenbarung, wenn er es nicht ist.

Das Denken des Glaubens beginnt mit dem Denken *an* Gott. Was heißt das? Im § 63 im Zusammenhang der Versöhnungslehre beschreibt Barth die Tat des Glaubens als die »freie Tat eines Gehorsams«[43]. Das bedeutet: nicht das Erkennen ist der Grundakt des Glaubens, sondern die Anerkennung, in der das Erkennen eingeschlossen ist. Am Anfang steht der Gehorsam, das Folgen des Menschen. »Omnis recta Dei cognitio ab oboedientia nascitur.«[44] Mit der Anerkennung der Tat Gottes, der aus freier Gnade der »Gott mit uns« ist, steht der Mensch von Anfang an im streng geschlossenen Kreis des Glaubens. »Das Anerkennen als das grundlegende Moment in der Tat des christlichen Glaubens betrifft *Jesus Christus* selbst.«[45] Er ist dieser Gegenstand, dem der Glaube folgt. Darum heißt »glauben«: einen schon abgesteckten, schon gebahnten Weg gehen.

Barth liegt alles daran, am Beginn des Weges, der zum Verstehen führt, jede kreatorische Spontaneität des Intellekts auszuschließen. »Der Glaube realisiert nichts Neues, er *erfindet* nichts, er *findet* nur eben, was für den glaubenden wie für den nichtglaubenden Menschen schon *ist*.«[46] Daß das Erkennen dem Anerkennen, dem Hören, dem Gehorchen folgen muß, das ist ein Sachzwang, der mit dem Gegenstand der Glaubenserkenntnis gegeben ist. Barth vergleicht diesen Gegenstand des Glaubens mit einem Kreis. »Der Gegenstand, der als solcher einem Kreis zu vergleichen ist, der alle Menschen und einen Jeden von ihnen umgibt, hat sich um den Christen damit, daß er glaubt, geschlossen, während er beim Nichtchri-

---

41 a. a. O. S. 160.
42 a. a. O. S. 162.
43 KD IV,1 S. 848.
44 Calvin, a. a. O. I,6; 2.
45 KD IV,1 S. 849.
46 a. a. O. S. 829.

sten eben an der Stelle, wo auch er glauben dürfte, aber noch nicht oder nicht mehr glaubt, noch offen ist.«[47] Der Glaube ist der Vollzug der *Entsprechung* zu dem, was dieser Gegenstand an sich für jeden Menschen ist und bedeutet. »Der lebendige Jesus Christus ist der alle und jeden Menschen umgebende, im christlichen Glauben aber geschlossene Kreis des göttlichen Gerichtes und der göttlichen Gnade.«[48]
Der Glaube hat darum das absolute Prius vor dem Verstehen, weil die Erkenntnisordnung der Sachordnung folgen muß. Denn Gott selbst setzt im *Vakuum* des Menschen den Anfang alles Erkennens, »wo es für den ihm und sich selbst entfremdeten Menschen *keinen* Anfang gibt«[49]. Gottes Bundesgnade in Jesus Christus ist »wie die Lebensmöglichkeit überhaupt, so auch die Erkenntnismöglichkeit, neben der eine andere nicht besteht. Das schließt in sich, daß unser Erkennen grundsätzlich auch nicht über sie hinaus, sondern als Gottes- wie als Menschenerkenntnis, als Rückblick auf Gottes Erwählung, Schöpfung und Bund, und als Ausblick auf sein kommendes ewiges Reich nur nach allen Seiten in sie selbst *hineinschreiten*, in ihr selbst und nirgends sonst ihre Voraussetzungen und Konsequenzen zu sehen und zu klären versuchen kann. Es ist also schon so, daß Christus das Geheimnis Gottes ist, *alle* Schätze der Weisheit und Erkenntnis in *Ihm* und nicht anderswo verborgen und also in Ihm und nicht anderswo zu erheben sind . . . Warum? Weil dieser von Gott selbst gesetzte Anfang alles Erkennens auch dessen ganzen Umfang ausmacht, von dem wir uns also nur auf die Gefahr sofortiger gänzlicher Erblindung hin entfernen würden.«[50]
In diesen Sätzen ist inhaltlich prägnant eben das beschrieben, was Barth formal als uns umgebenden Kreis bezeichnet. Es geht dabei um nichts anderes als um die angemessene Umschreibung dessen, daß der Mensch ein von Gott begnadeter und geliebter Mensch ist. Wer sich geliebt weiß, der weiß sich umfangen, umgeben, geöffnet und einbezogen in den Lebenskreis eines anderen außerhalb seiner selbst.
Der Glaube besteht in des Menschen Ausrichtung auf Jesus Christus hin. Der Mensch hört auf, einfach bei sich zu sein, er existiert »exzentrisch«. »Es geht im Glauben darum, daß der Mensch gerade in seinem Zentrum nicht bei sich, man kann auch sagen: daß er nur außerhalb seiner selbst in seinem Zentrum und also bei sich selbst ist.« Daß der objektiv um jeden Menschen gezogene Kreis der Wege Gottes vom Menschen im

47 a. a. O. S. 829.
48 a. a. O. S. 829 f.
49 a. a. O. S. 85.
50 a. a. O. S. 85 f.

Glauben geschlossen wird, dem entspricht dieses andere: »daß der geschlossene Kreis des menschlichen Daseins sich im Glauben nach außen öffnet.«[51] Im Glauben sieht der Mensch über sich hinaus, greift über sich hinaus, wächst über sich hinaus und ist gerade so sich selbst zum ersten Male treu. Im selben Maße, wie der Glaube auf Jesus Christus *hin* bezogen ist, so ist er auch von ihm *her* begründet. Wohin er gerichtet ist, eben dort hat er auch seinen Ursprung. Der erste Aspekt betont die Spontaneität, der zweite die Rezeptivität des Glaubens. Beides widerspricht sich nicht, sondern gehört unabdingbar zusammen. »Wen der Sohn freimacht, der ist recht frei . . . Und so ist Glaube an ihn die Tat rechter Freiheit, nicht obwohl, sondern gerade weil und indem er das Werk des Sohnes ist.«[52]

Nun will aber Barth den glaubenden Menschen nicht verstanden wissen als das aus allen Weltbezügen und Gemeinschaftsbezügen herausgelöste, rein abstrakte Individuum. Barth spricht vielmehr von dem konkreten Individuum im gesellschaftlichen Zusammenhang der Gemeinde und der Welt, vom Ich in seinem Wir-Bezug. »Wie ein Mensch für sich, ohne seinen Mitmenschen kein Mensch wäre, so wäre auch ein Christ für sich, getrennt von der Gemeinschaft der Heiligen, kein Christ. Er ist mit seinem persönlichen Glauben Glied an jenem Leib Christi. Das bedeutet, . . . daß er nur in und mit der Gemeinde, nur in ihrem Raum und Zusammenhang, nur in der Begrenzung und Bestimmung durch ihren Grund und ihr Ziel glauben kann.«[53]

Und die Gemeinde wiederum steht im Kontext des allgemeinen menschlichen »Wir« als besonderes gemeindliches »Wir«. Gottes Offenbarung in Jesus Christus ist — und in dieser Reihenfolge wird es von Barth gesehen und behandelt — für die Welt geschehen, für die Gemeinschaft der Heiligen und so auch für den einzelnen Menschen. Barth beschreibt diese drei Bezüge — auf die Welt, auf die Gemeinde und auf das »Ich« — als drei konzentrische Kreise. Es gibt kein christliches Ich »außerhalb des in Jesus Christus zentrierten doppelten Kreises des allgemein menschlichen und des besonderen gemeindlichen Wir«[54]. Daß Jesus Christus »für mich« ist, das schließt das gemeindliche »pro nobis« und das universale »propter nos homines« in sich und ist von diesem umschlossen.

Damit hängt es zusammen, daß der Glaube bekennender Glaube sein muß. Die notwendige Aufforderung zum Bekennen ist konkret gegeben

51 a. a. O. S. 830.
52 a. a. O. S. 832.
53 a. a. O. S. 839.
54 a. a. O.

durch die Existenz der christlichen Gemeinde und durch die Existenz der sie umgebenden Menschen, die Christus nicht kennen. Die Gemeinde ist es, von der der Glaubende herkommt, durch ihren vermittelnden Dienst kam er zum Glauben. Zu ihr führt sein Weg, weil sie seinen Dienst braucht, weil er sich zu ihr stellen muß — öffentlich vor der Welt. Die den Glaubenden umgebende Menschenwelt ist es, die das Bekenntnis notwendig macht, weil er ihr gegenüber nicht verschweigen darf, daß es die Welt ist, die Gott in Christus mit sich versöhnt hat.

Das Faktum ist da: der Unglaube steht dem Glauben als ein ebenso geschlossener Kreis gegenüber. Und dazwischen ist keine Kontinuität, kein unberührter neutraler Winkel einer Grundbefindlichkeit, in der sich Sünde und Unglaube als Störung, Gnade und Glaube als Wiederherstellung ereigneten. Es sind nicht verschiedene Zustände auf *gleicher* Ebene, von der aus sie doch in einem — wenn auch gestörten — Zusammenhang zu überschauen wären. Der Mensch hat keine Möglichkeit, sich selbst als Sünder von außen anzuschauen[55], er vermag sich selbst von der Sünde nicht zu unterscheiden[56], denn die Sünde ist nicht *an* ihm als Störung oder Hemmung sonst intakter Funktionen, sondern er ist *in* der Sünde. Das ist der Sinn des Bildes vom Kreis, das Barth in diesen Zusammenhängen oft gebraucht. Der Mensch *tut* nicht nur Unrecht, er *ist* der Unrechte[57]. Da gibt es nichts zu unterscheiden zwischen Subjekt und Prädikat, Substanz und Akzidens. Der Mensch *ist*, was er *tut*. Die Verderbnis ist radikal und total. Und die Veränderung seiner Situation ist radikal und total, wenn Gott zu ihm spricht und er glaubt. »Das lebendige Wort Gottes bietet dem Menschen keine partielle Belehrung und Weisung, sondern es erleuchtet und beansprucht ihn selbst und ihn ganz oder es ist nicht das lebendige Wort Gottes. Denn es besteht sein Inhalt, die in Jesus Christus geschehene Versöhnung, nicht in einer partiellen Veränderung und Verbesserung seiner Erkenntnis und seines Verhaltens, sondern in einem schlechthin umfassenden Wandel seiner Situation: in seiner eigenen und gänzlichen Umkehrung zu Gott hin, von dem er sich in seinem Hochmut abgewendet hat. So ist es denn er selbst, ... der ganze Mensch, der — von dem, was Jesus Christus für ihn getan hat und ist, abgesehen — in dieser Abwendung von Gott begriffen ist ... Das ... ist die Verderbnis, in der ihn Gott vorfindet und erkennt, in der er sich seiner annimmt, in der er ihn anredet. Der Mensch ist, was er tut. Und er tut,

---

55 a. a. O. S. 432.
56 a. a. O. S. 447.
57 a. a. O. S. 431.

was er ist. Und nun lebt er im Kreislauf dieses Tuns und Seins innerhalb
jener Abwendung: hin und zurück aus der Sünde in die Sünde.«[58]
Nochmals die Frage: wie kommt der Mensch über den Abgrund? Wie
kommt er aus dem einen Kreis in den anderen? Barth selbst stellt die
Frage: »Wie soll er über seinen eigenen Schatten springen, was ja hieße:
sich selbst, der immer wieder diesen Schatten wirft, los werden? ... Wie
soll der sündige Mensch — glauben können?«
Barth antwortet: es gibt in der Tat eine Notwendigkeit des Glaubens.
Aber die liegt nicht im Menschen, auch nicht im Glauben selbst, sondern
im Gegenstand des Glaubens, in Jesus Christus. Er drängt sich dem Menschen auf und begründet damit den Glauben. Jesus Christus steht dem
Menschen als die schlechterdings überlegene Wirklichkeit gegenüber: in
seinem Tode das Ende des Sünders und des Unglaubens, die Geburt des
neuen freien Menschen, in seiner Auferweckung das Offenbarwerden
dieses Geschehens für alle Menschen. Weil Christus die Wurzel des
menschlichen Unglaubens, den Menschen der Sünde, ausgerottet hat,
darum ist der Unglaube eine »objektive, reale, ontologische Unmöglichkeit«, »der Glaube aber zur objektiven, realen, ontologischen Notwendigkeit für alle ... Menschen gemacht worden«. »Es ist also dieser Gegenstand des Glaubens tatsächlich der Kreis, der sie alle umschließt, der
von jedem Menschen in der Tat seines Glaubens geschlossen werden
müßte.«[59]
Die Grenze ist da. »Es ist eine Grenze nicht nur, sondern ein weit aufge-
rissener Abgrund! Und nun wird dieser Abgrund überschritten: nicht
vom Menschen und auch nicht von Gott *und* vom Menschen, sondern
exklusiv von Gott her. Nun geschieht es, daß Gott, der Schöpfer und
Herr, der Heilige und Gerechte ... aus dem undurchdringlichen und
durch des Menschen Sünde furchtbar gewordenen Geheimnis seiner Gottheit heraustritt, und sich dem Menschen schenkt und zu erkennen gibt.«[60]
Dem Menschen bleibt das ihm Zukommende zu tun: dieser Bewegung zu
folgen, um im Bilde zu bleiben: dem Bogen des um ihn verwirklichten
Kreises zu folgen und so — in »selbstverständlicher« Konsequenz — den
Kreis an der offenen Stelle zu schließen, an der er von ihm spontan und
willig zu schließen ist.
Hier zeigt sich ein für Barths Denken Charakteristisches, das ich die »johanneische Selbstverständlichkeit« bei Barth nennen möchte. »Kein anderes menschliches Tun ist selbstverständlich. Das Tun des Glaubens

58   a. a. O. S. 548.
59   a. a. O. S. 833, 835.
60   a. a. O. S. 87.

aber ist das Tun des Selbstverständlichen: eben weil es in der freien Wahl geschieht, neben der der Mensch keine andere hat und die eben darum seine *recht* freie Wahl ist.«[61] »Glaube ist die simple Entdeckung des Kindes, daß es sich im Hause seines Vaters . . . befindet.« Mächtig, wie Christus auferstanden ist, erweckt er den Menschen aus dem Tod des Unglaubens zum Leben des Glaubens. Und so ist der Glaube das »Wachsein für die Selbstverständlichkeit des Aufstehens, das . . . auf Seiten des Menschen unmittelbar folgen muß«[62]. »Er kam in sein Eigentum, und die Seinen nahmen ihn nicht auf.« Das ist die unmögliche Möglichkeit: »Und das Licht scheint in der Finsternis, und die Finsternis hat's nicht begriffen«, »es war in der Welt, und die Welt ist durch dasselbe gemacht; und die Welt kannte es nicht.« »Wieviele ihn aber aufnahmen«[63] und das erleuchtende Licht ihr Licht sein ließen, die taten das eigentlich Angemessene, entsprachen dem Spruch Gottes in selbstverständlicher Konsequenz und ontologischer Folgerichtigkeit.

Die »johanneische Selbstverständlichkeit« ist m. E. der eigentlich substantielle Grund für die konsequente Einseitigkeit und die Zirkelstruktur des Barthschen Denkens, deshalb nicht langweilig tautologisierend, sondern engagiert und engagierend durch die »diamantene« und »schlechthin fröhliche Gewißheit«[64], die es auszeichnet.

Zusammenfassend formulieren wir die Barthsche Sicht des Verhältnisses von Glauben und Verstehen:
absolutes Prius des Glaubens vor dem Verstehen, dieses gefaßt als Bewegung in dem *vor*-gegebenen Raum des objektiven und subjektiven Credo, von dem allein her die Bewegung gerichtet ist.

3. Glauben und Verstehen

In den vorhergehenden Abschnitten wurden überraschende Gleichklänge hörbar zwischen Przywara und Barth, und zwar in folgenden Hinsichten:
a) Im Verhältnis von Glauben und Denken hat der Glaube das Prius.
b) Das Denken des Glaubens ist nicht zu verwechseln mit natürlicher Theologie. Es ist keine Form von Religion. Przywara schreibt in einem Aufsatz aus dem Jahre 1956: es gehe in der Theologie weder um subjektive Religion als Lehre von der natürlichen Beziehung des Menschen zu

61 a. a. O. S. 836.
62 a. a. O.
63 Joh. 1, 11. 5. 10. 12a.
64 KD IV,1 S. 834.

Gott noch um objektive Religion als Lehre über Gott als Grund und Sinn der Welt, sondern um das Sich-Offenbaren Gottes. Theologie ist Lehre von der freien Beziehung Gottes zum Menschen, und die Theologen sind »Theologen nur insofern, als ihr Mühen in steter Abhängigkeit und Vorläufigkeit hängt an der alleinigen Autorität des redenden Gottes«[65]. Der Logos der Theologie ist also »Bewegung von oben nach unten«. Demnach ist — nach Przywara! — »natürliche Theologie« keine Theologie.

Damit ist Barths eigenstes Anliegen ausgesprochen: »es hängt also alles an dem, der droben ist, und was dem Menschen von ihm und also von oben zukommt . . . An der Einfalt des Herzens, die Gottes Gnade ungeteilt seine Gnade, seinen Souveränitätsakt, seine dem Menschen jeden Morgen neue und fremde freie Zuwendung sein läßt.«[66]

c) Der Glaube wie der Unglaube sind totale Bestimmungen des menschlichen Denkens und nicht partielle.

Przywara betont, daß das Denken des Glaubenden keine besondere Denkweise im Gesamtkosmos der möglichen menschlichen Denkentwürfe-überhaupt ist, sondern daß es darin um die konkrete Weise des Denkens-überhaupt geht. Jegliches Denken ist in seinem konkreten Vollzug immer schon in Adam als sündiges Denken oder in Christus als erlöstes Denken. Gott hat *alle* einbeschlossen unter den Trotz des Unglaubens, um sich aller zu erbarmen: das ist das Vorzeichen und das Entweder-Oder, unter das alles Denken gesetzt ist. Das Entweder-Oder ist radikal, d. h., es ist nicht transzendierbar in eine dahinter liegende neutrale Ebene. Der Mensch denkt, wie er ist, und er ist, wie er denkt. Er will sein wie Gott und verfällt dem Tode. Oder er ist der erlöste Mensch, durch Gottes Gnade in Christus existierend »wie Sterbende, und siehe, wir leben!«

Ebenso sagt Barth: es geht um den »schlechthin umfassenden Wandel der menschlichen Situation« in der in Jesus Christus geschehenen Versöhnung, die dem Menschen im Glauben zuteil wird. Der Mensch, der ganz *in* der Sünde ist und sich als solcher nicht von sich selbst unterscheiden kann, wird umgekehrt zu Gott hin. Und wie er nicht als sein eigener und seiner Sünde Zuschauer denken konnte, so kann er auch nicht als Gottes und sein eigener Zuschauer denken. Der Mensch tut, was er ist, er denkt immer schon *als* Ungläubiger oder *als* Glaubender.

d) Das Denken des Glaubens ist »anfangslos«. Przywara schreibt 1941: »In die Richtung ihrer ›Erbsündigkeit‹ (sc.: der Philosophien) weist das

---

65   Analogia entis, S. 304.
66   KD IV,1 S. 88 f.

Streben, im Bereich des Geschöpflichen selber ein ›Absolutum‹ zu gewinnen, von dem aus Zusammenhang und Sinn von Sein und Geschichte sich entwickeln ließe.«[67] Jeder vermeintlich letzte bzw. erste »Standpunkt« wird von Przywara unermüdlich als un-ständig, als ungründig erwiesen, alles vermeintlich »unbezweifelbar Erste« aufgebrochen in den Komparativ des Deus interior et exterior. Das Suchen nach einem Absolutum und das Setzen eines Absolutum, eines »dos moi pou sto«, von dem aus das Denken des Menschen »starten« könnte, um von dem »Einen« aus das »Ganze« zu gewinnen (in deduktiver Methode) oder (induktiv) vom Ganzen her das Eine, eben dies ist das Stigma des Menschen, der »in Adam« ist und nicht »in Christus«. Das Denken des Glaubens fängt an mit der Selbstauslegung Gottes in Christus.

Dem ganz entsprechend sagt Barth, daß Gott einen Anfang alles Erkennens setzt, »wo es für den ihm und sich selbst entfremdeten Menschen *keinen* Anfang gibt«[67a].

Sollte ich mich hier keiner überfremdenden Harmonisation schuldig gemacht haben, was angesichts der reichlichen Belege bei Przywara wie bei Barth für alle hier kurz skizzierten vier fundamentalen Punkte nicht anzunehmen ist, so ist die Frage unausweichlich, wie es zu der ebenso fundamentalen Alternative kommt, wie wir sie oben beschrieben haben.

Barth betont ein streng einseitiges Verhältnis zwischen fides und intellectus als: »fides quaerens intellectum«.

Przywara spricht von »fides quaerens intellectum« *und* von »intellectus quaerens fidem«.

Wir wollen dieser Frage zunächst im Blick auf Przywara nachgehen, um dann die Position Barths zu reflektieren.

Was kann »intellectus quaerens fidem« nach dem, was wir oben festgestellt haben, bei Przywara bedeuten? Das ist ja der allergische Punkt, der die Przywara-Interpretation weithin bestimmt hat. Denn liegt hier nicht die Wurzel, das Grundpostulat der »natürlichen Theologie«?

In der Tat weisen Äußerungen Przywaras aus den zwanziger Jahren in diese Richtung. Wenn Przywara z. B. 1923 in »Gottgeheimnis der Welt« schreibt: »Jeder Vollblick in die Welt fängt darum, wenn auch noch so unbewußt, ihr Gottgeheimnis mit auf, und es bedarf im Grunde nicht so sehr eines neuen ›Schlusses‹ von der Welt zu Gott — es genügt die Entfaltung jenes in der Struktur der Welt bereits immanent vorliegenden ›Schlusses‹, des ›Schlusses‹ der ›analogia entis‹, um Gott nun auch be-

---

67 Analogia entis, S. 308.
67a KD IV,1 S. 85.

wußt zu erkennen.«[68] Es ist aber dazu zu bemerken, daß Przywara einfache romantische Polarismen seiner Frühzeit hinter sich gelassen hat,
ebenso gründlich, wie Barth sich schon sehr schnell nach dem ersten »Römerbrief« von seinen Platonismen[69] kritisch distanzierte. Aber hat nicht
Przywara weiterhin von der »analogia entis« als einem »Grundprinzip«
gesprochen, 1926 in der »Religionsphilosophie katholischer Theologie«[70], und steht nicht in der »analogia entis« von 1932 ein Abschnitt
unter der Überschrift »analogia entis als Prinzip«? So sah sich W. Bange
1934 veranlaßt, die analogia entis mit der Begründung abzulehnen, »die
Offenbarung werde formal aus dem Geschöpf und seinen Bestimmtheiten
deduziert«[71].
Der Terminus »Prinzip« ist gegen Mißverständnisse in dieser Richtung
nicht geschützt, und Przywara stellt selbst im Vorwort zur neuen Auflage von 1962 fest: »Das Mißverständnis, an dem der Verfasser nicht
unschuldig ist, liegt daran, daß er als Titel des ersten Bandes das Wort
›Prinzip‹ wählte, um aber dann von Anfang an dieses ›Prinzip‹ als dynamische Ur-Bewegung zu verstehen. Der erste Band von 1932 heißt darum in seinem Neudruck heute ›Ur-Struktur‹, während das ihm folgende
Gesamt der Untersuchungen über die Analogia in den verschiedenen Ge-
bieten den Namen ›All-Rhythmus‹ trägt.« »Und dem letzten Satz der
›Analogia entis I‹, der in besonderem Maße zu jenem Mißverständnis
hin offen ist, wurde in der vorliegenden Ausgabe ein neuer Schlußsatz
angefügt.«[72]
Blickt man auf das, was Przywara unter dem Titel »Prinzip« dann tatsächlich sagt, so muß man feststellen, daß das Wort »Ur-Struktur« die
Sache treffender artikuliert. Und wenn man schon am Terminus »Prinzip« festhalten will, dann muß unterschieden werden zwischen »Ablei-
tungs-Prinzip« und »Struktur-Prinzip«, wie B. Gertz es tut[73], weil eben,
wie wir sahen, ein »Ableiten« von Theologischem aus natürlichen Prämissen für Przywara nicht in Frage kommt. »Analogia entis« ist das Wort
für ein »rein frei Faktisches«, aber in keiner Weise Wort für ein Prinzip,
»insofern etwas urhaft Statisches damit vermeint sein könnte, ›aus dem‹
alles übrige abgeleitet werden oder ›zu dem‹ es zurückgeführt werden
könnte«[74].

68 Przywara, Schriften, Band II, S. 214.
69 Barth, Der Römerbrief, 1922, S. 7.
70 Przywara, Schriften, Band II, S. 461.
71 zit. nach Gertz, a. a. O. S. 248.
72 Analogia entis, S. 5.
73 Gertz, a. a. O. S. 242.
74 Analogia entis, S. 210.

Nach diesem apologetischen Terminologie-Exkurs nun zur Sachfrage:
Zum ersten:
widerspricht der von Przywara postulierten Anfangslosigkeit nicht die
»aristotelische Hälfte« seines Analogiebegriffs? Hat nicht Przywara den
aristotelischen Satz vom Widerspruch als Uranfang und Minimum an
festem Boden positiv aufgenommen, und ist nicht der Satz vom Widerspruch die »arché«, das Ur-Axiom?
Aber: was leistet der Satz vom Widerspruch für Przywara wirklich, was
soll er leisten? Er ist, so sagt Przywara, eine rein formale, eine negative
und eine reduktive Bestimmung. Uns interessiert in diesem Zusammenhang besonders die zweite Eingrenzung: daß der Satz vom Widerspruch
eine negative Bestimmung ist, und zwar in zweierlei Hinsicht. Einmal ist
er gegen das Postulat der reinen Identität alles Seienden aufgerichtet, in
dem als menschliche Standpunktmöglichkeit beansprucht wird, was allein
der Name Gottes ist: Ich bin, der Ich bin. Andererseits ist er formuliert
gegen den Standpunkt des reinen Widerspruchs, in dem der Identitätssatz in verschleierter Form weiterlebt. Hierin hält der Satz vom Widerspruch genau die Mitte. Er leistet die Öffnung des Seinsbegriffs von der
Wurzel her (wobei Przywara darlegt, daß Aristoteles das damit inaugu-
rierte Programm letztlich doch nicht geschafft hat, indem er in der kyklo-
phoria teleios doch eine Schließung der Weltwirklichkeit rund zu ihr
selbst versucht) — und läßt zugleich die gemeinte Mitte als etwas Unangebbares stehen. Über das Apriori, von dem her diese Öffnung ihre positive und unverkrampfte Funktion bekommt und schließlich auch ihre positive Füllung, läßt Przywara keinen Zweifel. Es ist das Apriori des
»Deus loquens«.
Zum andern:
was kann dann nach Przywara das »intelligo ut credam« noch bedeuten?
Wenn, wie wir oben feststellten, im Verhältnis von Glauben und Denken der Glaube das Prius hat, wenn natürliche Theologie in strengem
Sinne gegenstandslos ist, wenn Glaube wie Unglaube totale Bestimmungen des Denkens sind, wenn schließlich das Denken des Glaubens anfangslos ist, so ist nach dem bisher Ausgeführten deutlich, daß dieser
Satz in sich *allein* nicht bestehen kann. Er ist nur verständlich im »Zusammen« mit dem »credo ut intelligam«, da nach Przywaras Verhältnis-
bestimmung das Denken positiv ist nicht nur insofern, als der Glaube
das Denken als wahres nicht unmöglich macht, sondern sofern er das
Denken im wahren Ansatz ausdrücklich »ermöglicht«, weil, wie Augustinus sagt, »das credere selber das intelligere enthalte, weil es als

menschlicher Akt sei cum assensione cogitare: cogitat omnis qui credit, et credendo cogitat et cogitando credit«[75].

Nachdem also deutlich geworden ist, daß im Zueinander der beiden Sätze »credo ut intelligam« und »intelligo ut credam« der erste Satz die »innerlich übergeordnete Form« ist, daß also im »intelligo ut credam« der gesuchte Glaube zu gleicher Zeit der schon vorausgesetzte Glaube ist, von dem das Suchen herkommt, stellt sich nun die Frage präziser: welchen Sinn hat es dann überhaupt noch, von einem »intelligo ut credam« zu sprechen?

Der Grund ist schlicht: die Analogie.

In der Analogie kommt die grundlegende Differenz zwischen Glauben und Erkennen zum Ausdruck: ihre *Eigengesetzlichkeit und ihre Bezogenheit.*

Der Glaube löscht das Denken nicht aus, bringt es nicht zum Verschwinden — das Denken macht den Glauben nicht überflüssig. Das ist die negative Seite, die Betonung der Differenz:

allo pros *allo.*

Die positive Seite ist das Zueinandergebundensein von fides und intellectus:

allo *pros* allo.

Beide Aspekte zusammen ergeben ein nicht auflösbares Spannungsverhältnis:

nicht *aus*-einander lösbar zum Verhältnis grundsätzlichen Widerspruchs: allo — allo. Ausdruck und Austragung des Widerspruchs zwischen Gott und Mensch ist das Kreuz Christi. Darum sind Glauben und Denken *jenseits* des Widerspruchs.

Nicht *in*-einander auflösbar, also *diesseits* der Identität:

pros ohne allo. Das wäre der versöhnende »dritte« Schritt in das »videre«, in dem die Differenz aufgehoben ist. Aber das ist keine innerzeitliche Möglichkeit, das gehört in das Kapitel »Eschatologie« oder der Alexandrinismen und Hegelianismen verschiedenster Schattierungen.

Die Konsequenzen sind für Przywara fundamental: kommt das Spannungsverhältnis zwischen Glauben und Denken nicht in solcher Weise zu seiner Ausdrücklichkeit, so springt dabei eine Überfremdung von der einen oder anderen Seite heraus: eine pseudophilosophische Theologie, die von theologiefremden Prämissen überfremdet ist, oder eine pseudotheologische Philosophie, die ihr Apriori verkennt oder verleugnet.

Wir wenden uns nun Barth zu mit der kritischen Reflexion des von ihm

---

75 a. a. O. S. 85.

apostrophierten einseitigen Verhältnisses zwischen Glauben und Verstehen nach der Methode: fides quaerens intellectum.

Barth hat bereits 1923 in der Auseinandersetzung mit Adolf von Harnack sein Anliegen in dieser Sache so artikuliert, wie es auch für die Kirchliche Dogmatik bestimmend geblieben ist. Wohl ist es noch ein weiter Weg von der dialektischen Theologie der Krisis, der Theologie des »schlechthinnigen Gegensatzes« von Gott und Mensch, der Theologie des nackten Kreuzes als des einzigen Schnittpunktes zwischen Gott und Welt — zu der christologischen Theologie des ertragenen und getragenen Kreuzes als der Versöhnung zwischen Gott und Welt. Aber in diesem Punkt ist Barth sich treu geblieben: der Gnadentat der Offenbarung Gottes in Jesus Christus korrespondiert keine Aktivität vom Menschen zu Gott hin. Auf die liberale Herausforderung v. Harnacks, der die »Offenbarungen in der Bibel« vermittelt sehen wollte durch »geschichtliches Wissen und kritisches Nachdenken«, durch Moral und Kultur, auf die Frage: »Sind Gott und Welt (Leben in Gott und weltliches Leben) schlechthin Gegensätze, wie ist eine Erziehung zu Gott hin, das heißt zum Guten, möglich? Wie aber ist Erziehung möglich ohne geschichtliches Wissen und Höchstschätzung der Moral?« antwortete Barth mit der betonten Einseitigkeit des Johanneswortes: »Niemand kann zu mir kommen, es ziehe ihn denn der Vater, der mich gesandt hat, und ich werde ihn auferwecken am jüngsten Tage.« Und nach der polemischen Rückantwort v. Harnacks, »daß mit dem Okkultismus jede Verachtung der Vernunft und Wissenschaft nach göttlicher Ordnung bestraft wird«, präzisiert Barth seine offenbarungstheologische Alternative zum liberalen Postulat eines Weges zu Gott: »Sie hatten ... gefragt, wie es zur ›Feststellung des Inhalts des Evangeliums‹ kommen könne ohne geschichtliches Wissen und kritisches Nachdenken ... Gibt es einen Weg zu *diesem* ›Inhalt‹, so muß der Inhalt selbst der Weg, die redende Stimme auch das hörende Ohr sein. Alle anderen Wege führen nicht zu diesem Ziel, alle anderen Ohren hören nicht diese Stimme. Daß nun Gott selber wie allein das Ziel, so auch allein der Weg *ist*, das ist, wie ich Ihnen gerne einräume, mir wie Ihnen ›total unverständlich‹, nicht nur ›Nebel‹, sondern, mit Luther zu reden, Finsternis. Würden Sie mir sagen, daß man an einen Weg Gottes *zu uns*, dem augenscheinlich kein Weg von uns *zu Gott* entspricht, (denn er ist immer wieder aufs Exklusivste der Weg Gottes *zu uns*), nicht ›glauben‹ könne, so könnte ich ... nur antworten, daß ich im Innersten meines Herzens genau so denke. Aber liegt es nicht, ganz abgesehen von dem, was die Bibel auf allen Seiten davon sagt, schon im *Begriffe* der Offenbarung, ... daß man sie nicht ›glauben‹ kann? Wäre es, wenn ›Offenba-

rung‹ etwa nur die Bezeichnung für eine höchste oder tiefste, aber immerhin *mögliche menschliche* Entdeckung sein sollte, nicht besser, auf dieses volltönende Wort zu verzichten?«[76] »Der Gegenstand des Zeugnisses aber ist von den Aposteln und Evangelisten selbst so sehr als Offenbarung, als Handeln Gottes selbst kenntlich gemacht, . . . daß von einer direkten geschichtlichen *Erkennbarkeit* der hier behaupteten geschichtlichen *Wirklichkeit* (der Offenbarung!) keine Rede sein kann.«[77]
Wenn also Offenbarung Offenbarung bleiben soll, was bleibt dann anderes übrig als ein klares Nein gegenüber allen Konzeptionen, nach denen der Bewegung Gottes zum Menschen in seiner Offenbarung eine Bewegung des Menschen zu Gott korrespondiert? Kann ein der Offenbarung Gottes gehorsames Denken anders verfahren als eben nach der Methode konsequenter »Einseitigkeit«, wie Barth sie verfolgt?
Die Frage mußte kommen: welchen Rang kann dann die Spontaneität der menschlichen Erkenntnis noch haben? Wenn man auch von Barth nicht geradezu behaupten kann: »über den Apriorismus . . . der spontanen Vernunft, des intellectus agens, verharrt er in tiefem Schweigen: hier ist das gefährliche Gebiet, denn hier liegt der Ursprung des ›Seinsbegriffs‹ und der ›analogia entis‹«[78] (was so auch für die analogia entis‹ nicht zutrifft), so wird doch die Spontaneität der menschlichen Erkenntnis zwar sehr exakt, aber auch sehr eng begrenzt. Sie kommt an Wirklichkeit nicht heran, sie enthüllt »Phänomene«, die Fülle des Möglichen. Und diese Phänomene sind »grundsätzlich neutral, relativ und zweideutig«. Und in bezug auf den Erkenntnisakt des Glaubens gilt: »Nur um das Begehen der Mittelstrecke zwischen der stattgefundenen Kenntnisnahme und der ebenfalls schon stattgefundenen Bejahung kann es sich . . . handeln, wenn fides quaerit intellectum«[78a]. So läßt sich zwar nicht sagen, daß Barth über den Apriorismus der spontanen Vernunft in Schweigen verharrt. Er ist sich der Tatsache genau bewußt, daß jeder Systematiker nicht nur, sondern auch jeder »schlichte« Bibelleser eine bestimmte Philosophie, einen Denkschematismus schon mitbringt und allem noch so objektiv sein wollenden Verstehen die Farbe der Subjektivität untrennbar anhaftet. Darüber soll im nächsten Kapitel mehr gesagt werden. Es ist aber deutlich, daß Barth der spontanen Vernunft in bezug auf Wirklichkeit-überhaupt und göttliche Wirklichkeit im besonderen jedes Vermögen konsequent abspricht.

76 Barth, Theol. Fragen und Antworten, S. 8, 11, 17, 21 f.
77 a. a. O. S. 23.
78 v. Balthasar, a. a. O. S. 173.
78a Fides quaerens intellectum, S. 24.

Läßt sich auf dem damit eingeschlagenen schmalen Wege gehen? Es ist in der Tat eine Gratwanderung, das Fußfassen auf einer Gletscherbrücke, wie v. Harnack mit seinem Blick aus Distanz richtig erspürte[79]. Läßt sich diese Mitte durchhalten, zur Linken im bewußten Verzicht auf irgendeinen »Aufhänger« in einem wenn auch nur approximativen Vermögen der spontanen Vernunft als anthropologischem Apriori, zur Rechten in der Abwehr eines Aposteriori, nach dem die Offenbarung und ihre Erkennbarkeit Institution geworden sind? Leistet Barth die unglaublich schwer einzuhaltende Mitte zwischen System und Fragment — das offene System? Kann er ein Haus bauen, das dennoch offen ist für Blitz und Donner — was eigentlich dem Wesen eines Hauses widerspricht? Läßt sich eine solch reine Form des Theologischen, dieser Punktualismus der höchsten Intensität vermählen mit der Extensität einer Inhaltsbreite, die zu entfalten jahrzehntelanges Schaffen erfordert — mit dem Ergebnis eines dreizehnbändigen Fragments? Dieser Balanceakt schließlich zwischen Metaphysik und Verkündigung, Gletscherbrücke mit täglich neuer Rutschgefahr nach rechts oder links?

Dieser letzteren Gefahr hat v. Balthasar mit besonderer Behutsamkeit und sensiblem Einfühlungsvermögen nachgespürt. Er sieht eine »Tendenz«, nicht mehr, aber doch deutlich dies, zur »Grenzüberschreitung«, eben vom offenen System zur geschlossenen Systematik[80]. Barths christologische »Engführung« mit seiner Beinahe-Deduktion der Anthropologie aus der Christologie behafte die Kirchliche Dogmatik mit einem Geruch von Metaphysik und Aufklärung. »Ist es wahr, daß Christus das Prius der Natur ist, dann ist er auch das Prius der Sünde, dann ist sein Kreuz nicht eigentlich durch die Sünde bedingt, sondern durch seine von Ewigkeit beschlossene Selbstentäußerung, die als solche den Rahmen für die Möglichkeit der Konzession des Sündenfalls bildet, aber auch als Klammer um alle mögliche Sünde gelegt ist, so daß mit einer nicht anzufechtenden Notwendigkeit eine letzte Verurteilung des Sünders unmöglich wird. Und der Christ wird angeleitet, sich jubelnd und strahlend auf das Jüngste Gericht zu freuen. Gottes Gnade wirkt ja ›unbedingt und unwiderstehlich‹ . . . Sind wir hier nicht hinter den Spiegel geraten, in den wir schauen sollten? Wird hier nicht dem lieben Gott in die Karten geblickt? Ist nicht das Geheimnis aufgeklärt, so gründlich, daß alle existentielle Verkleidung nicht daran hindern kann, daß es hier nach — Aufklärung riecht?«[81]

79 Barth, Theol. Fragen und Antworten, S. 31.
80 v. Balthasar, a. a. O. S. 255.
81 a. a. O. S. 255 f.

Eine überraschende Umkehrung der Problematik, wie man sie sonst zu sehen gewohnt ist, kommt hier in Sicht. Eine tückische Dialektik, deren Automatismus hier offenbar droht, daß ein ametaphysisches und antimetaphysisches Denken quasi durch die Hintertür in Metaphysik umschlägt.

Barth ist sich der Tatsache bewußt, daß der Feind, mit Nichtbeachtung gestraft, dadurch Vergeltung übt, daß er auf Schleichwegen die Herrschaft übernimmt. Und er gibt sich genau Rechenschaft über das Problem der Denkform in der Theologie.

Das Problem der *Denkform in der Theologie* ist demnach das Kernproblem, zu dem das Gegenüber Barth-Przywara führt.

Abschließend ist bezüglich des Verhältnisses von Glauben und Verstehen festzuhalten:

bei Przywara die betonte Offenheit eines Spannungsverhältnisses zwischen Glauben und Denken, das *Zueinander* (pros) des ganz *anderen* (allo), die *Bezogenheit* von *Eigengesetzlichem*.

bei Barth die betonte Geschlossenheit eines In-Seins von Denken *in* Glauben (bzw. Unglauben), die Funktionalität des Denkens für den Glauben, die *Einbezogenheit* der eigengesetzlichen Vernunft in die innere Gesetzmäßigkeit des Credo.

Nachdem die Weichen so gestellt sind, wird sich für Przywara und Barth jeweils eine ganz andere Methode des Denkens, eine andere Weise der Wahl der Denkform in der Theologie ergeben müssen. Und das schlägt sich konkret nieder in den Systemen. Diese Problematik der Denkform in der Theologie, wie sie sich bei Przywara und bei Barth darstellt, zu erheben und zu reflektieren, ist demnach der nächste Schritt dieser Untersuchung.

IV. Das Problem der Denkform in der Theologie

1. Analogik

a) Logik, Dialektik, Analogie

In welchem Sinne Przywara von »ens« spricht, wie er den Begriff von der Wurzel her analog faßt als »ist im nicht«, wurde bereits dargelegt[1]. Hier soll es besonders um die Bedeutung von »analogia« in der Verbindung von »analogia« und »ens« gehen, und zwar in genauer Unterscheidung und Bestimmung gegenüber »Logik des Seins« und »Dialektik des Seins«. Der Terminus »analogia entis« beinhaltet ein bestimmtes Zueinander von Akt und Sein. »Analogia« drückt ein »akthaftes Ordnen« einer gegenständlichen »Ordnung des Seins« (ens) aus. Es ist ein Ordnen nach Maßstäben, die ihr die genaue Mitte zwischen Logik und Dialektik zuweisen. »Akthaftes Ordnen« ist hier aber nicht nur intentional zu verstehen als »Aussprechen«, »Begreifen« oder »Vernehmen« in der Weise, wie man sich etwas oder jemand richterlich vornimmt und »verhört«. Sondern in »analogia« spricht sich »strukturhaft als ›Prinzip‹«[2], wie Przywara sagt, die »Ordnung des Seins« selber aus in rezeptiv gefaßtem »Vernehmen«.

Diese Ambivalenz zwischen intentionalem und rezeptivem Sinn durchzieht die gesamte Bedeutungsbreite des Wortes »logos«.

1. »Logos« besagt: *Sinn* und *Wort*. Als »Sinn« ist er etwas Vorgegebenes, das sich ins »nachgegebene« — also rezeptiv gefaßte — Wort hinein ausspricht. Als »Wort« ist logos Setzung, in der »Sinn« mitgesetzt wird.

2. Die gleiche Doppeldeutigkeit zeigt sich in den beiden Bedeutungen von »logos« als »Vernunft« und »Überlegung«. Als »Vernunft« ist »logos« der rezeptive Ort der Kundgabe von Sinn, als »Überlegung« hat

---

1   s. o. S. 37.
2   Analogia entis, S. 99.

der Terminus den Akzent auf dem aktiven »Sich-etwas-vernünftig-Vor-
nehmen«.

3. Als drittes Bedeutungspaar von »logos« nennt Przywara: »Sache«
und »Begriff«. In der Bedeutung von »Sache« ist das Sein sein eigenes
Offenbarsein. »Logos« ist »die Region . . . eines ›Seins als Sinn‹, das ›in‹
der (passiv gefaßten) Vernunft ›vernehmlich‹ ist. Wir haben damit geschichtlich die Seite Hegels, darin alle Logik als Logik des Seins erscheint
(›was ist, ist vernünftig‹).«
Als »Begriff« sagt »logos« das aktive Ergreifen und Begreifen der »Sache«, um sie »in den Griff« zu bekommen, handlich zu machen. Die aktiv
gefaßte, richterlich vornehmende Vernunft überführt spontan das Sein
als »Materie« in die Kategorien des reinen Sinns. »Hier haben wir geschichtlich die andere Seite Hegels, darin alles objektive Sein sich zurück-
führen muß auf die Aussage-Form des Urteils (in seiner Form von Identität und Trennung), mithin alle Struktur der Sache auf die Struktur des
(akthaften) Begriffs, so daß alle Struktur der Sache zuletzt als Erscheinungsform dieses Begriffs (in seiner dialektischen Bewegung) sich enthüllt.«[3]
Przywara geht also bei der Entfaltung der Sachproblematik von Logik,
Dialektik und Analogie von der Bedeutung von »logos« aus, die im nach-
heroischen, im klassischen Griechentum vorherrschend war[4]. In diesem
Sinne gibt die oben referierte Bedeutungsskala die Spannungsbreite im
Begriff »logos« exakt wieder, wie die Nachprüfung zeigt.
Die Frage ist nun: welche Weise eignet dem Gegebensein des »Sinns von
Sein«, der »Sache«, des »Seins selbst« im menschlichen Wort, in der Ver-
nunft, im Begriff?
Wird diese Gegebenheit des Sinns von Sein als eine unmittelbare und
direkte verstanden, so folgt daraus die Denkform der reinen Logik. Reine
Logik ist eine Form des Denkens, in der der »logos« von Sein unmittel-
bar-gradlinig ausgesprochen wird bzw. sich selber ausspricht. Darum
fehlt hier die unterscheidende Vorsilbe »dia . . .« oder »ana . . .« Es ist das
Ideal der reinen Metaphysik, ein Wissen um die Dinge und ihr Wesen,
wie Gott um sie weiß. Ungebrochene Logik ist geformt nach dem Ideal
des göttlichen Wissens, das von sich her »alles begreift und darum die
Fülle der Realität von ihrer Idee aus«[5].
In Gegensatz dazu tritt die Dialektik, die eben das zum Ort des Denkaktes nimmt, was als Hindernis und Einwand gegen die Denkform der rei-

---

3 a. a. O. S. 100.
4 Debrunner in: Theol. Wörterbuch zum NT, Bd. IV, S. 73 f.
5 Analogia entis, S. 101.

nen Logik steht: das Denken vollzieht sich zwischen Möglichkeiten, die zueinander gegensätzlich sind.

Dabei kann das »dia . . .« in »Dialektik« zweierlei bedeuten: es kann einmal die Bedeutung von »zer . . .« haben als »auseinander . . .« (z. B. diairéo = auseinandernehmen). Dann liegt die Betonung auf der Unlösbarkeit und Unvereinbarkeit der Gegensätze. Der Widerspruch bleibt unversöhnt. Darin liegt der schärfste Gegensatz zur reinen Logik. Dies ist, so sagt Przywara, das Besondere der Dialektik Platos. Ihr Kennwort ist die »Aporie«, in der alles positive Wissen aufgehoben wird in das »Wissen des Nichtwissens«. Aporie ist hier nicht Durchgangsstadium auf dem Wege zu einer Lösung, sondern sie ist selbst die angemessene Weise des Wissens. Es ist die Art von Dialektik, »die in Kierkegaard folgerichtig ihre Auferstehung hat«.

Davon ist die dynamische Dialektik zu unterscheiden. In ihr hat »dia . . .« die Bedeutung von »durch . . .« »Alle Kenntnis der Gegensätze zielt hier in eine solche Ordnung der Gegensätze, daß diese Ordnung selber das zwingendste logische Beweisverfahren wird.« Das ist das Besondere der aristotelischen Dialektik, deren folgenrichtigste Repristination Przywara in Hegels Philosophie sieht. »Wird das noch, wie Hegel es tut, bis zu der Raffinesse ausgebaut, daß ein ›Widerspruch‹ der Gegensätze . . . die ›Identität‹ des einen Logos offenbart«, dann zeigt sich, daß Dialektik eben darum in der platonischen Aporetik so scharf gegen die reine Logik tritt, um in der aristotelischen Syllogistik in eine um so unbedingtere Einheit mit ihr zurückzufallen. »Es ist gespannter Abstand zu leidenschaftlicherem Zurückschnellen.«[6]

Es zeigt sich also hier das von Przywara oft apostrophierte Grundgesetz des Umschlags zwischen (ontisch) Identität und Widerspruch bzw. (noetisch) Logik und Dialektik. Es gibt demnach kein Denken oder Sein des Menschen, das nicht a priori theologisch qualifiziert wäre als erlöstes oder unerlöstes, als Gott gegenüber gehorsames oder trotzig aufbegehrendes. Logik und Dialektik sind die Extreme eines gradlinig-ganzen Gelingens und eines totalen Scheiterns, Seligkeit »mystischen Verschmelzens«[7] und Nacht verzweifelter Distanz.

Przywara sucht den dritten Weg, die schwerste Mitte: Logik »ist ein Sich-hinweg-Täuschen in die göttliche Region. ›Dialektik‹ ist an und für sich ›kreatürlicher Realismus‹, aber im Taumel der Unerlöstheit zwischen trotzigem Sich-abscheiden (in die eigene Nacht der Gegensätze) und leidenschaftlichem Verschmelzenwollen (als Sich-bemächtigen-Wollen,

6 a. a. O. S. 102.
7 a. a. O. S. 103.

nicht Sich-unterwerfen). ›*Analogie*‹ ist der innere Ausgleich dieser Ver-
wirrtheit: des trotzigen Sich-abscheidens zum demütigen Sich-unter-
scheiden, und des leidenschaftlichen Verschmelzen-wollens zum liebenden
Sich-übergeben. So wird sie zur Aufhebung des Gegensatzes zwischen
Logik und Dialektik: weder ›logische Dialektik‹ (die, mit Hegel, die Dialektik zu einer Logik des Göttlichen macht) noch ›dialektische Logik‹ (die,
mit Heidegger, alle Wahrheit nur als Bewegtheit der in sich autonomen
Kreatur kennt), sondern ›kreatürliche Logik‹.«[8]
Für diesen Sinn von Analogie als Mitte ist entscheidend die Doppeldeutigkeit von »ana . . .« im Begriff »Analogie«. Es kann sowohl besagen:
»nach der Reihe« als auch, mit »ano . . .« zusammengehörend: »oben
hinauf«. Przywara verdeutlicht das am Beispiel der Redewendung »anà
potamón«: sie besagt als Bewegung zur Quelle, zum Ursprung hin:
»flußaufwärts«. »Auf der andern Seite aber wirkt sich das im Oben ste-
hende Prinzip selber in die Reihung aus, da ja alle Reihung ›gemäß‹ ihm
erfolgt.«[9] In »Analogie« gehen also das vertikale »Oben« und das horizontale »der Reihe nach« zusammen, und zwar in der Weise, daß sich das
»Oben« in das Reihungsgesetz auswirkt. Um das Bild wieder aufzunehmen: die Strömung der Quelle (oben) ist im Strömen des Flusses (der
Reihe nach) wirksam, und so kann man an der Strömung die Richtung
zur Quelle (nach oben hin) zurückverfolgen. Freilich darf dieses Bild von
Quelle und Fluß nicht gepreßt werden, da eben das »Oben« hier allenfalls ein diagonales »Oben« sagt, während das »ano . . .« in »Analogie«
ein vertikales »Oben« meint. B. Gertz spricht darum zutreffend vom
»Koordinaten-Kreuz« der Analogie, und es ist ihm zuzustimmen, wenn
er die »ana . . . — ano . . .-Formel« als eine zugleich theologische und philosophische Formel interpretiert[10].
Fragen wir also, auf welche Weise der »Sinn von Sein«, das »Sein-selbst«
für das Denken gegeben ist, so ergeben sich folgende Bestimmungen:
Reine Logik akzentuiert das Verhältnis als In-Sein. »Denken ist als In-
Sein des Logos ›Logos im Vollzug‹.« Dialektik akzentuiert das Verhältnis als »dia . . .« im doppelten Sinne dieser Vorsilbe: »Denken ist als Widerspruch (diá als ›zer‹) zum (reinen) Logos der Durchbruch (diá als
›durch‹) eben dieses Logos.«
Demgegenüber wird in der Analogie das Verhältnis wie folgt bestimmt:
»Denken ist als distanzierter Gehorsam zum Logos (aná als ›gemäß‹
einem ›Oben‹) das Alles-Durchwirken des Logos (aná als ›ordnendes

8 a. a. O.
9 a. a. O.
10 Gertz, a. a. O. S. 209

Oben‹).« Der dritte Weg gegenüber der »Identität von Anfang zu Ende«
und der »Identität in Widerspruch« ist demnach das »Sich-richten im
Gerichtetsein«[11].

Es bleibt nun zu zeigen, wie die so gefundene Denkform das Denken
von der Wurzel her öffnet und theologisch qualifiziert. Damit sichtbar
wird, daß dies nicht nur ein bloßes Axiom ist, sondern ein Arbeitspro-
gramm, das sich am konkreten Gegenüber bewähren will. Dies ließe sich
zeigen am Beispiel der Auseinandersetzung Przywaras mit Luther, auch
mit Hegel, Nietzsche, Heidegger u. a. Wir folgen hier Przywaras Interpretation von Plato und Aristoteles in ihrer Beziehung zu und Abhebung
gegen Augustinus und Thomas von Aquin.

Die Absicht, die uns dabei leitet, ist die gleiche wie bei der Darstellung
der Barthschen Anselminterpretation. Es ging mir dort nicht um die
Theologie Anselms und die Frage, ob und wieweit Barth sie angemessen
interpretiert, sondern nur um die spezielle Weise der Barthschen Anselm-
Rezeption. Ebenso soll es hier nicht um die Philosophie von Plato und
Aristoteles als solche und um die Theologie von Augustinus und Thomas gehen und um die Frage, ob und wie weit sie zu ihrem Recht kommen und angemessen interpretiert werden. Diese Frage wird hier bewußt
ausgeklammert. Es geht hier lediglich um den Aufweis der Art, wie Przywara Plato und Aristoteles rezipiert und kritisiert, wie *er* die Gewichte
in der Theologie des Augustinus und Thomas verteilt.

b) Erlösung des Denkens

In seiner Plato-Interpretation will Przywara zeigen, wie sich bei Plato
alles dreht um die Bestimmung einer analogen Mitte zwischen den Extremen des absoluten Wandels zwischen Widersprechendem und der absoluten Identität. Und er verwendet alles Augenmerk darauf, wie bei
Plato diese Mitte gedacht ist.

Przywara orientiert sich dabei an vier zentralen platonischen Begriffen
bzw. Begriffspaaren, »Systemformeln«, wie er sagt[12].

Die erste Systemformel ist das Begriffspaar »Urbild — Abbild« (παράδειγμα — εικών). Urbild und Abbild sind zueinander und ineinander gebunden in einer analogen Mitte, so nämlich, daß die Urbilder (εἴδη, παράδειγμα) drinstehen in der Natur (εἴδη . . . ὥσπερ παραδείγματα ἑστάναι
ἐν τῇ φύσει)[13], als Formen, die in den ungestalteten Stoff der Natur ein-

---

11 Analogia entis, S. 104.
12 a. a. O. S. 143.
13 Plato, Parmenides 132d.

greifen. Auf welche Weise, das wird deutlicher in der zweiten Systemformel Platos:

»Grenze — Unbegrenztes« (πέρας — ἄπειρον). Die Urbilder sind das Begrenzende gegenüber dem chaotisch Unbegrenzten. Sie formen die ungestaltete Natur zu einer »Natur im rhythmischen Maß« (ἔμμετρον καὶ ἅμα σύμμετρον)[14].

Die dritte Plato-Formel akzentuiert die Mitte des Drin-Stehens und des rhythmischen Maßes weiter als dynamisches Zusammenschießen: es ist das Wort ἐξαίφνης, von Przywara übersetzt als »unerwartete Plötzlichkeit des Augenblicks«, in der sich das Gegensätzliche zusammenbindet. Ruhe und Bewegung, Sein und Vergehen, Eines und Vieles, Gleiches und Entgegengesetztes binden sich zu einer »blitzartig neutralisierten Mitte«[15].

Dazu tritt als vierte Formel ergänzend der ἔρως, die in die Welt des Werdens und Vergehens hineinwirkende »Fruchtbarkeit« zu einer ewig (ἀειγενές . . . καὶ ἀθάνατον) sich regenerierenden innergeschöpflichen Wandlung[16].

In allen vier Formeln kommt also zunächst eine horizontale Ebene in den Blick, auf der sich Gegensätzliches wie Materie und Form, Grenze und Unbegrenztes zu einer dynamisch geordneten Mitte zusammenbindet. Es ist eine innergeschöpfliche Ebene als betontes »Zwischen« (μεταξύ) zwischen reinem Sein und Nichtsein, und dies horizontal und dynamisch mit Tendenz ins Unendliche des geschöpflichen Werdens. Es ist demnach eine Analogie als Mitte mit dem betonten Sinn des »ana . . .« als: »der Reihe nach«.

Einen neuen Akzent aber bekommt die so bestimmte Mitte des geschöpflichen Seins durch die Weise, wie sie sich bei Plato begründet: als »unbewußtes Zu-fallen von oben her« (λελήθαμεν . . . εἰς τὸ μέσον πεπτωκότες)[17].

Von daher bekommt auch die Formel »Urbild-Abbild« eine andere, vertikale Dimension hinzu. Denn die Urbilder stehen zwar in der Natur drin, aber das Reale ist doch wesenhaft nicht nur »nach oben zu«, sondern »von oben her«. Denn die Realität ist real kraft ihrer Teilnahme (μέθεξις)[18] am transzendenten Wesen der Urbilder. Das Reale ist demnach »Ikone«, Ausstrahlung eines Transzendenten.

---

14 ders., Philebus 26a.
15 ders., Parmenides 156e—157b, übersetzt von Przywara, analogia entis, S. 144.
16 ders., Symposium 206e.
17 ders., Theaetetus 180e.
18 ders., Parmenides 132d.

Dasselbe gilt für die zweite Formel: »Grenze-Unbegrenztes«. Sie ist auf
dem Hintergrund der pythagoreischen Zahlenlehre zu interpretieren. Der
Gegensatz zwischen reiner Form und bloßem Stoff, der sich im Realen
zusammenbindet zu einer »Natur im rhythmischen Maß«, ist der Gegensatz von Zahl und Materie. Zahl als Form der Natur ist Auswirkung der
Einheit, Materie dagegen ist die gegensätzliche Vielheit. Sofern aber
Zahl »Auswirkung der Einheit« ist, ist sie »von oben her«, »so sehr, daß
das Rhythmische als solches das Göttliche ist«[19].
Noch deutlicher ist der Transzendenzbezug in der Formel ἐξαίφνης; sie
meint nicht zuerst die punktuelle Grenze zwischen »war« und »wird« im
»ist«, sondern ist eher dem kierkegaardschen Begriff des »Augenblicks«
verwandt und demnach als »Einfall der Ewigkeit« zu verstehen.
Ebenso sagt der »Eros« nicht nur das »Jagen zur Schönheit an sich« »der
Reihe nach hindurch durch alles Einzel-konkrete«, sondern den transzendenten Zug von dieser »Schönheit an sich« her, der dieses Streben erst
hervorruft[19a].
Das »Koordinatenkreuz« der Analogie wird also sichtbar: die Mitte, die
in den vier Plato-Formeln angezeigt ist, ist nicht nur die horizontale
Ebene des »der Reihe nach . . .«(ana . . .), sondern der Transzendenzbezug scheint durch, ein irgendwie vorausliegendes »von oben« und »nach
oben« (ano . . .) kommt in den Blick.
Die Frage ist aber, wie dieses »Oben« bei Plato erscheint. Und hier läßt
sich kein eindeutiges Bild gewinnen. In der Urbild-Abbild-Formel erscheint Gott einerseits als das Ur-Schöpferische *in* den Urbildern. Andererseits wird sein Wirken als »Blicken auf« die bereits vorliegenden Urbilder interpretiert[20]. Was also ist das Primäre: die Existenz eines »lebendigen Gottes« (παντελεῖ ζῴῳ)[21] oder das ideale »an sich« der Ideen?
Ähnlich stellt sich die Frage im Blick auf die anderen drei im besonderen
Sinne dynamisch-rhythmischen Plato-Formeln: Grenze-Unbegrenztes,
Plötzlichkeit, Eros. Einerseits ist Gott das »Maß aller Dinge« (ὁ δὴ θεὸς
ἡμῖν πάντων χρημάτων μέτρον[22]), andererseits steht er im rhythmischen
Sich-Durchdringen der Gegensätze als »Einende Ursache« (αἰτία συμμεί-
ξεως) polar einer scheidenden Ursache (αἰτία διαχρίσεως) gegenüber[23].
Unter diesem Vorzeichen zweier sich widerstreitender Ursachen bekommt

---

19 ders., Leges 716c–d, übersetzt von Przywara, analogia entis, S. 145.
19a Analogia entis, S. 145.
20 a. a. O.
21 Plato, Timaeus 31b.
22 ders., Leges 716c–d.
23 ders., Philebus 23d.

die platonische Analogie das Merkmal des unsterblichen Kampfes: »wir
sagen, es ist ein unsterblicher Kampf . . . Unsere Mitkämpfer sind zugleich die Götter und die Dämonen.« »Wir aber wiederum sind zugleich
Besitz der Götter und der Dämonen.«[24] Die Unsterblichkeit ist also nicht
eigentlich Gott, sondern der »unsterbliche Kampf«.

Im Lichte der vier oben genannten Plato-Formeln bekommt aber dieser
Kampf ein besonderes Gesicht: nämlich den eines künstlerischen Rin-
gens. Das »Urbild« (εἴδη, παράδειγμα) erscheint als die künstlerische
Idee, die bildhaft, wenn auch unvollkommen, verwirklicht wird, indem
der bloße Stoff, die gestaltlose Materie (ἄπειρον) eingegrenzt wird (πέρας). Die »Augenblick«-Formel akzentuiert das künstlerische Geschehen
als intuitiven »Einfall«, als Aufblitzen der Idee. Die »Eros«-Formel be-
leuchtet dasselbe als »Empfängnis und Geburt«. Auf solche Weise bekommt der Kampf als künstlerisches Ringen Unsterblichkeitscharakter,
denn im Akt des Werdens, Schaffens und Entstehens liegt sein Reiz,
während das Gewordene immer auch das »Erledigte« ist.

Zusammenfassend sagt Przywara, daß die herkömmliche Bezeichnung
der platonischen Philosophie als »ideale Exemplarität« zwar einseitig
sei, insofern darin nur die Dimension des Soseins genannt ist und der
Dimension des faktischen Daseins (des horizontalen ana . . .) keine Be-
achtung geschenkt wird. Aber als Richtung und Gesamttendenz des platonischen Denkens sei sie zutreffend für die Bezeichnung der »Tendenz
zur unmittelbaren Realsetzung der Idee«, der Richtung vom Realen weg
ins Ideale. Es ist Analogie, in der das »ana . . .« und das »ano . . .« nicht
eigentlich im Gleichgewicht sind, sondern »in der das ›ano . . .‹ nur als
›Stachel‹ im ›ana . . .‹ steckt«[25]. Das ἀνά ist vorgeordnet, denn es zielt alles
auf eine möglichste Immanenz des Geschöpflichen. Es ist aber eine Immanenz, die sich verklärt ins Ideale eines Kampfes, der Unsterblichkeitszüge trägt. Darin wird die Waagerechte nicht eigentlich gesprengt durch
die Senkrechte, sondern eher »gedehnt«. Das »ana . . .« der immanenten
Geschöpflichkeit wird durch das transzendenzbezogene »ano . . .« nicht
geöffnet, das Geschöpf bleibt in sich selbst verschlossen: es ist »progres-
sive Analogie des Innergeschöpflichen (in einen heroischen Idealismus)«[26].

Während der Analogie-Begriff bei Plato nur am Rande sich findet, hat
er bei Aristoteles zentrale Bedeutung.

---

24 ders., Leges 906a, übersetzt vom Verfasser.
25 Analogia entis, S. 149.
26 a. a. O. S. 161.

Im Anschluß an die Aufstellung des Satzes vom Widerspruch[27] setzt sich
Aristoteles mit den Leugnern der Gültigkeit dieses seines Ur-Axioms
auseinander. Voraussetzung für eine Diskussion, so sagt Aristoteles, ist
allerdings, daß die Diskussionspartner mit demselben Wort auch dasselbe
meinen[28]. Sofern sie mit demselben Wort inhaltlich etwas anderes meinen, so muß man dafür ein anderes Wort finden. »Der Hinweis, daß ein
Wort mehrere Bedeutungen habe, würde nichts ausmachen, wenn nur
die Bedeutungen zahlenmäßig genau bestimmt sind: man könnte dann
ja für jeden Begriff einen besonderen Namen festsetzen . . . Könnte man
das nicht tun, weil die Bedeutungen des Wortes angeblich der Zahl nach
unbegrenzt sind«, d. h.: jedem Wort nur Vieldeutigkeit und keinerlei
Eindeutigkeit zukommt, »so gäbe es offenbar überhaupt keinen Begriff.
Denn nicht *eines* bezeichnen heißt gar nichts bezeichnen. Wenn aber
Worte nichts bezeichnen, so ist jedes Diskutieren miteinander aufgehoben, ja in Wahrheit auch jedes Diskutieren mit sich selbst. Man kann gar
nichts denken, wenn man nicht *eines* [ἕν] denkt. Kann man aber eines
denken, so wird man der gedachten Sache auch *einen* Namen geben
können«[29].
Im vierten Buch der Metaphysik bestimmt Aristoteles genauer, unter
welchen Hinsichten etwas als »eines« bezeichnet werden kann — und
hier kommt er zu Definitionen, die für den Analogiebegriff Przywaras
von fundamentaler Bedeutung sind. »Weiterhin sind manche Dinge der
Zahl nach eines, andere der Gestalt [εἶδος] nach, wieder andere der
Analogie nach. Der Zahl nach eines sind die Dinge, deren Stoff [ὕλη]
einer ist, der Gestalt nach eines die Dinge, deren Begriff einer ist, der
Gattung [γένος] nach eines die Dinge, bei denen die Form [μορφή] des
Ausgesagten eine ist, der Analogie nach eines zwei Dinge, die sich
zueinander verhalten wie ein anderes zu einem anderen [ὡς ἄλλο πρὸς
ἄλλο]. Immer aber folgt aus dem Früheren das Spätere.«[30]
Analogie in diesem Sinne: als Zueinander von Verschiedenem, wobei
eben die Analogie das Mittlere ist, in dem sich das Unterschiedene auf
ein und derselben Ebene zugleich voneinander (ἄλλο) scheidet und zueinander bindet (πρός), hat demnach den betonten »horizontalen« Sinn des
»ἀνά« als »der Reihe nach«. Hierin liegt das besondere Merkmal aristotelischen Denkens: es geht auf die möglichste Geschlossenheit, möglichst
vollständige Erklärung und Beschreibung der Horizontale, die in sich

27 Aristoteles, Metaphysik 1005b/17—34.
28 a. a. O. 1006a/19 ff.
29 a. a. O. 1006a/36—1006b/11.
30 a. a. O. 1016b/32—35.

selbst besteht und sich selbst genügt. Aristoteles will also möglichste
Immanenz ohne Transzendenz. Und Przywara richtet sein ganzes Augenmerk darauf, wieweit dies gelingt, an welchen Stellen die glücklichen,
systemsprengenden Inkonsequenzen auftreten, wo Aristoteles sich selbst
untreu werden muß und unterhalb und oberhalb des »ἀνά« das »ἄνω«
aufbricht.

Aristoteles will die gesamte Wirklichkeit um eine Mitte zusammenbin-
den zu einer dynamisch geschlossenen Einheit. Er kritisiert, wie bei den
Platonikern die Wirklichkeit auseinanderfällt in unverbundene Gegensätze. Die Platoniker »lassen alle Dinge aus Gegenteilen hervorgehen.
Aber es hat hier weder mit ›allen Dingen‹ noch mit dem Hervorgehen
›aus Gegenteilen‹ seine Richtigkeit; alle diese Denker sagen uns auch
nichts darüber, wie denn nun die Dinge, an denen Gegenteile bestehen,
aus diesen Gegenteilen entstehen könnten: denn Gegenteile können einander nicht affizieren«[31]. Es fehlt das verbindende Dritte: »für uns löst
sich das Problem zwanglos durch die Annahme, daß es etwas Drittes
gibt.«[32] Daß für die Platoniker die Wirklichkeit auseinanderfällt in Gegensätzliches, das allerdings durch »Teilhabe« verbunden sein soll (ein
Wort, das Aristoteles gar nicht mag: »was aber nun diese Teilhabe oder
diese Abbildung der Gestalten eigentlich ist, das überließen sie anderen
zur Untersuchung«[33]), das liegt daran, daß sie nur zwei Ursachen kennen:
die formale Ursache (die Gestalten, εἶδος) und die materiale Ursache (den
Stoff, ὕλη). Es fehlt das verbindende Dritte: die Bewegung, ihr Woher und
Wohin. »Bei den Entstehungen, bei den Handlungen und bei allen Verän-
derungen sprechen wir uns dann Wissen zu, wenn wir die Quelle der
Bewegung kennen; diese aber ist vom Endziel verschieden und ihm entgegengesetzt.«[34] Es müssen also folgerichtig vier Ursachen angenommen
werden: Form- und Materialursache, Wirk- und Zweckursache. Die
eigentliche Mitte aber, um die sich alles dreht, ist der Koordinatenschnitt-
punkt der vier Ursachen:

31 a. a. O. 1075a/28—31.
32 a. a. O. 1075a/31—32.
33 a. a. O. 987b/13—14.
34 a. a. O. 996b/23—25.

Damit sind die Weichen gestellt: einerseits der Kampf gegen Plato »für die innere Geschlossenheit der Welt des sinnenhaft Einzelnen«[35]. Nicht »Teilnahme« ist das Stichwort, sondern »Einwohnung«, in der Idee und Realität eins werden.

Andererseits gerät diese scheinbar äußerst statisch-geschlossene Welt in die Bewegung, ins »rhythmische Schwingen«, wie Przywara sagt[36], da die Mitte das Analoge ist (τὸ γὰρ ἀνάλογον μέσον[37]), also Mitte zwischen anderem und anderem, das keine Gemeinsamkeit nach Zahl, Art oder Genus hat.

In welcher Richtung ist nun aber Aristoteles zu interpretieren? In Richtung auf Statik, innere Geschlossenheit, also vom Analogen zur Mitte hin? Oder in Richtung auf Dynamik, Bewegung, von der Mitte weg zum Analogen? Przywara unternahm beides, indem er den Satz, den er als den aristotelischen Schlüsselsatz ansieht: »τὸ γὰρ ἀνάλογον μέσον« (das Analogiehafte ist das Mittlere) in der Richtung vom Analogen zum Mittleren hin und in der Richtung vom Mittleren zum Analogen hin interpretiert. Von diesem Zentralsatz aus schließt Przywara die Gesamtproblematik des Aristotelischen auf.

Denn einerseits bemüht sich Aristoteles in besonderer Wendung gegen Plato, die Qualitätsfülle des Wirklichen insgesamt möglichst fest um eine Mitte zusammenzubinden zu einer inneren Ausgemessenheit. Deshalb quantifiziert er die Qualitätsfülle bis zum Äußersten, um des »grenzlos Auseinanderfließenden ›Herr‹ zu werden«[38]. Andererseits gerät ihm dieses scheinbar bis zum Äußersten statisch gewordene Weltbild ins Schwingen, »über alles Bestimmbare hinaus«[39], und oberhalb und unterhalb des Bewältigten und Zusammengebundenen brechen die Grenzenlosigkeiten auf. Im betonten und angestrengten »ἀνά« der immanenten Geschlossenheit meldet sich also das aufsprengende, öffnende »ἄνω« der »vertikalen« Analogie, wenn auch wider Willen.

Mit großem Scharfblick verfolgt nun Przywara, wie Aristoteles dieser Konsequenz zu entgehen versucht durch seinen Begriff von »Bewegung«. Denn in der »Bewegung« bindet Aristoteles die grenzenlos dynamisch auseinanderfließende Wirklichkeit zu ihr selbst zurück. Er biegt sozusagen die scheinbar zwingend folgende Vertikale wieder ins Immanente zurück. Das zeigt schon der gesamte »Eindruck der aristotelischen Schrif-

---

35 Analogia entis, S. 149.
36 a. a. O.
37 Aristoteles, Ethica nikomachea 1131b/11.
38 Analogia entis, S. 154.
39 a. a. O. S. 151.

ten: die angespannte Energie des genauen ›Festlegens‹ (gegenüber ›pla-
tonischer Poesie‹), — aber zu einer letzten Hilflosigkeit des grenzenlosen
Verschwimmens ins Unendliche. Es ist ein immer neues bewegtes ›Auf-
spalten‹ und ›Abspalten‹, zu immer neu bewegtem ›Ablaufen‹. Es wird
geradezu zur formalen Selbstzwecklichkeit der ›Bewegung an sich‹«[40]. So
tritt dem platonischen »unsterblichen Kampf« die »ewige Bewegung in
sich selbst ins Unendliche« (κυκλοφορία τέλειος) gegenüber. Und dem ontischen kosmischen Kreislauf des Seins entspricht der noetische Kreislauf: das »Denken des Denkens« (νόησις νοήσεως). Nicht nur dies. Vielmehr hat der kosmische Umlauf des Seins im geistigen Umlauf sein
Kraftzentrum, »weil hier sein Prinzip am geballtesten ist: aus sich selbst,
in sich selbst, zu sich selbst«[41].
Der aristotelische Begriff des Seins muß hier noch etwas genauer verfolgt
werden, weil es hier um die innerste Bewegung des Seins als solchen sich
handelt, die Bewegung, in der es als Sein geschieht. An ihm läßt sich
darum am besten die zentrale Problematik der aristotelischen Metaphysik verfolgen.
Die »Bewegung« vollzieht sich nach Aristoteles in der Analogie zwischen Möglichkeit (δύναμις) und Verwirklichung (ἐνέργεια). Diese Analogie ist dreifach akzentuiert: einmal liegt die Betonung auf der »geball-
ten Möglichkeit« (δυνατόν als ἔχον κινήσεως ἀρχὴν ἢ μεταβολῆς[42]). Hier
ist die Analogie in der Bewegung also gesehen als »schöpferisch von unten nach vorwärts«. Sodann liegt die Analogie in einem genauen »Zwischen« von Möglichkeit und Verwirklichung als »nicht vollendete Verwirklichung«, die sich von vorwärts gesehen als »nicht vollendetes In-
sich-Zielen«, von rückwärts als ein »scheinbar Grenzenloses« gibt[43].
Der dritte Akzent der Analogie betont den »Antrieb von außen« von
einem »bereits Wirklichen« (ὄν) her. Alle Bewegung des Seins kommt
also letztlich nicht von etwas »ewig Möglichem« her, sondern es liegt
ihr ein »ewig Wirkliches« zugrunde, von dem her der durch das Spiel
der Gegensätze bedingte Kreislauf erst in Gang gesetzt wird.
Dieses ganze Geflecht von »geballter Möglichkeit«, die den Anfang der
Bewegung oder Veränderung enthält, von vollendeter Verwirklichung,
die die zeitliche Mitte des »Jetzt« zwischen Anfang und Ende bezeichnet
(in der sich Anfang und Ende zugleich treffen und voneinander schei-

---

40 a. a. O. S. 154 f.
41 a. a. O. S. 156.
42 Aristoteles, Metaphysik, 1019a/34.
43 ders., Physica 257b/8, übersetzt von Przywara, analogia entis, S. 156.

den[44]) und einem immer bereits wirklichen »Ersten«, dies alles findet seinen konzentrierten Ausdruck im aristotelischen Begriff des »καθό-λου«.

Die lateinische Übersetzung des Begriffs mit »universale« gibt die Bedeutung nur teilweise wieder, insofern »universale trans rem« das griechische »εἶδος« wiedergibt, während das (καθόλου) »universale *in* re« meint. »Für Aristoteles aber sagt καθόλου, daß εἶδος überflüssig sei.«[45] Das »καθόλου« enthält zwei Bedeutungsvarianten in sich: einmal das »an sich« (καθ᾽ αὐτά), sodann das »in allem« (κατὰ παντός).

Als »in allem« beschließt καθόλου die ganze Spannungsbreite in sich zwischen einem »Was«, das in sich ein Ganzes, Wesenhaftes, Notwendiges ist — und dem »Alles« der Vielfalt des bloß faktisch Vorhandenen. Diese Spannung ist noch deutlicher durch das »an sich« als zweiten Bedeutungsakzent des καθόλου. Denn dieses erscheint »geradezu platonisch: als ›Selbigkeit in sich selbst als es selbst‹.«[46] Aber wie verhält sich dieses Identische zu dem jeweils Konkreten, Einzelnen, Besonderen, das hier der eigentliche Gegenbegriff ist? Das »jeweils Jegliche« kann »schwer anders gefaßt werden denn als das ›jeweilig das Jegliche sein‹ dieser ›Selbigkeit in sich selbst‹«[47]. Aber dieser Vorgang erscheint bei Aristoteles zweideutig. Einmal erscheint diese Bewegung des »an sich« ins Einzelne-Konkrete als Abgleiten von Notwendigkeit zu rein praktischer Vorhandenheit zu Zufall[48]. Andererseits ist es die Bewegung der Verwirklichung eines »nur« Möglichen, weil καθόλου nur Möglichkeit ist, das καθ᾽ ἕκα-στον aber bestehendes Sein (οὐσία).

An diesem Punkt, wo es um die Bewegung des Seins als solchen geht, zeigt sich die ganze Rätselhaftigkeit der aristotelischen »Bewegung« im »Kreisumschwung«. Denn einerseits differenziert Aristoteles sehr genau zwischen der Sphäre ewig-notwendigen Seins und der Sphäre faktisch-konkreten vergänglichen Seins, die geradezu als sinnvoll-notwendig und sinnlos-zufällig im Widerspruch zueinander stehen. »Dann aber wieder werden beide Sphären in eine Sphäre ›notwendigen Seins‹ gebunden: es gibt nicht den platonischen Gegensatz zwischen der ideativen Unvergänglichkeit ... und der Vergänglichkeit des faktisch konkreten Seins ..., sondern Notwendigkeit ist ein Abstraktum, das sich seins-konkret in unvergänglich-notwendigem und vergänglich-notwendigem Sein dar-

---

44 a. a. O. 251b/20—22, übersetzt von Przywara, analogia entis, S. 156 f.
45 Analogia entis, S. 157.
46 a. a. O. S. 158.
47 a. a. O.
48 a. a. O.

stellt . . . Die seins-konkrete Einheit beider ist dann der ewige Bewe-
gungs-Umschwung selber, dem das unvergänglich notwendige Sein«
dienstbar ist[49]. Die platonischen Gegensatzpole: Notwendigkeit und
Vergänglichkeit fallen also in der aristotelischen Bewegung des Kreis-
umschwungs in eine Einheit zusammen. Widersprechendes wird von
Aristoteles in die Einheit einer Dynamik der Bewegung zusammen-
gezwungen.

Und hier ist Przywara am Ziel seiner Interpretation: diese Widerspruchseinheit zwischen dem Ganzen und dem jeweils Einzelnen, zwischen Not-
wendigem und Vergänglichem ist in sich explosiv. An diesem äußersten
Punkt des Durchhaltenwollens der horizontalen Analogie muß die Vertikale, wenn auch wider Willen und gegen die Intention des ganzen Systems aufspringen. Und Przywara findet die glückliche, weil nicht zu
vermeidende Inkonsequenz in einem Wort, das für Aristoteles keineswegs zentrale Funktion hat, sondern eher beiläufig verhandelt wird: das
Wort »κολοβόν«. Es bezeichnet das »Verstümmelte«, den »Torso«. Gerade hierin sieht Przywara das eigentliche Merkmal des Aristotelischen,
weil hier Aristoteles seinem eigenen Impetus nicht treu bleiben kann und
sich selbst verraten muß: denn das »Verstümmelte« paßt nicht in die
ausgemessene Rhythmik des kosmischen Kreisumschwungs. Es ist ein
Fremdkörper im System und taucht wohl nur deshalb auf, weil es unvermeidlich ist. Deshalb versucht Aristoteles an der betreffenden Stelle, die
Bedeutung des Terminus »bis an die Grenze der Lächerlichkeit«[50] einzu-
schränken: »Außerdem wird auch ein Ding, das ein Ganzes ist, nicht
durch Privation eines beliebigen Teiles verstümmelt. Die Privation darf
weder die für das Wesen entscheidenden Teile noch diejenigen betreffen,
deren Lage gleichgültig ist: der Becher ist nicht dann verstümmelt, wenn
er durchbohrt ist, sondern wenn der Henkel oder ein anderer Außenteil
fehlt, und der Mensch nicht dann, wenn ihm Fleisch oder die Milz, sondern wenn ihm einer der äußersten Teile genommen ist — und auch
nicht bei jedem dieser Teile, sondern nur bei einem solchen, der bei
vollständigem Verlust nicht wieder entsteht. Deshalb sind Kahlköp-
fige nicht verstümmelt.«[51] Aber Aristoteles mag so viel reduzieren, wie
er will, gerade hier zeigt sich mehr Wahrheit, als er wahrhaben will:
das verleugnete »ἄνω« springt wider Willen auf mitten im Geschöpflichen. »Das Geheimnis Gottes offenbart sich im Geheimnis der auseinan-
derfallenden Geschöpflichkeit.«[52] Es »wird mit der ›reinen Endlichkeit‹

49 a. a. O. S. 159.
50 Gertz, a. a. O. S. 213.
51 Aristoteles, Metaphysik, 1024a/23—28.
52 Analogia entis, S. 160.

bis zum Begriff des ›Torso‹ Ernst gemacht, so daß sinngemäß das klarste Über-sich-hinaus-Weisen zu erwarten wäre. Aber es wird nicht positives Über-sich-Hinaus, sondern gesteigerte Geschlossenheit der Endlichkeit bis zum passiven ›Zeugnis im Auseinanderfallen‹: *regressive Analogie des Innergeschöpflichen* (in seinen tragischen Realismus)«[53].

Aristoteles will das Absolute (des notwendigen, reinen, einen, ganzen Seins) und das Relative (des zufälligen, vielfältigen, teilweisen Seienden), das Unendliche (das die Bewegung selber als ἄπειρον ist) und das Endliche (das das jeweils bewegte Seiende ist), das Göttliche (da der »unbewegte Beweger« letztlich das Gesetz der Bewegung selbst ist) und das Geschöpfliche auf ein und derselben Ebene ineinanderbinden. Und das gerät ihm zum explosiven Paradox der »Absolutheit der Relativität«, der »Unendlichkeit der Endlichkeit«, der »Göttlichkeit der Geschöpflichkeit«. Das Paradox demaskiert sich im Auseinanderbrechen.

Abschließend ist demnach zu sagen, daß beide, Plato wie Aristoteles, die Tendenz zu einer möglichsten Immanenz des Geschöpflichen haben. »Bei Platon verklärt sie sich: ins Ideale eines ›Kampfes‹, der Unsterblichkeitszüge trägt. Bei Aristoteles demaskiert sie sich: ins Reale des schließlichen ›Torso‹.«[54] Während also bei Plato wie bei Aristoteles das vertikale »ἄνω« der Analogie nur als unbewußter Hintergrund des horizontalen »ἀνα« oder als wider Willen mitten im »ἀνα« Aufspringendes in den Blick kam, liegt der entscheidende Unterschied bei Augustinus darin, daß bei ihm das vorgängige »ἄνω« der tragende und bestimmende Grund des »ἀνα« ist. Hier ist es das »Licht, das alles durchdringt«[55].

Das wird bereits darin sichtbar, wie nach Augustinus die Seele (animus) oder der Geist (mens) einerseits »in« den immanenten Gegensätzen (sensibilia — intelligibilia, exterius — interius) drinsteht, andererseits aber »über« sich steht im Verhältnis zu Gott. Für Plato ist die Seele Ort der Gegensätze (sensibilia — intelligibilia, exterius — interius, temporale — aeternum), bei Aristoteles werden die Gegensätze zurückgeführt auf das Akthafte des Geistes selber (das »Denken des Denkens«). Bei Augustinus wird das »ἀνα« des Drinstehens der Seele in den Gegensätzen des Immanenten senkrecht durchschnitten durch das »ἄνω«, in dem die Seele über sich hinaus gespannt ist. Es kommt hier also eine neue Dimension herein. Und diese Dimension ist so sehr das dominierende Element, daß die Frage nach der Zuordnung zwischen der Horizontalen und der Vertikalen, also die Frage nach dem Ganzen und der Einheit (quid sit unum)

---

53 a. a. O. S. 161.
54 a. a. O.
55 a. a. O. S. 168.

konkret geradezu die Frage nach Gott und der Seele ist (cuius duplex
quaestio est, una de anima, altera de Deo). »Ordnung« ist ja an sich
der Inbegriff des »ἄνα«, des Der-Reihe-nach-Gefügtseins des Seienden.
Für Augustinus aber hat die Ordnung alles Seienden ihren Ort in Gott,
so daß für ihn die Frage nach der Ordnung nicht die Frage nach der »Horizontalen«, sondern nach der »Vertikalen« ist: die Frage »um Gott und
die Seele« (hic est ordo studiorum sapientiae, per quem fit quisque ido-
neus ad intelligendum ordinem rerum). Geeignet zum Wissen um die
Ordnung der Dinge wird der Mensch dadurch, daß er nach Gott fragt.
Wissen im exakten, positiven Sinne ist Wissen um Ordnung (intelligere
ordinem rerum). Gerade in diesem Sinne aber kann es kein Wissen um
Gott geben, denn Wissen um Gott gibt es nur in dem Maße, wie man
weiß, daß man ihn nicht erkennt (cuius nulla scientia est in anima nisi
scire, quomodo eum nesciat[56]). Gott ist ja der Verborgene, der in kein Erkennen, in kein Suchen und Finden eingeht, wie Augustin im Kommen-
tar zu Johannes sagt:

»Suchen wollen wir Ihn, um Ihn zu finden;
suchen wollen wir Ihn, da wir Ihn fanden.
Daß man Ihn suche, um Ihn zu finden,
ist Er verborgen;
daß man Ihn suche, da man Ihn fand,
ist Er unermeßlich . . .
Er sättigt nämlich Seinen Sucher,
soweit er Ihn faßt,
und Er macht Seinen Finder fassens-weiter,
daß er wiederum suche erfüllt zu werden,
wo er mehr zu fassen begann.«[57]

Und noch deutlicher im 52. Sermon:

»Wenn du etwas sagen willst, und du hast es gefaßt, —
das ist nicht Gott.
Wenn du es begreifen konntest,
hast du ein anderes für Gott begriffen.
Wenn du so gleichsam begreifen konntest,
hast du in deinem Denken dich getäuscht.
Das also ist Er nicht, wenn du begriffen hast.
Wenn Er es aber ist, hast du nicht begriffen.«[58]

56 Augustinus, De ordine II, XVIII, 47.
57 ders., In Johannis evangelium tractatus, 63, 1, übersetzt von Przywara, In und
Gegen, S. 297.
58 ders., Sermones, LII, VI, 16, übersetzt von Przywara, In und Gegen, S. 298.

Die Frage nach der Einheit und dem Ganzen, nach der Zuordnung von
»ἄνα« und »ἄνω« wird also nicht so beantwortet, daß Gott als ein wiß-
bares Prinzip der Einheit von allem das »ἄνω« nach oben hin abschließt.
Das »Oben« ist offen ins Unendliche, d. h.: es bietet keinen objektivier-
baren Anhalt, durch den es zu einem handhabbaren Prinzip würde.
Das Eigentümliche der augustinischen Analogie ist daher nicht die Statik
eines geschlossenen Systems, sondern die Dynamik von Bewegungs-
Richtungen.
So ist innerhalb der immanenten Analogie bei Augustinus einerseits ein
Zug von den »sensibilia« zu den »intelligibilia« zu beobachten, von den
Sinnesdingen zum rein Geistigen: »penitus esse ista sensibilia fugien-
da«[59]. Andererseits ist doch das Sinnenhafte das dem Menschen Gemä-
ßere, so daß das Geistige im Sinnenhaften »angepaßter« (accomodatius)
anschaulich wird. Einerseits ist der Weg zur Wahrheit der Weg nach
innen: »noli foras ire, in te ipsum redi. In interiore homine habitat veritas«[60]. Im Inneren des Menschen wohnt die Wahrheit. Andererseits ist
doch diese Bewegung nach innen etwas Negatives und Reflexives, »Rück-
zug auf das Unumstößliche«[61], während die umgekehrte Bewegung zum
Außen hin positiv und direkt auf den »sensus corporis« zielt. Ähnlich
läßt sich eine wechselweise Bewegung einerseits zum »aeternum« hin,
andererseits zum »temporale« hin beobachten.
Diese wechselnde Bewegung, wie sie in der »waagerechten« Analogie
sichtbar wurde: hin zu den intelligibilia, interia, aeterna — und zurück
zu den sensibilia, exteria, temporalia, sie ist auch für die »senkrechte«
Analogie kennzeichnend, für das Verhältnis zwischen der Seele (dem
Geist) und Gott.
Einerseits konzentriert sich alles auf das Innen der Seele, so daß allein in
der personhaften Dreigestalt des einen menschlichen Geistes (memoria
sui, intellectus sui, voluntas sui), der auf sich selbst bezogen ist, das Geheimnis des dreieinigen Gottes gleichnishaft anschaulich wird. Andererseits kehrt sich gerade dieses In-sich-Zurückgehen um in die Gegenrich-
tung: »Wenn du in dich zurückgehst, bleibe nicht in dir selber«, »entferne
dich von dir selber« (tolle te . . . a te), »übersteige auch dich selbst« (trans-
cende et te). So wird Beziehung zu Gott Beziehung zu einem anderen
außerhalb des Menschen selbst, wird alles Begreifenwollen zur Erfahrung
seiner Unbegreiflichkeit, ist Gott »je über hinaus« über Geist und Seele
des Menschen. So kommt nicht nur die Erkennbarkeit Gottes in der

---

59 ders., Soliloquia I, XIV, 24.
60 ders., De vera religione XXXIX, 72.
61 ders., De Trinitate XV, XII, 21, übersetzt von Przywara, analogia entis, S. 164.

Gleichnisträchtigkeit des dreigestaltigen menschlichen Geistes zum Verstummen, sondern umgekehrt wird die Immanenz des menschlichen Geistes überantwortet in das je größere Geheimnis Gottes in seiner Unbegreiflichkeit: meminerim Tui, intelligam Te, diligam Te[62].

So erscheint zunächst die augustinische Analogie als das Zusammenspiel von progressiver (Plato) und regressiver (Aristoteles) Analogie, von Immanenz, die sich übersteigt ins Transzendente, und Transzendenz, die ins Immanente zurückbezogen wird. Aber das charakteristische Merkmal des augustinischen Denkens liegt eben darin, daß hier nicht tragisches Scheitern, ein Auseinanderbrechen wider Willen am Ende herausspringt, sondern ein tiefstes Einverständnis. Auch nicht ein heroisches Wollen des Augenblicks schöpferischer Dichte, sondern ein angemessenes Wollen seiner selbst in seiner Geschöpflichkeit. Aristoteles wollte ja eben das Ganze des Wirklichen auf einer Ebene zusammendenken, und in seinem trotzigen Realismus des Endlichen, das Unendliches mit einbegreifen sollte, in seinem Realismus des Menschlichen, das Göttliches mit einbegreifen sollte, war der »Torso« das schließlich Unvermeidliche und wider Willen Aufspringende. Und bei Plato fand sich das Heroische des unsterblichen Kampfes als künstlerisches Ringen, das Zielen auf den Augenblick der Gestaltwerdung der Idee. Dem steht bei Augustinus eine letzte Bejahung des Endlichen in seiner Endlichkeit, des Geschöpflichen in seiner Geschöpflichkeit, des Menschen in seiner Menschlichkeit gegenüber. Dies wird gesehen, nicht »wider Willen«, sondern im Einverständnis mit dem »Rhythmus des Vergehenden«[63].

Das Geschöpfliche ist ein »abstürzender Gießbach«, es war, es wird, nie eignet ihm Sein in vollem Maße, es ist eher dem Nichts als dem Sein benachbart, ein fortwährendes Sich-selbst-Entgleiten: »antequam sint non sunt, et cum sunt fugiunt, et cum fugerint non erunt«[64]. Wie ein ausgesprochenes Kunstwerk daran hängt, daß der einzelne Vers, die einzelne Silbe vorübergeht und so die ihm eigene Schönheit wird — im Vergehen, so erklingt die Schönheit der Welt des Geschöpflichen in ihrer sich bekämpfenden Gegensätzlichkeit im Vorübergehen. Im Vergehen und in der unauslöschlichen Gegensätzlichkeit der Geschöpfwelt entdeckt Augustinus ihre Schönheit: »wie Gegensatz gegen Gegensatz gestellt die Schönheit der Rede ausmacht, so fügt sich — in einer, nicht der Worte,

62   ders., De Trinitate XV, XXVIII, 51.
63   Analogia entis, S. 167.
64   Augustinus, De libero arbitrio III, VII, 21.

sondern der Dinge Beredsamkeit — im Gegenstehen der Gegensätze zusammen die Schönheit der Welt.«[65]
Dieses Ja zum Rhythmus des Vergehenden ist bei Augustinus sowohl christologisch wie auch schöpfungstheologisch begründet: gerade das Kreatürlichste der Kreatur ist der Ort des tiefsten Enthülltseins Gottes. Der »Rhythmus des Vergehenden« ist Ort der Erscheinung Gottes. Darum wurde Gott in Christus Mensch, damit sich der Mensch als Mensch annehme und anerkenne:

»Da er Gott war, wurde er Mensch,
daß sich der Mensch als Mensch erkenne.
Er wird Mensch, da er Gott ist; —
und nicht anerkennt sich der Mensch als Mensch,
nicht anerkennt er sich als sterblich,
— nicht anerkennt er sich als gebrechlich,
nicht anerkennt er sich als Sünder,
nicht anerkennt er sich als Kranken.«[66]

So ist in Christus das wahre Menschsein aufgerichtet und zugleich die wahre Beziehung zu Gott, da ihr von oben her der Weg eröffnet und gebahnt ist. Denn Christus ist der Weg:

»Er selbst ist der Weg, der die Wahrheit ist.
Sie ist es, zu der du gehst,
sie ist es, auf der du gehst;
nicht durch ein anderes gehst du zu einem anderen,
nicht durch ein anderes kommst du zu Christus:
durch Christus kommst du zu Christus . . .
durch Christus den Menschen zu Christus Gott:
durch das Wort, das Fleisch ward,
zum Wort, das im Anfang war bei Gott.«[67]

Christus ist der Mittler, in dem der göttliche »Tauschhandel« geschehen ist:

»Gestorben ist Gott, daß ein Ausgleich geschehe
in einem himmlischen Handel gleichsam . . .
Da . . . Er Gott war und Mensch, —
willens, daß wir leben aus dem Seinen,
starb Er aus dem unsern . . .
Weder Er konnte den Tod haben aus dem Seinen,

65 ders., De civitate Dei, XI, XVIII, übersetzt von Przywara, In und Gegen, S. 298.
66 ders., Sermones, LXXVII, VII, 11, übersetzt von Przywara, In und Gegen, S. 304 f.
67 ders., In Johannis evangelium tractatus, XIII, 4, übersetzt von Przywara, In und Gegen, S. 301.

noch wir das Leben aus dem unsern,
aber wir das Leben aus dem Seinen.
Welch' ein Tauschhandel!«[68]

Dem entspricht das, was Augustinus im schöpfungstheologischen Kontext sagt: eben das, was das Kreatürliche der Kreatur ausmacht, der
Rhythmus des Vergehenden, ist der besondere Ort des Schöpfungswir-
kens Gottes. Gott hält das, was sonst ins Nichts fallen würde, im Sein.
Er »erlaubt nicht«, daß es gänzlich vergeht, denn alles, was ist im Wand-
lungs-Unbestand der Kreatur, es ist, indem es gehalten ist durch Gott. Es
ist unter Gott, in Gott, mit Gott: »Deus sub quo totum est, in quo totum
est, cum quo totum est . . . Deus per quem omnia, quae per se non essent,
tendunt esse. Deus qui non id quidem quod se invicem perimit, perire
permittis.«[69]
Es ist also deutlich, wie bei Augustinus nicht nur das »ἄνω« der tragende
und bestimmende Grund des »ἀνά« ist, sondern daß dieses »Oben« in
dem betonten Richtungssinn als »von oben her« erscheint, nicht als »nach
oben hin«. Der besondere Akzent der augustinischen Analogie liegt
demnach in der Bewegung von Gott zum Geschöpf. Das schärfste Kennwort für Augustinus ist darum nach Przywara: Nacht. In dem Maße, wie
alles Wissen über Gott als Wissen von uns aus wegdunkelt ins Nichtwissen, wie auch alles Wissen über uns selbst ins Dunkel gerät, dämmert
neues Wissen über Gott und uns selbst auf, als Wissen von oben, Wissen von Gott durch Gott. In der »Nacht« ist alter Tag zu Ende samt seinem Licht, und neuer Tag kündigt sich an mit neuem Licht. »Alle Weisen
der Erhellung münden da hinein: Selbsterkenntnis und gegenseitiges
Sich-Verstehen . . . und Erfahrung des Lebens . . . und Führung von oben
. . . Aber es ist die volle Doppeldeutigkeit der Nacht: als Vernachten des
Tages und Aufdämmern des Tages: zwischen Abend und Morgen. Es ist
deutlicher: die Osternacht. Die Nacht vom Karfreitag her: das Versun-
kensein in den Widersinn eines durch Seine Schöpfung getöteten Gottes.
Die Nacht zum Ostermorgen hin: das Entrücktsein in den Über-Sinn
einer durch die Tötung Gottes in Gott hinein erlösten Schöpfung. Es ist
darum die ›wache Nacht‹ (vigilat . . . ista nocte et mundus inimicus et
mundus reconciliatus — serm 219). Wachheit negativ: als schärfstes Bewußtsein der aufgerissenen Abgründe. Wachheit positiv: als Nacht, die
schon Tag ist. Es ist Nacht, in der das Abgründige des Geschöpfes (quid
est profundius hoc abysso? — in Ps. 41, 13) und das Grundlose Gottes

---

68 ders., Sermones LXXXX, 5, übersetzt von Przywara, In und Gegen, S. 302.
69 ders., Soliloquia I, I, 4.

(ut inventus quaeratur, immensus est — in Jo. tract. 63, 1) unergründlich eins sind. Nacht bezeichnet damit, daß die augustinische Analogie nach unten und nach oben durchbricht: nach unten in eine Abgründigkeit des Geschöpflichen, die über eine ›je größere Unähnlichkeit‹ hinaus schon beinahe ›Widerspruch‹ sagt; nach oben in eine Unermeßlichkeit der Unbegreiflichkeit Gottes, in die das Geschöpf entrückt wird, daß es, auch über die ›so große Ähnlichkeit‹ der ›Exemplarität‹ hinaus, schon beinahe ›Aufhören in Gott hinein‹ ist. Es ist das Geheimnis des augustinischen Lieblingswortes aus den Psalmen: adhaerere Deo. Im ›Hangen in‹ ist einmal gesagt, daß der Hangende unter sich den ›Abgrund der Leere‹ hat. Dann aber: daß er gerade darum restlos Dem überantwortet ist, ›in‹ dem er hangt. Der Boden, auf dem er steht, ist einzig das, worin er hangt: er ›steht‹ ›über sich‹.«[70]

Gott hat das Geschöpfliche zum Werkzeug seiner Offenbarung als Schöpfer und Erlöser. Die augustinische Analogie in ihrer Unterscheidung gegen Plato (ἄνω als Stachel im ἀνά) und Aristoteles (ἄνω als wider Willen im ἀνά Aufspringendes) muß daher abschließend folgenden Namen bekommen: ἀνά als Kundgabe des ἄνω.

Bedenkt man, daß »Mysterium« und »Nacht« zentrale Worte im Denken Przywaras sind, dann wird verständlich, daß Przywara gerade dieser Linie bei Augustinus mit besonderer Kongenialität und Intensität nachgeht, auf ihr mitgeht.

Bei Thomas von Aquin hat die Analogie ihr besonderes Gepräge durch die Übergänglichkeit der geistesgeschichtlichen Situation, in der Thomas steht und die in seinem Denken ihren Niederschlag findet. Seine Theologie ist eine »Theologie des Übergangs«. Wie genau das jeweils Überhinaus-Gehen (super excedere) das Zentrale des thomistischen Denkens trifft und wie die Interpretation Przywaras gerade hierauf abhebt, wird sich im Folgenden zeigen. Thomas hat im Rücken »den unicus ordo concretus supernaturalis der Patristik — in welchem Philosophie innerhalb der Theologie steht —, vor sich den duplex ordo naturalis et supernaturalis der Neuzeit, der seine letzte Formulierung im Vatikanum erhalten wird«, nämlich im »propriis principiis et propria methodo«, wodurch Theologie und Philosophie voneinander geschieden werden[71].

Aber daß die geistesgeschichtliche Situation des Thomas sich in seinem Denken niederschlägt, ist doch nur bestenfalls die halbe Wahrheit. Denn das hieße die denkerische Leistung zum bloßen Reflex erklären und vom

70 Analogia entis, S. 170.
71 v. Balthasar, a. a. O. S. 274 f.

Produkt den Produzierenden abstrahieren. Die Antwort ist aus der Frage (der Situation oder der Zeit) nicht ableitbar. Die Antwort ist ein Überschießendes, ein theologisches Sachprogramm mit Anspruch auf Dauer. Und dies gilt nach Przywara in so starkem Maße, daß er geradezu sagen kann, daß die »Problematik der analogia entis in Thomas von Aquin so sehr sich schließt, daß sie schlechthin unter seinem Namen geht«[72].

Das Wort »Ordnung« (ordo), ein zentraler Systembegriff, erscheint bei Thomas doppeldeutig: es bezeichnet einmal die natürliche geschöpfliche Wirklichkeit, die naturgegebene Ordnung zwischen Schöpfer und Geschöpf. Dann aber auch die Offenbarungswirklichkeit der Gnadenordnung, also die Ordnung zwischen Gott und Mensch, die in der Erlösung in Jesus Christus ihren Grund hat. Unter dem Begriff der »Ordnung« erscheint also einerseits eine philosophisch-aristotelische Formal-Ontologie, andererseits aber die betont theologische Heilsordnung des sich in der Offenbarung mitteilenden und erlösenden Gottes. Natürliche Ordnung und heilige Ordnung bilden aber für Thomas nicht zwei konkurrierende oder nebeneinander herlaufende Wesenheiten in sich. Sondern Natur und Gnade bilden zusammen ein umgreifendes Ganzes. Und in der Art, wie Thomas diese Einheit denkt, wird die spezifisch thomistische Analogie deutlich.

Przywara verfolgt in einem ersten Gedankengang, wie sich diese Einheit bei Thomas *objektiv* darstellt, um in einem zweiten Schritt die dem entsprechende *subjektive* Denkmethode zu untersuchen.

Der platonischen »Abstraktion der Universalbegriffe« und der aristotelischen »unaufhörlichen Bewegung« stellt Thomas die »Vollkommenheit des Universums« (perfectio universi) als sein eigenes Prinzip gegenüber. »Universum« ist bei Thomas das wechselseitige Zueinander von Geist und Welt. So tritt in einem ersten Schritt das Universum als »All« dem noetischen Akt als »Einzelsein« gegenüber. In einem zweiten Schritt kehrt sich dieses Verhältnis geradezu um, so daß in der bloßen Vielheit des Universums der »intellectus« das Einheit leistende Prinzip ist: »sua abstractione intellectus facit istam unitatem universalem[73]«. Danach ist die Einheit des Universums eine ideative, sie ist »von Gnaden des Intellekts«. In einem dritten Schritt wird dieses ideative Universum wiederum zurückgekoppelt, insofern die auf Einheit hin abstrahierende Leistung des Geistes eine objektive Einheit des Wesens der Dinge abbildet. Zusammenfassend sagt Przywara: »das ›Universum‹ tritt dem noëtischen

---

72 Analogia entis, S. 202.
73 Thomas von Aquin, Quaestiones disputatae, De anima, quaestio 1, art. 3 ad 8.

Akt (als Glied im Universum) entgegen (erstes Moment), um in ihm sich formal-reflex . . . zu konstituieren (zweites Moment), aber so, daß es wesenhaft als ›Real-Universum‹ erscheint (drittes Moment).« »Geist ist zur Welt hin, indem Welt ›als‹ Welt im Geist sich konstituiert.«[74] Damit ist also zunächst eine natürliche Ordnung in der Bindung zwischen Geist und Welt in den Blick genommen. Aber diese natürliche Ordnung weist über sich in eine heilige Ordnung. Denn erst von Gott her wird die Gegensatzspannung und Verschiedenheitsfülle des Universums zu einem Ganzen und zu einer Einheit. Nicht immanent und positiv ist das Universum eine Einheit und Ganzheit, sondern durch den transzendierenden Bezug des Alls der Vielheit auf die Einheit Gottes. Das Universum in seiner Vielheit ist sozusagen »von oben her« zu seiner Einheit zusammengehalten. Während das Einzelne im Universum seine Erklärung im Immanenten des Universums finden kann, hat es als Ganzes seinen Grund im unergründlichen Schöpferwillen Gottes: »ex simplici voluntate producentis«.[74a] »Universum« wird auf diesem Wege also zu einer ausgesprochen theologischen Bestimmung.

Ebenso ist die »Vollkommenheit« des Universums (perfectio universi) in sich doppeldeutig: als Wort für eine immanent-natürliche Ordnung und zugleich als Wort für die Transzendenzbezogenheit der natürlichen Ordnung.

So gehört es einerseits zur Vollkommenheit eines in sich geschlossenen Universums, daß darin nichts fehlt, was möglich ist (ut non desit ei aliqua natura quam possibile sit esse), daß alles in sich kontinuierlich zusammenhängt, daß das Oberste der niederen Naturstufe (inferior natura attingit in sui supremo[75]) sich mit dem Untersten der jeweils oberen Stufe berührt, so daß die obere Stufe die jeweils untere in sich enthält und aktuiert. Alles Einzelne steht demnach so im Zusammenhang der Vollkommenheit des Universums drin, daß es als Einzelnes den Zusammenhang zur Darstellung bringt.

Andererseits ist es doch Gott, in dem alle Vollkommenheit in Einheit ist und der mit seiner Vollkommenheit das All durchdringt. So erscheint »perfectio« als das, was Gott von der Kreatur, die unvollkommen ist, unterscheidet (sicut perfectus actus ad imperfectos[76]). »Perfectio« ist also zugleich das Wort für die natürliche Ordnung der Dinge und für die Göttlichkeit Gottes.

74   Analogia entis, S. 174.
74a Thomas von Aquin, Quaestiones disputatae, De potentia, quaestio 3, art. 17.
75   ders., Quaestiones disputatae, De spiritualibus creaturis, quaestio 1, art. 5.
76   ders., Summa theologica I, quaestio 14, art. 6.

Diese Ambivalenz von natürlich-immanentem und theologisch-transzen-
dentem Sinn hat ihre höchste Zuspitzung im Begriff »relatio«. Bezogenheit ist das Wesen von Ordnung überhaupt. Einerseits ist »Bezogenheit«
das, was am schärfsten die kreatürliche Ordnung von Gott unterscheidet:
als »esse relativum« gegen das »esse absolutum«. Geschöpfliches Sein
ist relatives Sein. Andererseits bezeichnet »relatio« gerade das innertri-
nitarische Geheimnis: die vollkommene Beziehung von Vater und Sohn
im Heiligen Geist.

Diesem Bild der Ambivalenz von »natürlichem« und theologischem Sinn
in der objektiven »Vollkommenheit des Universums« entspricht die subjektive Methode des Denkens.

Wie das Wesen objektiver Ordnung die »Beziehung« ist, so ist die entsprechende erkenntnistheoretische Methode das »beziehungshafte« Denken.

Beziehungshaft ist das Denken zunächst in der »vertikalen«, der theologischen Dimension. Als solches vollzieht es sich in der »Schlußfolgerung
aus ersten Prinzipien«[77]. »Ratio ex principiis secundum viam inveniendi
in conclusiones pervenit.«[78] Die »ersten Prinzipien« aber gründen letztlich in der Wahrheit Gottes, die die erste Wahrheit (prima veritas) ist.
»A veritate intellectus divini exemplariter procedit in intellectum nostrum
veritas primorum principiorum.«[79] Aber dieses darf nicht in seiner Bedeutung umgekehrt werden: die erste Wahrheit ist Gottes Wahrheit,
und nicht ist »Gott« ein anderer Name für »erste Wahrheit«, so daß Gott
identisch wäre mit der »prima veritas«. Gott ist also nicht das »Prinzip
der Prinzipien« in der Weise letzter philosophischer Abstraktion, an
deren Ende so etwas wie ein Struktur-Prinzip steht. Er ist nicht nur nicht
ein immanentes innerliches principium irgendeines genus (quod autem
Deus non sit in genere per reductionem ut principium[80]) und somit ein
verfügbares und auf dem Wege philosophischer Reduktion und Abstraktion erreichbares Prinzip, sondern er ist schlechterdings *extra* omne genus, über alle »Erreichbarkeit von unten« hinaus. Schau Gottes in der
»visio beatifica« gibt es darum nur, indem Gott sich von ihm selber her
in seiner Gnade dem Menschen erschließt, also als Schau Gottes durch
Gott: »videre autem substantiam Dei impossibile est, nisi ipsa divina
essentia sit forma intellectus quo intelligit«[81]. *Als solcher* ist Gott das uni-

77 Analogia entis, S. 180.
78 Thomas von Aquin, Quaestiones disputatae, De veritate, quaestio 10, art. 8 ad 10.
79 a. a. O. quaestio 1, art. 4 ad 5.
80 ders., Summa theologica I, quaestio 3, art. 5.
81 ders., Summae contra gentiles III, 52.

versale Prinzip von allem, was ist (universale principium totius)[82] und für alle Genera ihr jeweiliges Prinzip, indem Gott alles durchdringt und es nichts gibt, was ist, das nicht von Gott her wäre, was es ist. Gott ist demnach als Unverfügbarer über allem *und* in allem: »aliquid . . . supra omnia existens, quod est principium omnium, et remotum ab omnibus«[83]. Das Denken aus ersten Prinzipien ist darum zuletzt ein Denken aus der schlechthinnigen Positivität der göttlichen Vorsehung. Soviel, was die vertikale Dimension des Denkens anbetrifft.

In seiner immanenten, »horizontalen« Dimension ist das Denken gänzlich bezogen und hineingebunden in die sinnliche Erfahrung. Die »ersten Prinzipien« sind das innere Instrumentarium des spontanen Denkens (prima instrumenta intellectus agentis[84]), aber dieses Instrumentarium ist hineingebettet in die Sinnesgegebenheiten und an sie gebunden. Das Denken abstrahiert von dem sinnlich Gegebenen, indem es dieses gegenständlich Gegebene teilt und zusammensetzt (intellectus componens et dividens)[85], die zwischen den Gegebenheiten spielende Ordnung formuliert und so erst zur »reinen Ordnung« formt, also die Beziehung zwischen den Dingen in beziehungshaftem Erkennen auf ihren Begriff bringt. Im Beziehungscharakter zeigt sich also eine Angleichung des Erkennens an den Erkenntnisgegenstand. Alles menschliche Erkennen vollzieht sich also im Rahmen der Sinneserfahrung. Das gilt auch für das Erkennen des Glaubens, dem sich Gott in der Gnade seiner Offenbarung erschließt: soll der Mensch darin wirklich etwas vernehmen können, so muß es ihm in Menschenweise, also sinnesförmig, zugesprochen sein. »Quamvis enim per relevationem elevemur ad aliquod cognoscendum quod alias nobis esset ignotum, non tamen ad hoc quod alio modo cognoscamus nisi per sensibilia.«[86]

In der immanenten Dimension ist demnach ein direkter Bezug zwischen dem Erkennen und den Sinnesgegebenheiten als dem »Woher« der Abstraktion das Kennzeichnende, während für die vertikale, die Transzendenzdimension eine doppelte Indirektheit des Bezuges charakteristisch ist: einmal indem das »Oben« Gottes nur im Gegeben*werden* gegeben ist, zum andern indem dieses Gegebenwerden durch die sensibilia geschieht.

Der »ordo rerum« in seiner kontinuierlichen Geschlossenheit, die »Voll-

---

82 ders., Summa theologica I, quaestio 4, art. 3.
83 a. a. O. quaestio 13, art. 8.
84 ders., Quaestiones disputatae, De veritate, quaestio 12, art. 3.
85 a. a. O. quaestio 1, art. 3.
86 ders., In Boeth. de Trinitate, quaestio 6, art. 3.

kommenheit des Universums« als lückenloses Beziehungsgefüge, die
Korrelation zwischen dem sinneshaft Gegebenen und dem abstraktiven
Denken — dies alles scheint auf eine möglichste Geschlossenheit der
»Horizontale«, d. h.: des »ἀνα« in der Analogie, zu zielen. Die Analogie
scheint bei Thomas mit der objektiven und subjektiven »Relation« zu-
sammenzufallen. Der aristotelische Primat einer möglichsten Geschlossenheit des horizontalen »ἀνα« taucht demnach wieder auf.
Aber: — und hier zeigt sich der eigentliche Unterschied zwischen Aristoteles und dem theologischen Aristoteliker Thomas von Aquin — in der
thomistischen Analogie tut sich mitten im immanenten (horizontalen)
»ἀνα« das transzendenzbezogene »ἄνω« auf. Die aristotelische Analogie
ist »hindurchgegangen durch Augustinus und damit umgekehrt: das
ἀνα der perfectio universi ist das ἄνω, weil ein ›sakrales universum‹ in
einem ›natürlichen universum‹ sich kundtut«[87]. Die natürliche Ordnung
erweist sich als gerade in dem Punkt geöffnet und gesprengt, in dem sie
scheinbar am strengsten ein in sich selbst geschlossenes Ganzes bildet:
in der »Beziehung« (relatio). Als ein System von Beziehungen ist die
natürliche Ordnung bezogen auf das ganz andere der heiligen Ordnung
des Gottes, der der Schöpfer und Erlöser ist. Analogie zeigt sich bei Thomas also als »Beziehung gegenseitigen Andersseins«. Für die Relation in
der thomistischen »perfectio universi« ist es kennzeichnend, daß die Geschlossenheit eines gegenseitigen (horizontalen) Bezogenseins jeweils
durch ein »über-hinaus« gesprengt wird. Damit kommt durch Thomas
von Aquin ein ganz neuer Aspekt in das Denken der Analogie. Dieser
besondere thomistische Zug der Analogie als »Beziehung gegenseitigen
Andersseins« ist nun herauszuheben.
Die Beziehung gegenseitigen Andersseins erscheint bei Thomas in zweifacher Ausrichtung: einmal als Beziehung des Universums über sich hinaus zu Gott hin, also ein »aufsteigendes über-hinaus«. Dann aber auch
als Beziehung von Gott her zum Universum hin, also ein »unter-hinaus«
oder (wie Przywara sagt — und was dasselbe besagen soll) ein »absteigendes über-hinaus«.
Zum ersten Aspekt:
bereits in der immanenten Korrelation zwischen (ontisch) Seele (anima)
und leibhafter Materie (materia corporalis) — bzw. (noetisch) zwischen
Erkenntnis (cognitio, intellectus) und den Sinnesgegebenheiten (sensibilia) ist bei Thomas ein Über-hinaus-Gehen über das horizontale Inein-
andergebundensein zu beobachten. Die Korrelation zwischen Seele und

---

87 Analogia entis, S. 186.

Leib — sowie zwischen Erkenntnis und Sinnesgegebenheiten ist eine
nach »oben« offene.

So ist die Seele zwar ganz dem Körperlichen zugeordnet, insofern sie
dessen innerliche Form ist. Aber zugleich ist sie als diese innerlich zuge-
ordnete Form unabhängig vom Körperlichen. Das heißt: sie geht nicht
darin auf (non . . . a corpore totaliter comprehensa quasi ei immersa[88]),
sondern »übersteigt« das Eingefaßtsein ins Körperliche (sed excedat capa-
citatem totius materiae corporalis). Sie ist eine höhere Seinsform (esse
elevatum) und steht aus der Zuordnung zum Körperhaften zugleich über-
hinaus (superexcedat corporis proportionem[89]).

Ebenso zeigt sich das Verhältnis im Noetischen. Einerseits ist das Erkennen ganz in den Umkreis des Sinneshaften und der Sinneserfahrung hineingebunden. Andererseits ist doch dem Sinnenhaften als dem »Woran«
und »Woher« des abstraktiven Denkens nicht alles Erkennen gänzlich
unterworfen, so daß alles, was der Mensch erkennt, unmittelbar durch
den »sinnenhaften Effekt« erkannt würde (non tamen oportet quod
quidquid ab homine cognoscitur, sit sensui subjectum, vel per effectum
sensibilem immediate cognoscatur[90]). »Mens in aliqua ulteriora manuducitur«[91]. Seele und Geist sind demnach zwar *in* das Körperhafte und die
Sinnenerfahrung hineingebunden, sie gehen aber zugleich *über* diese
Korrelation hinaus.

Die gleiche Spannung von »in« und »über« ist kennzeichnend für die
immanent-transzendente Beziehung zwischen Schöpfung und Schöpfer.
Im Ontischen: einerseits ist Gott als das eine umfassende Urbild *in* der
Vielheit der Schöpfung[92], so daß Gott als das Einheit stiftende Prinzip in
der geschöpflichen Vielheit erscheint. Andererseits ist Gott so sehr hinaus über alles In-Sein in der Schöpfung, daß keinerlei Gemeinsamkeit
mehr besteht und Thomas sagen kann, Gott sei »extra omne genus«.

Im Noetischen: es gibt einerseits eine Art positiver Annäherung in der
Weise, daß die Erkenntnis der Einheit Gottes in ihrer Spiegelung *in* der
geschöpflichen Vielfalt inne wird. Aber Gott wird erst dann erkannt als
der, der er ist, wenn er nicht nur erkannt wird als das »Wesen, über das
hinaus nichts Größeres gedacht werden kann«, sondern als »das Wesen,
das über alles hinaus ist, was gedacht werden kann« (aliquid supra id
quod cogitari potest[93]).

88 Thomas von Aquin, Quaestiones disputatae, De anima, quaestio 1, art. 2.
89 ders., Quaestiones disputatae, De spiritualibus creaturis, quaestio 1, art. 2 ad 19.
90 ders., Quaestiones disputatae, De malo, quaestio 6, art. 1 ad 18.
91 ders., Quaestiones disputatae, De veritate, quaestio 10, art. 6 ad 2.
92 s. o. S. 181.
93 Thomas von Aquin, Summae contra gentiles I, 5.

Am stärksten kommt diese Spannung von »in« und »über« zutage in dem, was Thomas die »visio beatifica« nennt. Die »Schau Gottes« ist der vollkommenste Akt des Intellekts (actus perfectissimus intellectus[94]). Zu dieser Schau Gottes besteht im geschöpflichen Geist eine gewisse Geeignetheit (capax est summi boni per . . . visionem[95]). Dem Menschen eignet eine »natürliche Hinneigung« zur Schau Gottes (homo naturaliter inclinetur[96]), eine unstillbare »Sehnsucht« zu diesem übernatürlichen Ziel hin. Und sofern diese Geeignetheit wirklich Geeignetheit für Gott ist und die natürliche Hinneigung und Sehnsucht wirklich dieses Ziel der Schau Gottes meint, ist Gott darinnen wirksam. Wenn Gott nicht *in* dieser natürlichen Ausrichtung des Geschöpfes *als* deren Ziel gegenwärtig wäre, so käme der »natürlichen Hinneigung« keinerlei Wahrheit zu. Sie wäre eine bloße diffuse Tendenz des Geschöpfs auf irgend etwas außerhalb seiner selbst.

Aber auf der anderen Seite: es besteht doch eine völlige »Unfähigkeit aus eigener Kraft« für dieses Ziel der Schau Gottes. Sowohl die »Hinneigung« als auch überhaupt das Wissen um das Bestehen eines solchen übernatürlichen Zieles ist selber schon Wirkung der Gnade Gottes. Denn Gott wird nur durch Gott erkannt, und damit das geschehe, ist der Mensch schlechterdings bedürftig, daß er über seinen natürlichen Stand hinausgehoben wird: »ipsa natura hominis elevetur ad quamdam dignitatem«[97]. Und indem Gott durch Gott erkannt wird, wird er als der erkannt, der *über* alles Begreifen auch in der »visio beatifica« hinaus ist.

In allen genannten Bereichen (Seele — Leibmaterie, Erkenntnis — Sinnesgegebenheiten, Universum — Gott, Schau Gottes) ging es, wie sichtbar wurde, zunächst um das »ana . . .« eines *zu*-einander und *in*-einander Bezogenseins. Aber dieses Bezogensein erwies sich als ein »nach oben zu« aufgesprengtes (anima super excedens, cognitio ulteriora manuducitur, Deus extra omne genus, Deus supra id, quod cogitari potest, Deus excedens). Betonte der erste Aspekt das »*in*«, die Positivität eines *Bezogenseins*, so betont der zweite Aspekt das Über-hinaus, die Beziehung gegenseitigen *Andersseins*. Und zwar, da in diesem Zusammenhang bisher nur die aufsteigende Relation »nach oben hin« zur Sprache kam, akzentuierte sich in dem bisherigen Zusammenhang besonders das Anderssein des Über-hinaus-Seienden.

94 ders., Quaestiones disputatae, De veritate, quaestio 13, art. 4.
95 ders., Quaestiones disputatae, De malo, quaestio 5, art. 1.
96 ders., In Boeth. de Trinitate, quaestio 6, art. 4 ad 5.
97 ders., Quaestiones disputatae, De veritate, quaestio 27, art. 2

Aber Przywara verfolgt wie gesagt bei Thomas auch eine in umgekehrter Richtung verlaufende Bewegung: ein »unter-hinaus« bzw. ein »absteigendes über-hinaus«. Und erst diese beiden Linien zusammen: das aufsteigende »über-hinaus« der Relation des Universums zu Gott hin — und das absteigende »über-hinaus« Gottes zum Universum hin zeigt die volle Analogie in ihrer thomistischen Gestalt.

Gott ist der Urgrund alles Seins (a primo uno procedunt omnia una, et a primo ente omnia entia, et a primo bono omnia bona[98]), so sehr, daß das Prinzip alles Seienden und die Kontinuierlichkeit alles Seienden an dem Augenblick hängt, da es »gerade eben« im Augenblick durch die »operatio« Gottes geschaffen wird. Gott ist der, der alles wirkt auch und gerade im Menschen als dem freien Geistwesen: »quod Deus in omnibus intime operetur«[99]. In seinem Alles-Wirken ist Gott unmittelbar zum Menschen im Sein (inter mentem nostram et Deum nihil cadit medium[100]), unmittelbar zum Menschen im Wollen, sofern er als Ursache im menschlichen Wollen wirksam ist (ipse solus imprimere potest in voluntatem nostram[101]). Das geht in der »visio beatifica«, da sie Schau Gottes *durch* Gott ist (videre . . . substantiam Dei impossibile est, nisi ipsa divina essentia sit forma intellectus quo intelligit[102]), in die Nähe dessen, daß Gott alles allein wirkt und das andere Subjekt, nämlich der Mensch, beinahe verschwindet. Und doch hebt Thomas auf der anderen Seite das geschöpfliche Sein deutlich ab, so daß Gott nicht im Geschöpflichen ist in der Weise, daß Gott zum Geschöpflichen gehörte oder in sein Wesen einginge: »non intret essentiam rerum creatarum«[103]. Sondern Gott bindet sein Wirken an die jeweilige Unterschiedlichkeit der Geschöpfe: »operatur . . . in unoquoque secundum eius proprietatem«[104]. Noch mehr: er wirkt geschöpfliche Freiheit und Eigengesetzlichkeit, so daß gerade die je größere Nähe zu Gott ein wachsendes Selbständigwerden der Kreatur bewirkt. Dies gipfelt in der thomistischen Lehre von den Zweitursachen: die sich als Eigenwirklichkeit abhebende Kreaturwirklichkeit erscheint als »Ursache ihrer selbst« (causa sui ipsius[105]), als schaffende Ursache, als »ausschenkende Ursache« (bonitatem largiretur[106]), sogar als »Vorse-

---

98 a. a. O. quaestio 5, art. 1 ad 7.
99 ders., Summa theologica I, quaestio 105, art. 5.
100 ders., Quaestiones disputatae, De veritate, quaestio 27, art. 1 ad 10.
101 a. a. O. quaestio 5, art. 10.
102 ders., Summae contra gentiles III, 52.
103 ders., Quaestiones disputatae, De potentia, quaestio 3, art. 5 ad 1.
104 ders., Summa theologica I, quaestio 83, art. 1 ad 3.
105 ders., Quaestiones disputatae, De veritate, quaestio 24, art. 1.
106 a. a. O. quaestio 5, art. 8.

hung für andere« (non solum . . . quod sint provisa, sed etiam quod pro-
videant[107]).

Diese geschöpfliche Freiheit des Selbstseins erscheint nicht als Widerspruch gegen die Freiheit Gottes oder als etwas gegen sie Konkurrieren-
des, sondern gerade als Teilgabe: »communicat eis de sua bonitate . . . «[108].
Gott teilt als Maximum seines Schenkens dieses Schenkenkönnen selber
mit. Gerade die Unmittelbarkeit des Wirkens Gottes im Menschen führt
zu dessen höchster Verselbständigung, bis zur Eigenschaft einer »Ursache
seiner selbst«.

Diese Linie des »absteigenden über-hinaus« von Gott her zum Universum in seiner Eigenwirklichkeit und Eigenkausalität hin — zusammen
mit der gegenläufigen Linie des »aufsteigenden über-hinaus« vom Universum zu Gott ergibt nun erst das vollständige Bild der Spannungsbreite thomistischer Analogie. Denn erst von hier aus wird die Beziehung (relatio) des Andersseins deutlich als Beziehung *gegenseitigen* Andersseins. Die oben genannte Aufsprengung aller Geschlossenheit eines
gegenseitigen Bezogenseins (ana . . .)[109] erfährt dadurch eine Verstär-
kung, daß das Anderssein nun in zweifacher Richtung akzentuiert ist: in
Richtung auf Gott und in Richtung auf das Geschöpfliche. Das feste
Ineinandergesetztsein von gegenseitig Bezogenem (ana . . .) wird senkrecht durchschnitten und aufgesprengt durch das »ano — kato« betonten
Andersseins.

Das aufsteigende »über-hinaus« überwindet die Geschlossenheit eines
immanenten Relationsganzen als In-Sein, d. h., es überwindet die völlige
Autonomie des Geschöpflichen. Das absteigende »über-hinaus« überwindet die völlige Heteronomie zu einer Einheit von All-Wirksamkeit
Gottes *und* Eigenwirksamkeit des Geschöpfes. Und zwar schlägt die Bewegung, wie Przywara betont, immer in dem Moment in die Gegenrich-
tung um, wo sie ihren höchsten Kulminationspunkt erreicht hat. Die aufsteigende Bewegung erreicht ihren höchsten Punkt in der »visio beatifica«, der Schau Gottes durch Gott. In dem Punkt aber, in dem Gott als
der alles allein Wirkende erscheint, setzt sich das Geschöpfliche ab, und
Gottes Souveränität zeigt sich gerade in einer Steigerung der Eigenständigkeit der Kreatur bis zu einer Art Autonomie: die Bewegung schlägt
um. Und umgekehrt setzt eben da, wo die Autonomie des Geschöpfes

---

107 a. a. O. quaestio 5, art. 5.
108 a. a. O. quaestio 5, art. 8.
109 s. o. S. 186.

absolut zu werden droht, das »über-hinaus« zu Gott hin ein: alle noch so große Eigenwirklichkeit wird aufgesprengt zu Gott hin als dem All-Wirklichen.

Damit ist deutlich, inwiefern die Theologie des Thomas von Aquin eine »Theologie des Übergangs« ist, wie wir eingangs betonten. War das entscheidende Charakteristikum der platonischen Analogie der »unsterbliche Kampf« (ἄνω als »Stachel« im ἀνά), in der aristotelischen Analogie der »Torso« (ἄνω als »wider Willen« im ἀνά aufbrechend), in der augustinischen Analogie die »wache Nacht« (ἀνά als Kundgabe des ἄνω), so ist die unterscheidende Definition der thomistischen analogia entis die »proportio« (ἀνά) »excedens« (ἄνω). Es ist die Fassung der analogia entis, in der »das ἀνά und das ἄνω selber in Vollendung sich durchdringen: proportio (ἀνά) und excedens (ἄνω) als proportio *excedens* wie als *proportio* excedens. Es ist hierin ein solches ἀνά des ἄνω, darin doch ἀνά wie ἄνω in ihrem besonderen Wesen gewahrt sind«[110].

Es ist weiterhin deutlich, was der Titel »Erlösung des Denkens« anzeigt: wie sich im Übergang von Plato und Aristoteles zu Augustinus und Thomas von Aquin eine Metamorphose vollzieht vom Krampf des Sich-bemächtigen-Wollens zur Gelöstheit des Geschöpfes, das sich als Geschöpf vor Gott (ohne heimlichen oder offenen Theisierungszwang) annehmen kann auf dem Grunde seines (von Gott in Christus) Angenommen-Seins.

Drittens zeigte sich in diesem Zusammenhang, wie für Przywara Theologie und Philosophie zusammenspielen: wie die Grundbefindlichkeit des Menschen als »in Adam« oder »in Christus« eine totale Bestimmung auch seines Denkens ist — der Mensch denkt, wie er ist — und wie doch andererseits die Eigengesetzlichkeit des Denkens durch den Glauben, die Eigengesetzlichkeit der Philosophie durch die Theologie nicht einfach ausgelöscht wird. Jenseits von totaler Autonomie, in der das Geschöpf sich Gottes zu bemächtigen versucht, und totaler Heteronomie, in der das Geschöpf von Gott übermächtigt wird, steht das Dritte: die Analogie, in der Gottes All-Wirklichkeit und All-Wirksamkeit uneingeschränkten Raum hat — und doch gleichzeitig die Eigenwirklichkeit und Eigenwirksamkeit des Geschöpfs nicht zum Verschwinden, sondern vielmehr gerade so zu Ehren gebracht wird.

c) analogia entis in-über analogia fidei

Die in der Überschrift dieses Abschnittes enthaltene These hebt sich deut-

---

110 Analogia entis, S. 202.

lich ab von der Weise, wie H. U. v. Balthasar und G. Söhngen analogia fidei und analogia entis einander zuordnen.

Für Söhngen wie v. Balthasar ist die »analogia entis« ein Prinzip natürlicher Theologie, in dem das natürliche geschöpfliche Sein in seinem Verhältnis zum absoluten göttlichen Sein auf den Begriff gebracht wird. Demgegenüber ist die »analogia fidei« der Offenbarungs- und Gnadenordnung zugehörig. »Analogia entis« gehört demnach in den Bereich der natürlichen Seinsordnung, »analogia fidei« in den Bereich der übernatürlichen Tätigkeitsordnung.

So sagt Söhngen in seinem Aufsatz »analogia entis in analogia fidei«: »Ist die analogia entis, wie der Name sagen soll, allererst Analogie in der Wesensordnung und mitfolgend auch in der Tätigkeitsordnung, so ist dagegen die Analogie in der Ordnung der Gnade keine Analogie in der Ordnung der Wesen und Wesenheiten, und sie kann es sogar nicht sein; sondern die Analogie in der Ordnung des Glaubens . . . kann nur sein Analogie in der Ordnung der Tätigkeit . . . Ist Gottes Offenbarung in der Gnade des Glaubens . . . *Selbst*mitteilung Gottes, so würde Selbstmitteilung Gottes als Mitteilung göttlicher Wesenheit die Schöpfung und den Schöpfer gleichsam rückgängig machen, den Unterschied zwischen ungeschaffenem und geschaffenem Sein aufheben. An diesem Punkt entscheidet sich, was der Vollsinn der analogia entis als Analogie selbständigen Wesenseins theologisch bedeutet. Analogia entis muß als Analogie allererst der Wesensordnung und nicht allererst der Tätigkeitsordnung begriffen werden, sollen analogia fidei und analogia visionis als Analogie allererst der Tätigkeitsordnung und allein der Tätigkeitsordnung verstanden werden können.«[111] Damit der Unterschied zwischen Gott und Mensch gerade im Ereignis der Offenbarung und des Glaubens gewahrt wird, muß der Begriff des kontinuierlichen natürlichen Seins davon abgehoben werden. Eben der Gnadencharakter der freien Zuwendung Gottes zum Menschen fordert das unaufhebbare Gegenüber von Gott und Mensch, das nicht in einem Begriff der reinen Bewegung zusammenfließen und verschwimmen darf. Der Mensch in seiner von Gott verschiedenen Natur, in seinem Sein, wird durch die Gnade zur Teilnahme an Gott erhoben. Die analogia entis in sich ermöglicht keine Erkenntnis Gottes. Gott kann nur kraft seiner Selbsterschließung vom Menschen erkannt werden. Erst von der analogia fidei her wird die analogia entis erkennbar: »Die analogia fidei ist sanans et elevans analogiam entis.«[111a] Sie ist also kein Erkenntnisprinzip, das Rückschlüsse aus dem endlichen

---

111   Söhngen, in Antwort, S. 269.
111a   ders., in Catholica, S. 208.

auf das unendliche Sein, von kreatürlichem Sein auf Gottes Sein erlaubt. Erkenntnisprinzip, das will Söhngen festhalten, ist die Gnade der Selbsterschließung Gottes. Aber *in* der Offenbarung und von ihr her hebt sich geschöpfliches Sein in seinem Unterschied gegen das göttliche Sein ab. Darum: »analogia entis *in* analogia fidei«[111b].
Es leuchtet ein, daß v. Balthasar in seinem Gespräch mit Barth dieser Linie Söhngens folgte, da sich die Formel Söhngens für eine Verständigung mit Barth sehr empfiehlt. Auch v. Balthasar betont die Notwendigkeit eines natürlichen Seinsbegriffs in der Theologie. Und er faßt den Begriff der »Natur« so formal wie möglich: »man wird diese Natur in jenem Minimum zu erfassen suchen, das sich in jeder möglichen Situation, darin Gott sich seinem Geschöpf offenbaren wollte, verwirklicht zeigen muß, und das ausgedrückt ist in der analogia entis. Wenn Offenbarung sein soll, dann kann sie nur ergehen von Gott zu Geschöpf; zu einem Geschöpf, das als solches gerade in seinem Begriff Offenbarung nicht einschließt. Die ›Natur‹, die die Gnade sich voraussetzt, ist das Geschöpfsein als solches. Wir nennen diesen Begriff der Natur den formalen Naturbegriff. Dieses Minimum ist darum die Voraussetzung aller Gnade, weil seine Necessität der Faktizität aller Offenbarung vorausliegen muß . . . Indem das unbegreiflich freie Geschehen der Gnade sich vollzieht, wird deutlich, wie sehr dieses Freieste frei ist und nicht sein *muß*. Die Necessität, die darin vorausgesetzt aufscheint, ist aber darum noch keine absolute, von Gottes majestätischer Entscheidung unabhängige. Denn auch diese Necessität hängt . . . an der Freiheit der Entscheidung Gottes, ob überhaupt eine Welt sein soll. . . . Wenn er sich dafür entscheidet, dann freilich kann diese Entscheidung nur die Form der analogia entis haben . . . Geschöpfe kann es nur als . . . nichtgöttliche Wesen geben, Wesen aber, die *als* Geschaffene dem Schöpfer nicht völlig unähnlich sind. Und, wenn sie geistige Wesen sind, nur so, daß dieses Ontische auch ein Noetisches ist: daß sie also, auch in allem Nichtwissen, ja in aller Verblendung und Verleugnung, denkend an Gott den Schöpfer stoßen.«[112]
Das Anliegen ist deutlich: die Gnade darf nicht selber einer Art »Naturalisierung« anheimfallen. Der Mensch in seiner natürlichen Wirklichkeit, in seinem relativen Eigenbestand gegenüber Gott muß deutlich genug akzentuiert werden. Denn Gnade ist kein »debitum«, nichts, was Gott dem Menschen schuldet, damit er überhaupt natürlicher Mensch sein kann. Der Abstand zwischen Schöpfer und Geschöpf muß deutlich sein,

111b ders., in Antwort, S. 266.
112 v. Balthasar, a. a. O. S. 295 f.

damit die Gnade in ihrem reinen Geschenk-Charakter deutlich werden kann. »Denn daß Gnade ›nur‹ Gnade ist und nicht zu Natur wird (nämlich zu naturhaftem Teilnehmen an Gottes Natur), dies eben ›bewirkt‹ die Natur (als Geschöpflichkeit).«[113]
Aber zwei Fragen sind hier doch unvermeidlich:

1. Ist es denn erforderlich, um diesem berechtigten Anliegen gerecht zu werden, daß die der Faktizität der Gnade vorausgehende Nezessität der Natur nicht nur ontische, sondern auch noetische Qualität hat? Würde dem nicht die Betonung einer ontischen Nezessität vollauf genügen?
2. Ist bei dieser zweifelhaften noetischen Ausweitung des Naturbegriffs die Natur wirklich so formal gefaßt, wie es v. Balthasars Absicht ist? Was heißt denn »formal«, wenn es der wirkliche Mensch ist, der denkend an den wirklichen Gott »stoßen« kann? Hier kann offenbar die nötige Unterscheidung nur hinauslaufen auf die relative Differenz zwischen approximativem natürlichen und vollem glaubensmäßigen Erkennen. Und wenn man sich einmal auf diese schiefe Ebene der gleitenden Übergänge begeben hat, wie will man dann wirklich die Grenzmarke und den Wendepunkt ausmachen, jenseits deren etwas nicht mehr nur formal, sondern auch material qualifiziert ist? Dieser Zweideutigkeit unterliegt auch, entgegen anderslautenden Versicherungen, Söhngens Konzept, wenn er sagt, die analogia entis sei »allererst Analogie in der Wesensordnung und mitfolgend auch in der Tätigkeitsordnung«[113a], und wenn er dann die analogia fidei ganz der Tätigkeitsordnung zurechnet. Kann unter dieser Voraussetzung wirklich von der Rechtfertigung des Gottlosen, von der göttlichen Wende die Rede sein, in der der für Gott tote Mensch ein für Gott lebender Mensch wird? Gnade ist mehr als Sanierung, und Offenbarung mehr als Steigerung eines Unvollkommenen. In komparativischen Kategorien lassen sich Gnade und Glaube nicht angemessen aussagen. »Wenn jemand in Christus ist, so ist er eine neue Schöpfung. Das Alte ist vergangen, siehe, Neues ist geworden!«[114] Aber, das bleibt zu betonen, die analogia entis, wie sie hier ausgelegt wird, ist nicht die analogia entis, wie Przywara sie versteht.
Das zeigt bereits der Wortlaut. Nach v. Balthasar besagt »analogia entis«, daß geschöpfliche Wesen »als Geschaffene dem Schöpfer nicht völlig unähnlich sind«[114a]. Nach Przywara meint analogia entis, daß »zwischen Schöpfer und Geschöpf eine noch so große Ähnlichkeit nicht angemerkt

113   a. a. O. S. 297.
113a   Söhngen, in Antwort, S. 269.
114   2. Kor. 5, 17.
114a   v. Balthasar, a. a. O. S. 296.

werden kann, daß zwischen ihnen eine je immer größere Unähnlichkeit nicht angemerkt werden muß«[115]. Der Richtungssinn der beiden Aussagen ist ein genau entgegengesetzter. Die Definition v. Balthasars enthält ein positives Postulat natürlicher Theologie. Die Definition Przywaras enthält ein negatives Postulat und ist ihrem Ursprung nach die Abweisung einer trinitätstheologischen Identitätsspekulation.

Denn — und damit wird vollends deutlich, daß »analogia entis« keineswegs die Definition eines »formalen Naturbegriffs« ist —[116]: Przywara findet den locus classicus der analogia entis im 2. Kapitel des IV. Laterankonzils. Und dort ging der Streit um die offenbarungsgemäße Auslegung von Johannes 17, 21—22: »und die Herrlichkeit, die du mir gegeben hast, habe ich ihnen gegeben, damit sie eins seien, wie wir eins sind; ich in ihnen und du in mir, daß sie vollendet seien in eins.« Die Auseinandersetzung ging um die Frage, a) wie die Einheit des dreipersönlichen Gottes zu denken sei, b) wie die Einheit der Gläubigen untereinander und schließlich c) die Einheit Gottes und der Menschen im Akt der göttlichen Offenbarung.

Petrus Lombardus faßte die Einheit Gottes als die Einzigkeit und Einfachheit der einen göttlichen Wesenheit (essentia): »hic . . . nomine essentiae intelligimus divinam naturam, quae communis est tribus personis, et tota in singulis.«[117]

Dagegen wandte Joachim von Fiore ein, auf solche Weise würde die göttliche Trinität ausgeweitet zu einer Art Quaternität: zu den drei Personen käme die ihnen gemeinsame »essentia« als vierte Person. Zwar seien die drei Personen in Gott eine »essentia«, eine »substantia« und eine »natura«. Aber diese Einheit sei nicht im wahren und eigentlichen Sinne als Einheit zu verstehen, sondern als »Kollektiveinheit« und »Ähnlichkeitseinheit« (quasi collectivam et similitudinariam), »wie man viele Menschen ein Volk nennt und viele Gläubige eine Kirche«[118].

Zur Begründung dieses seines Verständnisses der Einheit Gottes beruft sich Joachim auf das obige Wort aus dem hohepriesterlichen Gebet. Denn dort werde von der Einheit der Gläubigen nicht als »von ›einer‹ Sache« (quaedam una res) gesprochen. »Einheit« müsse anders verstanden werden, und Joachim definiert sie so, daß die Gläubigen »eins« sind, »das

---

115 Analogia entis, S. 253.
116 Sie hat auch nichts gemeinsam mit der Definition F. Flückigers: »Die rationale Menschennatur wird kraft ihrer Teilhabe am ewigen Gesetz des Seins bzw. an der Vernunft Gottes zum Range eines göttlichen Prinzips erhoben« (Flückiger, a. a. O. S. 681).
117 Petrus Lombardus, a. a. O. liber I, distinctio V ad 1.
118 Denzinger, a. a. O. S. 431.

heißt eine Kirche, wegen der Einheit des katholischen Glaubens, und schließlich ein Reich, wegen der Einheit der unauflöslichen Liebe« (sc. Gottes). Unter dieser Voraussetzung aber kann nicht mehr unterschieden werden zwischen der Einheit, die Gott in sich selber ist in den Beziehungen seines dreipersönlichen Lebens (indissolubilis caritas), der gnadenhaften Einheit zwischen Gott und Mensch, die durch Offenbarung und Glauben zustande kommt, und schließlich der Einheit, die die Glaubenden als Gemeinde bilden. Alle drei Bereiche schwimmen in eins zusammen: die Einheit Gottes in sich, die Einheit Gottes mit dem Menschen und die Einheit der Menschen untereinander werden identisch.

Das Konzil stellt sich auf die Seite des Petrus Lombardus und unterscheidet zwischen der Einheit der Gläubigen, die sie »empfangen« und geschenkt bekommen durch die Gnade Gottes — und der Einheit als »Identität in der Natur«, die Gott allein zukommt. Gerade im Geschehen der Offenbarung, der Erlösung, der Selbstmitteilung Gottes an den Menschen wird der Unterschied, der Abstand zwischen Gott und Geschöpf nicht ausgelöscht. Wohl ist Johannes 17, 22 von vollkommener Einheit der Gläubigen die Rede, auch Matthäus 5, 48 wird in den Konzilstexten zitiert: »ihr sollt vollkommen sein, wie euer Vater im Himmel vollkommen ist.« Aber es wird gleich angemerkt, das sei nicht im Sinne von »Identität« zu verstehen. Der Unterschied bleibt: »seid vollkommen in Vollkommenheit der Gnade, wie euer himmlischer Vater vollkommen ist in Vollkommenheit der Natur, jegliche Vollkommenheit in ihrer Art.« Auch im Geschehen der Offenbarung, der Selbstmitteilung Gottes und der Teilhabe des Menschen an Gott durch die Gnade des Glaubens, bleibt Gott der Herr, der ganz andere, er geht in dieses Geschehen nicht auf. Darum: »jegliche Vollkommenheit in ihrer Art: weil zwischen Schöpfer und Geschöpf eine noch so große Ähnlichkeit nicht angemerkt werden kann, daß zwischen ihnen eine je immer größere Unähnlichkeit nicht angemerkt werden muß.«[118a]

Das ist analogia entis im Grundbegriff: durch alle noch so große Positivität (allo *pros* allo) einer jeweiligen Beziehung (ana . . .) schneidet die jeweils größere Unähnlichkeit (*allo* pros *allo*) quer hindurch (ano . . .).

Ist es demnach nicht angängig, analogia entis im Sinne einer Nezessität der Naturordnung der analogia fidei als einem Begriff der Faktizität der Gnadenordnung zu- und unterzuordnen, so bleibt zu fragen, was »analogia fidei« bei Przywara meint und wie sie der analogia entis zuzuordnen ist.

Während Przywara seine analogia-entis-Lehre formal und material breit

---

118a Analogia entis, S. 252 f.

ausgeführt hat, tragen seine Ausführungen über die »analogia fidei«, darauf weist B. Gertz mit Recht hin, »einen durchaus sporadischen Charakter«[119]. Im Vorwort zu seinem Buch über das Johannes-Evangelium betont Przywara, es gehe ihm um eine Methode der Auslegung, wie sie die großen Kommentare des Origenes verfolgten: »die ›analogia fidei‹ in der Offenbarung herauszustellen, d. h. die innere Entsprechung zwischen den Offenbarungs-Aussagen beider Testamente.«[120] In »Alter und Neuer Bund« sagt Przywara genauer, was mit »innerer Entsprechung« gemeint ist: »dem schwebenden Zusammenhang aller Aussagen der Offenbarung nachzuspüren.«[121] »Analogia fidei« besagt demnach die analoge Einheit der Offenbarungsaussagen des Alten und Neuen Testaments.

Was aber heißt »analoge Einheit«? Sie besagt zunächst das positive Bezogensein (im obigen Sinne des »ana . . .«). »Die Offenbarung des Alten Bundes ist in diesem ›Einen Gott als Urheber‹ nicht Offenbarung, wenn nicht zur Offenbarung des Neuen Bundes hin, und die Offenbarung des Neuen Bundes ist im selben ›Einen Gott als Urheber‹ nicht Offenbarung, wenn nicht von der Offenbarung des Alten Bundes her.«[122] Darum kann das Alte Testament nur recht gedeutet werden, wenn es in der Richtung zum Neuen Testament hin gedeutet wird, und umgekehrt kann das Neue Testament nur vom Alten her verstanden werden.

Przywara expliziert dieses Zueinander von Altem und Neuem Bund auf vier Linien: 1. Der Alte Bund ist (ontisch) »Verheißung« und »Typus« des Neuen Bundes. »Verheißung« heißt hier aber nicht nur Vorankündigung, Vorbotschaft, sondern weil die Erfüllung die Wirklichkeit Jesu Christi und seines Reiches selber ist, darum ist auch die Verheißung des Alten Bundes seinshaft zu verstehen, sie ist »Vor-Existenz« der Wirklichkeit Jesu Christi. Und so ist (im Wortsinn von »Typus«) die Wirklichkeit Jesu Christi in das Sein des Alten Bundes »eingeschlagen und eingedrückt«. 2. Der Alte Bund ist (onto-noetisch) »Zeugnis« des Neuen Bundes (martyria). Sein Wesen liegt darin, nicht nur durch sein Wort, sondern auch durch sein Sein Christus »vorzubezeugen«. 3. Der Alte Bund ist (noetisch) »Prophetie« zum Neuen Bund hin. Der Prophet als der mit dem Geiste Gottes begabte Seher bedeutet einen radikalen Einbruch des Geistes Gottes selbst in die sakrale Statik, zu der sich der Alte Bund besonders im Königtum verfestigt. Die Propheten stellen Israel

119 Gertz, a. a. O. S. 283.
120 Przywara, Christentum gemäß Johannes, S. 7.
121 ders., Alter und Neuer Bund, S. 11.
122 a. a. O. S. 531.

unter das Gericht bis in den Tod. Als solcher Einbruch ist das Propheti-
sche jeweils neuer Aufbruch des Messianischen im Alten Bund. »Das
immer neu sich verfestende ›sakrale Sein‹ des Alten Bundes muß nach
dem Wort der Propheten jeweils neu ›in den Tod‹, daß ›auferstehe‹ sein
messianisches Sein von Verheißung und Typus und Zeugnis.«[123] So werden Tod und Auferstehung des Alten Bundes durchsichtig in das »Mysterium« von Tod und Auferstehung Jesu Christi. 4. Die vierte (energe-
tische) Linie im Zusammenhang zwischen Altem und Neuem Bund entfaltet Przywara aus dem Zusammenhang von Galater 3—5. Das Energe-
tische nennt er die »›Pädagogie‹ des Alten zur ›Freiheit‹ des Neuen Bundes hin«[124]. In dieser »Energetik« des Alten Bundes zum Neuen hin
scheint die Gradlinigkeit eines direkten Bezuges zwischen Altem und
Neuem Bund ihre größte Steigerung zu erfahren. Aber bei Paulus kommt
ja das Versklavtsein unter das Gesetz auf die gleiche Stufe zu stehen wie
das Versklavtsein unter die »stoicheia« des Kosmos[125]. Und das Gesetz
und die Ordnung der Welt gehen zusammen in der Feindschaft gegen das
Geheimnis der Verheißung[126]. So tritt das Gesetz in tödlichen Gegensatz
zur Verheißung. Das Gesetz bedeutet »Fluch«[127], und es führt von hier
aus keine kontinuierliche Linie zum Segen der Verheißung. Dazwischen
ist ein Bruch, abgründige Feindschaft. Und der Fluch des Gesetzes des
Alten Bundes wird nur aufgehoben, indem Christus »unter das Gesetz
getan« wird[128] und den Fluch des Kreuzes auf sich nimmt[129]. Allein im
Fluch des Kreuzes bricht der Segen der Verheißung durch den Fluch des
Gesetzes. »Das ›Kreuz‹ einzig und allein ist Ort und Vollzug der ›Energetik‹ von Altem zu Neuem Bund. In ihm allein wird der tödliche Gegensatz zwischen Verheißung und Gesetz (bis in den Gegensatz zwischen
Segen und Fluch) überwunden, indem grade durch den in Christus hinein
und in Christo und durch Christus hindurch ausgetragenen Fluch des Gesetzes die Verheißung des Alten Bundes Fülle der Erfüllung des Neuen
wird.«[130] Indem Christus im Fluch des Kreuzes den Fluch des Gesetzes
austrägt, wird die Fülle der Verheißung frei. Der Alte Bund »erfüllt« sich
in den Neuen allein über den Bruch des Kreuzes, durch das das Gesetz
»durchstorben« wird. D. h.: durch alle noch so große Direktheit eines

123 a. a. O. S. 524.
124 a. a. O. S. 525.
125 Gal. 4, 9.
126 Gal. 4, 29.
127 Gal. 3, 10.
128 Gal. 4, 4.
129 Gal. 3, 13.
130 Przywara, Alter und Neuer Bund, S. 527 f.

gradlinigen Bezuges zwischen Altem und Neuem Bund (in Typus, Zeugnis, Prophetie, Pädagogie) schneidet der Gegensatz von »Fluch des Gesetzes« und »Fluch des Kreuzes« senkrecht hindurch. Und erst durch das
Kreuz als Höhepunkt, Offenbarung und Austragung des Widerspruchs
kommt die Positivität von Typus, Zeugnis, Prophetie und Pädagogie zum
Tragen.
Wenn also »analogia fidei« das Zueinander von Altem und Neuem Bund
bezeichnet, »so ist diese ›Analogie‹ nicht einfach strahlende Fülle der
›Ähnlichkeit‹, in der im Zueinander von ›Bildern und Gleichnissen‹ sich
die Glorie einer ›reinen Einheit‹ darstellt. Sondern: die ›je immer größere
Unähnlichkeit‹ einer echten ›Analogie‹, die durch eine ›noch so große
Ähnlichkeit‹ durchbricht, ist in der analogia fidei Durchbruch im Zeichen
jener ›je immer größeren Unähnlichkeit‹ des Mysteriums des ›ungründ-
digen‹ Gottes, darin Er, im ›Kreuz‹ des ›Gott Ohnmacht‹ und ›Gott Narr-
heit‹, den ›Gott Allmacht‹ und ›Gott Weisheit‹ Selber ›durchkreuzt‹, um
Gott also im ›Kreuz Skandal‹ zum ›Gott Skandal‹ zu machen«[131].
Przywara möchte in solcher Theologie des Alten und Neuen Bundes theologische Exegese und spekulative Theologie zu »einem Leben« vereini-
gen, und es ist für unseren Zusammenhang von großem Interesse zu
sehen, wie er Exegese und spekulative Theologie einander zuordnet.
»Indem die ›theologische Exegese‹ sich wandelt in eine Theologie des Zueinander der Inhalte Alten und Neuen Bundes, während die ›spekulative
Theologie‹ Theologie der formalen ›analogia fidei‹ sein darf und erst
hierin wahrhaft ›spekulativ‹, das heißt ›schauend im Spiegel‹, der diese
›analogia fidei‹ ist, durch den Alten Bund in den Neuen und in ihrem
Zueinander hindurch-schauend in die echte ›analogia entis‹ zwischen Gott
und Geschöpf überhaupt, das heißt durch alles ›Noch-so-Groß‹ einer
Seins-Teilnahme zwischen Gott und Geschöpf hindurch in das ›Je-immer-
Größer‹ des unergründlichen göttlichen Mysteriums in Sich Selbst. Vom
(materialen) Zueinander zwischen Altem und Neuem Bund, — zur (formalen) ›analogia fidei‹ zwischen beiden, — zur radikalen ›analogia entis‹
(der ›je immer größeren Unähnlichkeit‹), — das allein ist der Weg einer
Offenbarungs-Theologie, wie sie der Trienter Formel vom ›Einen Gott
Urheber‹ beider Bünde entspricht.«[132]
Die Offenbarung des Alten und des Neuen Bundes ist eine Einheit, insofern sie Offenbarung Gottes als des Dreieinigen ist. Anhebend mit der
Genesis, in der Gott in »Schatten, Spur und Bild« als väterlich Schaffen-
der, als schöpferisches Wort und als befruchtend schwebender Geist er-

---

131 a. a. O. S. 530 f.
132 a. a. O. S. 533.

scheint, durch die gesamte Geschichte und Prophetie des Alten Bundes als »Schatten-Spur-Welt« der Trinität, bis zur lebendigen Erscheinung von Vater, Sohn und Geist im Mysterium Jesu Christi — in diesem Zusammenhang ist das Zueinander von Altem und Neuem Bund die eine Offenbarung der Heilsökonomie Gottes. Sie gipfelt in dem Wort Matthäus 28, 18 ff.: »mir ist gegeben alle Gewalt im Himmel und auf Erden« und in dem anschließenden Befehl an die Jünger, alle Völker »einzutauchen« in den Namen des Vaters und des Sohnes und des Heiligen Geistes. In solcher Weise sind Alter und Neuer Bund als eine »Heils-Ökonomie« Offenbarung der Trinität. »Gott erscheint im schwingenden Bezug zwischen Altem und Neuem Bund vaterhaft, sohnshaft, geisthaft, als Eine ›ökonomische Trinität‹, um in ihr Sich als das schlechthin Unergründliche einer ›Trinität in Sich und als Er‹ . . . zu offenbaren.«[133]

Auch hier hat das IV. Laterankonzil das letzte Wort: daß bei noch so großer Ähnlichkeit der »Trinität in uns«, d. h. der heilsökonomischen Trinität (Joh. 17: »Daß sie eins seien wie Wir und in Uns«) die je immer größere Unähnlichkeit der »Trinität in sich« »über-über-steige«. Das gesamte Bezugsgefüge, wie Przywara es zeichnet (vom materialen Zueinander von Altem und Neuem Bund zum formalen: — analogia fidei — zum radikalen: — analogia entis —), es mündet ins Dunkel des je immer größeren Gottes, »der nicht Gott ist, wenn du ihn begreifst«[134]. Alles noch so große Wissen mündet ins Dunkel des Nichtwissens, ins »Geheimnis«, ins »Rätsel«, in die »Nacht«[135]. Und am Ziel des Gedankengangs wird der Mystiker Johannes vom Kreuz zitiert:

»In dieser Nacht dunkel dieses Lebens,
wie gut weiß ich durch Glauben den Quell . . .
Der Strom, der Geburt hat aus diesem Quell,
gut weiß ich, wie er ist gleichweis
weit und allmächtig, —
wiewohl es ist Nacht.«[136]

Aus dem Gesagten ergeben sich für das Verhältnis von analogia fidei und analogia entis folgende Bestimmungen:

1. »Fides« in »analogia fidei« meint die Objektwelt des Glaubens, die die Offenbarung des Alten und Neuen Testaments ist. »Analogia fidei« besagt den »schwebenden Zusammenhang« aller Offenbarungsaussagen

133 a. a. O. S. 540.
134 a. a. O.
135 a. a. O. S. 543.
136 Johannes vom Kreuz, Obras III, 157 f., übersetzt von Przywara, Alter und Neuer Bund, S. 543.

des Alten und Neuen Testaments. Dabei liegt die Betonung gleicherma-
ßen auf dem Zusammenhang der objektiven Glaubenswelt des Alten
und Neuen Bundes, dem »unversehrten Zueinander von Altem und
Neuem Bund«[137] — wie auf ihrer Unterschiedenheit.

2. *In* diesem »schwebenden Zusammenhang« (und nur sofern er gewahrt wird) der Offenbarung Alten und Neuen Bundes offenbart sich
Gott als der, der in jeder noch so großen Ähnlichkeit zum Geschöpf sich
als der je Unähnlichere erweist. Und dies eben besagt die »analogia entis« gemäß dem IV. Laterankonzil. Darum: analogia entis *in* analogia
fidei.

3. »Gott erscheint im schwingenden Bezug zwischen Altem und Neuem
Bund vaterhaft, sohnshaft, geisthaft, als Eine ›ökonomische Trinität‹.«[138]
Und dieses »Mysterium der Trinität ›... im Rätsel‹ ihres Wirkens in der
Einen Heils-Ökonomie«[139] öffnet sich und weist *über* sich hinaus in die
je größere Unähnlichkeit des Mysteriums der Trinität in sich. Darum:
analogia entis *über* analogia fidei.

4. »Analogia entis *über* analogia fidei« heißt nicht, daß das Denken
freischwebend wird. »Jeder, auch der kleinste Schritt aus dem Zueinander
Alten und Neuen Bundes heraus, bedeutet den Schritt heraus aus der
›paradosis‹... der Einen Offenbarung... in die ›Zugkraft durch die Philosophie und die eitel leere Täuschung gemäß der paradosis... der Menschen‹«[140]. Das Denken bleibt an die eine Heilsordnung von Schöpfung,
Fluch der Sünde und Erlösung in Christus, wie sie in der Offenbarung
Alten und Neuen Bundes offenbar wird, gebunden. Darum dürfen Satz 2
und Satz 3 nicht voneinander getrennt werden. Das »*in*« und das »*über*«
gehören unauflöslich zusammen. Darum: analogia entis *in-über* analogia
fidei.

2. Eklektik

a) Freiheit unter dem Wort

Nach allem Gesagten ist deutlich, daß für Barth das natürliche Vernunftvermögen keine apriorische Funktion in der Theologie haben kann[141].

137 Przywara, Alter und Neuer Bund, S. 532.
138 a. a. O. S. 540.
139 a. a. O. S. 543.
140 a. a. O. S. 532.
141 s. o. S. 40 ff., 139 ff.

Kreatorische Spontaneität des intellectus agens hat für die Theologie keine Relevanz. Was Wirklichkeit Gottes ist und geschöpfliche Wirklichkeit überhaupt, darüber vermag die Vernunft nichts auszumachen. Was die Wahrheit Gottes ist und was die Wahrheit des Menschen, das ist ihr gänzlich fremd und widersprechend. Die Wahrheit, wie sie in Jesus Christus offenbar wird, der selber die Wahrheit ist als wahrer Gott und wahrer Mensch, als der Versöhner und als »der wahrhaftige Zeuge«, diese Wahrheit spricht den Menschen nicht *an*, sondern sie *wider*-spricht ihm und fordert seinen Widerspruch heraus. Sie ist »neue, fremde, unheimliche Kunde«[142]. Damit ihm das einleuchten kann, muß der Mensch zuvor erleuchtet sein. Gott ist nicht dort, wo wir ihn meinen suchen zu sollen. Er ist vielmehr genau dort zu finden, wo wir ihn nicht suchen möchten: mitten in unserer eigenen Wirklichkeit. Und auch dort nicht auf irgendwelchen Höhen des elementaren Reichtums »der Schönheit, des Geistes, des Kosmos und des Menschen«[143]. In der Gestalt des leidenden, des gekreuzigten Jesus Christus, des einsamen Mannes von Gethsemane und Golgatha wird offenbar, daß Gottes Gedanken nicht unsere Gedanken sind. »Daß *Gott* da auf den Menschen stößt, der *Vater* auf sein ihm entfremdetes Kind, . . . der ewig Lebendige auf.ihn, der leben möchte und aus sich, ohne ihn, nicht leben kann, . . . das bestimmt die Ordnung, den . . . Verlauf dieser Begegnung. In ihr wird dem Menschen das gesagt, was *Gott*, nur er, ihm zu sagen hat — und es wird ihm so gesagt, wie Gott es ihm sagen will und wie nur er es ihm sagen kann.«[144] Das ist es, was der Mensch nicht wahrhaben will, was der Vernunft zuwider ist. Davor erschrickt der Mensch. Was ihm in der Begegnung mit Jesus Christus widerfährt: das Zusammentreffen zweier ganz ungleicher Partner — das wird umgelogen, umgedeutet zu der weniger beunruhigenden Vorstellung eines »kontinuierlichen Zusammenseins beider«, zu einem in seiner Stetigkeit überschaubaren Korrelationsverhältnis zwischen Gott und Mensch[145]. Die in Jesus Christus stattfindende Konfrontierung des zu befreienden Menschen mit dem freien Gott wird neutralisiert zu einem System zweier Wesenheiten, einer unendlich-absoluten und einer endlich-relativen, zu einer Zusammenordnung, die durch eine Verwandtschaft des Seins, durch ein beide zusammenfassendes Prinzip begründet ist. So wird Gottes Freiheit umgedeutet zur Vorgegebenheit eines höchsten Wesens, wird via eminentiae zum Inbegriff aller menschlichen Ent-

---

142 KD IV,3 S. 435.
143 a. a. O. S. 479.
144 a. a. O. S. 511.
145 a. a. O. S. 512.

würfe des Schönen, Wahren und Guten, wird via negationis zum Inbegriff der Grenze und Überbietung des endlichen Seins, der für unser am Endlichen orientiertes Denken nur in seiner Unerkennbarkeit erkennbar ist, der für unser durch die Endlichkeit terminiertes Denken nur als Nicht-Gegebenes gegeben ist. Auf solche Weise bekommt Gott seinen — den höchsten — Platz im menschlichen Selbst- und Weltverständnis. So schafft sich der Mensch den neutralen Raum, in dem er vor dem Angriff, Freispruch und Zuspruch des lebendigen Gottes sich meint sichern zu können. »Und eben zu diesem Zweck, eben in Abwehr des freien Gottes ersinnt er diese feierliche, diese ihn beruhigende, ja einschläfernde Lüge von Gott als jenem höchsten Wesen.«[146] Wenn aber Jesus Christus selber die Wahrheit ist und wieder er selber auch der Zeuge der Wahrheit, so ist eben dies das Verbotene, von ihm als Lüge Entlarvte: eine allgemein geltende und bekannte Wahrheit vorauszusetzen, in deren Rahmen das Besondere der Offenbarung seinen Platz von uns zugewiesen bekommt. Kein von uns mitgebrachtes Apriori ist so beschaffen, daß uns auf Grund dessen das Christus-Geschehen als das Erwartbare und Einleuchtende erschiene. Es ist vielmehr das Unerwartete, das Widersprechende, es ist die *er*-leuchtende Wahrheit, die, indem sie Licht in uns wird, den neuen Menschen auf den Plan bringt und den alten vergangen sein läßt samt allem, was er für denkbar, einleuchtend und möglich hielt.

Nun ist aber nicht zu leugnen, daß jeder Mensch gewisse weltanschauliche Vorgaben, eine bestimmte Ausstattung und Färbung seiner Vorstellungen, Gedanken und Überzeugungen schon mitbringt, daß das, was die Atmosphäre seiner Geisteswelt ausmacht, geschichtlich bedingt und geprägt ist. Daß auch die Apostel und Evangelisten des Neuen Testaments, was ihre Gedanken- und Geisteswelt anbetrifft, Kinder ihrer Zeit waren und also auch bestimmte philosophische und weltanschauliche Vorgaben mitbrachten in die uns überkommenen Texte, die für uns nicht einfach reproduzierbar sind. Bedeutet nun das, was oben gegen die apriorische Funktion des Vernunftvermögens gesagt wurde, daß Offenbarung und Glaube notwendig mit dem Opfer, der Aufgabe des Denkens verbunden sind? Barth antwortet: Nein. »Der souveräne Griff Gottes nach dem Menschen ist keine Gewalttat zur Herbeiführung eines sacrificium intellectus.«[147] Die Offenbarung erschlägt und erdrückt den Menschen nicht, sondern Gott kommt in ihr *zu* uns Menschen. Die kritische Frage muß vielmehr sein, welche Funktion unseren Vorstellungen, Gedanken und Überzeugungen zukommt. Denn die Freiheit des Menschen hat zwar

146 a. a. O. S. 517.
147 a. a. O. S. 515.

im Worte Gottes ihre Krisis, aber auch ihren Grund[148]. Und das gilt auch von der Freiheit des Denkens. Gottes Wort gibt sich uns in unserer Menschlichkeit zu eigen, in unserer Selbstbestimmung, Spontaneität und Aktivität[149]. Jesus Christus begegnet uns in der Botschaft der Bibel. Und diese wiederum begegnet uns in der Gestalt eines menschlichen Wortes. Insofern ist die Schrift der Erklärung bedürftig[150], muß der vom Sprechenden dort beabsichtigte Sinn in das Denken des Hörenden heute übertragen werden in eigener Verantwortung. Aber: Freiheit und Verantwortung, daran liegt Barth alles, darf hier nicht verwechselt werden mit Willkür.

Gottes Gedanken begegnen uns in der Gestalt des menschlichen Wortes der Propheten und Apostel, »die als solche nicht nur der Ausdruck der Gedanken Gottes, sondern jedenfalls auch der Ausdruck ihrer eigenen Gedanken sind«[150a]. Aber, und darin liegt das Entscheidende: die Vorstellungen, Gedanken und Überzeugungen der Apostel und Propheten weisen alle in eine Richtung, sie haben Dienstfunktionen und konvergieren alle in einer einzigen Mitte, von der sie Zeugnis geben und die sie »anzeigen«. Sie legen Zeugnis ab von Jesus Christus als dem Namen des mit dem sündigen Menschen gnädig handelnden Gottes, sie bezeugen Gottes Gnade und des Menschen Elend. Und das ist es, was man von unseren Vorstellungen, Gedanken und Überzeugungen nicht sagen kann, sie laufen als solche »bestimmt nicht in der Richtung des Zeugnisses, das diesen Inhalt hat«. Das macht den prinzipiellen Vorrang der Schrift vor unserem Denken aus. Daraus ergibt sich der Anspruch, daß wir unser Denken dem Wort der Apostel und Propheten unterzuordnen haben, damit es die richtige Richtung bekommt. Denn die Natur des Menschen ist das Streben, sich selbst zu rechtfertigen vor einem Gott, den er sich in seinem Herzen zurechtgemacht hat. Darum muß unsere Geisteswelt »flüssig werden, ihre Absolutheit verlieren, sich unterordnen«[151]. Die Aufgabe besteht darum grundsätzlich darin, »daß wir jene Autonomie preisgeben, daß wir uns in und mit dem ganzen Bestand unserer Vernunft und Erfahrung durch das Wort Gottes und also durch die Schrift, d. h. durch ihr Zeugnis von Jesus Christus, dessen Organ die biblischen Schriftsteller in ihrer Menschlichkeit sind, führen, belehren, zurechtweisen lassen, daß wir der Schrift also den beschriebenen Vorrang und Vortritt tatsächlich zugestehen«[152]. Das heißt nicht, daß wir unsere Vorstellungen, Gedan-

148   KD I,2 S. 783.
149   a. a. O. S. 785.
150   a. a. O. S. 799.
150a   a. a. O. S. 803.
151   a. a. O. S. 808.

ken und Überzeugungen einfach aufzugeben und zu vergessen hätten. »Das können wir gar nicht, so wenig, wie wir unseren eigenen Schatten loswerden können.« Auch nicht, daß wir unsere Gedanken durch die der biblischen Schriftsteller verdrängen lassen müßten, um statt unserer eigenen Sprache die Sprache Kanaans zu reden. »Damit hätten wir uns ihnen noch gar nicht untergeordnet, sondern uns höchstens mit ihren Federn geschmückt.«[153]

Es geht vielmehr darum, daß wir a) uns des von uns mitgebrachten Denkschematismus bewußt sind. b) Daß diese mitgebrachte Denkweise zum Nachdenken des uns im Schriftwort Vorgesagten nicht mehr als den Charakter einer Hypothese hat, also grundsätzlich revidierbar bleiben muß. c) Daß die mitgebrachte Denkweise und Philosophie kein selbständiges Interesse für sich in Anspruch nehmen darf. d) Daß kein Denkschematismus einen grundsätzlichen Vorzug vor einem anderen in Anspruch nehmen darf. e) Daß der Gebrauch eines Denkschematismus dann legitim und fruchtbar ist, »wenn er bestimmt und beherrscht ist durch den Text und durch das im Text sichtbare Gegenstandsbild«[154], d. h. wenn er wirklich dem *Nach*-Denken dienstbar gemacht wird.

In dem allen geht es also darum, daß wir als die Adressaten der Botschaft nicht (rein heteronom) etwas Fremdes übergestülpt bekommen, ein sacrificium intellectus begehen und eine fremde Gedankenwelt wie eine Maske uns anlegen, sondern wirklich selber denken. Daß wir andererseits aber auch nicht (rein autonom) — dem Diktat des Systems unserer Wünsche und Bedürfnisse folgend — das Wort Gottes »konsumieren« und uns dienstbar machen: »was unter keinen Umständen geschehen darf, ist dies, daß irgendein Denkschematismus sich seinerseits als Meister der Schrift gegenüber behauptet und durchsetzt.«[155]

Jenseits von bloßer Heteronomie und bloßer Autonomie gibt es ein Drittes: »Übernahme *ihres* Zeugnisses in *eigene* Verantwortung.« Und wirkliche Aneignung der biblischen Botschaft impliziert eben beides: »epoché« gegenüber dem in der Bibel Bezeugten *und* wahres verantwortliches Selbstsein: »Gleichzeitigkeit und Kongenialität und indirekte Identifikation des Lesers und Hörers der Schrift mit dem *Zeugen* der Offenbarung«, *und* andererseits genau dies aus »*eigenem* Antrieb, aus innerer Notwendigkeit, so wie man etwas denkt, was man denken muß, weil man es nicht nicht denken kann, weil es eine Bestimmung der eigenen

152 a. a. O. S. 809.
153 a. a. O. S. 805.
154 a. a. O. S. 823.
155 a. a. O. S. 824.

Existenz geworden ist«[156]. So, auf diesem Wege der Indienstnahme kann die Philosophie, und zwar grundsätzlich jede Philosophie »legitime kritische Kraft gewinnen, kann erleuchtet werden und dann auch wirklich erleuchten, kann in Bewegung gebracht werden und dann auch selbst bewegen«[156a].

Nach diesen Gedankenschritten: a) kein Apriorismus eines autonomen natürlichen Vernunftvermögens in der Theologie, b) auch keine bloße Heteronomie auf dem Wege über ein sacrificium intellectus — oder positiv ausgedrückt: a) uneingeschränktes Prius der die Selbstoffenbarung Gottes in Jesus Christus bezeugenden Schrift, b) von dort aus Indienstnahme und Einbeziehung (nicht Abschaffung) unserer mitgebrachten Denkweise — ist nun in einem dritten Schritt ein Blick zu tun in die Weite und Entschränkung des Blickfeldes, die sich für Barth aus den genannten Grundentscheidungen ergibt.

Jesus Christus ist das »Licht des Lebens«[157], d. h. indem er lebt, spricht er auch für sich selbst. Er ist das sich selbst erschließende Leben, er ist sein eigener authentischer Zeuge. Die Geschichte seines Lebens ist als solche auch Offenbarungsgeschichte, sein Werk zugleich Wahrheit, seine Tat zugleich auch sein Wort. »Wo Gott selbst als Subjekt handelnd auf dem Plan ist, wo Er lebt . . . da ist Leben . . . primär auch Kundgabe und also eben Licht.«[158] Als das eine, das einzige Wort Gottes ist Jesus Christus keiner Konkurrenz seiner Wahrheit von dritter Seite ausgesetzt. Es gibt kein ihm gleichwertiges und gleichmächtiges Gotteswort[159]. Seine Wahrheit kann auch mit keiner anderen kombiniert und in ein übergeordnetes System gebracht werden[160].

Und gleichzeitig kann Barth sagen: es gibt auch andere »Lichter«, »Worte«, »Wahrheiten«, »Offenbarungen«, die nicht mit Jesus Christus identisch sind. Und zwar nicht nur in der Bibel als der direkten »Bezeugung Jesu Christi in den Worten der Propheten und Apostel«, auch nicht nur in der indirekten »Bezeugung Jesu Christi in der Botschaft, im Handeln und Leben der christlichen Kirche«[161], sondern auch in der Profanität. Wie verträgt sich das mit dem oben Gesagten: Jesus Christus ist das eine Licht des Lebens? Barth sagt: der Machtbereich Jesu Christi ist nicht auf die Kirche beschränkt, hat doch Gott in ihm die *Welt* mit sich versöhnt.

156   a. a. O. S. 826.
156a a. a. O. S. 824.
157   KD IV,3 S. 49.
158   a. a. O. S. 87.
159   a. a. O. S. 111.
160   a. a. O. S. 112.
161   a. a. O. S. 107.

Darum kommt die ganze Kreatur von seinem Kreuz, von der in ihm geschehenen Versöhnung her und ist von ihr her zum Schauplatz seiner
Herrschaft und zum Empfänger und Träger seines Wortes bestimmt.
Kraft der Gnade seiner Realpräsenz muß die Gemeinde damit rechnen,
daß es wahre Worte und Offenbarungen »auch von da draußen her, in
menschlichen Worten ganz anderer Art, im Gleichnis *profaner* Worte«
gibt[162]. Denn die in der Auferstehung offenbarte Souveränität Jesu Christi wird durch die Schrift und die Kirche bezeugt, aber nicht begrenzt. Es
gibt zwar in der Welt eine Gottlosigkeit des Menschen, aber gemäß der
Botschaft von der Versöhnung keine Menschenlosigkeit Gottes[163], keine
sich selbst überlassene, seiner Verfügung entzogene Profanität. Die
Offenbarungen, Worte, Lichter, die wir auch in der Welt wahrzunehmen
haben, sie haben zwar einen anderen Ort, aber keine andere Quelle als
die, die wir in der Schrift und im Zeugnis der christlichen Gemeinde vernehmen. Sie alle speisen sich und leben von dem einen Licht, das Jesus
Christus ist. Gibt es außerhalb, in der Welt, »wirklich leuchtende Lichter
des Lebens, wahres Wort Gottes . . ., so ist er allein auch da draußen
dieses Wort, so leuchten jene Lichter auch da draußen, weil und indem
auch da *sein* — kein anderes als sein Licht leuchtet«[164].
Barth spricht — auch hier — von einem Kreis, vergleicht die Wahrheit des
einen Wortes Gottes, das Jesus Christus ist, »mit der Mitte und zugleich
mit der ganzen von ihr aus konstituierten Peripherie eines Kreises«[165].
Keines der Worte und Lichter und Offenbarungen, sei es in der Bibel, der
Kirche oder in der Welt, sind als solche *das* Wort, *das* Licht, *die* Offenbarung, sie sind deren Bezeugungen und »Zeichen des Himmelreiches«. Im
Bild: es geht »nur um *Segmente* der Peripherie, nicht um deren Totalität und erst recht nicht um die sie konstituierende Mitte jenes Kreises als
solche. Sie werden wahre Worte, echte Zeichen und Bezeugungen des
einen wahren Wortes, sie werden reale Gleichnisse des Himmelreichs
sein, wenn und sofern sie (von den Segmenten anderer Kreise mit andern Mittelpunkten verschieden) als *genaue* Segmente der Peripherie *dieses* Kreises auf dessen Totalität und damit auf seine Mitte hinweisen«[166].
Es gibt keinen Bereich der Natur, des Menschseins, der Welt, der nicht de
iure in den Kreis der Totalität der Wahrheit Jesu Christi eingeschlossen
wäre, und darum gibt es auch keinen Bereich, der davon ausgeschlossen
wäre, der Ort von wahren Worten, Offenbarungen und Lichtern zu sein.

162 a. a. O. S. 128.
163 a. a. O. S. 133.
164 a. a. O. S. 107.
165 a. a. O. S. 137.
166 a. a. O.

»Kam es nicht oft genug vor, daß sie [sc. die Gemeinde] vor die Tatsache
einer Weltlichkeit gestellt wurde, die gelegentlich sogar eine ausgesprochen heidnische Weltlichkeit sein mochte, die gewisse Aspekte der ihrer
Verkündigung anvertrauten Wahrheit mindestens ebenso deutlich und
bestimmt wie sie selbst und manchmal wohl auch besser, auch früher,
auch folgerichtiger als sie zu bezeugen schien?«[167]
Die Welt hat Wahrheit. Sie *ist* nicht nur, sie *spricht* auch, sie ist in re und
in intellectu, intelligibler und intelligenter Kosmos. Was die Geschöpfwelt ist, das tut sie auch kund: bleibende Strukturen, Beschaffenheiten
und Verhältnisse, Schemata geschöpflichen Seins, Gesetze und Kontu-
ren, die dem Kosmos Beharrlichkeit gegenüber und im Unterschied zum
Chaos verleihen, die »Zuverlässigkeit, die der erkannte und der erkennende Kosmos eben dazu braucht, Kosmos und nicht Chaos zu sein«[168].
In dem allen geben die Natur, der Kosmos zu verstehen, was sie dank der
Treue ihres Schöpfers sind.
Es ist deutlich, daß Barth hier betonter als z. B. in den Prolegomena das
Gegenüber zwischen Jesus Christus als der sich selbst mitteilenden Wahr-
heit Gottes — und der Schrift, der christlichen Kirche und der Welt akzen-
tuiert. Daß in diesem Gegenüber — mit Vorbehalten, die zwar nicht übersehen werden dürfen — Bibel, Kirche und Welt in eine größere Nähe zu-
einander geraten. Das Tun der Kirche in Verkündigung, Taufe und
Abendmahl ist in der Versöhnungslehre — vorbereitet durch die Erwählungslehre — »jetzt sehr viel pointierter von der Wirklichkeit des Wortes
Gottes abgehoben«, wie Jüngel sagt[169]. Verkündigung, Taufe und
Abendmahl gehören als menschliche Aktionen in die Ethik. »Der ›Zeu-
gendienst‹ der Gemeinde ist jetzt pointiert als menschliche Tat dem zu
bezeugenden wahren Zeugen Jesus Christus gegenübergestellt.« Und
Jesus Christus als der wahrhaftige Zeuge ist nun selber »das seine eigene
Geschichte verkündigende Wort Gottes, der Vollstrecker und Inhaber des
prophetischen Amtes«[170]. Der Lehre vom Worte Gottes in seiner dreifa-
chen Gestalt tritt hier eine Lehre vom Worte Gottes in seiner einfachen
Gestalt gegenüber, das mit Jesus Christus in Person identisch ist als dem
sich selbst vermittelnden Mittler. Trotzdem ist mir nicht einsichtig, wie
Jüngel zu dem Schluß kommt: »der in KD I/1 verwendete (idealistische)
Begriff der ›Gestalten des Wortes Gottes‹ hat — wenn nicht alles täuscht
— versagt. An seine Stelle ist längst der Begriff der *Entsprechung* getre-

167   a. a. O. S. 140.
168   a. a. O. S. 161.
169   Jüngel, in Theol. Studien, a. a. O. S. 41.
170   a. a. O. S. 40.

ten.«[171] Inwiefern »an seine Stelle«? Hat nicht Barth in den Prolegomena
Schrift und Verkündigung als Gestalten des Wortes Gottes *analog* ge-
dacht? In der Weise, daß Schrift und Verkündigung Gestalten des Wor-
tes Gottes nur insofern sind, als sie strikt in Aktualität und kontingenter
Gleichzeitigkeit der ersten Gestalt des Wortes Gottes (der Offenbarung
in Jesus Christus) entsprechen?
Was aber in diesem Abschnitt gezeigt werden sollte, ist dies, daß die von
Barth so betonte Freiheit *unter* dem Wort wirklich *Freiheit* unter dem
Wort meint.
Zum andern: wenn keine Denkweise in der Theologie einen grundsätzlichen Vorzug vor einer anderen für sich in Anspruch nehmen darf, wenn
jede Philosophie in der Theologie legitime kritische Kraft gewinnen
kann, so folgt daraus für Barth ein mobiler Eklektizismus, sowohl was
die Herkunft (19. Jahrhundert, Reformation, Scholastik, Patristik) als
auch was die formale Struktur (Logik, Dialektik, Analogie) seines Denkens anbetrifft. Die Dogmatik hat die Freiheit, »die Begriffe zu nehmen,
wo wir sie finden, ohne uns durch den Sinn, den sie in ihrem anderweiti-
gen Gebrauch gewonnen haben mögen, festlegen und binden zu lassen,
sondern um sie hier in dem Sinn zu gebrauchen, der ihnen in ihrer Anwendung auf den uns beschäftigenden Gegenstand von diesem Gegenstand selbst her zukommen muß«[172]. Dieser Eklektizismus soll die aposteriorische Funktion des Denkens gegenüber seinem Gegenstand ge-
währleisten und gegenüber der Gefahr des In-den-Griff-Bekommens das
Denken offen, flexibel, verfügbar halten für seine in der Theologie allein
legitime Dienstfunktionen. Dies soll im folgenden gezeigt werden an den
drei fundamentalen Denkformen der Logik, der Dialektik und der
Analogie.

b) Logik, Dialektik, Analogie

Bei dem Versuch, an dem Modell »Logik, Dialektik, Analogie« die formale Struktur des Barthschen Denkens analytisch aus der Kirchlichen
Dogmatik zu erheben, ist es nötig, eingangs einen Vorbehalt deutlich
anzumerken. Barth hat zwar in der Kirchlichen Dogmatik die Analogie
inhaltlich und formal breit entfaltet, eine dementsprechende Entwicklung einer theologischen Logik und einer theologischen Dialektik findet
sich aber nicht. Andererseits darf man daraus jedoch nicht folgern, daß

171 a. a. O. S. 41.
172 KD II,2 S. 568.

der Weg Barths von der frühen dialektischen Periode zur »analogia fidei« einfach der Weg der Ablösung der Dialektik durch die Analogie sei. Mit Recht weist v. Balthasar darauf hin, »daß das Pulverfaß der frühen Dialektik nicht ein für allemal explodiert und somit ungefährlich geworden ist«, sondern in der Kirchlichen Dogmatik sich gegenwärtig hält[173].

Ebenso finden wir in der Barthschen Dogmatik Passagen, die geprägt sind durch die Charakteristik eines gradlinigen Schließens und Folgerns, so daß man hier mit einem gewissen Recht von Zügen einer theologischen Logik sprechen kann. Aber Logik und Dialektik haben in Barths Dogmatik einen anderen Stellenwert und nicht das gleiche Schwergewicht wie die Analogie. Darum begnügt sich dieser Aufweis damit zu zeigen, daß in bestimmten Zusammenhängen unauflösliche Widersprüchlichkeit, in anderen Zusammenhängen unanfechtbare Folgerichtigkeit thematisch wird. Diese Züge, die sich für Barth ganz vom Inhaltlichen, eben von der Entfaltung des Christusgeschehens her sich ergeben, formalisieren wir in diesem Abschnitt auf die Begriffe »Dialektik« und »Logik«.

Die Barthsche Analogielehre wurde bereits entfaltet als »analogia fidei« aus dem Zusammenhang der theologischen Erkenntnislehre (in den Prolegomena und in der Lehre von Gott), als »analogia relationis« aus dem Zusammenhang der Schöpfungslehre.

Bei den genannten Passagen, in denen unumstößliche Folgerichtigkeit thematisch wird, in denen daher der Duktus eines gradlinigen Schließens und Folgerns erkennbar wird, ist hier vor allem an die Erwählungslehre Barths in der Kirchlichen Dogmatik II,2 gedacht. Barth macht hier mit besonderer Betonung proto-logische und eschato-logische Aussagen und ordnet diesen den dazwischenliegenden Prozeß ein, so daß ich meine, hier mit einem gewissen Recht von Zügen einer theologischen Logik sprechen zu können. Zwar spricht Barth in diesen Zusammenhängen nicht von »Logik«. Die Erwählungslehre ist nicht am Formalen, sondern zuhöchst am Inhaltlichen interessiert und orientiert. Barth spricht durchweg von der göttlichen »Ordnung«[174], manchmal auch von der »göttlichen Vernunft«[175], und von der »Theonomie« der Geschichte Gottes mit den Menschen[176].

Die Erwählungslehre ist die »Summe des Evangeliums«[177]. Und das

---

173 v. Balthasar, a. a. O. S. 70.
174 KD II,2 S. 22, 34, 164, 166, 171, 190 und viele andere Stellen.
175 a. a. O. S. 35.
176 a. a. O. S. 195.
177 a. a. O. S. 11.

Evangelium ist *gute* Botschaft, es spricht eindeutig, es ist seiner Substanz nach »undialektisch«[178]: Bejahung und nicht Verneinung, Licht und nicht Dunkel. Das ist die rechte Ordnung, die Gott schafft und aufrichtet: er tritt seinem Geschöpf damit entgegen, daß er gütig ist. »Er bestreitet und besiegt die Unvernunft unseres Widerspruchs mit seinem Frieden, der höher ist als alle unsere Vernunft und der gerade damit als die wahre, die göttliche Vernunft offenbar wird . . . Er sorgt für sein Geschöpf als für sein Eigentum. Und indem er dessen Bestes sucht, macht er seine eigene Ehre groß.«[179]

Damit wir aber hier, im Zentrum des Evangeliums, an der Sache bleiben und nicht spekulieren, sondern gewisse Schritte tun, kommt alles darauf an, nicht bei einer allgemeinen Anschauung vom Menschen oder bei einem allgemeinen Begriff von Gott einzusetzen, vielmehr uns von der Schrift leiten zu lassen. Und wenn die Schrift vom erwählenden Gott oder vom erwählten Menschen spricht, dann sammelt sie unsere Blicke und Gedanken auf einen einzigen Punkt. »Der Name Jesus Christus ist es, der laut der göttlichen Selbstoffenbarung den Fokus bildet, in welchem die beiden entscheidenden Lichtstrahlen der sich hier aufdrängenden Wahrheit: der erwählende Gott und der erwählte Mensch zusammentreffen und Eines sind, auf welchen also alle christliche Lehre dieser Wahrheit hinzublicken, von dem sie herzukommen und dem sie entgegenzustreben hat.«[180] Darum haben wir den Anfang aller Wege Gottes mit den Menschen nicht in einem »decretum absolutum« zu suchen. Es gibt keine »Gottheit an sich«. Sie ist die Gottheit des Vaters und des Sohnes und des Heiligen Geistes. Jesus Christus selbst ist der erwählende Gott, denn es gibt keinen vom Willen Jesu Christi verschiedenen Willen Gottes. Am Anfang aller Dinge steht ein »decretum concretum«. Und Jesus Christus ist auch der erwählte Mensch, d. h.: »daß die ewige göttliche Entscheidung als solche und also vor aller Weltwirklichkeit, vor allem Sein und Geschehen in unserer Zeit . . . in Gottes vorzeitlicher Ewigkeit die Existenz dieses einen Geschöpfs, den Menschen Jesus von Nazareth, sein Werk in seinem Leben und Sterben, in seiner Erniedrigung und Erhöhung, seinen Gehorsam und sein Verdienst und daß sie in und mit der Existenz dieses Geschöpfs den Vollzug des göttlichen Bundes mit den Menschen, das Heil aller Menschen zum Gegenstand und Inhalt hat«[181]. Das ist die »Urgeschichte«[182], die »Ur- und Grundentschei-

---

178 a. a. O. S. 12.
179 a. a. O. S. 35.
180 a. a. O. S. 63.
181 a. a. O. S. 125.
182 a. a. O. S. 6.

dung«[183] Gottes, in der er Gott ist. Das ist das Geheimnis dessen, was in ihm selbst, in seinem dreieinigen Wesen von Ewigkeit her geschehen ist: Gott wählt in Jesus Christus sich selbst und mit sich selbst das Volk seiner Menschen. »Jesus Christus ist die freie Gnade Gottes, sofern diese nicht nur mit Gottes innerem, ewigem Wesen identisch bleibt, sondern in Gottes Wegen und Werken nach außen kräftig ist.«[184]

Das Geheimnis der Gnadenwahl in Jesus Christus ist nicht nur der »Anfang aller Dinge«[185], aller Wirklichkeit der außergöttlichen Kreatur. »Eben dieser Beschluß ist auch deren vorausbestimmte und so oder so unweigerlich gültige und unfehlbar wirksame *Zielsetzung*.«[186] Es gibt keinen anderen Willen Gottes als den, der in Jesus Christus geoffenbart ist, weder vor noch nach der Zeit. Indem Gott den Menschen *von Ewigkeit her* erwählt, erwählt er ihn *für* die Ewigkeit. Jeder einzelne Mensch ist auf Grund der göttlichen Wahl »zum ewigen Leben mit Gott ersehen«[187]. Das Begehren des Gottlosen ist zunichte gemacht, bevor die Welt wurde, in der von Ewigkeit beschlossenen Dahingabe des Sohnes. Darum ist das ewige Leben in der Gemeinschaft mit Gott des Menschen Teil. Damit ist dem Menschen ein bestimmtes Ziel gegeben, sein Leben ist von Jesus Christus *her* bestimmt und darum auch auf ihn *hin*. »Daß er einen Strahl oder Tropfen dieser seiner eigenen Seligkeit auffange und als dessen Träger lebe, daß er sich in ihm und mit ihm freue, dazu erwählt Gott den Erwählten von Ewigkeit her und für die Ewigkeit.«[188]

Ist die göttliche Gnadenwahl in Jesus Christus der Anfang *und* das Ziel aller Dinge, der gesamten Wirklichkeit der Schöpfung und des Menschen, ist diese Urgeschichte und Endgeschichte der Heilswille Gottes mit seinem Menschenvolk, dann wird auch der dazwischenliegende Prozeß der Geschichte dem nicht widersprechen können, wird er vielmehr von dorther seine Richtung, Prägung, seine Teleologie bekommen müssen. »Es ist das Andere, dem Gott sich in diesem weiteren Bereich zuwendet, freilich die geschaffene Welt als Ganzes, freilich der ›Mensch‹ und die ›Menschheit‹. Es geschieht aber Alles, was von Gott her geschieht, auf diesem Plan und unter diesem Vorzeichen, Alles von diesem Anfang her und Alles zu diesem Ziele hin, Alles in dieser Ordnung und Alles in diesem Sinne, Alles nach dem hier grundlegend und richtungsgebend ver-

---

183   a. a. O. S. 82.
184   a. a. O. S. 102.
185   a. a. O. S. 168.
186   a. a. O. S. 171.
187   a. a. O. S. 336.
188   a. a. O. S. 455.

wirklichten Urbild, Modell oder System.«[189] Es geht im Ganzen des göttlichen Werkes in der Schöpfung, in der Versöhnung und Erlösung »um
einen einzigen, in sich freilich sehr differenzierten und bewegten, aber
durchaus nicht gestörten, nicht aufgehaltenen und gebrochenen, sondern
von Schritt zu Schritt und in jedem einzelnen Stadium unaufhaltsam sich
vollziehenden göttlichen Regierungsakt«[190].
Daher kann Barth sagen, die ewige Erwählung Jesu Christi schließe
»teleologisch«[191] in sich nicht nur die Erwählung der Schöpfung und des
Menschen, sondern auch des Gerichts und des Kreuzes, in dem das von
Gott selbst gelitten und getragen wird, was von ihm verneint ist. Gott
wollte von Ewigkeit her den Menschen innerhalb seiner Grenzen, d. h.
mitsamt seiner Versuchlichkeit und Anfälligkeit gegenüber dem Bösen,
dem zu widerstehen er nicht die Kraft hat. Indem Gott in Ewigkeit das
unzuverlässige, untreue, sündige Geschöpf zur Gemeinschaft mit ihm
und damit zum Heil erwählte, wählte er auch das Kreuz, wo der Gottessohn erlitt, was der Menschensohn erleiden sollte[192]. Aber auch das Kreuz
gehört in die Teleologie des Ganzen hinein: »was der Menschensohn am
Kreuz von Golgatha leidet, . . . das leidet er doch nur *mit* auf dem Wege,
in dem unvermeidlichen Durchgangspunkt zu der darauf folgenden Herrlichkeit der Auferstehung, der Himmelfahrt, des Sitzens zur Rechten
Gottes.«[193] Die im Werk der Offenbarung und Versöhnung offenkundige
Ordnung zeigt den Willen zu einem Weg, »den Gott gehen will und in
dessen Ziel wir Gottes Ehre darin aufleuchten sehen, daß er, nachdem er
selbst die Bedrohung von uns genommen hat, unser Heil wird. Im Blick
auf dieses Ziel gibt es nur Freude«[194].
Die Geschichte Gottes mit dem Menschen zeugt also von »Theonomie,
Gottesherrschaft auf der ganzen Linie«. Gott kann sich nicht widersprechen. Seine Urentscheidung kann nur in einer Mitteilung und Offenbarung des Guten bestehen, das Gott selber ist. Darin besteht die Güte
seines Werks und Willens auch nach außen, »daß Gott im Größten wie
im Kleinsten schlechterdings sich selber will«[195]. Aber er will nicht nur
sich selber, sondern auch die von ihm verschiedene Wirklichkeit seines
Geschöpfs in echter Eigenheit und Selbständigkeit. Die Theonomie der
Geschichte des Bundes Gottes mit dem Menschen erdrückt den Menschen

189 a. a. O. S. 7.
190 a. a. O. S. 97.
191 a. a. O. S. 131.
192 a. a. O. S. 181 f.
193 a. a. O. S. 189.
194 a. a. O. S. 191.
195 a. a. O. S. 195.

nicht, sie setzt vielmehr echte Autonomie, echtes menschliches Selbstbe-
wußtsein frei. Zusammenfassend: die Gnadenwahl ist das im Heilsge-
schehen »gegenwärtig offenbare Geheimnis aller zeitlichen Geschichte,
Begegnung und Entscheidung zwischen Gott und Mensch«[196].
Barth lehnt es ausdrücklich ab, die Erwählungslehre als ein »Ableitungs-
prinzip« für die Schöpfungs- und Versöhnungslehre zu betrachten[197], er
betont die Ungeschuldetheit und das Geheimnis des nicht ableitbaren
Faktums der Gnadenwahl, er unterstreicht den aktualen Charakter der
Prädestination[198], womit gesagt ist, daß Gott nicht durch einen ersten
Schritt gefangen und gebunden ist, einen zweiten Schritt zu tun und nach
diesem notwendig einen dritten. Gott bleibt frei. Er fährt fort zu ent-
scheiden. Eine Metaphysik der Geschichte darf von hier aus nicht postu-
liert werden[199]. Aber auch unter Berücksichtigung dieser Vorbehalte und
Abgrenzungen wird man sagen können, daß das Zueinander von proto-
logischen, eschato-logischen und teleo-logischen Aussagen deutliche
Merkmale einer theo-logischen Logik an sich tragen.
Wo Barth vom Problem des Nichtigen, der Sünde, des Widerspruchs des
Menschen gegen Gott spricht, bewegt er sich in dialektischen Aussagen.
Es muß hier aber gleich angemerkt werden, *was* hier unter »Dialektik«
gemeint ist.
Barth verwahrt sich ausdrücklich dagegen, das, was als dialektische Ge-
gensätzlichkeit zur guten, von Gott gewollten Schöpfung gehört, mit
dem Problem des Nichtigen zu verwechseln. Die Geschöpfwelt hat eine
Licht- und eine Schattenseite, einen positiven und einen negativen
Aspekt. Es gibt in ihr nicht nur ein Ja, sondern auch ein Nein, Höhen und
Tiefen, Klarheit und Dunkelheit, Wachstum und Abnehmen. Aber: die
Schattenseite der Schöpfung ist nicht identisch mit dem Nichtigen[200]. Die
Schöpfung ist nicht nichtig, weil sie dieses inneren Gegensatzes teilhaftig
ist. Vielmehr ist sie in ihren beiden Aspekten Gottes gute Schöpfung.
Gottes Welt ist auch nach ihrer linken Seite vollkommen.
Im Problem des Nichtigen aber haben wir es mit dem Widerspruch und
dem Widersprüchlichen schlechthin zu tun. Das Böse, die Sünde ist der
Widerspruch gegen Gott und seine Weltherrschaft. Es ist die umfassen-
de, d. h. die ihrem Wesen nach nicht überschaubare Negation. Es ist nicht
herzuleiten aus Gottes Willen. Andererseits auch nicht bloß aus der Ak-

196   a. a. O. S. 204.
197   a. a. O. S. 86.
198   a. a. O. S. 205.
199   a. a. O. S. 462.
200   KD III,3 S. 335.

tivität des Geschöpfes. Es darf nicht überschätzt werden in der Weise, daß man eine Art polarer Gegengottheit in ihm sieht. Es darf aber auch nicht unterschätzt werden, als wäre es ein verfügbares, überschaubares und begreifbares Prinzip. Kurz:»Mit dem Ziehen von geraden Strichen von oben nach unten, d. h. mit dem Denken und Reden in direkten Aussagen über das Tun des Schöpfers an und mit seinem Geschöpf kommen wir hier . . . nicht weiter.«[201] Das theologische Reden und Denken muß hier notwendigerweise gebrochen sein.

Die Existenz des Nichtigen ist objektiv der Bruch zwischen Schöpfer und Geschöpf. Das muß sich auch nach der subjektiven Seite hin niederschlagen, denn die Theologie erkennt ihren Gegenstand nur im Schatten dieses Bruches. Darum kann sie sich nur vollziehen in der Gebrochenheit ihrer Gedanken und Aussagen. Das Nichtige ist das von Gott Verneinte, von daher hat es keinen Existenzgrund. Daher hieße es, das Böse am Bösen fortzudenken, wollte man es irgendwie begründen. Es ist seiner Objektivität nach das nicht Überblickbare, Erklärbare, Einsehbare.

Dasselbe gilt auch nach der subjektiven Seite. Denn es gibt kein neutrales Ich. Das Nichtige ist die umfassende Negation und als solche nicht objektivierbar. Wir sind immer schon *in* Adam und können uns selbst nicht von der Sünde unterscheiden. Der Mensch ist, was er tut[202]. Auch von daher hieße es, das Böse am Bösen, das Nichtige am Nichtigen fortzudenken, wollte man es als denkbar aufzeigen. Das Nichtige ist der Gegensatz gegen Gott und das Nein zur Geschöpfwelt. Es ist die umfassende Negation der Gnade Gottes als des Grundes aller Dinge. Als solche kann es nicht erklärt, kann es vielmehr nur »festgestellt« werden[203]. Es kann nicht als Wirklichkeit angesprochen werden, denn darin liegt schon eine Art Position, eine Art Gegengöttlichkeit, während doch das Nichtige die Negation schlechthin ist. Es kann aber auch nicht einfach als »das Nichts« bezeichnet werden, denn dann würde Gott nicht dagegen gestritten haben. Im Leiden und im Kreuz Jesu Christi erkennen wir gerade die Macht und Furchtbarkeit des Nichtigen, so daß es eine Verharmlosung wäre, es als Nichts zu bezeichnen. Jesu Christi Leiden und Sterben ist vielmehr der Erkenntnisgrund des Nichtigen und seiner Macht. Dort sehen wir, »quanti ponderis sit peccatum« (Anselm).

Will man also das Nichtige zur Sprache bringen als das, was es ist, nämlich als das Widersprüchliche schlechthin, dann geht das nur in der Form des Widerspruchs. Ein Satz, der einen Widerspruch unaufgelöst stehen-

201 a. a. O. S. 330.
202 KD IV,1 S. 447 ff.
203 KD III,3 S. 408.

läßt, ist ein dialektischer Satz. Und dies im Sinne statischer Dialektik, die eine Aporie öffnet und als solche offenläßt.

In Sätzen solcher dialektischer Art spricht Barth von der Sünde, vom Bösen, vom Nichtigen.

Der Widerspruch der Kreatur ist nicht ausgeschlossen, d. h. das Geschöpf ist nicht »physisch« verhindert, sich der erhaltenden Gnade Gottes zu verweigern. Die Sünde ist demnach möglich. »Ohne die so verstandene Möglichkeit des Abfalls oder des Bösen würde die Schöpfung von Gott nicht verschieden und also als seine Schöpfung nicht wirklich sein.«[204] Denn es charakterisiert das göttliche Wesen, daß in ihm ein Widerspruch zu sich selbst ausgeschlossen ist. Und es charakterisiert das geschöpfliche Wesen als geschöpfliches, daß in ihm ein Widerspruch gegen Gott und ein Selbstwiderspruch nicht ausgeschlossen ist. Dies bedeutet nämlich positiv, daß es auf Gottes erhaltende Gnade angewiesen bleibt. Andererseits sagt Barth: der Mensch schafft mit der Sünde eine Tatsache, die nur negativen Charakter hat, d. h.: »sie entbehrt der Notwendigkeit wie der Möglichkeit.«[205] Beide Sätze zusammen ergeben die von Barth oft verwandte Redeweise vom Bösen als der »unmöglichen Möglichkeit«[206] oder als der »Möglichkeit des Unmöglichen«[207]. Entsprechend paradox kann Barth das Nichtige auch die »Wahrheit der Lüge«, die »Macht der Ohnmacht«, den »Sinn des Unsinns« nennen[208]. Das Nichtige ist das, was von Gott nur verurteilt sein kann, »weil sein Wesen eben das Unwesen ist«[209].

Dialektik in diesem statischen, strikt aporetischen Sinne will nichts anderes leisten als die Anzeige eines Paradoxon, nicht erklärbar und durchschaubar, sondern nur eben de facto als Tatsache ernst zu nehmen.

Es findet sich in der Kirchlichen Dogmatik aber auch die andere Form der Dialektik, in der »dia...« nicht »zer...« bedeutet als »auseinander« des reinen Widerspruchs, sondern im Sinne von »hindurch...« zu verstehen ist, als Weg »in« Gegensätzen und »durch« Gegensätze hindurch: als teleologische oder dynamische Dialektik.

Dialektik in dieser Bedeutung finden wir z. B. im Zusammenhang der Lehre vom Worte Gottes, wo Barth vom »Wesen des Wortes Gottes« als dem Geheimnis der Rede Gottes spricht. »Offenbarung heißt Fleischwer-

---

204 KD II,1 S. 566.
205 KD IV,1 S. 465.
206 KD II,1 S. 566.
207 KD III,3 S. 419.
208 a. a. O. S. 417.
209 a. a. O. S. 614.

dung des Wortes Gottes.«[210] Gott selber geht ein in diese Welthaftigkeit.
Wir sind selber ganz und gar welthaft, und spräche Gott nicht so zu uns,
dann würde er gar nicht zu uns sprechen und wir würden nichts vernehmen. *Daß* er so zu uns spricht, ist Gottes Geheimnis. »Geheimnis«, »Mysterium« meint hier nicht einfach, daß Gott verborgen ist, sondern es
meint sein Offenbarwerden in einer verborgenen Gestalt, in einer indirekt kundgebenden Weise. Gott verhüllt sich, indem er sich enthüllt. Wir
haben sein Wort nur im Geheimnis seiner Welthaftigkeit. Und diese
welthafte Gestalt ist als solche ein ungeeignetes Mittel der Offenbarung.
Die Formgestalt widerspricht der Sache. Denn die Gestalt ist der Kosmos,
in dem die Sünde regiert, der Kosmos im Widerspruch gegen Gott.
Offenbarung ist also ein Sprechen Gottes in der ihm widersprechenden
Wirklichkeit, sie ist Enthüllung in der Verhüllung. Die Aufhebung dieses
»Gegensatzes«[211] können wir nicht vollziehen, Gottes Wort ist für uns
immer »einseitig«, das macht sein Geheimnis aus. Gottes Wort begegnet
uns entweder verhüllt *oder* enthüllt: einmal hören wir das Wort Gottes
in seiner welthaften Gestalt, d. h. Gott enthüllt sich, indem er sich *ver-*
hüllt. Das andere Mal hören wir in der Verhüllung wirklich Gott, d. h.
indem Gott sich verhüllt, *enthüllt* er sich uns. »Beide Male geht es darum, das ganze, das wirkliche Wort Gottes zu hören, also sowohl die
Enthüllung Gottes in seiner Verhüllung, als auch die *Verhüllung* Gottes
in seiner Enthüllung. . . . Weder können wir vor der welthaften Gestalt
als solcher stehen bleiben, noch können wir über diese hinausfliegen und
uns nur noch an dem göttlichen Gehalt erfreuen wollen. Das eine wäre
realistische, das andere wäre idealistische und beides wäre falsche Theologie. Beide Male hören wir aber nur im Glauben das ganze, das wirkliche
Wort Gottes. Eine Aufhebung des Unterschiedes, ja Gegensatzes von Gestalt und Gehalt vermögen wir nicht zu vollziehen. Das Koinzidieren beider ist Gott, es wird aber nicht uns einsichtig.«[212] Angesichts dieser Einseitigkeit des Wortes Gottes für uns bleibt es also bei dem »aus Glauben in
Glauben«. Glauben einmal so, daß wir den göttlichen Gehalt des Wortes
Gottes hören, obwohl uns nur seine welthafte Gestalt einsichtig ist. Das
andere Mal so, daß wir die welthafte Gestalt des Wortes Gottes hören,
obwohl uns nur sein göttlicher Gehalt einsichtig ist.
Das menschliche Denken möchte immer konsequent sein, es möchte
geradlinig weiterschreiten. Eben diese Geradlinigkeit des Denkens ist
dem Glauben verwehrt, sie zerbricht unter dem Kreuz Christi. Hier wird

---

210 KD I,1 S. 175.
211 a. a. O. S. 182.
212 a. a. O.

das Denken »in Zucht genommen«, und es bleibt immer bei einem »einseitigen Vorwärts oder Rückwärts, in welchem je das andere ungesagt bleibt und dem gegenüber alles darauf ankommt, es so oder so als von Gott gesagt zu hören«[213]. »Das Wort Gottes in seiner Verhüllung, seine Gestalt ist die Inanspruchnahme des Menschen durch Gott. Das Wort Gottes in seiner Enthüllung, sein Gehalt ist Gottes Zuwendung zum Menschen.«[214] Wahr im Denken wird uns jeweils die eine, glauben müssen wir jeweils die andere Seite, die uns nicht einsichtig wird. Diese Dialektik des Entgegengesetzten, die nicht von uns aus in einem übergreifenden Dritten versöhnt werden kann, sondern unauflösbar bleibt in strenger Einseitigkeit, durchzieht die ganze Theologie im Gegenüber von Gesetz und Evangelium, Forderung und Verheißung, Buchstabe und Geist, Gericht und Gnade[215]. Es handelt sich aber hier keineswegs um eine Art statischer Dialektik in der Weise, daß die beiden Glieder des Gegensatzes: Gestalt und Gehalt, Gesetz und Evangelium, Buchstabe und Geist, Gericht und Gnade in einem stabilisierten Gleichgewicht, in einer bleibenden Symmetrie zueinander stünden. Dieses würde ein dauernd schwankendes Umschlags- und Wechselverhältnis, also die Stabilisierung des Zweideutigen zur Folge haben. Es geht hier vielmehr um Dialektik mit Tendenz, mit ihr innewohnender Teleologie, mit Zug ins Eindeutige.

»Zwischen Verhüllung und Enthüllung besteht kein symmetrisches, kein in seiner Richtung zweideutiges, schwankendes, unübersichtliches Verhältnis, kein auf Willkür . . . beruhender Umschlag und Wechsel. Sondern wenn man das Verhältnis dieser beiden Begriffe . . . als dialektisch bezeichnen will, so notiere man unter allen Umständen: es handelt sich um eine geordnete und zwar um eine teleologisch geordnete Dialektik.«[216] Um sich zu enthüllen, verhüllt sich Gott, weil er Ja zu uns sagt, muß er auch Nein sagen. Und gnädig ist er in beidem. Verhüllung und Enthüllung bezeichnen einen Weg, den Gott mit uns geht, nicht einen Widerspruch, den er bleibend über uns verhängt. Und auf diesem ganzen Wege Gottes mit uns geht es um das Heil für uns, um die heilsame Gemeinschaft zwischen Gott und uns. »Im Vollzug dieser Gemeinschaft muß er uns verborgen werden, um uns offenbar zu sein, offenbar werden und doch verborgen bleiben, wobei doch das Offenbarwerden, das Ja, das

213 a. a. O. S. 186.
214 a. a. O.
215 a. a. O.
216 KD II,1 S. 266.

er zu uns sagt, wie verborgen es immer sein möge unter dem Nein, das Ziel und Ende seiner Wege ist.«[217]

c) Analogie als Mittleres

Wir fanden also bei Barth alle drei fundamentalen Denkformen: die Analogie, die Logik im Zusammenhang mit Proto-logie, Teleo-logie und Eschato-logie, die Dialektik in ihren beiden Formen als statische und dynamische Dialektik.

Wie ordnet sich dies zueinander? Es ist ja nicht zu erwarten, daß ein Systematiker wie Barth blindlings hineingreift in das Schatzkästlein menschlicher Denkmöglichkeiten, um sich hinterher zu wundern, was er in der Hand hält, nicht wahrscheinlich bei einem, der in Marburger neukantianischen Gewässern (Natorp, Cohen, Herrmann) theologisch das Schwimmen lernte. Es wurde bereits oben[218] darauf hingewiesen, daß Barth ausdrücklich die zuletzt erläuterte dynamische Dialektik der Analogie des Glaubens *ein*-ordnet, insofern das für die Analogie wichtige »teilweise« nicht quantitativ zu verstehen ist, sondern die »qualitas«, das »Wie« der Selbstmitteilung Gottes im Ereignis der Offenbarung ausdrückt: die Dynamik der verhüllend-enthüllenden Gnade, daß also das »teilweise« auf das dialektische Moment in der Analogie hinweist.

Während demnach Barth die dynamische Dialektik ausdrücklich der Analogie einordnet, bleibt die Frage offen, wie (Proto-), (Eschato-), (Teleo-)Logik, Analogie und (statische) Dialektik zueinander stehen.

Wir sahen: die (mit begründeter Vorsicht so zu nennenden) quasi-logischen Partien in Barths Erwählungslehre betonen die Übereinstimmung Gottes in allen seinen Taten mit sich selbst. Gott kann sich nicht widersprechen. Er bleibt sich, seinem einmal in Ewigkeit gefaßten Gnadenentschluß treu, und das auf allen Wegen und Umwegen der Geschichte seines Gnadenbundes mit den Menschen. Das Anliegen ist deutlich: die Offenbarung in Jesus Christus ist nur dann wirklich Offenbarung, wenn Gott dort sich selbst, d. h. sein Wesen, sein Innerstes zu erkennen gibt. Dieses aber und damit das Evangelium in seinem Kern würde fraglich, wenn als »causa«, als das Verursachende des Christusereignisses ein Zwischenfall oder Zufall gottfremder Art (wie der Sündenfall) angesehen werden müßte. Dann bliebe Gottes Ur-Wille, seine Grundentscheidung, sein Wesen verborgen, der »Deus absconditus«

---

217 a. a. O. S. 266 f.
218 s. o. S. 53.

bliebe doch das letzte Wort in dieser Sache. Denn das Christusereignis
wäre Reaktion auf eine Aktion gottfremder Art. Und das »tantum« dieser Aktion anderer Herkunft bestimmte zugleich das »quantum« göttlicher Gegen-Aktion. Es gibt hier nur ein Entweder-Oder: entweder ist
Gott der in allen seinen Taten mit sich selbst Übereinstimmende, ist seine
Gnadenwahl der terminus a quo und der terminus ad quem und als solche in Christus offenbar oder er *wird* terminiert durch ein außergöttliches
Faktum oder Ereignis, dann ist fraglich, inwiefern wir in Jesus Christus
wirklich Gott selbst erkennen, inwiefern das Christusereignis im strengen Sinne als Offenbarungsereignis zu verstehen ist. Ist aber Gott nur
durch sich selbst terminiert, dann haben wir es eben hier mit dem Geheimnis der Gnadenwahl zu tun, in der Gott sich zugunsten seines Geschöpfes in Freiheit und aus Barmherzigkeit selbst begrenzt, und dann
haben wir es eben in dieser Wahl mit dem terminus a quo und dem terminus ad quem aller Geschichte Gottes mit dem Menschen zu tun. Dann
muß diese Geschichte von »Gottesherrschaft auf der ganzen Linie« zeugen, von Theonomie, wir können auch sagen: von der ihr innewohnenden Theo-logik.

Ist dies der Tenor, dann kann das, was dem widerspricht, der Abfall des
Menschen von Gott, sein Ungehorsam gegen Gott, die Sünde, das Nichtige, nur als das Widersprechende und Widersprüchliche zur Sprache
kommen, nie aber als das Sprechende, Produktive, Hervorbringende. Der
Spruch ist da, eindeutig und positiv, daher kann das Nichtige nur quasi
»an« diesem Spruch sein, was es ist: das Widersprechende, Verneinende,
dem nichts Positives oder Kreatives innewohnt. Das wäre es aber nicht,
wenn es gleichsam Heilsgeschichte provozieren oder initiieren könnte.
Um jedoch von dem sprechen zu können, was keinen »logos« in sich hat
und darum in kein positiv gesetztes Wort hineinpaßt, was nur »anti-
logos« ist, aber deshalb doch nicht verschwiegen werden darf, spricht
Barth davon in zwei Worten, die eins das andere aufheben, d. h. in der
Weise statischer Dialektik.

Erkenntnis des Spruchs Gottes und des Widerspruchs des Menschen als
der sündigen Kreatur »stehen« nun aber wie der sich bewegende Kreisel
auf der »engsten« Stelle der Spitze, auf der engsten Stelle des »in fieri«
der Offenbarung und des Glaubens, auf dem theologischen Punkt des
actus purus. Und wie in diesem theologischen Punkt des »in fieri« Göttliches und Menschliches zusammengehen, das ist artikuliert in der »analogia fidei«, das ist Bestandteil und tragendes Fundament, wie wir sahen,
auch in der »analogia relationis«. Bestandteil, insofern die »analogia
fidei« in der Lehre vom Sein des wirklichen Menschen subsumiert ist,

tragendes Fundament insofern, als die »analogia fidei« die erkenntnistheoretische Voraussetzung der Lehre von der »analogia relationis« ist.
Das heißt: Barth spricht wohl von der »Theonomie« aller Geschichte
Gottes mit dem Menschen, er spricht auch von der »Antinomie« der sündigen Kreatur. Aber beides unter der betonten Voraussetzung der »Eng-
stelle«, die Erkenntnis in beiden Richtungen erst möglich macht: unter
Voraussetzung der Analogie der Gnade und des Glaubens. Von dieser
Mitte aus öffnen sich Dimensionen unterhalb und oberhalb; öffnet sich
der Blick nach »unten« ins Chaotische des Nichtigen, des reinen Widerspruchs. Aber nicht eigentlich »nach« unten als positive Ausrichtung auf
etwas, als Fixierung auf das Negative, sondern es wird in den Blick genommen *als* das Verneinte, von dem weg das Heilshandeln Gottes gerichtet ist, vor dem es uns bewahrt und rettet, das gleichsam im Rücken
liegt und nicht vorne als Tendenz. Von dieser Mitte aus eröffnet sich auch
der Blick nach »oben« in die »Ordnung« des göttlichen Spruchs, dessen
Subjekt in allen seinen Taten mit sich identisch bleibt. Aber auch dies
nicht als direktes Hineingehen ins Aller-Heiligste, sondern allenfalls als
ein Blick mit »Furcht und großer Freude« durch einen Spalt des zerrisse-
nen Vorhangs. Und wenn Wissen darin inbegriffen ist, dann als Wissen
um ein Geheimnis.

D. h.: die Theologie ist bei Barth »festgemacht« in der Mitte, in der Gott
und Mensch eins sind, in Jesus Christus — und das auf der Erde in der
Mitte zwischen dem Himmel des reinen göttlichen »logos« in seiner
Identität mit sich selbst und der Hölle des Chaos des reinen Widerspruchs. Der »bloße« Blick in die Höhe würde das Auge blenden und
Theologie zu Gnosis und Spekulation entarten lassen. Der bloße Blick auf
das Nichtige würde qua »Ausrichtung auf . . .« bejahen, was doch seinem
Wesen nach verneint ist, also auch nicht die Positivität einer »Richtung«
haben kann. Das erstere ist dem in Jesus Christus verheißenen Eschaton
vorbehalten, das letztere wird von der Schrift dem »Alten« zugerechnet,
das in Christus vergangen ist. Das der Offenbarung in Jesus Christus
folgende Denken weiß zwar, welches die *Richtung* ist, in die es zu blik-
ken hat, und was das Verneinte ist, von dem es sich abzuwenden hat, es
weiß aber beides nur, indem es gebunden ist an die Mitte, die Jesus Christus ist als der Gott-Mensch, als der Mittler und als der wahre Zeuge.

Dieses Inhaltliche kehrt in den formalen Strukturen des Barthschen Denkens wieder: die Mitte bildet die Analogie. Von ihr aus wird die Sphäre
des reinen Logos und die des reinen Widerspruchs so weit in den Blick
genommen, wie dies für die theologische Explikation des Offenbarungsgeschehens erforderlich ist.

Das Problem ist freilich dieses »soweit-wie«. v. Balthasar hat gefragt, ob
nicht Barth mit dem von uns so genannten »Blick in die Höhe« mehr tut,
als es die Explikation des Offenbarungsgeschehens erfordert. Ob hier
nicht die Grenze überschritten ist, jenseits deren die Theologie Metaphysik, Aufklärung, Gnosis wird, und wenn nicht schon überschritten, so
doch eine »Tendenz« zu dieser Grenzüberschreitung bei Barth zu ver-
merken sei. Und er fügt, seine eigene Frage im Bewußtsein des Gewichts
der hier von Barth bewegten Inhalte relativierend, hinzu: »zugegeben:
es ist schwer, fast unmöglich, die Doppelseitigkeit der biblischen Rede
von Gericht und Gnade theologisch so nachzusprechen, daß nicht die eine
Seite in der andern untergeht . . . Zugegeben auch, daß Barth sich gerade
hier jede erdenkliche Mühe gibt, nicht metaphysisch, nicht geheimnislos
. . . zu reden.«[219]
Genau an diesem Punkt, an dem v. Balthasar vor der Tendenz zu einer
Grenzüberschreitung warnt und noch größere Zurückhaltung empfiehlt,
um den Geruch einer Logik des geschlossenen Systems und damit die
Gefahr der Gnosis und der reinen Metaphysik zu vermeiden, zielt Pan-
nenbergs Kritik in umgekehrter Richtung: der Tendenz seines eigenen
Denkens nach hätte Barth Abschied nehmen müssen vom Begriff der
Analogie. »Die Intention Barths auf den Begegnungscharakter der Offen-
barung Gottes in Jesus Christus kann nur ergriffen werden, wenn der
Analogiebegriff zerbricht, dem die systematische Struktur der Dogmatik
Barths noch verhaftet bleibt.«[220]
Eben dies rührt an den nervus rerum: ist hier vor einer gefährlichen
Nähe menschlicher Usurpation der Logik der göttlichen Tatsachen zu
warnen? Oder ist umgekehrt ein Mangel an Konsequenz in Richtung auf
eine Logik der göttlichen Tatsachen kritisch anzumerken? Dann wird
aber an Pannenberg die Frage zu richten sein, ob man den analogen Weg
der Mitte verlassen kann, ohne daß sich die Grenzen zwischen Glauben
und Denken, Theologie und Ontologie, Offenbarung und Metaphysik
verwischen[221]. Wir werden im folgenden auf Pannenbergs Kritik an der
Analogie zurückkommen.

3. Das Problem der Denkform in der Theologie

Das durch das Gegenüber Przywara-Barth in diesem Rahmen gestellte
Problem der Denkform in der Theologie wäre leicht vom Tisch zu brin-

---

219   v. Balthasar, a. a. O. S. 256.
220   Pannenberg, in ThLZ, a. a. O. Sp. 24.
221   siehe dazu: Goebel, a. a. O. S. 239 f.

gen, wenn es sich dabei gar nicht um ein theologisches Problem handelte, wie Pöhlmann am Ende seiner Untersuchung meint. Zwar gehören analogia fidei und analogia entis in die Kontroverstheologie, aber hier »gründet die Kontroverstheologie letztlich in einer Kontroversphilosophie«[222]. Der »tragende Grund« der Theologie Barths ist der »Panaktualismus«[223], so kann Pöhlmann sagen, weil er die Differenz zwischen ontischer und noetischer Ratio bei Barth nicht zur Kenntnis nimmt, und »die heraklitische Ontologie Barths [!] motiviert so letztlich seine Abneigung gegen jede analogia entis. Von seiner antistatischen Seinsschau her ist nur eine unstatische Analogie, eine analogia fientis möglich«[224]. Zwar kann Pöhlmann auch sagen: »so ist letztlich Christus das Aufbaugeheimnis der Theologie Karl Barths«[225], aber wie beides zusammengeht, bleibt Pöhlmanns Geheimnis. Er kommt zu dem Ergebnis, daß Barths »Seinsschau«, sein »Aktualismus« »weder biblisch-theologisch noch philosophisch haltbar« ist[226]. Denn im Alten Testament finden wir das Wort היה, und das hat neben den aktualen Bedeutungen »geschehen, werden« auch die statischen Äquivalente »dasein, sich befinden, angehören«. Und im Neuen Testament kommt das Wort εἶναι vor, das — dynamisch — »sich ereignen, möglich sein« bedeuten kann, aber auch statische Äquivalente erkennen läßt: »dasein, bleiben, sich aufhalten«. »Das Sein scheint in der Bibel also weder nur statisch noch nur dynamisch, weder starr noch flüchtig, sondern eine statodynamische Zweieinheit zu sein«[226a]. Ebenso finden wir bei Aristoteles, daß sich das Sein »entfaltet . . . als actus und potentia, als ἐνέργεια und δύναμις«, Sein ist als statodynamische Spannungseinheit »wirklich und möglich, abgeschlossen und offen zugleich«. Dasselbe zeigt das ontologische Begriffspaar »Substanz-Akzidenz«. »Substanz« ist »der beharrende . . . Selbststand eines Seins, während das Akzidenz den unselbständigen Wechsel des Seins bezeichnet«. Nicht nur biblisch und philosophisch, sondern auch theologisch ist Barths »Panaktualismus« nicht haltbar, denn Gott der Schöpfer will, »daß seine Statik sich in der Statik der Schöpfung widerspiegelt«, Gott der Erlöser macht sich in Jesus Christus statisch »verfügbar«, die Gnade Gottes des Heiligen Geistes »wird statisch faßbar in den Gnadengaben . . . Im Hin-

---

222 Pöhlmann, a. a. O. S. 138.
223 a. a. O. S. 118.
224 a. a. O. S. 119.
225 a. a. O. S. 114.
226 a. a. O. S. 126.
226a a. a. O. S. 120.

blick auf die Heilsmittel könnte man sogar sagen: Gott wird statisch greifbar in seiner Kirche«[227].

Unter »analogia entis« versteht Pöhlmann eine »analogia formalis«, die er allerdings sofort inhaltlich interpretiert. Denn »analogia formalis« heißt, daß der Mensch als Kreatur nicht nur, sondern als sündige Kreatur einen »Ich-Du-Bezug« zu Gott hat, ein Wort-Antwort-Verhältnis. Wort heißt hier: »logos des deus absconditus, der dem Menschen sein Jawort verschließt und abspricht.«[228] Antwort des Menschen heißt: es »kann der natürliche Mensch als Sünder Gott nicht mehr anerkennen, wenn auch noch erkennen, nicht mehr zu ihm Ja sagen, wenn auch noch zu ihm Du sagen«[229]. Wenn der Mensch demnach nicht Ja sagen kann, bedeutet also »Antwort«, daß der Mensch Nein zu Gott sagt. Im Unterschied dazu ist »analogia fidei« eine »analogia materialis«, d. h.: »das Du zum Du wird wieder das Ja zum Ja. Das Wort zum Wort wird wieder das Jawort zum Jawort.«[230]

Es muß also beides zusammenkommen, das Statische und das Dynamische, analogia entis und analogia fidei, denn sowohl der biblische wie der theologische, wie auch der philosophische »Befund« zeigen uns einen »statodynamischen« Seinsbegriff, und dieses nicht als Worttrick, sondern als Begründung dafür, daß »Barths Bestreitung der analogia entis scheitert . . . nicht nur deduktiv an ihrer unrichtigen ontologischen Voraussetzung, sondern auch induktiv an der in der Heiligen Schrift bezeugten Existenz einer analogia entis formalis vor und abgesehen von der gnädigen Christusoffenbarung«[231]! Die Reichweite der Geschosse »entspricht« hier nicht ganz dem, was der Geschützdonner hoffen läßt.

Zusammenfassend: dem Satz Pöhlmanns: »die analogia fidei vereinnahmt die analogia entis und wird dadurch selbst zur analogia entis«[232] stimmen wir zu unter der Voraussetzung, daß hier nicht die analogia entis von Przywara gemeint ist, denn die beinhaltet keine statische Verfügbarkeit Gottes, und nicht die analogia fidei von Barth, denn die beruht nicht auf einer heraklitischen »anti-statischen Seinsschau«.

Auch für J. Plenge handelt es sich im Analogieproblem nicht um ein im eigentlichen Sinne theologisches Problem, sondern um ein philosophisches bzw. ein Problem der wissenschaftlichen Logik. »Für mich ist Ana-

227 a. a. O. S. 124, 123.
228 a. a. O. S. 149.
229 a. a. O. S. 128.
230 a. a. O. S. 132.
231 a. a. O. S. 154.
232 a. a. O. S. 132.

logie als schon im Ausdruck wissenschaftlicher Begriff, im Unterschied
zur anspruchslosen Feststellung einfacher Ähnlichkeiten innerhalb oder
außerhalb der Art, ein zur Begründung und Durchführung logisch berechtigter Analogieschlüsse bestimmtes, methodisch bewußtes Vergleichsverfahren . . .« Die analogia entis ist nach Plenge eine Erschließungsanalogie aus der Wirklichkeit auf das »Transpostulat der Überwirklichkeit«[233]. Als solche ist sie ein Problem der Logik. Das ist sie aber
nach Przywara betontermaßen nicht.
Das Problem der Denkform in der Theologie, wie es sich uns vom Gegenüber Barth-Przywara aus ergeben hat, wäre auch relativ schnell be-
reinigt, wenn, wie K. Hammer sagt, Przywaras Denken der Analogie
nicht von der biblischen Rede von Gott diktiert wäre, sondern »mehr aus
theologischen Philosophumenen der Scholastik als aus biblischem Denken« käme[234]. Demnach ginge es bei dem Gegenüber Barth-Przywara
genau besehen um das Gegenüber von Theologie und Philosophie. Nun
ist aber für Barth offensichtlich »biblisches Denken« — Philosophie nicht
so direkt eine einfache Alternative, wie es bei Hammer den Anschein hat.
Nicht die Alternative, sondern die Prärogative ist für Barth das thema
probandum. Auch scheint für Hammer das, was für Barth das Kernproblem ist, nämlich wie ich mit meinen unangemessenen Mitteln (denn
andere habe ich nicht) angemessen von Gott reden und die biblische
Offenbarung interpretieren kann, ein erledigtes Problem zu sein. Gott
hat sich in Christus »restlos bekannt« gemacht[235]. Aber bedeutet das,
daß unser Kennen Gottes so etwas wie ein zuhandenes Prinzip ist? »Die
Christenheit und hier zuvörderst ihre Theologie hat in der Kondeszendenz der göttlichen Gnade in Christo jenes Vermögen und den Schatz
erhalten, der sie geradezu verpflichtet, die darauf bewußt oder unbewußt
wartende Welt mit diesem Licht zu beleuchten.«[236]
Ist die analogia fidei oder, wie Hammer mit einleuchtenden Gründen
lieber sagen möchte, weil darin die Objektivität besser gewahrt ist, die
»analogia gratiae« so etwas wie ein handhabbares Prinzip der Auslegung? Und weiter: was soll mit diesem uns verliehenen »Vermögen«
ausgelegt werden? Die analogia fidei sucht »das jeweilig eigene und neu
zu erstellende analogatum als Widerspiel des im Spiegel des gott-
menschlichen Urbildes faßbaren analogans gratiae im rein Menschlichen
und in der Geschichte Vorfindlichen« auf. Und noch deutlicher: »Gegen-

233 Plenge, a. a. O. S. 50 f.
234 Hammer, a. a. O. S. 289.
235 a. a. O. S. 290.
236 a. a. O. S. 299.

stand theologischer Betrachtung, Würdigung, Erkenntnis und Kritik (das analogatum oder genauer gesagt das analogandum) ist und bleibt die ›Welt‹, der geschaffene Kosmos und darin insonderheit der menschliche in all seiner vielschillernden Pracht- und Elendsentfaltung, der Geschichte seiner Kultur in der Gesamtheit wie in der jeweiligen Individualität seiner hervorragenden Einzelgestalten.«[237] Demnach ist der Text der Auslegung die Welt, das Auslegungsprinzip ist die analogia fidei. Ist sie es? *Wie* das »analogans« uns mitgeteilt wird, d. h. dessen Unverfügbarkeit, ist für Hammer offenbar kein Problem. »Praktisch wird es sich dabei . . . darum handeln müssen, das von detaillierter Einzelforschung der jeweils zuständigen Disziplinen und Fakultäten ermittelte biographische und sonstige Material kritisch aufzunehmen und so umzuschmelzen . . ., daß es der theologischen Anthropologie des analogans zu korrespondieren vermag.«[238] Dadurch wird das Zeugnis des Theologen bunter, anschaulicher, konkreter, wird der Entfremdung und Abkapselung der Fakultäten gewehrt, werden der universitas literarum »neue und heilsame Wege erschlossen«[239].

Ist hier nicht die Problematik Barths einfach umgedreht? Dessen Frage war doch: wie kann ich von *Gott* reden, wie kann ich Gott erkennen? Hammers Frage ist: wie kann ich von der Welt reden? Und wird hier nicht die Bibel zu einer Art Rezeptbuch der Weltauslegung?

Wir wenden uns nun drei Theologen zu, die sich explizit mit dem Analogiedenken Barths oder Przywaras auseinandersetzen und die bei aller nicht zu übersehenden Verschiedenheit ihres Denkens doch darin zusammengehen, daß sie das Problem der Denkform in der Theologie von der Geschichtlichkeit des Denkens her angehen: Heinrich Ott, Bruno Puntel und Wolfhart Pannenberg.

H. Ott bestimmt die Denkform in der Theologie anschließend an Heidegger. Dabei ist nicht so leicht zu ermitteln, was in diesem Fall »anschließend« heißt. Einerseits spricht Ott von einer »strukturellen Entsprechung« zwischen dem philosophischen Seinsdenken und dem theologischen Denken von der Offenbarung aus. Die Heideggersche Frage nach dem Sein entfaltet sich in einem dreifachen Horizont: in »Sprache«, »Zeit« und »Welt«. In diesen drei Horizonten »geht uns das Sein an«, ja es ereignet sich geradezu als Sprache, als Zeit und als Welt[240]. Auch die Offenbarung Gottes »gewinnt Sprache; sie wird Ereignis in der Zeit;

237   a. a. O. S. 302 f.
238   a. a. O. S. 303.
239   a. a. O. S. 304.
240   Ott, a. a. O. S. 36.

sie bezieht sich auf Welt . . . und gewinnt welthafte Leibhaftigkeit«. Auf diesem Wege kommt Ott zur Feststellung einer strukturellen Entsprechung zwischen philosophischem und theologischem Denken[241]:

Diese formale Strukturanalogie läßt Raum für die notwendige kritische Distanzierung zwischen dem theologisch denkenden Nachvollzug der Offenbarung und dem transzendentalen Ansatz des Seinsdenkens Heideggers.
Andererseits aber spricht Ott einfach von einer »Anwendung« der Heideggerschen Bestimmung des wesentlichen (transzendentalen) Denkens auf die Theologie[242]. Ott kann sagen, daß in der Bezogenheit auf die Philosophie sich die Wirklichkeitsbezogenheit und Verständlichkeit der Theologie zu bewähren habe. »Es wird sich hier [!] zu bewähren haben, daß die Worte der Theologie nicht nur leere Worte, ihre Sätze nicht nur leere Behauptungen sind.«[243] Heidegger denke einen unsachgemäßen, weil metaphysischen Gottesbegriff seiner »Ver-endung« entgegen und schaffe damit einem ursprünglicheren, wesentlicheren »(theologischen und nun vielleicht doch auch philosophischen) Denken des lebendigen Gottes Raum«[244]. Und dieser Raum bleibt von der Philosophie her nicht unbesetzt: »Das Nichts durchwaltet des Menschen Dasein. Angegangen vom Nichts, das Nichts in der Angst erfahrend, wird er das Seiende in der Befremdlichkeit und Wunderbarkeit seines Seins gewahr. In dieser Erfahrung kommt er faktisch vor Gott und die creatio ex nihilo.«[245]
Wir sehen also bei Ott neben der einen Linie, die sich mit der Feststellung formaler Strukturähnlichkeiten zwischen Philosophie und Theologie begnügt, diese andere, auf der sich die Grenzen zwischen Theologie und Philosophie bis ins Unkenntliche reduzieren. Und wenn ich recht sehe, ist es diese Linie, die bei Ott das Feld beherrscht. Dies ist noch kein Einwand, denn Philosophie kann die Funktion der Theologie übernehmen. Wenn sie es nicht tut, so ist das ein Faktum, keine Notwendigkeit[246]. »Die Theologie steht grundsätzlich vor denselben Problemen wie

241 a. a. O. S. 37.
242 a. a. O. S. 171.
243 a. a. O. S. 16.
244 a. a. O. S. 19.
245 a. a. O. S. 86.
246 KD I,1 S. 3.

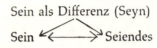

Sein als Differenz (Seyn)

Von da aus fragt nun Ott nach dem Verhältnis Gottes zum Sein, »sofern wir einerseits als Theologen mit der Wirklichkeit Gottes rechnen, anderseits aber dem Heideggerschen Denk-Ansatz als einem unvermeidlichen und zwingenden Raum geben«[251]. In dem Zusammenhang stellt Ott zwei Motive fest, die Barth zu seiner Stellungnahme gegen die analogia entis und für die analogia fidei veranlassen: a) Der Begriff der Seinsanalogie ist untauglich, weil in ihm Gott und Geschöpf unter dem Oberbegriff des Seins subsumiert werden. »Die Welt ist und Gott ist. Beide sind Seiende.«[252] So wird Gott denkerisch verfügbar gemacht. b) Der Begriff der Analogie ist unvermeidlich um der Wahrhaftigkeit menschlicher Gotteserkenntnis willen.

Demgegenüber vertritt Ott die These, daß von Heideggers transzendentalem Denkansatz aus der Seinsbegriff theologisch tauglich und der Analogiebegriff überflüssig wird. Denn Heidegger vollziehe dem metaphysischen Seinsbegriff gegenüber »gerade diejenige Bewegung, welche Barth mit seiner in der Ablehnung der analogia entis enthaltenen Kritik am Seinsbegriff implizit fordert«! »Sein« ist nach Heidegger nicht mehr oberster Begriff, sondern die Bedingung der Möglichkeit dafür, daß überhaupt Denken ist. Demgegenüber könne »Barths Einwand nicht mehr zum Zuge kommen«. Zum andern sei »schon im Barthschen Analogiebegriff einer erst in actu von Gott gewirkten analogia fidei der Analogieschematismus im Grunde durchbrochen, indem nämlich durch das ›in actu‹ das Vorher-sich-Entsprechen als Bedingung der Erkenntnis preisgegeben ist«.

Wir haben demnach nicht einzusetzen bei einem »Sprachvermögen«, kraft dessen ein Begriff wie der des Seins in bezug auf Gott aussagekräftig ist. Auch nicht bei »einer statisch gedachten Andersartigkeit Gottes«, wonach unsere Begriffe als solche gar nichts über Gott auszusagen vermögen, »sondern vielmehr bei der im Raum der Sprache faktisch immer schon stattfindenden Begegnung«. »Sprache ist ja überhaupt . . . nicht ein ›Vermögen‹, sondern immer schon ein Geschehen.« »So sind die beiden Prämissen der Barthschen Argumentation wankend geworden, und damit dürfte die von Barth vom Zaun gebrochene Analogiedebatte als solche hinfällig geworden sein.«[253] So, wie wir das Sein von Heidegger her

251 a. a. O. S. 142.
252 a. a. O. S. 140.
253 a. a. O. S. 144–146.

zu verstehen haben, bedeutet »das Sein Gottes . . . ein Geschehen der Entbergung: daß Gott sich dem Denken entbirgt als der, der Er ist; daß Er selber als ein Geschick das Denken trifft und sich ihm als zu-denkende Sache aufgibt, daß Er dem Denken als Anspruch begegnet und vom denkenden Menschen ein Entsprechen in Freiheit fordert«. Das bedeutet, daß Gottes Sein nicht zu verstehen ist als das zuhöchst Seiende und der Quell alles Seins, sondern »daß das Sein Gottes eben als das Geschick aufzufassen ist, daß Gott gedacht wird«[254].

Bei dieser Argumentation Otts ist zweierlei nicht zu übersehen: erstens kritisiert Ott die analogia fidei von der analogia entis aus (in dem Sinne, wie »analogia entis« hier polemisch verstanden wird, nicht in Przywaras Sinn des Begriffs): Barth habe den Analogieschematismus durchbrochen, indem er durch das »in actu« das seinsmäßige »Vorher-sich-Entsprechen« als Bedingung der Erkenntnis preisgegeben habe. Dies ist aber im Sinne Barths kein stichhaltiges Argument. Wo Barth alle Sorgfalt darauf verwendet, wie das *Entstehen* einer erkenntnismäßigen Analogie zu denken sei, hat es keinen Sinn, zu kritisieren, daß hier nicht von dem *Bestehen* einer Analogie die Rede sei. Zweitens: der Satz, daß das Sein Gottes als das Geschick aufzufassen ist, daß Gott gedacht wird, ist die genaue Anwendung des Heideggerschen transzendentalen Seinsdenkens auf den Gottesgedanken. Ott unterlegt dem Gottesbegriff den Heideggerschen Seinsbegriff. »Sein« aber ist nur »am« Seienden und »am« Denken, als Ermöglichungsgrund beider. »Sein« ist nicht ohne Seiendes und nicht ohne Denken — und umgekehrt: das Seiende und das Denken sind nicht ohne »Sein«. So stellt Max Müller zutreffend fest: Das Sein »ist ja in sich nichtend und nichtig: als Grund der Gründe ist ihm für seine Wahrheit der Vorgang in die Gründung, d. h. in das Seiende wesentlich, es ›west‹ nicht ohne das Seiende, so wie dieses nicht ›ist‹ ohne es. Als alles gründender Grund ruht es doch auch wiederum im Gegründeten, und diese ›Reziprozität‹ ist gerade eine der entscheidenden, wenn auch nicht leicht zu erreichenden Ur-Erfahrungen.«[255]

Eben diese Reziprozität ist es, die den ontologischen Gottesbegriff vom biblischen unterscheidet. Zwar kann Ott auch sagen: »Wohl ist Gott auch abgesehen von Seiner Begegnung mit dem Menschen Gott.«[256] Aber dies ist eben ein Satz, der im transzendentalen Denken keinen Grund hat, in dessen Kontext ist er vielmehr im genauen Sinne des Wortes »bodenlos«. Er wirkt wie ein theologisches Alibi, von dem im Rahmen transzenden-

254 a. a. O. S. 148 f.
255 Müller, a. a. O. S. 73.
256 Ott, a. a. O. S. 63.

gik«[267]. Przywara verwendet aber alle denkerische Sorgfalt darauf, genau zu differenzieren zwischen Logik, Dialektik und Analogie. Er hebt die Analogie so deutlich ab von jeder Form der Logik, z. B. auch in der Auseinandersetzung mit Hegel, daß sich von da aus kein Mißverständnis ergeben kann.

Auch bei Przywara finden wir den Gedanken, der bei Puntel tragende Bedeutung hat: die Deutung der Geschichte des Denkens als Fortgang des Denkens und als Rückgang ins je Ursprünglichere des Anfangs. Aber bei ihm (im Unterschied zu Puntel) in genau theologischer Qualifikation der Denkgeschichte: dieser Fortgang als Rückgang ins je Ursprünglichere des absoluten Anfangs ist geradezu der Logos erbsündiger, unerlöster Philosophie.

Unter den neueren Theologen gehört W. Pannenberg zu denen, die die Analogieproblematik auf das intensivste durchdacht haben. Wir beschränken uns für unseren Zusammenhang darauf, (erstens) aufzuzeigen, wie Pannenberg die Analogie von einer ihr innewohnenden ontologischen Struktur her deutet. Hier geht es um Pannenbergs These vom »univoken Kern« aller Analogie. Von da aus wird (zweitens) Pannenbergs Kritik an Przywaras und — dazu ganz parallel — an Barths Analogiedenken darzustellen sein. Daraufhin soll (drittens) versucht werden, die Konsequenzen der damit gefallenen Denkentscheidungen für Pannenbergs eigene Theologie anzudeuten.

Die Scholastik des 13. Jahrhunderts bestimmte das Verhältnis von Gott und Geschöpf als Analogie. Man glaubte, mit der Feststellung des IV. Lateranum, daß jede Ähnlichkeit von je größerer Unähnlichkeit umgriffen sei, den Pantheismus wie den Agnostizismus zu vermeiden. Dabei folgte man dem arabischen Aristoteliker Averroes in der Annahme, »die Analogie sei ein Mittleres zwischen gänzlicher Gleichheit (Univozität) und gänzlicher Verschiedenheit (Äquivozität)«[268].

Am Ende des 13. Jahrhunderts hat Duns Scotus und wenig später hat Occam anerkannt, »daß die Analogie selbst schon ein univokes Element voraussetzt«[269]. Damit ist nach Pannenberg der Streit um die Analogie grundsätzlich entschieden und die »wahre Natur der Analogie erkannt«[270]. Worin besteht nun die »wahre Natur« der Analogie? Nach der Analogielehre wird von den Wirkungen Gottes her etwas über ihn selbst ausgesagt, »entsprechend dem Satz von der Erkenntnis des Unbe-

267 a. a. O. S. 536.
268 Pannenberg, in: RGG³, Bd. 1, Sp. 351.
269 ders., Grundfragen, a. a. O. S. 191.
270 a. a. O. S. 192.

kannten nach Analogie des Bekannten«. Für den »Rückschluß aus der Schöpfung auf die Eigenschaften des göttlichen Ursprungs ist es entscheidend, daß trotz aller Verschiedenheit Gottes vom Bereich des Endlichen doch jeweils ein gemeinsamer Logos besteht, welcher es erlaubt, Gott selbst die betreffende Eigenschaft zuzuschreiben.«[271] Die heuristische Kraft der Analogie beruht eben darauf, »daß im Unbekannten, das erkannt werden soll, derselbe Logos waltet wie im schon Bekannten. . . . Die Erkenntniskraft der Analogie hängt an dieser Voraussetzung eines gleichen Logos«.[271a] Dadurch haftet der Analogie, also jedem Analogiedenken der Charakter eines »geistigen Zugriffs« des Menschen nach Gott an. Die Scholastik konnte sich darüber täuschen, weil man von »der Meinung des Averroes ausging, die Analogie sei ein Mittleres zwischen univok und äquivok, und zwar nicht eine bloße Mischung dieser Extreme, sondern ein eigenständiges Drittes, im Gegensatz zu der oben gegebenen Charakteristik, daß die Analogie immer einen identischen Logos voraussetzt, der die analogen Glieder erst analog macht«[272]. Das ganze 13. Jahrhundert wollte immer wieder diese Mittelstellung erweisen, um dem für den Universalienrealismus hier entstehenden Dilemma zu entgehen: Pantheismus (bei univokem Sinn der Allgemeinbegriffe) oder Agnostizismus (bei äquivokem Sinn). Pannenberg kommt zu dem Ergebnis, daß diese Bemühungen gescheitert sind. »In dem Augenblick jedoch, wo man die wahre Natur der Analogie erkannt hat, daß sie vermöge der Voraussetzung eines gemeinsamen Logos das Unbekannte dem Bekannten einordnet, ist es nicht mehr möglich, ihren Gegensatz zu der einer rechten Gotteserkenntnis allein angemessenen Intention der Anbetung und der Andacht zu übersehen.«[273]

Nach dieser Grundthese Pannenbergs: 1. Es gibt keine Analogie ohne univoken Kern, 2. darum eignet aller Analogie ein ontologischer Charakter — ist es ganz folgerichtig, daß Pannenbergs Einwände gegen Przywaras und Barths Analogiedenken durchaus parallel lauten, ja daß die Kritik in ihrem Zentrum hier nach beiden Seiten identisch ist.

Pannenberg gibt zu, daß der Analogielehre Przywaras (ebenso wie der Analogielehre der Scholastik) die Erhabenheit und gänzliche Unverfügbarkeit Gottes nicht fremd ist, im Gegenteil: gerade um sie zu respektieren, um ihr im theologischen Denken gerecht zu werden, wurde sie entwickelt. Der Intention nach ist dieses Denken verwandt dem, was Pan-

271   a. a. O. S. 184 f.
271a   a. a. O. S. 190.
272   a. a. O. S. 191.
273   a. a. O. S. 192.

Ausarbeitung der Analogie als analogia *fidei*. In drei Gedankengängen versucht nun Pannenberg zu zeigen, wie Barths Intention den Analogie-begriff sprengt.

»Bei der Auswahl des Analogiebegriffes zur Bezeichnung des Verhältnis-ses von Gott und Kreatur als Gegenstand unserer Erkenntnis ist Barth sich bewußt, daß in ihm ›die Koexistenz von vergleichbaren Gegenstän-den vorausgesetzt‹ ist, und sagt ausdrücklich: ›Gott ist aber kein mit an-deren vergleichbarer Gegenstand‹.« Barth folgert, daß das, was wir sonst als »Ähnlichkeit« kennen, nicht identisch ist mit der hier gemeinten Ähnlichkeit. Mit welchem Recht spricht Barth hier aber trotzdem von »Ähnlichkeit«? Barth sagt, »daß es der hier gemeinten Ähnlichkeit ge-fällt, sich in dem, was wir als Ähnlichkeit kennen und mit diesem Wort benennen, zu spiegeln, so daß Ähnlichkeit in *unserem* Denken und Re-den der in der wahrhaftigen Offenbarung *Gottes* gesetzten Ähnlichkeit (der sie an sich nicht ähnlich ist) ähnlich *wird*«. Dazu sagt Pannenberg: »mit dieser Erklärung ist aber die Frage nach dem Rechtsgrund für die Verwendung des Analogiebegriffs nicht eigentlich beantwortet, sondern nur in einen regressus in infinitum verschoben.« Die logische Unschlüs-sigkeit zeigt hier, daß der Analogiebegriff nicht tauglich ist für das, was Barth sagen will.

Das gleiche zeigt sich in Barths Beharren auf der Definition der Analo-gie als analogia attributionis extrinsecae (gegen Quenstedt). Es handelt sich also nach Barth um eine »Ähnlichkeit zweier Gegenstände, die darin besteht, daß das ihnen Gemeinsame zuerst und eigentlich in dem einen, dann und daraufhin, daß ein zweiter von jenem abhängig ist, auch in die-sem zweiten besteht«[277]. Und diese Analogie eines analogans und eines analogatum ist nur dem analogans (Gott) innerlich zu eigen, während sie dem analogatum (dem Geschöpf) äußerlich ist und ihm nur in der Form von »apprehensio« zukommt. Dagegen wendet Pannenberg ein: wenn dieses Verständnis der Analogie als analogia attributionis extrinsecae, die nie eine Qualität des Geschöpfes wird, streng zur Durchführung kommt, »inwiefern ist da noch von Analogie zu reden«? Das »extrin-seca« schließt eine Beziehung aus. Von »Beziehung« soll aber in der Analogie gerade geredet werden. Wenn man aber von Beziehung im Sinne der Analogie sprechen will, ist es dann zu vermeiden, auch eine Analogie des analogatum, und zwar intrinsece, zu behaupten? »Enthält nicht der Begriff einer bloßen analogia attributionis extrinsecae, wenn das extrinsece wirklich streng gefaßt wird, eine contradictio in adjecto?«

---

277   a. a. O. Sp. 21.

Das dritte und wichtigste Argument Pannenbergs bezieht sich auf das in dieser Arbeit von mir stark betonte Moment der »Einseitigkeit« in Barths Analogiedenken. Barth sagt, daß dem Glauben, indem sein göttlicher Gegenstand sich ihm vergegenwärtigt, eine »Gottförmigkeit« zukommt. Der Mensch wird dem Worte Gottes angepaßt. »Wir verstehen die hier in der Tat zu behauptende Analogie, Ähnlichkeit oder Gleichförmigkeit zwischen Gott und Mensch gerade nicht als analogia *entis*, d. h. nicht als eine überschaubare und durchschaubare, vom Standpunkt eines Schauenden aus in einer Synthese als Analogie zu *verstehende* Analogie.« Hier soll also mit dem Gegensatz gegen die analogia entis »eine ganze Verhaltensweise des Menschen zur Offenbarung getroffen werden, die des Zuschauers, der beide Seiten gleichsam von einem dritten Ort aus überblickt und in ihrer Synthese begreift«. Pannenberg fragt: »Aber ist damit nicht der Analogiebegriff überhaupt getroffen, in seiner ontologischen Struktur, die er auch bei Barth hat?« Eine Ähnlichkeit zweier Größen kann nur aus einer Zuschauerhaltung heraus festgestellt werden. »Indem der Analogiegedanke Beziehung geschiedener Größen ausspricht, bewegt er sich innerhalb der Sphäre der Objektivierung des Seins. In Anwendung auf das Verhältnis Gottes zum Menschen: Analogie ist Objektivierung der geschichtlichen Gemeinschaft Gottes mit dem Menschen, nicht die Gemeinschaft selbst.« Der Geheimnischarakter dieser Gemeinschaft geht verloren und kann allenfalls nachträglich und äußerlich wieder hinzugesetzt werden. Der Analogiebegriff besagt für die Gemeinschaft Gottes mit dem Menschen einerseits zuwenig, insofern es darin um die Selbstgegenwart Gottes geht und nicht nur um ein Gleichnis — und andererseits zuviel, insofern hier vom Menschen selbständig ausgesagt wird, was ihm doch nur kraft der Gemeinschaft Gottes mit ihm zukommt. Pannenberg kommt zu dem Ergebnis: »Die Intention Barths auf den Begegnungscharakter der Offenbarung Gottes in Jesus Christus kann nur ergriffen werden, wenn der Analogiebegriff zerbricht, dem die systematische Struktur der Dogmatik Barths noch verhaftet bleibt. Das theologische Denken muß auch in seiner Struktur bestimmt sein durch die Situation, in welche die Offenbarung Gottes begegnend den Menschen hineinstellt, bestimmt und begrenzt durch die Struktur des Gegenübers in dieser Begegnung.«[278] Die Analogie aber ist Objektivierung der geschichtlichen Gemeinschaft Gottes mit dem Menschen, nicht diese Gemeinschaft selbst.
Dieser Einwand: die Analogie sei das Denken eines Verhältnisses (und darum ontologisch-verobjektivierend) und nicht — wie es in der Theo-

---

278 a. a. O. Sp. 22—24.

terwegs ist zu ihrer eigentlichen Wirklichkeit und daß erst vom letzten Ende, durch das Gott abschließend offenbar wird, zugleich das Wesen aller Dinge endgültig entschieden wird. Die Schöpfung geschieht vom Ende her.« Der wesentliche Mangel des Analogiebegriffs in theologischer Verwendung besteht darin, daß die zeitliche Differenz zwischen unserem Reden und seiner eschatologischen Erfüllung durch Gott nicht mehr aussagbar ist. Die Entsprechung unserer Worte zu Gott wird erst noch entschieden. »Von uns aus geurteilt, werden die Begriffe, mit denen wir Gottes Wesen preisen, im Akt des Lobopfers äquivok. Zugleich aber sprechen wir sie aus in der Hoffnung auf eine Erfüllung, welche die in der Analogie fixierte Distanz weit überwindet.«[282] Pannenberg sieht also zwar den Analogiebegriff als unvermeidlich an. Er möchte ihn aber theologisch verwenden nicht als Analogie unseres Sprachgebrauchs zu Gott selbst, sondern als Analogie des theologischen zum profanen Sprachgebrauch. »Das anbetende Reden von Gott enthält zwar eine Analogie, aber nur eine solche zwischen dem alltäglichen Sinn des Wortes und seiner theologischen Verwendung, nicht hingegen zwischen dem alltäglichen Wortsinn und dem Sein Gottes an und für sich.«[283]

Unsere Darlegungen haben aber gezeigt, wie stark Barths Analogiedenken bestimmt ist von der Absicht, die Gotteserkenntnis als durch die Zeitlichkeit ganz und gar bestimmte Weise des Erkennens zu explizieren und auf Grund ihrer Zeitlichkeit als einseitige Weise des Erkennens. Das macht eben die zeitliche Gestalt unserer Gotteserkenntnis aus, daß sie sich nicht anders vollzieht als im Erkanntwerden des Menschen durch Gott. Daß das Erkennen Gottes dem Erkanntwerden durch Gott in vollkommener Reziprozität gegenübersteht, dies ist dem Eschaton vorbehalten. »Dann aber werde ich erkennen, gleichwie ich erkannt bin.«[284]

Das Wesen doxologischer Rede kann kaum besser entfaltet werden, als Pannenberg es tut. Es ist aber zu fragen, ob nicht stärker, als bei Pannenberg geschieht, unterschieden werden muß zwischen doxologischer und theologischer Redeweise. Theologie reflektiert und gibt Rechenschaft über die Angemessenheit und Sachgemäßheit kerygmatischen und doxologischen Redens der Kirche. Und dann legt sich die weitere Frage nahe, ob nicht auch Pannenberg als Theologe eine Denk- und Redeweise verfolgt, die mit dem Prädikat »doxologisch« nicht zureichend benannt wäre.

Gehen wir davon aus, daß Denken sich nicht anders vollziehen kann als in der Form einer dieser drei Grundstrukturen: in der Geradlinigkeit

282   a. a. O. S. 201.
283   a. a. O. S. 185.
284   1. Kor. 13, 12.

einer »Logie« oder in der Dialektik und Gebrochenheit einer »Anti-Logie« oder in der schwer zu denkenden und zu treffenden Mitte einer »Ana-Logie«, so finden wir den Grundtenor des Pannenbergschen Denkens auf der Linie der ersten dieser drei möglichen Denkformen. In der ersten Form ist das Verhältnis zwischen dem Erkennen und dem zu Erkennenden grundsätzlich unproblematisch (weil das, was erkannt werden soll, im Vollzug des Erkennens mitgegeben ist und demnach zum Selbstvollzug des Erkennens dazugehört, oder umgekehrt: weil mit dem, was erkannt werden soll, der Vollzug des Erkennens schon mitgegeben ist und demnach das Erkennen zum Selbstvollzug dessen gehört — z. B. überlieferungsgeschichtlich —, was erkannt wird). In der zweiten Form ist das Erkennen problematisiert, aber in der Weise, daß die Problematik aufgehoben wird (in statischer Dialektik so, daß die Kluft zwischen dem Erkennen und dem, was erkannt werden soll, zur Aporie, zur absoluten Weglosigkeit, verfestigt wird: der Aporetiker wird zum Agnostiker, der nicht mehr an dem Problem »leidet«. Damit ist es aufgehoben. Oder in dynamischer Dialektik so, daß die Differenz, die Kluft aufgerissen wird, um überwunden zu werden: die um so größere Spannung läßt die zum Widerspruch auseinandergespannten Pole zu um so intensiverer Einheit zusammenschnellen).

In der dritten Form bleibt das Verhältnis zwischen dem Erkennen und dem, was erkannt werden soll, problematisch, ja sie ist nichts anderes als die Weise der permanenten Explikation der Problematik dieses Verhältnisses (das Denken bleibt in der Differenz, bleibt unter Vorbehalt, bleibt in der »epoché«, aber eben so hart am Wind der Sache).

In Pannenbergs Theologie ist das Verhältnis zwischen dem Erkennen und dem zu Erkennenden prinzipiell unproblematisch. D. h.: der von Pannenberg de facto praktizierten (als solche von ihm bisher noch nicht im Zusammenhang dargelegten) Erkenntnistheorie eignet die Struktur der Logik. Das führt in der Konsequenz zur Identität von Theologie und Ontologie: die Theologie ist die wahre Fundamentalontologie; die wahre Reflexion jeder Ontologie wird explizit theologisch. Der Begründung dieser Sätze dienen die folgenden (notgedrungen knappen) Hinweise.

Da Pannenberg, wie wir sahen, genau an die Stelle des Analogiebegriffs den Begriff der Offenbarung setzen will und damit an die Stelle des Denkens eines Verhältnisses das verhältnisgerechte Denken, gehen wir von Pannenbergs Offenbarungsbegriff aus. Jede Form eines Rückschlusses von der Wirklichkeit von Welt und Mensch auf die Wirklichkeit Gottes ist als geistiger Zugriff abzulehnen. Es gilt, strikt von der Selbstoffenbarung Gottes, wie sie sich in der Geschichte Jesu Christi ereignet hat, aus

zu denken. Der Punkt höchster Dichte des Offenbarungshandelns Gottes
in der Geschichte ist das Auferweckungsgeschick Jesu. Die Auferstehung
Jesu ist ein historisches Faktum mit eindeutiger Sprache. Als Faktum ist
sie historisch erforschbar und zugänglich. Eindeutige Sprache gewinnt
dieses Faktum einerseits durch den überlieferungsgeschichtlichen Horizont der apokalyptischen Auferstehungshoffnung, in den es eingebettet
ist, andererseits durch den allgemein erhebbaren anthropologischen Befund der Umweltfreiheit und des Antriebsüberschusses: »Zur menschlichen Daseinsstruktur gehört es nun, jenes Suchen nach der eigenen Bestimmung, das nie zum Abschluß kommt, auch über den Tod hinaus vor-
zutreiben.«[285] Die Frage ist aber, ob Pannenberg den Gedanken der
Offenbarung streng als Selbstoffenbarung Gottes denkt.

Was wird in der Offenbarung Gottes offenbar? Gott offenbart sich *als*
die »Macht der Zukunft«, als höchstes Gut, »das als noch Unrealisiertes,
also Künftiges, schöpferisch wirkt«[286], als Sinn und Ziel aller Wirklichkeit, als Macht des Seins. Goebel hat m. E. überzeugend gezeigt, daß
nach Pannenberg genau besehen nicht Gott sich »selbst« offenbart, sondern seine Bezogenheit auf die Totalwirklichkeit der Welt, als Geschichte
verstanden, und umgekehrt: die Bezogenheit der Welt auf Gott. Die
Offenbarung ist die Erscheinung der unendlichen Gott-Welt-Beziehung.
»In Jesus ist das integrative Sinnprinzip aller Wirklichkeit der Weltgeschichte selbst gegenwärtig geworden.«[287] Die Offenbarung ist »nichts
anderes als die ihrer Struktur nach antizipatorische Kundgabe dessen,
was in der Summe der Geschichte von Gott her an der Welt geschieht,
d. h., die Novität der Offenbarung besteht für Pannenberg rein formal in
ihrer Faktizität als Prolepse, keineswegs aber in ihrer Inhaltlichkeit«[288].
Gott in seiner Freiheit und in seiner Treue ist der Sinngrund der Univer-
salgeschichte in ihrer Kontingenz und in ihrer Einheit. Das Auferste-
hungsgeschehen wird im Kontext der Apokalyptik und der neuzeitlichen
Anthropologie ausgelegt und nicht im Kontext des Kreuzesgeschehens.
Das Kreuz aber stellt die Wirklichkeit des Menschen samt seinem Wirk-
lichkeitsverständnis radikal in Frage, indem es den Menschen als den
Gottlosen und Gottesfeind enthüllt. »Es wäre dann das Kriterium der
Wahrheit nicht einfach deren universal-integrative Macht, wie Pannen-
berg es in seinem groß angelegten Unternehmen einer allumfassenden
Theologie der Synthese vertritt, sondern das Kriterium der Wahrheit

---

285 Pannenberg, Grundzüge, a. a. O. S. 82.
286 ders., Kerygma und Dogma 1968, S. 115.
287 Goebel, a. a. O. S. 258.
288 a. a. O. S. 257.

wäre das ontologisch nicht einfach zu explizierende Recht Gottes, in dem er sein Sein und seinen Anspruch auf die Welt wahrnimmt.«[289]

Ist der Inhalt der Offenbarung Gott als das Sinnprinzip der Wirklichkeit und steht nach Pannenberg die Offenbarung der menschlichen Erkenntnis jederzeit offen, sowohl hinsichtlich ihrer historischen Faktizität als auch hinsichtlich ihrer Bedeutung, dann ergeben sich zwei Fragen: wenn Gott der Sinngrund der Wirklichkeit ist, ist dann Gottes Selbstsein durch das Anderssein der Welt vermittelt, ist die Wirklichkeit das dialektisch andere seiner selbst? Vermittelt Gott sich selbst durch die Geschichte? (Hegel). Ist Gottes Sein solchermaßen im Werden, indem der Grund nicht ist, was er ist, ohne das, was er begründet? Und ist dann Gottes Selbstsein als das Sein des Herrn der Wirklichkeit noch zu denken? Und zum andern: wenn Gottes Offenbarung identisch ist mit seinem Offenbarsein, das jederzeit der Erkenntnis und Verifikation durch den Menschen zugänglich ist, wie ist es dann zu denken, daß Gott das Subjekt seiner Offenbarung bleibt, daß er der Herr ist auch in seinem Offenbarsein? In beiden Fragen meldet sich das trinitätstheologische Problem zu Wort. Pannenberg sagt: »Die Persönlichkeit des göttlichen Wesens ist . . . die Voraussetzung für die innergöttliche Personverschiedenheit.«[290] Die Kategorie der Personalität sieht er beheimatet in der religiösen Erfahrung. In ihr begegnet dem Menschen eine Macht, die als unverfügbar erlebt wird und den Menschen konkret beansprucht. Das Erlebnis der Unverfügbarkeit dieser Macht findet seinen Ausdruck in ihrer Personifikation. So kann Pannenberg sagen: der biblische Gott sei wesenhaft Person, »*weil* er immer neues, kontingentes Geschehen hervorbringt, stets unvorhersehbar handelt und darin die Unendlichkeit seiner Freiheit erweist«[291]. Das bedeutet: Gott ist nicht in der Geschichte, der er ist, sondern er wird durch die Geschichte, der er ist. »Gott ist von vorneherein als das ontologische Prinzip der Macht der Zukunft gedacht, das überhaupt nur in Relation zur Geschichte begrifflich bestimmt werden kann.«[292]

Wenn Gottes Erschlossensein in seiner Offenbarung historisch, religionsphänomenologisch und anthropologisch verifizierbar ist, dann kann sein Offenbarsein nicht streng trinitätstheologisch definiert sein. Denn das würde bedeuten, daß das Offenbarsein vom Offenbarer und von der Offenbarung nicht zu trennen ist, daß Gott immer das Subjekt, der Herr, der Handelnde bleibt, auch in dem Geschehen, in dem er vom Menschen

289 a. a. O. S. 249.
290 Pannenberg, Grundzüge a. a. O. S. 183.
291 ders., in: RGG³, Bd. 5, Sp. 232.
292 Goebel, a. a. O. S. 257.

erkannt wird und ihm offenbar ist. Gott bleibt auch in seiner Offenbarung der Freie, seine Offenbarung behält Aktcharakter, sie wird nie
handhabbare, verfügbare Zuständlichkeit. Das ist aber nur in trinitari-
scher Kategorie artikulierbar, so daß unterschieden werden kann zwischen der Beziehung, in der Gott sich selbst erschlossen ist, und der anderen Beziehung, in der Gott sich der Welt erschließt. Das kann nicht mehr
angemessen gedacht werden, wenn von der Personifizierung der erfah-
renen Geschichtsmacht Gottes ausgegangen wird und die trinitarische
Kategorie erst nachträglich eingeführt wird, wenn die Geschichtsmacht
Gottes die innergöttliche Personverschiedenheit erst begründet und dieses Begründungsverhältnis den Gedanken nahelegt, daß die innertrini-
tarische Personverschiedenheit durch die Wirklichkeit der Geschichte
bedingt ist.

Die Bedingungen menschlicher Gotteserkenntnis sind aber im Sinne
Pannenbergs nicht zureichend bestimmt, solange wir nicht auch ihre
Grenzen in den Blick genommen haben. Daß Gott sich als die Seinsmacht
der Zukunft selbst offenbart, heißt nicht, daß die Offenbarung Gott
direkt zum Inhalt hat. Und das Postulat der »Erkennbarkeit der Offenbarung Gottes aus ihrer historischen Erscheinung in der Geschichte
Jesu«[293] meint nicht eine direkte Kenntlichkeit Gottes. Gott offenbart
sich nicht direkt, sondern indirekt, im Spiegel seines Geschichtshan-
delns[294]. Die Offenbarung hat nicht Gott unmittelbar zum Inhalt, sondern Inhalt und Intention fallen in ihr nur mittelbar zusammen. Die volle
Offenbarung Gottes kann erst am Ende der Geschichte zur Erscheinung
kommen. Und dementsprechend ist die volle Erkenntnis Gottes ein
eschatologischer Begriff. »Je mehr man in Israel alles Geschehen als einen
einzigen großen Geschichtszusammenhang erkannte, desto mehr wurde
die volle Erkenntnis Jahwes zu einem erst am Ende alles Geschehens
möglichen Ereignis. Und wiederum vollendet Jahwe darum den . . . Lauf
des Weltgeschehens, die Weltgeschichte, damit man daraus seine Gottheit erkenne. Erst an ihrem Ende ist er endgültig aus seinen Taten offenbar als der eine Gott, der alles wirkt. Die jüdische Apokalyptik hat dementsprechend das volle Offenbarwerden Gottes als ein Ereignis der End-
zeit erwartet. Terminologisch sprach die Apokalyptik von dem künftigen
Erscheinen der Herrlichkeit Gottes. Die Vorstellung der Herrlichkeit
Gottes ist schon im Alten Testament die einzige, die ein Offenbarsein
des Wesens Jahwes selbst bezeichnet. Durch den Begriff der Herrlichkeit
Gottes wird in der Apokalyptik die Selbstoffenbarung Gottes und im

---

293   Pannenberg, Grundzüge, a. a. O. S. 9 f.
294   ders., Offenbarung, a. a. O. S. 15.

Neuen Testament deren Antizipation im Christusgeschehen ausgesagt.«[295] Die Offenbarung Gottes in Christus ist demnach Vorausereig-
nung, Antizipation der endgültigen Offenbarung am Ende der Zeit.
Wie der Erkenntnisgegenstand, so ist auch die Erkenntnis von antizipa-
torischer Struktur. Wahrheit ist im Denken nur in der Weise der Antizipation gegeben. Insofern bedarf das, was oben von der »Geradlinigkeit
einer Logie« gesagt wurde, einer einschränkenden Erläuterung. Auch für
Pannenberg ist das Erkennen in gewisser Weise vorläufig, gebrochen,
terminiert und dadurch in radikaler Weise als geschichtliches qualifiziert.
Die in sich reflektierte Antizipation ist der wahre Begriff des Begreifens,
»der freilich nicht mehr als im Schluß der Notwendigkeit sich schließend
darstellbar« ist[296]. In dieser Erkenntnistheorie ist die Totalität der universalen Wirklichkeit als Gegenstand des Erkennens festgehalten, andererseits aber der Endlichkeit des Denkens, insofern es »nur« Antizipation
ist, Rechnung getragen. So kann sich der »apokalyptische Grundzug des
Auftretens und Geschickes Jesu durch seine antizipatorische Struktur . . .
als Schlüssel zur Lösung einer Grundfrage philosophischer Reflexion in
der nachhegelschen Problemsituation erweisen, die noch immer die unsere zu sein scheint: An der Geschichte Jesu ließe sich eine Antwort gewinnen auf die Frage, wie ›das Ganze‹ der Wirklichkeit und ihrer Bedeutung gedacht werden kann unbeschadet der Vorläufigkeit und geschichtlichen Relativität alles Denkens, sowie der Offenheit der Zukunft für
den Denkenden, der sich erst auf dem Wege und noch nicht am Ziele
weiß«[297].
So ist deutlich, wie einerseits Pannenberg an der Begrenzung des Denkens in seiner zeitlichen Übergänglichkeit festhält. Der Mangel der Analogie ist für Pannenberg, daß eben diese Qualifikation des Denkens in
seiner Differenz zum Ende als der Summe der Wirklichkeit, daß die zeitliche Terminierung in ihr nicht aussagbar ist. Andererseits aber eignet
dem Denken in diesem Modus der geschichtlichen Begrenzung Wahrheit
in genauer adaequatio rei et intellectus: das Denken ist ein Akt der Antizipation, die erkannte Wirklichkeit ist auch Antizipation. Auf solche
Weise waltet in der erkannten Wirklichkeit wie im Akt des Erkennens
der gleiche Logos. Einem Ereignis eignet Wahrheit, indem es Vorauser-
eignung des Ganzen ist. Einem Denken eignet Wahrheit, indem es Vor-
griff auf das Ganze ist. Das macht die »Logik der Antizipation« aus, und

295 ders., Grundzüge, a. a. O. S. 126 f.
296 ders., Grundfragen, a. a. O. S. 150.
297 a. a. O. S. 157 f.

das macht das Erkennen prinzipiell unproblematisch. Wir finden demnach bei Pannenberg nicht die Denkform der Analogie, auch nicht einfach die Denkform der Doxologie, die genau besehen keine Denkform,
sondern eine liturgische Sprachform ist, sondern die Geradlinigkeit einer
»Logie« zwischen dem Erkennen und dem Erkenntnisgegenstand. Die
Logik des Erkennens und die Logik der Tatsachen koinzidieren in der
»Logik der Antizipation«.

Marcel Reding hat für das uns beschäftigende Problem eine Lösung im
Auge, die so etwas wie Arbeitsteilung zwischen dem Theologen und dem
Philosophen vorsieht. Er sagt, den Theologen brauche nur das Problem der »analogia nominum«, und zwar als »analogia nominum divinum«, zu interessieren. Theologie ist Sprache Gottes. Sprache ist Äuße-
rung und Mitteilung. Sprache Gottes verwirklicht sich zuerst im Sprechen Gottes mit sich selbst. Aber Gott kann sich auch in der Entäußerung
äußern. Die Schöpfung ist das Gesprochene dieser entäußernden Äuße-
rung, das seine eigene Sprache spricht und zwischen den Zeilen auf den
entäußernd Sprechenden zurückverweist. »Analogia nominum« heißt:
das Gedankenwort verhält sich zum Denkprozeß

wie Lautwort zum Aussagen,

wie Werk zum Schaffen,

wie Erarbeitetes zum Arbeiten,

wie Schöpfung zum Gotteswort —.

Ob aber die thomistische oder die scotistische oder die ockamistische
Theorie der Gesamtwirklichkeit den Vorzug verdient, d. h. ob dem Begriff analog etwas Identisches in der Gesamtwirklichkeit entspricht oder
univok oder ob den allgemeinen Begriffen weder univok noch analog
etwas Identisches in der Wirklichkeit entspricht, wie die Ockamisten sag-
ten: das ist ein Problem eben der Theorie des Gesamtwirklichen, für das
der Theologe nicht zuständig ist. Analogie als analogia nominum interessiert den Logiker, als Eigenschaft des Gesamtseienden den Metaphysiker, als Problem der nomina divina den Theologen.

Der Theologe bedarf zu methodisch genauen Aussagen über die analogia
nominum divinum keiner metaphysischen Theorie des Gesamtwirklichen, er bedarf nicht des Begriffs des »Seienden-überhaupt« und erst
recht nicht der Festlegung auf die metaphysische Theorie der analogia
entis.

Aber ist diese säuberlich exakte Scheidung de facto durchzuhalten? Für
die analogia entis Przywaras trifft sie nicht zu. Aber die Frage gilt generell, denn jeder Mensch, die biblischen Autoren (auch Paulus hatte seine
Philosophie) und wir als deren Adressaten tragen ständig irgendeine

Theorie des Gesamtwirklichen mit uns. Und gerade das Selbstverständliche des Vorgabecharakters unserer geistigen Atmosphäre, Herkunft und Geprägtheit, das wir überall mit uns tragen und als Subjektives in alles Objekthafte (auch in die biblischen Texte) eintragen, eben dies ist das in der Theologie Problematische und zu Problematisierende.

Diese Problematisierung finden wir bei Przywara und bei Barth in extenso durchgeführt, nur unter ganz verschiedenen Prämissen und mit ganz verschiedenem Ergebnis. Bei Przywara unter der Prämisse der betonten Offenheit eines Spannungsverhältnisses zwischen Glauben und Denken, des Zueinanders (pros) von jeweils ganz Anderem (allo), der Bezogenheit von Eigengesetzlichem. Reine Logik löst das Spannungsverhältnis, die Differenz des zueinander ganz anderen auf hinein in eine Identität.

In ihr schleicht sich der Mensch, zu sehr des Lichts begierig, sozusagen fort aus der Sphäre seiner kreatürlichen Begrenztheit, Bedingtheit, Gebrochenheit, er stiehlt sich hinein in die Sphäre des Unbegrenzten, Unbedingten, Identischen, die ihm nicht zusteht. Dasselbe geschieht mit größerer Raffinesse der Mittel in der Form des Denkens dynamischer Dialektik, die zwar verschlüsselt in ihrer Dynamik auch von der Kraft des reinen Logos lebt, während die reine statische Dialektik eine Form des trotzigen Sich-Verschließens in den Krampf der Widersprüche ist. Es ist das Schwanken zwischen den Extremen: Prometheus oder Tantalus. Und darin zeigt sich die Macht der Sünde: der Wille des Geschöpfs, sich nicht anzunehmen in seiner Geschöpflichkeit. Daraufhin wird das Denken der Philosophen von Przywara abgehorcht, ob sie die Distanz der Kreatur zu Gott wahren, ohne doch sich trotzig in sich selbst zu verschließen, ob sie das »freie Schwingen« in der Mitte zwischen dem Taumel der Identität und dem Trotz des Widerspruchs erkennen lassen. Und Przywara versteht zu zeigen, wie das Denken des Menschen, der sich in Jesus Christus von Gott angenommen weiß, frei wird, weil er glaubt und sich deshalb *in* seinen Grenzen annehmen kann. Das bedeutet für das Denken, daß es sich in der Mitte bewegt, die bezeichnet ist durch die Analogie. Demnach ist generell und in der Theologie im besonderen das analogische Denken die Denkform, die allein der geschöpflichen Bedingtheit angemessen ist.

Barth geht nicht wie Przywara von der grundlegenden Offenheit des Spannungsfeldes Glauben — Denken in seiner Einheit und Differenziertheit aus, sondern von dem strikt einseitigen Verhältnis Glauben — Denken, in dem der Glaube das Prius hat und das Denken nachfolgt. Denn das Denken unterliegt immer einer totalen Bestimmtheit, die eben, weil

sie total ist, ihrerseits nicht mehr gedanklich objektiviert werden kann
und nicht neutralisierbar ist. Der Mensch ist immer schon in Adam oder
in Christus. Und wie er nicht als sein eigener und seiner Sünde Zuschauer
denken konnte, so kann er auch nicht als Gottes und sein eigener Zuschauer denken.

Was von der Subjektivität, also vom Denkenden her gilt, stellt sich
ebenso dar von der Objektivität, d. h. von dem in der Theologie Gedachten her. Das Christusereignis ist das universale Heilsereignis, das allen
Menschen gilt, sie alle betrifft und umgreift. Es geht in der Offenbarung
Gottes in Jesus Christus um den schlechthin umfassenden Wandel der
menschlichen Situation, um das Wunder des Neuwerdens, nicht um die
Überführung des Menschen aus einer Zuständlichkeit in eine andere, die
sich zu der vorherigen komparativisch verhält, nicht um einen gradu-
ellen Übergang, sondern um einen Sprung. Nicht um Sanierung, sondern um Rettung. Und wenn man doch von »Übergang« sprechen will,
dann in dem streng exklusiven Sinne, daß Gottes Bundesgnade in Jesus
Christus der Übergang vom Alten zum Neuen ist. Gott setzt einen Anfang des Seins und des Erkennens, wo es für den Gott und sich selbst
entfremdeten Menschen keinen Anfang gibt. Unser Erkennen kann über
diese Tat Gottes nicht hinausschreiten, sondern als Rückblick auf Gottes
Erwählung, Schöpfung und Bund wie auch als Ausblick auf sein kommendes ewiges Reich nur nach allen Seiten in sie selbst hineinschreiten.
Das findet seinen Ausdruck in dem von Barth so oft gebrauchten Bild
von dem uns umgebenden Kreis. Wenn aber Jesus Christus das universale, das umgreifende Heilsereignis ist, wenn es keinen Bereich der Natur, des Menschseins, der Welt gibt, der nicht de iure in den Kreis der Totalität der Wahrheit Jesu Christi einbeschlossen wäre, dann gibt es keine
Profanität, auch keine Profanität des Denkens, die nicht als Segment der
Peripherie des ganzen Kreises Hinweiskraft auf dessen konstituierende
Mitte bekommen kann. Für diese Möglichkeit hat sich die Theologie
offenzuhalten. Das gibt ihr aber auch die Freiheit zu dem von Barth vertretenen Eklektizismus.

Die Alternative, vor die wir bezüglich des Problems der Denkform in der
Theologie gestellt sind: Analogie allein (Przywara) oder Eklektizismus
aus Logik, Dialektik und Analogie — mit Schwergewicht auf der Analogie (Barth), ist nicht zu übersehen. Die Differenz ist nicht harmonisier-
bar. Es ist die Alternative zwischen der differenzierten Einheit von Offenbarungstheologie und Metaphysik einerseits — und einer streng christologisch zentrierten und von daher universal-inklusiven Offenbarungstheologie andererseits: Offenheit eines von keiner Seite schließbaren

Spannungsgefüges — oder Geschlossenheit eines nicht transzendierbaren In-Seins.

Die Sachfrage, die damit gestellt ist, läßt sich meines Erachtens nicht allein im Rahmen der formalen Diskussion entscheiden, sie entscheidet sich daran, wie mit dem jeweiligen Instrumentarium das Inhaltliche zu seinem Recht, zum Tragen kommt. Wie die formalen systematischen Grundentscheidungen und die Inhalte, denen sie dienen sollen, zusammengehen, wie das Interpretamentum zum Interpretandum sich verhält: ob es apriorisch dominiert, ob es dialektisch korreliert oder ob es sukzessiert, d. h. dem Zug der Sache folgt.

Das führt auf der einen Seite zu der Frage: ist die Offenheit des Spannungsgefüges in der Weise durchgehalten, daß die Metaphysik nicht zum Korsett wird, nicht einen solchen Vorgabecharakter bekommt, der zu einem Systemzwang nach innen führt, d. h.: der dem Offenbarungsgeschehen den Rahmen und die Bahn vorzeichnet?

Auf der anderen Seite: ist die Christozentrik, genauer gesagt: ist der durch das eine Zentrum konstituierte universale Umkreis so locker und weit konzipiert, daß hier Wirklichkeit nicht vereinnahmt, erdrückt, planiert wird, daß also die starke Zentrierung nicht zu einem Systemzwang nach außen führt?

Die Fragen sind nicht herangetragen, sie sind auch nicht neu. Przywara und Barth haben sie, jeweils in bezug auf ihr eigenes Denken, selbst gestellt und auf das intensivste durchreflektiert. Przywara sagt: die analogia entis sei »Methode gewordenes Objekt«[297a]. Als solche will sie nicht systematische Zange sein, die stillegend, feststellend etwas in den Griff nimmt, sondern Artikulation der Offenheit der Beziehungsgefüge, in der der lebendige Glaube und das lebendige Denken »schwingt« auf den gespannten Saiten zwischen entgegengesetzten Polen.

Und Barth wäre mißverstanden, wollte man seine »Christozentrik« gleichsetzen mit »Christomonismus«, für den »Jesus Christus als das allein eigentlich handelnde und wirkende Subjekt im Grunde einsam auf dem Plan stünde«[298]. Und wo Barth von unserer »Befreiung durch die in der Geschichte Jesu Christi geschehene göttliche Wendung« spricht, fügt er warnend hinzu: »daß man doch Gottes *All*wirksamkeit wie überhaupt, so gerade hier ja nicht umdeute in eine *Allein*wirksamkeit Gottes!«[299] »Gerade im Gnadenbund, gerade im Hause des Vaters, gerade im Reiche

297a Analogia entis, S. 28.
298 KD IV,4 S. 20.
299 a. a. O. S. 24 f.

Jesu Christi und des Heiligen Geistes kann und darf doch von einer *Allein*wirksamkeit Gottes nicht die Rede sein!«[300]

Das zeigt, daß man von den oben gestellten Fragen aus nicht vorschnell zu Antworten eilen darf, die sich beim zweiten, genaueren Hinsehen als ein Sturm auf Türen erweisen, die längst offenstehen.

Ebenso aber ist nicht zu übersehen, daß die oben genannte Alternative bezüglich des Problems der Denkform in der Theologie konfessionsspezifische Merkmale an sich trägt und daß sie tief in die zentralen Inhalte hinein das Denken Przywaras bzw. Barths einfärbt. Davon soll im Folgenden die Rede sein.

300   a. a. O. S. 180.

Schluß

1. Das Mysterium und das Wort

»Die Frage der Mystik hat Przywara durch sein ganzes Leben hindurch beschäftigt, angefangen von seinem Studium der deutschen Mystiker des Mittelalters und seinen eigenen frühen religiösen Schriften, die selbst zum Teil als mystische Schriften zu bezeichnen sind, über die theoretischen Auseinandersetzungen über Fragen der Mystik in den großen Sammelwerken ›Ringen der Gegenwart‹ und ›Humanitas‹ bis zu seiner Übertragung der ›Hymnen des Karmel‹.«[1]
In der Tat finden wir im Begriff »Mysterium« den Herzpunkt, die Konstante des Denkens Przywaras. Damit soll dem Nachdruck, den B. Gertz auf die theologia crucis bei Przywara legt, nicht widersprochen sein, soll nicht übersehen sein, daß Przywara das Mysterium als »mysterium in abscondito sub contrario« bei Luther entdeckt und von diesem übernommen hat, soll nicht verschwiegen werden, daß wir in Przywaras Auslegung der Christusoffenbarung wie bei Barth das Zueinander von Enthüllung und Verhüllung finden.
Wie bei Barth? Doch nur auf den ersten Blick. Bei genauerem Hinsehen zeigt sich gerade hier der Unterschied. Przywaras Denken der »dynamischen Transzendenz«, des »Je-Über-Hinaus-Gottes über ›alles, was außer Ihm ist oder gedacht werden kann‹«, Przywaras Denken der »transzendierenden Relation« mit sich ständig steigernder »steresis«, Aushöhlung des Denkens und Reduktion ins Mysterium, die Definition der »analogia entis« im IV. Laterankonzil als »je immer größere Unähnlichkeit in aller noch so großen Ähnlichkeit zwischen Gott und Mensch«, schließlich Przywaras Trinitätstheologie der »Trinität in sich«, die die heilsökonomische Trinität in die je immer größere Unähnlichkeit »über-übersteigt«: dies alles trägt den Stempel des dynamischen Komparativs. Augustinus, Thomas von Aquin, Ignatius finden hier zusammen in der

1 Gertz, a. a. O. S. 445.

Rhythmik des Übersteigens, im »unendlichen Wogen zwischen zwei Unendlichkeiten«, im »restlosen Schwingen im Rhythmus des Mehr je Mehr Seiner unbegreiflichen Unendlichkeit«[2]. Analogie heißt: »Je über hinaus . . . durch alle Ähnlichkeit der Gleichnisse hindurch, hinein ins Rätsel der Gleichnisse, hinüber in die letzte Dunkelheit der Mysterien des Glaubens im Je-immer-größer der Unähnlichkeit Gottes zu jeglichem Gleichnis.«[3] Der Gehorsam des Glaubens ist blind, »Nacht« ist das Stichwort: »so mündet das Geheimnis Gottes in Christo in das eine Wort, das ausgesprochen oder nicht ausgesprochen durch die Offenbarung hindurchgeht: Nacht. Gott ist zwar ›Licht, und keinerlei Finsternis ist in Ihm‹ (1. Joh. 1, 5), aber er ›hat zu Hausung das unzugängliche Licht‹ (1. Tim. 6, 16) und ist darum für unsere Augen die unzugängliche Nacht seines Lichtes.«[4] Das »Geheimnis des Ineinander-Verschlungenseins von Nacht des blendenden Lichtes Gottes und Nacht der Glaubens-Finsternis der Erde . . . ist das krönende Geheimnis von Tod und Auferstehung«[5]. Und immer wieder begegnen wir bei Przywara dem gleichen Duktus der Gedanken: anhebend mit einer relativen Positivität der Aussagen und dann ein fortschreitendes und sich steigerndes Aufheben, Aushöhlen, mit seinen Worten: »reductio in fieri«, Einrücken des begriffhaften Lichtkranzes in die dunkle Mitte und dort ein Einbegriffenwerden des Begriffs durch das Geheimnis, »wie die Nacht ihr Antlitz öffnet, im Maße alles Licht erlosch«[6].

Von hier aus wenden wir uns zu Barth. Wendet sich dieses bei Barth nicht geradezu um? Man vergleiche die folgenden beiden Sätze, der erste aus dem »Römerbrief«, der zweite aus der Erwählungslehre — als Anzeige einer Tendenz. »Gott, die reine Grenze und der reine Anfang alles dessen, was wir sind, haben und tun, in unendlichem qualitativem Unterschied dem Menschen und allem Menschlichen gegenüberstehend, nie und nimmer identisch mit dem, was wir Gott nennen, als Gott erleben, ahnen und anbeten, das unbedingte Halt! gegenüber aller menschlichen Unruhe und das unbedingte Vorwärts! gegenüber aller menschlichen Ruhe, das Ja in unserm Nein und das Nein in unserm Ja, der Erste und der Letzte und als solcher der Unbekannte, . . . das ist der lebendige Gott!«[7] »Er tritt seinem Geschöpf damit entgegen, daß er gütig ist. Er

2 Przywara, Crucis mysterium, a. a. O. S. 82.
3 ders., In und Gegen, S. 272.
4 ders., Christentum gemäß Johannes, S. 286.
5 a. a. O. S. 287.
6 Analogia entis, S. 89.
7 Barth, Der Römerbrief, a. a. O. S. 315.

rächt die Sünde damit, daß er sie nicht ansieht, sondern vergibt . . . In dieser königlichen Gerechtigkeit, die von seiner Barmherzigkeit nicht zu unterscheiden ist, die er also um seiner Barmherzigkeit willen nicht zu verleugnen braucht, sagt er im Geheimnis seiner Freiheit jenes Ja zu seinem Geschöpf. Und eben dies macht dieses Ja so bewegend als Gehorsamsforderung und so unerschütterlich als Grund eines gewissen Vertrauens, in welchem das Geschöpf leben darf. Es nimmt die Anklage weg von uns, und es macht doch Gott selbst nicht klagbar, sondern ist die Offenbarung der Sinnhaftigkeit seines Tuns, in der wir es als begründet erkennen und hinnehmen und uns als Gutes — als *das* Gute, das er uns getan hat — gefallen lassen dürfen. Noch einmal: es handelt sich um das unvergleichlich und unerschöpflich Gute für jeden Menschen, der davon hören darf.«[8] Nicht steigernd aufhebende, sondern steigernd vergewissernde Sätze, bis dazu, daß man seitenlange Partien der Kirchlichen Dogmatik geradezu als Predigt lesen kann[9]. Also nicht »apertiones«, sondern »assertiones«, im Fortschreiten der Dogmatik zunehmend vergewissernde und zusichernde Sätze. Und dies *unter* der Bedingung und *in* der Begrenzung der menschlichen Erkenntnis, der Sprache, der Nicht-Konformität von Sagen und Gesagtem. Gott selbst spricht zu uns, aber im Fleisch, im Wort, in der Mittelbarkeit und der beschriebenen doppelten Indirektheit, in der uns dies allein zukommen kann.

Das heißt: wir haben es hier (qua Tendenz) nicht mit dem Wissen um ein Geheimnis zu tun, sondern mit dem Geheimnis, daß wir — wie terminiert auch immer — wissen dürfen. Es geht hier m. E. nicht einfach um die Alternative Mysterium — Offenbarung: »daß in Barths Theologie Gott eben kein ›Mysterium‹ im Sinne von ›heiligem Geheimnis‹ geblieben ist, sondern, wie es scheint, restlos bekannt geworden in dem fleischgewordenen Wort Jesus Christus«, wie K. Hammer schreibt[10]. Gerade die Offenbarung Gottes ist für Barth das Geheimnis schlechthin, das unrückführbare, unableitbare Geheimnis seiner Selbstmitteilung, seiner Gnadenwahl, seiner Liebe. *Daß* Gott in seiner Freiheit diesen Schritt tut, das ist das Ur-Datum, das mit nichts als eben mit dem Faktum dieser Tat selbst zu Begründende. Aber eben: es ist das Geheimnis von Gottes Selbstmitteilung, nicht die Mitteilung von Gottes Geheimnis.

In der Tat, hier stehen wir vor einer überraschenden Umkehrung: Przywara zunehmend mit der Betonung des unendlichen qualitativen Unter-

8 KD II,2 S. 35.
9 Barth unterscheidet exakt zwischen dem Genus der Dogmatik und dem Genus der Predigt: KD II,2 S. 355. Aber dann lese man weiter!
10 Hammer, a. a. O. S. 290.

schiedes zwischen Gott und Mensch befaßt, und das heißt doch: in großer Nähe zum Anliegen des frühen Barth: Gott ist der ganz Andere, Gott ist der in seiner Liebe schlechthin *Freie*.

Und Barth in zunehmender Konzentration auf das »Gott mit uns«, gerade *in* seiner Niedrigkeit, in seiner Kondeszendenz, im Leiden und Sterben dieses Menschen Jesus von Nazareth erweist sich Gott *als* Gott. Gott kann niedrig sein: er ist der in Freiheit *Liebende*.

Damit sind Tendenzen angezeigt, nicht Positionen beschrieben. Przywara hat sich so deutlich gerade von der frühen Dialektik Barths abgesetzt, hat sie so radikal kritisiert, daß hier keine Verwechselungen möglich sind. Aber es zeigt doch deutlich, wie klischeehaft eine Sicht ist, die in der analogia entis eine seinshaft apriorische Vertrautheit zwischen Gott und Mensch sieht und nur in der analogia fidei die Wahrung des unendlichen, qualitativen Unterschiedes zwischen Gott und Mensch.

2. *Jesus Christus und die Kirche*

Die dornige Frage nach dem konfessionellen Aspekt kann nicht umgangen werden. Barth schreibt in einem Grußwort an Przywara: »Meine Begegnungen mit ihm in Münster und Bonn, der Eindruck seiner erstaunlichen Gabe und Kunst, der Welt und seiner Kirche treu zu sein, Alle und Alles nicht nur zu verstehen, sondern seinem eigenen rastlos bohrenden und umfassenden Denken zu integrieren und doch exemplarisch katholisch zu bleiben, sind mir, durch manchen anschließenden Austausch bestätigt, unvergeßlich.«[11]

Ist Przywaras Denken »exemplarisch katholisch«? Wir begeben uns hier in ein schwieriges Gelände mit vielen Fußangeln und Widerhaken. Der Befund ist komplex, die Frage nicht eindeutig, d. h. nur mit einem »sic et non« zu beantworten. Da findet man auf der einen Seite »exemplarisch katholische« Partien bezüglich Kirche, Lehramt und Papst. Andererseits, und das mit den Jahren zunehmend, findet man ein radikales aus dem Bestehenden auswanderndes und ins ungesichert Zukünftige stechendes Denken, gefährlich, provozierend, ungeschützt redend und sehr einsam.

Für den ersten Aspekt steht exemplarisch das, was Przywara als »Theologie der kirchlichen Analogie«, öfter nennt er es »kirchliche Theologie der Analogie«, entfaltet[12]. Was ist damit gemeint?

---

11 Barth, in: Der beständige Aufbruch, S. 48.
12 Analogia entis, S. 284, 295, 296, 297.

Przywara interpretiert die Konzilsentscheidungen des 4. Lateranum von ihren geschichtlichen Voraussetzungen her. Er sieht — stark stilisierend, wie er selbst konzediert — in der Analogieformel des Laterankonzils die drei grundlegenden Komponenten der einen faktischen Heilsordnung:

1. Die Analogieformel des Laterankonzils geht aus vom Wort der Offenbarung, in dem das Geheimnis der übernatürlichen Teilnahme des Menschen an der göttlichen Natur ausgesprochen ist (Joh. 17, 22).

2. In der Analogieformel ist das Geheimnis »der übernatürlichen Menschwerdung und Erlösung in seinem Kern und Höhepunkt« ausgedrückt.

3. Die lateranensische Analogieformel enthält die Betonung, daß in diesem doppelten übernatürlichen Geheimnis (Teilnahme an Gott und Erlösung durch die persönliche communio mit Christus) die wesenhafte Distanz zwischen Schöpfer und Geschöpf nicht aufgehoben ist. Von diesen drei Komponenten her unterscheidet Przywara drei sachlich mögliche Theologien: die Theologie der griechischen Kirchenväter, die Theologie Augustins und die Theologie der Scholastik.

Im Sinne der griechischen Kirchenväter ist Johannes 17, 22 so zu verstehen: Gott gibt uns Menschen Teil an seiner göttlichen Natur. Diese »Göttlichung« (θείωσις) ist ihrem Wesen nach das »Eins in Uns, wie auch Wir Eins sind«: Teilnahme am Vater, weil Kind des Vaters, Teilnahme am Sohn, weil persönlich mitgeformt mit dem Sohn, Teilnahme am Heiligen Geist als der Einheit von Vater und Sohn. Darin sieht Irenäus die Summe der Menschwerdung: »Jesus Christus, unser Herr, der ... geworden ist, was wir sind, um uns zu vollenden, das zu sein, was Er ist.«[13]

Bei Augustinus liegt die Betonung auf der Menschwerdung des Sohnes Gottes: »Vater, Sohn und Heiliger Geist erscheinen im Hohepriesterlichen Gebet wesentlich im Geheimnis der ›Sendung in die Welt hinaus‹.«[14] »Göttlichung« des Menschen geschieht also nach Augustinus in der persönlichen Teilnahme an Gottes Sendung, an Jesus Christus als dem fleischgewordenen Sohne Gottes, an seiner Ohnmacht im Kreuz.

Die scholastische Theologie der Unterscheidung zwischen Natur und Übernatur fügt klärend hinzu: in beidem, in der übernatürlichen Teilnahme an Gott und in der übernatürlichen Erlösung, hört der Mensch nicht auf, »natürliches« Geschöpf zu sein, d. h.: der unendliche Unterschied zwischen Schöpfer und Geschöpf bleibt gewahrt und muß mitgedacht werden.

---

13 a. a. O. S. 265.
14 a. a. O. S. 266.

Also: der Mensch bekommt Teil an Gott (griechische Kirchenväter). Aber
nur im Wege der Kondeszendenz Gottes in Jesus Christus und der personalen Gemeinschaft der Menschen mit ihm (Augustinus)! Aber dies
nur so, daß die Distanz zwischen Schöpfer und Geschöpf gewahrt bleibt
(Scholastik)! Theologie der Griechen, wenn sie allein und ausschließlich
genommen wird, scheint die Natur des Geschöpfes auszulöschen zu
einem »rein passiven Mit«. Das ist die Linie der griechisch orthodoxen
Theologie mit ihrer Statik des unmittelbaren Ewig-Göttlichen in Tradition, Liturgie und Ikone. Augustinische Theologie allein und ausschließlich genommen scheint die Natur des Geschöpfes zu verdammen »als
revoltierendes oder ohnmächtiges Nichts«. Das ist die Linie der reformatorischen Theologie: die Geschichtlichkeit Jesu Christi selbst, die im Geiste Christi der Kirche gegenwärtig wird, ist die absolute Norm, der »ak-
tuale Christus« als jeweils gegenwärtig im aktualen Ereignis der Verkündigung. Und beide zusammen, Theologie der Griechen und Theologie Augustins als Theologie der Teilnahme an Gott und Theologie der
gnadenhaften Gemeinschaft mit Gott in Christus, allein und für sich
genommen, löschen den Menschen qua Natur, als Gegenüber Gottes und
als »Woran« des Gnadengeschehens aus, sie führen zu einer heimlichen
Naturalisierung der Gnade, d. h.: sie führen zu einer Theologie des su-
pranaturalistischen Theopanismus.
Die Scholastik wiederum allein und für sich genommen wäre der grad-
linige Weg in die natürliche Theologie der Aufklärung und des Rationalismus, »d. h. in einen Pantheismus der ›reinen Natur‹ und ›reinen Vernunft‹«[15].
Beides muß demnach zusammenkommen: Theologie der Gnade und
Theologie des Verhältnisses von Natur und Gnade. »Zusammen« nicht
als Einheit zu Identität, aber auch nicht auseinander als exklusive Alternative, was zu den genannten Konsequenzen führen würde. Sondern
zusammen *als* Unterschiedenes, als differenzierte Spannungseinheit. Mit
anderen Worten: Theologie der Gnade und Theologie des Verhältnisses
von Natur und Gnade stehen zueinander in einem analogen Verhältnis.
Die in der Kirche möglichen Theologien sind im »Rhythmus« der Analogie, wie Przywara gerne sagt, zueinander gebunden.
Aber wer leistet nun de facto in der Kirche diese Einheit in der Unterschiedenheit? Die Analogie? Das hieße die Analogie zu einem handhabbaren Prinzip, zu einem zuhandenen Kriterium kirchlicher Lehrmeinung

---

15   a. a. O. S. 273.

erklären, was sie doch erklärtermaßen nicht ist. Przywara sagt: »entweder wird dieser Rhythmus selber als ein autonomes formales Prinzip gefaßt oder als Ausdruck einer existenten lebendigen Instanz.«[16] Da der
»Rationalismus eines absoluten Prinzips« nicht in Frage kommt, bleibt
also das unfehlbare Lehramt. »Ist er aber Ausdruck einer existenten
lebendigen Instanz, so ist er es, da es sich um die Eine Ordnung Gottes in
Christo in der Kirche handelt, auch eben nur als autoritärer Selbst-Aus-
druck dieses Einen: Gott in Christo in der Kirche ... und also folgerichtig
die Souveränität Gottes in einer wahrhaft souveränen Kirche und also
in einem souveränen Papst.«[17] Bei der Entscheidung in der Frage: »steht
diese Kirche der ›Fülle‹ in der amtlichen Souveränität ihrer Autorität ...
— oder in der unverbindlichen wogenden Fülle des ›Geistes‹ in ihren
›Gliedern‹? Gilt Innozenz III. oder Abt Joachim?«[18] hat die Kirche für
das Lehramt entschieden.

Das ist die eine Seite im Denken Przywaras, hier aufgezeigt am Beispiel
der »Theologie der kirchlichen Analogie«. Die »andere« Seite soll verdeutlicht werden an einem Beispiel, das für viele andere steht: einem
Aufsatz Przywaras über Simone Weil.

Przywara weist darauf hin, daß bereits die Zeit nach dem ersten Weltkrieg eine Zeit der Restauration gewesen sei. »Aber erst die Zeit nach
dem Zweiten Weltkrieg führte zu einer sozusagen trainierten, einer wil-
lentlich und wissentlich angestrebten Restauration.«

In dieser Zeit steril-wehmütiger Restauration sei Simone Weil »wohl die
einzige geistige Hoffnung«, das Symbol für echtes Christentum in der
heutigen Situation. Denn sie stellte sich der Herausforderung, die der
dialektische Materialismus für uns bedeutet. Und sie zog die Konsequenzen: sie taucht unter in die Menschheit des Arbeiters, sie wechselt die
Klasse, wird Fabrik- und Landarbeiterin. Sie durchschaut, daß heutiger
Materialismus Atheismus ist, »weil aller vergangener Theismus Spiritualismus war ... Es ist Atheismus als Kontra im Theismus, d. h. als Em-
pörung enttäuschten Glaubens, enttäuschter Hoffnung, enttäuschter
Liebe«. Sie kämpft leidenschaftlich gegen eine totalitäre Kirche, in der sie
einen Totalitarismus Roms fortleben sieht — »und in diesem den Totalitarismus des ›gros animal‹ (des ›großen Tieres‹) Platons und der Apo-
kalypse, in dem die dritte Versuchung Satans Wirklichkeit« wird, die
Versuchung der Macht. So lebt sie ein anderes Christentum, ohne Or-

---

16 a. a. O. S. 275.
17 a. a. O.
18 a. a. O. S. 276.

denskleid, ohne Kirchenkleid, ja ohne Tufkleid, ununterschieden mitten in der Welt von Materialismus und Atheismus, um sich nicht zu trennen von der grenzenlosen Masse der Ungläubigen, »auf daß sie sich zeigen so wie sie sind und ohne sich zu verkleiden für mich«. »Damit ist alles aufgegeben, was im menschlichen oder auch christlichen Sinn für gewöhnlich ›Heimat‹ heißt: geschlossener Kirchenraum, geschlossener Raum des Abendlandes, ja auch geschlossener Raum einer Humanität.«[19] Sie vertritt eine radikale Theologie von Gott als Liebe. Einer Liebe, die durch den Widerspruch geht, den Widerspruch, den Gott selbst trägt. »Die unendliche Vollkommenheit ist hier unten unendliche Schwäche: Gott als Liebe hängt ganz und gar am Kreuz.« Ihre Antwort auf den Atheismus im dialektischen Materialismus ist der »athéisme purificateur«, Athismus als Reinigung: »Religion, insoweit sie Quelle von Trost ist, ist ein Hindernis zum wahren Glauben.« Denn die Frage des Christseins ist nicht die Frage nach dem eigenen Heil, sondern nach der Werkzeuglichkeit des Christen. »Man soll nicht dem Nächsten helfen für Christus, sondern durch Christus . . . Christus hat nicht gelitten für seinen Vater. Er hat gelitten für die Menschen, durch den Willen des Vaters.« Darum kann sie in der Frage ihrer eigenen Taufe keine Frage ihres Heils sehen. »Es ist nicht meine Sache, an mich zu denken. Meine Sache ist, zu denken an Gott. Es ist an Gott, zu denken an mich.«[19a]

Und dies ist von Przywara mit soviel innerem Mitgehen gesagt, in so vorbehaltloser Solidarität, daß man hier sich nicht verwundert darüber, daß man vergebens nach einem lehramtlichen »aber« sucht, durch das Gefährliches und Gefährdendes ins beruhigende Gleichgewicht zurückgebracht wird.

Der Zusammenhang mit der analogia entis, von der hier nicht ausdrücklich die Rede ist, wird sofort deutlich, wenn wir uns vor Augen halten, wie Przywara in einem anderen Aufsatz desselben Buches — unter Hinweis wiederum auf Simone Weil[20] — die christliche Agape bestimmt, die der Name ist für die »hochzeitliche Begegnung und Entgegnung« zwischen Gott und Mensch in Christus im »Austausch als Blutsaustausch im Eins der Liebe« (commutatio, commercium und connubium) und zwischen Mensch und Mensch: »nicht ununterschiedene Verschmelzung, sondern schwingender Rhythmus von Einssein und Distanz.«[21]

19   ders., In und Gegen, S. 73–78.
19a a. a. O. S. 82–84.
20   a. a. O. S. 359.
21   a. a. O. S. 351.

Przywara nimmt dort einen Gedanken Karl Rahners auf, der von »verhüllter Häresie in der lehrenden Kirche« sprach. Przywara kritisiert, daß Rahner das Problem nur anthropologisch-moralisch angehe und es begründet sehe in »Enge des Geistes . . . Selbstsucht der Herzen . . . Rechthaberei der Menschen . . . Wortklauberei und Schulrivalität«[22], während es sich doch um ein zutiefst theologisches Problem handelte. Przywara unterscheidet fünf Formen der innerkirchlichen Häresie: die östlich-gnostische, die hellenistisch-griechische, die ur-römische, die fränkisch-germanische und die Häresie des Kollektivs. Dabei stellen sich ihm die vierte und die fünfte Form der innerkirchlichen Häresie »fast als Abwandlung der römischen Form dar«[23].
»Der echt römische Primat von dignitas, militia, disciplina, oboedientia, d. h. der Primat geordneten Würdewesens und geordneter Gehorsams-Unterordnung tritt mit dem Überwiegen des italischen Christentums fast bewußt an die Stelle des Einen Mysteriums der Agape der Hochzeit. Das spricht sich rein äußerlich aus in der wachsenden Ersetzung des Wortes Mysterium durch das Wort Sakramentum . . . Indem die Mysterien des Neuen Bundes nun Sakramente heißen, werden sie in der Wurzel auf die Ebene militärischer Ordnung, militärischen Befehls, militärischen Gehorsams gestellt.«[23a] Ordnung, Disziplin und Gehorsam werden verselbständigt und verselbstzwecklicht zu einem »überpreußischen« Gehorsam. Denn immerhin: »§ 47 des Militärstrafgesetzes der deutschen Armee sah das Recht auf Gehorsamsverweigerung gegeben, wenn ein Befehl dem bürgerlichen oder militärischen Recht widersprach, oder im Widerspruch zu den zehn Geboten stand.«[24]
In der fränkisch-germanischen Auffassung wandelt sich der Begriff des Gehorsams: von »Sach- und Rechts-Gehorsam« zu persönlicher Gefolgschaft unmittelbar zum Herrn des Evangeliums. Gefolgschaft bekommt hier einen elitären Beiklang: die Gefolgsleute sind die erlesene Gruppe der Überragenden, mindestens aber Gleichgesinnten, die »glauben«, »geloben«, d. h. die sich persönlich dem Herrn anvertrauen und »eingeloben«. Vieles von dieser fränkisch-germanischen »Gefolgschaft« erkennt Przywara in der Reformation wieder.
Die fünfte Form der Häresie, die »Häresie des Kollektivs« ist nur scheinbar eine betont gegenkirchliche Bewegung. In Wirklichkeit ist sie auch

22 a. a. O. S. 350.
23 a. a. O. S. 355.
23a a. a. O. S. 353 f.
24 a. a. O. S. 354, Anm.

ein innerkirchliches Phänomen. »Gerade der Kampf zwischen Faschismus, Bolschewismus und Christentum war und ist, wie jeder Kampf, zugleich Verführung . . . Und der Zusammenbruch des totalen Faschismus hat weithin zu dem geführt, was man optimistisch ›neues christliches Zeitalter‹ genannt hat, was aber weite Kreise unabhängiger Laien immer deutlicher erkennen als Übertragung des Vokabulars und Geistes der totalen Kollektive auf die christlichen Kirchen«[25].

Diese Hinweise mögen genügen als Beleg dafür, daß die Frage nach dem »konfessionellen Standpunkt« bei Przywara sehr schwer zu beantworten ist. Da ist einerseits die »Kirchliche Theologie der Analogie«, andererseits die Theologie der Analogie als Agape, die »sich nicht anders vollzieht als in der Form des Widerstandes bis ins Äußerste«[26].

Wir wenden uns nun Barth zu mit der umgekehrten Frage: ist sein Denken exemplarisch protestantisch? Wie bei Przywara wird man antworten müssen: Ja und Nein.

v. Balthasar sagt, in Barths Theologie habe »zum erstenmal der echte Protestantismus eine — seine — völlig konsequente Gestalt gefunden«, um zugleich festzustellen, daß bei Barth zugleich mit dieser stärksten Durchbildung des Protestantischen »stärkste Annäherung an das Katholische« einhergehe[27]. Worin liegt das »exemplarisch Reformatorische« in Barths Theologie? Mir scheint, es ist das, was den Intensivpunkt seines theologischen Denkens ausmacht: daß Barth in nicht gekannter Weise Ernst macht mit dem reformatorischen »solus Christus«, »sola gratia«, »sola fide« in der theologischen Erkenntnistheorie. Und diese »reductio in unum« geht zusammen mit einer »productio in multum«, die Intensität des einen theologischen Herzpunktes des »sola gratia« zusammen mit der breitesten inhaltlichen Entfaltung, deren Weite man katholisch nennen kann. »Wir haben es in einem Thomas oder Bonaventura oder noch weiter zurück in einem Anselm oder noch weiter zurück in einem Augustin, so scharf wir auf die belastenden Merkmale der noch nicht ›verbesserten‹ Kirche aufzumerken haben, mit den anerkannten Lehrern der einen Kirche zu tun, die auch die unsrige ist . . . Sie haben das Recht, neben den Reformatoren von uns gehört zu werden.«[27a] »Wir haben also keinen Anlaß, uns bei unserer Frage nach den Vätern der Kirche die Ohren nach irgendeiner Richtung zum vornherein zu verstopfen.«[28]

25   a. a. O. S. 357 f.
26   a. a. O. S. 362.
27   v. Balthasar, a. a. O. S. 32 f.
27a Barth, Die Lehre vom Worte Gottes, a. a. O. S. 375.
28   KD I,2 S. 686.

Bezüglich der Ekklesiologie liegt der Akzent bei Przywara auf dem »Gott in Christus in der Kirche«. Aber das gilt nur unter Vorbehalt, weil Przywara zuweilen die Wahrheit des Evangeliums geradezu in den »außerkirchlichen Häresien« zu neuem Leben kommen sieht (in Marcion, Joachim von Fiori, Schelling, der russischen Gnostik, in Luther)[29]. Bei Barth liegt der Akzent anders: »Die Liebe Gottes in Jesus Christus ist entscheidend, grundlegend und umfassend sein eigener Zusammenschluß mit allen Menschen, ihrer aller Zusammenschluß mit ihm . . . Er umfaßt realiter die Welt und die Gemeinde, die Nicht-Christen und die Christen.«[30] Die Gemeinde als die »irdisch-geschichtliche Existenzform Jesu Christi« ist die vorläufige Darstellung der ganzen in ihm gerechtfertigten, geheiligten, berufenen Menschenwelt. »Das Neue, dessen das Volk Gottes mitten im Weltgeschehen ansichtig ist, ist der Neue, der Eine, Jesus Christus. Um die in Ihm der Welt zugewendete Gnade Gottes geht es ja . . . Er, die Person, die diesen Namen trägt, ist selbst Gott, der Sohn des Vaters, mit ihm gleichen göttlichen Wesens, ist selbst Gott in seiner Zuwendung zur Welt, ist selbst die Gnade, in der sich Gott und die Gott der Welt zuwendet, ist selbst das Werk Gottes in und an der Welt und ist auch selbst das Wort, in welchem dieses Werk sich der Welt kundgibt.«[31] Die Herrschaft Jesu Christi wird durch die Kirche bezeugt, aber nicht begrenzt. Die Kirche Jesu Christi ist zwar ganz und gar an ihn als ihren Herrn gebunden, aber die Herrschaft Jesu Christi ist nicht an die Kirche gebunden und nicht auf sie begrenzt. Das ist es, was zugleich die Herrlichkeit und die Demut der Kirche ausmacht.

Nimmt man frühere und spätere Äußerungen Przywaras zusammen, so läßt sich sagen: Die Analogie »schwingt« *»in«* der Kirche und *»gegen«* die Kirche. Bei Barth steht die Analogie im Kontext von Kreisen um eine Mitte: des Kreises des »Ich« in seinem »Du-Bezug«, des weiteren Kreises des gemeindlichen »Wir« und des noch weiteren Kreises des allgemeinen menschlichen »Wir«[32]. Und dies alles, ja die gesamte Schöpfung ist einbezogen in den umfassenden Kreis der Geschichte des Bundeshandelns Gottes mit den Menschen.

Dies sind Andeutungen, die der genaueren Untersuchung bedürfen. Sie dienen dem Hinweis, daß die Frage nach der offenbarungsgemäßen Interpretation des Verhältnisses von Jesus Christus und der christlichen Kirche aus der Analogieproblematik nicht auszuklammern ist.

---

29 Przywara, In und Gegen, S. 360.
30 KD IV,1 S. 111.
31 KD IV,3 S. 813.
32 s. o. S. 146 f.

3. *Ergebnis*

Das Anliegen Przywaras ist einerseits: strikt damit ernst zu machen, daß
Gott alles ist für den Menschen: ohne Gott wäre er überhaupt nicht, und
ohne Gottes Selbstkundgabe in Jesus Christus wüßte er überhaupt nichts
von Gott. Und andererseits: zureichend zu denken, daß *in* diesem »Gott
alles« der Abstand und der Unterschied zwischen Gott und Mensch nicht
aufgehoben ist, sondern geradezu erscheint: der Mensch ist nicht Nichts,
sondern »abgehoben« der Mensch »vor Gott«. Das ist ein höchst labiles
Gleichgewicht und die am schwersten zu treffende Mitte: Gott teilt sich
dem Menschen mit, kommt ihm nahe und wird eins mit ihm in der Offenbarung seiner Liebe, und eben hierin öffnet sich die Distanz der Ehrfurcht
vor dem ganz anderen. Dieses labile Gleichgewicht ist artikuliert in der
analogia entis. Und nun: ist es möglich, ist es erlaubt, den Gott Abra-
hams, Isaaks und Jakobs zu versöhnen mit dem Gott der Philosophen,
statt »gefangenzunehmen alle Gedanken unter den Gehorsam Christi«
(2. Kor. 10, 5b), seien es die Gedanken Platons, Aristoteles', Descartes',
Hegels oder Heideggers? Gerade auf dem Hintergrund der negativen,
positiven und aktiven Potentialität des Menschen als Gottes guten Geschöpfs (»denn was man von Gott erkennen kann, ist unter ihnen offenbar«, Röm. 1, 19) wird die Frage nach dem konkreten Gesicht jeder Philosophie virulent: die Möglichkeit der natürlichen Gotteserkenntnis ist
de facto nie Wirklichkeit geworden, das possibile kein concretum, »da
sie sich für weise hielten, sind sie zu Narren geworden« (Röm. 1, 22).
Eben dies qualifiziert den Unglauben als Unglauben, und darum gilt:
»Gott hat alle beschlossen unter den Unglauben, auf daß er sich aller
erbarme« (Röm. 11, 32). Von der Möglichkeit der natürlichen Gotteserkenntnis muß zwar in der Schöpfungslehre die Rede sein, weil sie zum
theologischen Begriff der geschöpflichen Natur gehört, ihre Wirklichkeit
aber muß als das zur Sprache kommen, was sie konkret ist: als Wirklichkeit der Sünde, des Abfalls, der Selbstvergottung des Menschen. In dieser doppelten Weise, als nicht verwirklichte Möglichkeit des Geschöpfs
und als durch Jesus Christus offenbar gewordene und überwundene
Wirklichkeit der Sünde, wird das Problem der natürlichen Theologie in
der analogia entis thematisch. In der analogia entis wird nicht das Postulat natürlicher Gotteserkenntnis zum Prinzip erhoben, sondern das Verhältnis von Einheit und Distanz zwischen dem sich offenbarenden Gott
und dem an ihn glaubenden Menschen artikuliert.
Barth hat mit seiner Lehre von der analogia fidei die reformatorische
Grundentscheidung (die Rechtfertigung allein durch den Glauben; solus

Christus, sola gratia, sola fide), die im Rahmen der Soteriologie fiel und bedacht wurde, in bezug auf die Lehre von der Gotteserkenntnis konsequent zur Durchführung gebracht. Blieb in dieser Beziehung schon bei den Reformatoren selbst manches im Zwielicht (man denke z. B. an die Lehre vom Deus absconditus, von der gemina praedestinatio, von Gesetz und Evangelium), so konnte sich die Lehre von der natürlichen Gotteserkenntnis den Nachfolgern der Reformatoren, »kaum daß diese die Augen geschlossen hatten . . . als unentbehrliches Prolegomenon der Theologie nahelegen . . . Sie konnte dann im 18. Jahrhundert die Herrschaft, die sie heimlich schon lange ausgeübt hatte, in aller Öffentlichkeit antreten. Sie konnte sich im Zusammenhang mit den weltanschaulichen Umwälzungen vor dem wissenschaftlichen wie vor dem populären Bewußtsein der Neuzeit geradezu den Anschein geben, das eigentliche Grunddogma, die in allen Stürmen zweifelsfrei zu behauptende Zentrallehre des Christentums zu sein. Und es hat bis jetzt noch keinen Erneuerungsversuch auch innerhalb der evangelischen Theologie gegeben, den sie nicht, alle wirkliche Erneuerung in Frage stellend, offen oder heimlich . . . mit ihren Polypenarmen begleitet und früher oder später ruiniert haben würde.«[33]

So richtig es ist, den Aktualismus und die Dynamik der Gnade in Barths Theologie gegen alle seinsmäßige Verfügbarkeit zu betonen, so verfehlt ist der Vorwurf der Dialektik von Identität (der Mensch wird in das Wesen Gottes hinaufgezogen) und Widerspruch (die Sünde wird zur Definition des Menschen) zwischen Gott und Mensch, so verfehlt auch die These, die analogia fidei löse in Wirklichkeit jede Analogie zugunsten der Dialektik bzw. Antilogie auf, ihr analoger Charakter sei also nur scheinbar. Weder wird der Mensch im Akt der Gottes- und Selbsterkenntnis erst gesetzt (Theopanismus) — er ist vielmehr da als Gottes gutes Geschöpf in seinem von der Aktualität der Erkenntnis unterschiedenen Sein (analogia relationis) — noch wird im Akt der Gottes- und Selbsterkenntnis durch die Gnade (analogia fidei) der Unterschied zwischen Gott und Mensch aufgehoben (Identität), er kommt vielmehr gerade hier zur Erscheinung. Weder wird der Widerspruch zum ontologischen Prinzip des Verhältnisses von Gott und Mensch — der Mensch ist Gottes gutes Geschöpf und kann als solches auch durch die Sünde nicht zum Verschwinden gebracht werden — noch wird auf der Erkenntnisebene jede Ähnlichkeit zugunsten des Widerspruchs geleugnet, vielmehr wird durch einen göttlich-schöpferischen Akt aus dem Widerspruch als Nichterkenntnis die Entsprechung als Erkenntnis (bei Bestehenbleiben der Differenz). Mit

33 KD II, 1 S. 141.

zureichendem Grund expliziert Barth daher die Erkenntnisebene und die Seinsebene und ihr Zueinander in analogischer Kategorie.

»Ich bin der Weg und die Wahrheit und das Leben; niemand kommt zum Vater denn durch mich« (Joh. 14, 6). »Und niemand kennt den Vater denn nur der Sohn und wem es der Sohn will offenbaren« (Matth. 11, 27c). Barths Beharren auf der Aktualität und Exklusivität des christologischen Erkenntnisgrundes ist alles andere als die Behauptung eines abstrakten Theologumenons. Es ist die Frage nach der reformatorischen Konsequenz und Identität der evangelischen Theologie und Kirche. »Der als Absorbierung und Domestizierung der Offenbarung beschriebene Triumph der natürlichen Theologie im Raum der Kirche ist sehr schlicht der Prozeß der *Verbürgerlichung* des Evangeliums. Indem das Evangelium dem Menschen angeboten wird, indem er seine Hand danach ausstreckt, indem er es in seine Hand nimmt, wird eine Gefahr akut, die noch größer ist als die, daß er es vielleicht verständnislos und entrüstet von sich stoßen könnte: die Gefahr nämlich, daß er es vielmehr friedlich annehmen könnte, um sich alsbald zu seinem Herrn und Besitzer und um es so unschädlich zu machen, aus dem ihn Wählenden ein von ihm Gewähltes, das als solches neben all das Andere zu stehen kommt, was er *auch* wählen, über das er also *auch* verfügen kann. . . . In ihr redet niemand Anderes als der *Christ als Bourgeois.*«[34] Darf diese Kritik domestiziert werden durch Historisierung als damals im Kampf der bekennenden Kirche notwendige Frontstellung gegen die »Deutschen Christen«? Ist die Gefahr der Domestizierung des Evangeliums durch bürgerliches Besitzdenken nicht unvermindert aktuell?

In der Abwehr einer Vereinnahmung des Evangeliums, sei es durch die Häresie des restaurativen Kollektivs, sei es durch die Häresie der bürgerlichen Religion, zeigen sich bei Przywara und Barth konvergierende Linien. Hier mag sich bei allen Differenzen eine Solidarität höherer Ordnung ankündigen: alles radikale Denken, das von der Wurzel her denkt, ist gefährlich. Und das macht: es wird so gerne verschwiegen.

I. Als grundlegende Bestimmung von »analogia entis« bei Przywara ergibt sich:

Analogia entis als Mitte zwischen Identität des Seins (Parmenides) und Widerspruch von Sein und Nichts (Heraklit), wie sie im Satz vom Widerspruch sich grundlegt, besagt, daß alles Sein analog ist als »ist im

34 KD II, 1 S. 157.

nicht« oder als »ist« = »nicht nicht ist«. Darum ist analogia entis im strikten Sinne als Korrelation zwischen zwei X zu verstehen.

Durch dieses analoge »ist im nicht« schneidet das »Deus exterior und interior« quer hindurch.

Analogia entis als Mitte heißt daher: die je immer größere Unähnlichkeit zwischen Gott und Mensch quer hindurchschneidend durch alle noch so große Ähnlichkeit.

In formaler Bestimmung: die nicht fixierbare, dynamische Mitte zwischen Identität und Widerspruch im immanenten und immanent-transzendenten »Oben« und »Unten«.

Analogia fidei als Mitte besagt bei Barth:

das dem Handeln Gottes in Jesus Christus in der Mitte der Zeit, die für uns je und je Mitte zwischen den Zeiten wird, Entsprechen (Entsagen).

In formaler Bestimmung: die Mitte der Synthese zwischen Diastasen im Horizont der Zeit.

Diese Grundbestimmungen von »analogia entis« und »analogia fidei« sind entscheidend für die Weichenstellungen in allen folgenden Problembereichen:

II. zum Problem des Verhältnisses von Seinsordnung und Erkenntnisordnung, Ontologie und Erkenntnistheorie:

bei Przywara: die gegenseitige Durchdringung und Wechselbeziehung zwischen Meta-noetik und Meta-ontik in der Spannungs-Schwebe von »Sosein in-über Dasein«.

Formal: die Wechselbeziehung im »in-über« von Meta-noetik und Meta-ontik im Raum einer betonten energetisch-vertikalen Seins-Stufen-Ordnung.

bei Barth fanden wir als Verhältnis von ontischer und noetischer Ratio: die ontisch-noetische Synthese und Diastase entsprechend der Unterordnung der noetischen unter die ontische Ratio.

Formal: die Synthese und Diastase zwischen der zeitlich permanierenden ontischen Ratio und der je im Augenblick zwischen den Zeiten aktualen noetischen Ratio im Raum einer betonten geschichtlich-horizontalen Zeit-Folge-Ordnung.

III. zum Problem des Verhältnisses von Glauben und Verstehen:

bei Przywara: die gegenseitige Durchdringung und Wechselbeziehung zwischen Glaube und Vernunft im Verhältnis dynamis-telos-entelecheia in der Form von »Glauben in-über Verstehen«.

bei Barth: absolutes Prius des Glaubens vor dem Verstehen, dieses gefaßt als Bewegung in dem *vor*-gegebenen Raum des objektiven und subjektiven Credo, von dem her allein die Bewegung des Verstehens »gerichtet« ist.

IV. zum Problem der Denkform in der Theologie:
bei Przywara: Analogik als alleinige Denkform der geschöpflichen Mitte
zwischen Logik und Dialektik.
bei Barth: ein grundsätzlicher Eklektizismus aus Logik, Dialektik und
Analogie, wobei die Analogie die Mitte hält und inhaltlich und formal
das Schwergewicht hat.

Abschließend formulieren wir das Verhältnis von analogia entis und
analogia fidei zunächst in vier negativen, dann in vier positiven Thesen:
Negativ:
1. Die analogia entis enthält kein Postulat natürlicher Theologie. Sie
verhält sich nicht zur analogia fidei wie natürliche Theologie zu Offenbarungstheologie, auch nicht wie Seins-Statik zu Akt-Dynamik, Schöpfungsordnung zu Erlösungsordnung, Nezessität zu Faktizität, Wesensordnung zu Tätigkeitsordnung.
2. Die analogia fidei bei Barth »enthält« keine analogia entis. Die
These »analogia entis in analogia fidei« oder »die analogia fidei ist
sanans et elevans analogiam entis« hat weder in der Interpretation der
analogia entis durch Przywara noch in der Interpretation der analogia
fidei durch Barth einen Anhalt.
3. Die analogia relationis bei Barth kann nicht im Sinne der analogia
entis interpretiert werden. Die analogia relationis bei Barth unterliegt
den Postulaten der »Einseitigkeit« und der »Zirkelstruktur«. Beide Postulate kommen in der analogia entis nicht vor, sie verhalten sich vielmehr konträr zur inneren Struktur der analogia entis.
4. Die analogia fidei in der Interpretation Przywaras und die analogia
fidei in der Interpretation Barths sind nicht zur Deckung zu bringen.
Positiv:
1. Analogia entis besagt bei Przywara die Wesensstruktur des Ge-
schöpfseins (als waagerechte Analogie des »allo pros allo«) und die Wesensstruktur des Verhältnisses zwischen dem sich offenbarenden Gott
und dem Menschen, dem er sich offenbart (als senkrechte Analogie der
je immer größeren Unähnlichkeit) und das »Verhältnis« beider als
»Schnittpunkt« des Koordinatenkreuzes von waagerechter und senk-
rechter Analogie.

2. Die analogia fidei bei Barth ist die methodisch konsequente Durchführung des reformatorischen »sola gratia« und »sola fide« in der theologischen Erkenntnistheorie.

3. Analogia fidei besagt bei Przywara die analoge Einheit der Heiligen Schrift Alten und Neuen Testaments und das daraus resultierende Grundgesetz für alle Offenbarungstheologie.

4. Analogia relationis besagt bei Barth die konkrete Einheit von Akt und Sein in der konkreten Geschichte des menschlichen Lebens im Lichte Gottes.

Literaturverzeichnis

I. Primärliteratur

1. Karl Barth

Der Römerbrief, 1. Auflage, Bern 1919
Der Römerbrief, 2. Auflage, München 1922
Das Wort Gottes und die Theologie. Gesammelte Vorträge, München 1924
Die Lehre vom Worte Gottes. Prolegomena zur christlichen Dogmatik, Die christliche Dogmatik im Entwurf. Erster Band, München 1927
Nein! Antwort an Emil Brunner, Theologische Existenz heute, München 1934, Heft 14 Heft 14
Credo. Die Hauptprobleme der Dogmatik dargestellt im Anschluß an das Apostolische Glaubensbekenntnis, München 1935
Evangelium und Gesetz, Theologische Existenz heute, München 1935, Heft 32
Christengemeinde und Bürgergemeinde, Theologische Studien. Zollikon 1946, Heft 20 Heft 20
Theologische Fragen und Antworten, Gesammelte Vorträge 3. Band, Zollikon 1957
Fides quaerens intellectum, Anselms Beweis der Existenz Gottes im Zusammenhang seines theologischen Programms, 2. Auflage, Zollikon 1958 (zit. Fides quarens intellectum)
Die protestantische Theologie im 19. Jahrhundert — Ihre Vorgeschichte und ihre Geschichte, 3. Auflage, Zürich 1960
Der Götze wackelt, Zeitkritische Aufsätze, Reden und Briefe von 1930 bis 1960, herausgegeben von K. Kupisch, Berlin 1961
Die Kirchliche Dogmatik (zit. KD)
Band I,1 Die Lehre vom Wort Gottes, 7. Auflage, Zollikon-Zürich 1955
Band I,2 5. Auflage, Zollikon-Zürich 1960
Band II,1 Die Lehre von Gott, 4. Auflage, Zollikon 1958
Band II,2 3. Auflage, Zollikon-Zürich 1959
Band III,1 Die Lehre von der Schöpfung, 3. Auflage, Zollikon-Zürich 1957
Band III,2 2. Auflage, Zollikon-Zürich 1959
Band III,3 2. Auflage, Zürich 1961
Band III,4 2. Auflage, Zollikon-Zürich 1957
Band IV,1 Die Lehre von der Versöhnung, Zürich 1960
Band IV,2 Zollikon-Zürich 1955
Band IV,3/1. Hälfte, Zollikon-Zürich 1959
Band IV,3/2. Hälfte, Zollikon-Zürich 1959

Band IV,4 Das christliche Leben (Fragment) Die Taufe als Begründung des christlichen Lebens, Zürich 1967
Registerband, herausgegeben von H. Krause, Zürich 1970

2. Erich Przywara

Schriften Band I, Frühe religiöse Schriften, Einsiedeln 1962
Schriften Band II, Religionsphilosophische Schriften, Einsiedeln 1962
Schriften Band III, Analogia Entis, Metaphysik-Ur-Struktur und All-Rhythmus, Einsiedeln 1962 (zit. Analogia entis)
Religionsbegründung, Max Scheler — J. H. Newman, Freiburg 1923
Ringen der Gegenwart, Gesammelte Aufsätze 1922—1927
2 Bände, Augsburg 1929
Augustinus, Die Gestalt als Gefüge, Leipzig 1934
Christliche Existenz, Leipzig 1934
Deus semper maior, Theologie der Exerzitien
Band I, Freiburg 1938
Band II, Freiburg 1939
Band III, Freiburg 1940
Was ist Gott? Summula, Nürnberg 1947
Humanitas. Der Mensch gestern und morgen. Nürnberg 1952
Christentum gemäß Johannes, Nürnberg 1954
In und Gegen, Stellungnahmen zur Zeit, Nürnberg 1955
Alter und Neuer Bund, Theologie der Stunde, Wien 1956
Gespräch zwischen den Kirchen, geführt von Erich Przywara und Hermann Sauer. Das Grundsätzliche, Nürnberg 1956
Idee Europa, Nürnberg 1956
Mensch, Typologische Anthropologie, Nürnberg 1958
Kirche in Gegensätzen, Düsseldorf 1962
Katholische Krise, herausgegeben von B. Gertz, Düsseldorf 1967
Nachtrag:
Crucis Mysterium. Das christliche Heute, Paderborn 1939

II. Sekundärliteratur

Aalders, W. J.: de analogia entis in het geding, Amsterdam 1937
Aristoteles: Metaphysik, Berlin 1960, aus dem Griech. übers. von Fr. Bassenge
— Physica, Oxford 1956
— Ethica nikomachea, Oxford 1957
Augustinus, in: Corpus Christianorum, Series Latina, Aurelii Augustini Opera
Band 7, De civitate Dei
Band 32, De doctrina Christiana, De vera religione, Turin 1962
Band 36, In Johannis evangelium tractatus CXXIV, Turin 1954
Band 29, De ordine, De libero arbitrio, Turin 1970
Band 50, De trinitate libri XV, Turin 1968
— in: J. P. Migne, Patrologiae cursus completus
Band 32, Soliloquiorum libri II, Sp. 869 ff., Paris 1877
Band 38, Sermones, Paris 1861

Balthasar, H. U. von: Karl Barth, Darstellung und Deutung seiner Theologie, 2. Auflage Köln 1962

Berg, L.: Die Analogielehre des heiligen Bonaventura, in: studium generale, 8. Jahrgang 1955, S. 662—670.

Bloch, Ernst: Das Prinzip Hoffnung, 2 Bände, Frankfurt 1959

Calvin, J.: Institutio Christianae Religionis, herausgegeben von A. Tholuck, 2 Bände,
Berlin 1884/1885

Copers, G.: De Analogieleer van Erich Przywara, Brüssel 1952

Denzinger, H.: Enchiridion Symbolorum, 30. Auflage, Freiburg 1955

Diem, H.: Analogia fidei gegen analogia entis, in: Evangelische Theologie, 1936; 3.
Jahrgang S. 157—180

Fehr, J.: Offenbarung und Analogie, in: Divus Thomas 15, 1937, S. 291—307

Flückiger, F.: Analogia entis und analogia fidei bei Karl Barth, in: studium generale,
8. Jahrgang 1955, S. 678—688

Fränkel, H.: Eine heraklitische Denkform, in: Wege und Formen frühgriechischen
Denkens, herausgegeben von F. Tietze. München 1955, S. 253—283

Gertz, B.: Glaubenswelt als Analogie. Die theologische Analogielehre Erich Przywaras
und ihr Ort in der Auseinandersetzung um die analogia fidei. Düsseldorf 1969

Geyer, H.-G.: Metaphysik als kritische Aufgabe der Theologie, in: Theologie zwischen gestern und morgen, Interpretationen und Anfragen zum Werk Karl Barths,
herausgegeben von W. Dantine und K. Lüthi, München 1968, S. 247—260

Goebel, H. T.: Wort Gottes als Auftrag. Zur Theologie von Rudolf Bultmann, Gerhard
Ebeling und Wolfhart Pannenberg, Neukirchen 1972

Haecker, Th.: Über das Prinzip der Analogie, in: Christentum und Kultur, 2. Auflage,
München 1946, S. 163—181

Hänssler, E. H.: Zur Theorie der Analogie und des sogenannten Analogieschlusses,
Basel 1927

Hammer, K.: Analogia relationis gegen analogia entis, in: Parrhesia, Karl Barth zum
achtzigsten Geburtstag, Zürich 1966, S. 288—304

Hegel, G. W. F.: Phänomenologie des Geistes, 6. Auflage, Hamburg 1952

Heidegger, M.: Sein und Zeit, 8. Auflage, Tübingen 1957

— Der Satz vom Grund, 2. Auflage, Pfullingen 1958

— Kant und das Problem der Metaphysik, 3. Auflage, Frankfurt 1965

— Was heißt Denken? Tübingen 1954

Joest, W.: Sein und Akt in der Existenz des Menschen vor Gott (Zur Interpretation
der reformatorischen Anthropologie), in: studium generale, 8. Jahrgang 1955, S.
689—697.

Jüngel, E.: Die Möglichkeit theologischer Anthropologie auf dem Grunde der Analogie,
in: Evangelische Theologie 1962, 22. Jahrgang, S. 535—557.

— Zum Ursprung der Analogie bei Parmenides und Heraklit. Berlin 1964

— Karl Barths Lehre von der Taufe. Ein Hinweis auf ihre Probleme, Theologische Studien Heft 98, Zürich 1968

Kant, I.: Kritik der reinen Vernunft, Hamburg 1956

— Kritik der praktischen Vernunft, Hamburg 1959

Kreck, W.: Analogia fidei oder analogia entis? in: Antwort, Karl Barth zum siebzigsten Geburtstag am 10. Mai 1956, Zollikon-Zürich 1956, S. 272—286

— Grundfragen der Dogmatik. Einführung in die Evangelische Theologie, Bd. 3, München 1970

Leist, F.: Analogia entis, in: studium generale, 9. Jahrgang 1955, S. 671—678

Löwith, K.: Weltgeschichte und Heilsgeschehen. Die theologischen Voraussetzungen der Geschichtsphilosophie, 3. Auflage, Stuttgart 1953

Moltmann, J.: Theologie der Hoffnung, München 1964

Müller, M.: Existenzphilosophie im geistigen Leben der Gegenwart, 2. Auflage, Heidelberg 1958

Ott, H.: Denken und Sein – Der Weg Martin Heideggers und der Weg der Theologie. Zollikon 1959

Pannenberg, W.: Grundzüge der Christologie, Gütersloh 1964

– Analogie, in: Die Religion in Geschichte und Gegenwart, Bd. 1, 3. Auflage 1957, Spalte 350–353

– Person, in: Die Religion in Geschichte und Gegenwart, Band 5, 3. Auflage 1961, Spalte 230–235

– Dogmatische Erwägungen zur Auferstehung Jesu, in: Kerygma und Dogma, 14. Jahrgang 1968, S. 105–118

– (Herausgeber) Offenbarung als Geschichte, Kerygma und Dogma, Beiheft 1, 2. Auflage 1963

– Grundfragen systematischer Theologie, Gesammelte Aufsätze, Göttingen 1967

– Analogie und Offenbarung. Eine kritische Untersuchung des Analogiebegriffs in der Gotteserkenntnis. 1955 Maschinenschr. verf.

– Zur Bedeutung des Analogiegedankens bei Karl Barth, in: Theologische Literaturzeitung 1953, Nr. 1, 78. Jahrgang, Sp. 17–24

– Heilsgeschehen und Geschichte, in: Kerygma und Dogma, 5. Jahrgang 1959, S. 218–237, 259–288

Petrus Lombardus: sententiarum libri quatuor, in: Migne, Patrologia Latina, Band 191/192, Paris 1880

Plato, Opera, 7 Bände, Oxford 1955–1958, hier besonders in:
   Band 1: Theaetetus
   Band 2: Parmenides, Philebus, Symposium
   Band 4: Timaeus
   Band 5: Leges

Plenge, J.: Anodische und kathodische analogia entis, in: Der beständige Aufbruch, S. 48–56, Nürnberg

Pöhlmann, H. G.: Analogia entis oder Analogia fidei? Die Frage der Analogie bei Karl Barth, Göttingen 1965

Puntel, L. B.: Analogie und Geschichtlichkeit I. Philosophiegeschichtlich-kritischer Versuch über das Grundproblem der Metaphysik. Freiburg, Basel, Wien 1969

Reding, M.: Analogia entis und analogia nominum, in: Evangelische Theologie 1963, 23. Jahrgang, S. 225–244

Söhngen, G.: analogia entis in analogia fidei, in: Antwort, Karl Barth zum siebzigsten Geburtstag am 10. Mai 1956, Zollikon-Zürich 1956, S. 266–271

– Wesen und Akt in der scholastischen Lehre von der participatio und analogia entis, in: studium generale, 8. Jahrgang 1955, S. 649–662

– Analogia fidei: Die Einheit in der Glaubenswissenschaft, in: Catholica 1934, 3. Jahrgang, S. 176–208

Steck, K. G.: Über das ekklesiologische Gespräch zwischen Karl Barth und Erich Przywara 1927/29 in: Antwort, Karl Barth zum siebzigsten Geburtstag am 10. Mai 1956, Zollikon-Zürich 1956, S. 249–265

Thomas von Aquin: Summa theologica, 8 Bände, Heidelberg, Graz, Wien, Köln, Salzburg 1935–1961

– Summae contra gentiles libri quatuor, Rom 1927
– Quaestiones disputatae, 3 Bände, Paris 1925
  Hier besonders:
  Band 1: De veritate
  Band 2: De potentia, De malo
  Band 3: De spiritualibus creaturis, De anima
– In Boetii de trinitate et de heptomadibus expositio, in: Opuscula theologica, Volumen II, Turin, Rom 1954, S. 313–408
Wagner, F.: Analogie als Methode geschichtlichen Verstehens, in: studium generale, 8. Jahrgang 1955, S. 703–712

Aus Gründen der Übersichtlichkeit stimmen nicht alle Sperrungen im Text mit den Sperrungen im Original überein.